آن‌سوی اتهام

۱

MW01698641

آن سوی اتهام

۱

خاطرات عباس امیرانتظام

شهریور ۵۷ تا خرداد ۶۰

نشر نی

امیرانتظام، عباس
آن سوی اتهام / [عباس امیرانتظام]. ـ تهران: نشر نی، ۱۳۸۱.
۲ج.: مصور.
ISBN 964-312-622-6 (ج. ۱)
ISBN 964-312-623-4 (ج. ۲)
فهرستنویسی براساس اطلاعات فیپا.
کتابنامه.
چاپ پنجم: ۱۳۸۱.

مندرجات: ج. ۱. خاطرات عباس امیرانتظام شهریور ۵۷ تا خرداد ۶۰. ـ ج. ۲. محاکمه و دفاعیات عباس امیرانتظام در دادگاه انقلاب اسفند ۵۹ تا خرداد ۶۰.
۱. امیرانتظام، عباس، ـ خاطرات. ۲. امیرانتظام، عباس، ـ محاکمه‌ها، دعاوی و غیره. ۳. محاکمه‌های سیاسی. الف. عنوان.
DSR ۱۵۳۴ / ۵ / الف ۸ آ ۳ ۹۵۵/۰۸۲۰۹۲
۱۳۸۱
کتابخانه ملی ایران ۱۰۵۵ـ۸۱م

نشر نی
نشانی: تهران، خیابان فاطمی، خیابان رهی معیری، شمارهٔ ۵۸
صندوق پستی ۵۵۶ ــ ۱۳۱۴۵، نشر نی تلفن ۵۹ و ۸۰۰۴۶۵۸
دفتر فروش: خیابان انقلاب، روبروی دانشگاه تهران، پاساژ فروزنده، شمارهٔ ۵۱۲ تلفن ۶۴۹۸۲۹۳ فکس ۶۴۹۸۲۹۴
کتابفروشی: خیابان کریم‌خان، نبش میرزای شیرازی، شمارهٔ ۱۶۹ تلفن ۸۹۰۱۵۶۱

آن‌سوی اتهام (۱)

خاطرات عباس امیرانتظام

شهریور ۵۷ تا خرداد ۶۰

• **چاپ پنجم** ۱۳۸۱ تهران • **تعداد** ۳۳۰۰ نسخه • **لیتوگرافی** غزال • **چاپ** غزال

ISBN 964-312-622-6 شابک ۶ـ۶۲۲ـ۳۱۲ـ۹۶۴

همهٔ حقوق چاپ و نشر برای ناشر محفوظ است **Printed in Iran**

فهرست مطالب

نامهٔ آقای عباس عبدی به مدیرکل مراکز و روابط فرهنگی

بسمه تعالی

جناب آقای صیادی

با سلام

پیرو مذاکرات تلفنی، خواهشمند است دستور فرمائید که متن پیوست که بصورت مصاحبه با یک سایت خبری انجام شده به عنوان پاسخ بنده در رد ادعای عباس امیرانتظام در کلیه چاپهای بعدی خاطرات وی درج شود. ضمناً پیشنهاد می‌کنم که ناشر رسماً پاسخ دهد که این کار را انجام خواهد داد، تا بعداً با مشکلی مواجه نشویم.

با تشکر
عباس عبدی

۸۱/۶/۱۷

نامهٔ مدیرکل مراکز و روابط فرهنگی وزارت فرهنگ و ارشاد اسلامی به ناشر

بسمه تعالی

جمهوری اسلامی ایران
وزارت فرهنگ و ارشاد اسلامی

شماره ۱۲۰۵/۸۴۵۲
تاریخ ۸۱/۲/۱۸
پیوست ....

جناب آقای همایی
مدیر محترم انتشارات نشرنی

با سلام

احتراماً، پیرو مذاکرهٔ حضوری توضیحات جناب آقای عباس عبدی درخصوص مطالب مطرح شده در کتاب «آن سوی اتهام» به انضمام نامهٔ درخواست ایشان جهت اقدامات لازم ارسال می‌شود.

لطفاً نتیجه را به این اداره کل منعکس نمایید. /ز

مجید بهبادی
مدیر کل مراکز و روابط فرهنگی

بعلاوه بنده در آن زمان (دی ماه ۵۸) بیشتر در شهرستانها و مکانهای دیگر از طرف دانشجویان سخنرانی می‌کردم و اصولاً در واحد اسناد و مسایل مرتبط با آن نبودم ضمن آن که کار من نگهبانی از افراد نبود، بنابراین اگر حسن ظن داشته باشیم می‌توان گفت که وی در این مورد اشتباه کرده است.

اما یک مورد دیگر وجود دارد که صریحاً خلاف واقع گفته است. وی در صفحه ۷۴ (خاطرات ۵ دی ماه ۵۸) می‌گوید که «امروز روزنامه‌ها مصاحبه افشاگرانه دیشب دانشجویان خط امام (عباس عبدی، ابراهیم اصغرزاده) در رادیو و تلویزیون را چاپ کرده بودند. گذشته از این که من در آن تاریخ در سفارت نبودم اصولاً تمام کسانی که آن مصاحبه را دیده‌اند می‌دانند که ابراهیم و رحیم (از شورای مرکزی دانشجویان) در این مصاحبه شرکت داشتند و من هیچگاه در مصاحبه‌های تلویزیونی دانشجویان شرکت نداشته‌ام. فیلم مصاحبه و عکسهای آن موجود است. همچنین آقای امیرانتظام زحمت پاسخ به این سوال را به خود نداده‌اند که چطور می‌شود دانشجو از یک طرف محافظ وی باشد و از سوی دیگر در بالاترین سطح دانشجویان اقدام به مصاحبه افشاگرانه کند؟!! اشتباه دیگری که امیرانتظام می‌نماید و نشان از نوعی کینه‌توزی می‌کند، این است که در صفحه ۱۱۴ فرد دیگری را به نام حسن عباسی معرفی می‌کند و مدعی می‌شود که نام مستعار بنده است. درحالی‌که اولاً دانشجویان نام مستعار نداشتند، ثانیاً برای کسی که اسمش عباس و نزد امیرانتظام شناخته شده بود. چگونه می‌توان نام مستعار دیگری انتخاب کرد؟ بعلاوه تا آنجا که من شنیده‌ام آن اسم حقیقی و غیرمستعار است.

بنابراین واضح است که مجموعه ادعاهای آقای امیرانتظام از همین اعتبار برخوردار است.

ـ با این اوصاف چرا شما شکایت نمی‌کنید؟

ـ به چند دلیل، یکی این که بنده قبول ندارم که به مراجع رسیدگی‌کننده فعلی مراجعه کنم. دیگر این‌که به نظر من آقای امیرانتظام بیش از آن چه حقش بود در زندان مانده، حدود پنج سال زندان برایش کافی بود و الان هم در شرایط روحی مناسبی به سر نمی‌برد. با توجه به این نکات مجازات کردن وی به دلیل شکایت بنده ناجوانمردانه است. نکته دیگر این است که به دلیل ناملایماتی که متحمل شده طبیعی است که علیه عده‌ای فریاد بکشد، بهر دلیل مرا هم در میان آنان قرار داده و از همه مهمتر این که آن ادعاها را وقتی به طریق غیرقضایی جواب بدهیم، اثرگذاری بیشتری دارد.

ـ در مجموع فکر می‌کنید نسبت به اتهامات وی چه قضاوتی وجود داشته باشد؟

ـ به نظر من آقای امیرانتظام اول باید بکوشد دوستان سابقش را قانع کند. چند سال قبل در میزگردی با حضور یکی از رهبران نهضت آزادی در اردوی دانشجویان پلی‌تکنیک حضور داشتم،

جوابیهٔ آقای عباس عبدی در مورد مطالب کتاب

خبرنگار: آقای امیرانتظام در جلد اول خاطرات خود در برخی موارد نام شما را آورده و سعی کرده تصویری کینه‌جویانه از شما نشان دهد، واقعیت ماجرا چیست؟

عبدی: بنده تاکنون آقای امیرانتظام را جز از طریق تلویزیون ندیده‌ام.

ـ می‌خواهید بگوئید که آقای امیرانتظام بطور کلی دروغ گفته است؟

ـ وی برخی موارد را اشتباه کرده که دلیل آن را خواهم گفت و در برخی موارد نیز بکلی خلاف واقع گفته است که خلاف بودن آنها به سهولت قابل اثبات است. من پس از اطلاع از این ادعا، احتمال دادم که امیرانتظام مرا با کس دیگری اشتباه گرفته است، همانطور که می‌دانید وی در پاورقی کتاب (صفحه ۷۲ چاپ دوم) می‌نویسد که بعدها دانستم که نام کامل او عباس عبدی است و این ادعا در متن نیست، علت هم روشن است، زیرا دانشجویان همیشه یکدیگر را با اسم کوچک صدا می‌کردند و آن موقع وی نمی‌توانسته از نام خانوادگی مطلع باشد و در سالهای اخیر چون اسم من مشهور بود، وی برای آرام کردن خود از آنچه که فکر می‌کرد، علیه او بی‌عدالتی شده نام مرا به عنوان آن «عباس» اضافه می‌کند. با صحبتی که با چند تن از دوستان داشتم، فکر می‌کردم که یکی از دانشجویان به نام عباس زری‌باف با وی تماس داشته است ولی بعداً متوجه شدم که یکی از دانشجویان دانشگاه شهید بهشتی نگهبان وی بوده است و از آنجاکه در آن زمان یکی از گروگانها قصد خودکشی داشت، دستور داده بودند که بیش از معمول از امیرانتظام مراقبت کنند به همین دلیل تمامی حرکاتش را تحت کنترل داشتند، بعلاوه به دستور دادستانی موظف بوده‌اند که از مفاد مکالمات تلفنی‌اش مطلع باشند. و اصولاً آمدن امیرانتظام به آن ساختمان برای این بود که در محیط زندان نباشد و این برای احترام گذاشتن به وی بوده است، درحالی‌که اگر او را به زندان می‌بردند همانطور که در ادامه خاطراتش می‌نویسد، محیط ناخوشایندی بود. بعلاوه آقای امیرانتظام هم به دانشجویان نگهبان پرخاش می‌کرده و آنها هم متقابلاً لفظ جاسوس را برایش بکار می‌برده‌اند درهرصورت ظاهراً بهتر بود از ابتدا او را به اوین منتقل می‌کردند در مجموع چون امیرانتظام نام فامیل آن فرد را نمی‌دانست امروز فامیلی «عبدی» راکه می‌شناسد به آن اضافه کرده است.

که تمامی مطالب آن در روزنامه آریا چاپ شد، وی در برابر این پرسش که چرا امیرانتظام در دولت موقت بود با ذکر این که کشمیری (همان کسی که انفجار نخست‌وزیری را انجام داد) هم در دولت رجایی و باهنر نفوذ کرده بود به سوال کننده جواب داد، و با این حرف خود بطور روشن میان آن دو نفر از حیث مورد نظر تشابه برقرار کرد که خانم امیرانتظام هم خیلی عصبانی شد و واکنش نشان داد.

شما می‌دانید که این روزها هر کس می‌رود زندان محبوب می‌شود، ولی آقای امیرانتظام باید بگوید که چرا حتی دوستانش او را طرد کرده‌اند. به نظر من پاسخ روشن است، آقای امیرانتظام بجای آن که وارد محتوای اسناد شود، آنها را ساخته و پرداخته سیا برای خراب کردن خودش می‌داند، به عبارت دیگر بطور صریح معتقد است که مفاد آن اسناد خیلی بد و زشت است، ولی برای دفاع از خویش می‌گوید که آنها را سیا برای خراب کردن وی ساخته است، که این ادعا از طرف هیچ آدم حتی متوسطی هم قابل بحث نیست و فکر هم نمی‌کنم که این ادعا را جدی مطرح کند، مگر آقای امیرانتظام چه هیزم تری به آمریکایی‌ها فروخته بود که بخواهند خرابش کنند؟

پاسخ آقای عبدی به آخرین پرسش خبرنگار،
به نقل از سایت جبههٔ مشارکت/ خبرنامهٔ رویداد (۸۱/۶/۱۸)

خبرنگار: نکته دیگری هم هست؟

عبدی: یک مسئله در رابطه با چاپ این کتاب است، که بدون مجوز ارشاد بوده و یکی از عالیجنابان پشت قضیه است که در موقع مناسب جزئیات آن را باید بیان کرد.

توضیح: این سه سطر از مصاحبهٔ آقای عبدی با سایت جبههٔ مشارکت / خبرنامهٔ **رویداد** در جوابیه ارسالی ایشان حذف شده بود. همچنین روزنامه‌های **اعتماد** و **توسعه** مورخ ۸۱/۶/۱۸ که گزیده‌هایی از این مصاحبه را نقل کرده بودند به این ادعای ایشان اشاره‌ای نداشتند. اما در مورد چاپ بدون مجوز کتاب در صفحات بعد تصویر مجوز جلد اول و دوم را می‌آوریم و در انتظار موقعیت مناسب می‌مانیم تا آقای عبدی جزئیات ادعای دیگرشان را افشا نمایند. (ناشر)

مجوز انتشار جلد اول کتاب «آن‌سوی اتهام»

وزارت فرهنگ و ارشاد اسلامی

ادارهٔ کتاب

کارت مجوز دائمی کتاب

شمارهٔ کارت: ۱۳۹

شمارهٔ کتاب: ۱۲۵۵۵ تاریخ: ۲۳/۴/۸۱

عنوان کامل کتاب: آن‌سوی اتهام (خاطرات عباس امیرانتظام)

عنوان کتاب به‌زبان اصلی: فارسی

عنوان روی جلد کتاب:

مؤلف یا مؤلفان:

۱ عباس امیرانتظام ۲

۳ ۴

مترجم یا مترجمان:

۱ ۲

۳ ۴

سایر موارد: ۱ ۲

ناشر: نشرنی تعداد صفحات: ۲۸۸ قطع: وزیری

شابک: ۶-۶۲۲-۳۱۲-۹۶۴ ردهٔ دیویی: ۹۵۵/۰۸۲۰۹۲

امضاء ادارهٔ کتاب

تاریخ و مهر ادارهٔ کتاب ۸۸/۸/۱۷۸۱

مجوز انتشار جلد دوم کتاب «آن‌سوی اتهام»

وزارت فرهنگ و ارشاد اسلامی

ادارهٔ کتاب

کارت مجوز دائمی کتاب

شمارهٔ کارت: ۱۲۹

شمارهٔ کتاب: ۱۲۵۵۶ تاریخ: ۸۱/۴/۲۲

عنوان کامل کتاب: آن‌سوی اتهام (۲) محاکمه و فعالیت عباس امیرانتظام

عنوان کتاب به‌زبان اصلی: خارجی

عنوان روی جلد کتاب:

مؤلف یا مؤلفان:

۱ عباس امیرانتظام ۲

۳ ۴

مترجم یا مترجمان:

۱ ۲

۳ ۴

سایر موارد: ۱ ۲

ناشر: نشر نی تعداد صفحات: ۴۳۲ قطع: وزیری

شابک: ۹۶۴-۳۱۲-۶۲۲-۴ رده دیویی: ۹۵۵/۰۸۲۰۹۲۲

امضاء ادارهٔ کتاب

تاریخ و مهر ادارهٔ کتاب ۱۳۸۱/۴/۲۴

یادداشت نویسنده بر چاپ سوم

بسیار خوشحال هستم که زنده مانده‌ام و شرایط سیاسی ایران اجازه داد کتاب‌های من چاپ شود و به اطلاع هموطنانم برسد. از آنجا که حقیقت هیچگاه مخفی نخواهد ماند برای پاسخگویی به اعتراض آقای عبدی و دیگر معترضین در انتظار تشکیل دادگاه صالحه‌ای هستم که پس از پذیرش درخواست اعادهٔ دادرسی طبق اصل ۱۶۸ قانون اساسی جمهوری اسلامی ایران تشکیل گردد. من امیدوارم در آیندهٔ نزدیک در دادگاهی علنی، با حضور هیأت منصفه، وکلا و نمایندگان رسانه‌ها و همهٔ سازمانهای ملی و بین‌المللی که حقوق انسان‌ها را ارج می‌نهند، حقایق بسیار مهمی را برای دفاع از خودم و دولت ملی مهندس مهدی بازرگان به اطلاع هموطنانم برسانم.

من به آینده‌ای بسیار روشن برای هموطنانم امیدوارم و آماده‌ام تا در اعادهٔ دادرسی با اثبات حقایق و اعادهٔ حیثیتم تا پایان عمر در خدمت ملت ایران باقی بمانم.

امیرانتظام

۸۱/۶/۱۹

مقدمه

خوانندگان گرامی و هموطنان عزیزی که پس از بیست‌ویک سال برای اولین بار با روند فعالیت‌های سیاسی، خدمت در دولت موقت، نحوهٔ بازداشت و محاکمات اینجانب آشنا می‌شوند، در نظر دارند که در زمان محاکمات، این امکان که اتهامات و دفاعیات من به‌طورکامل به اطلاع ملت ایران برسد، فراهم نیامد.

آن روزگار در شرایطی به‌سر می‌بردیم که با وجود فیلم‌برداری و ضبط کامل جلسات دادگاه، تنها روزنامه‌ای که سعی کرد بدون تحریف به درج اتهامات و دفاعیات بپردازد، روزنامهٔ **میزان** بود و خبرنگار آن در یکی از جلسات دادگاه توقیف شد. این روزنامه نیز قسمت عمده‌ای از دفاعیات را به عذر خوب‌نبودن نوار، حذف کرد. به‌خصوص مکالمات بین‌الاثنین من و آیت‌الله محمدی گیلانی، قاضی دادگاه، که بسیار قابل توجه و روشنگر است، اکنون نیز در دسترس نیست. گذشته از دفاعیات، حتی موارد اتهامی، مثل اتهام پیشنهاد انحلال مجلس خبرگان که از نظر دادگاه نسبت به دیگر اتهامات واهی اولویت داشت، در پشت اتهام بی‌اساس جاسوسی، پنهان و از نظر ملت ایران دور ماند.

نوع اتهامات وارد بر من و نحوهٔ محاکمات، با توجه به این‌که حق داشتن وکیل، حضور هیئت منصفه، دسترسی به اسناد بایگانی نخست‌وزیری، اسناد سفارت ایران در سوئد و وزارت امور خارجه، حق آخرین دفاع و استفاده از مواد قانونی مورد نیاز از من سلب شده بود، یکی از مجادله‌برانگیزترین محاکمات سیاسی در تاریخ جهان را رقم زد.

من با اتکال به خداوند و عنایت او و نیز تکیه بر حقیقت شرافت و خدماتم در راه اعتلا و سربلندی ایران، آن‌چنان استوار و باقدرت آنها را پشت سر گذاشتم که امروز پس از بیست سال، وقتی روی می‌گردانم و به گذشتهٔ طولانی و لبالب رنج و سختی می‌نگرم، احساس افتخار و غرور می‌کنم. گذشته‌ای که توکل به خدا، اعتقاد به حقیقت و باور به صبر و مقاومت، آن را چنین درخشان و کم‌نظیر ساخته است.

انتشار چگونگی این محاکمه، بازنگری و آگاهی مردم ما از حقایق آن، پاسخی است به چرایی بسیاری از حوادثی که در طول انقلاب بر ملت شریف ایران گذشت و آینده‌ای نزدیک و حاصل‌خیز، بستر شکفتن پرسش‌هایی است که سال‌ها در پس اتفاقات، خاموش بودند.

آنچه به محاکمات انجامید

یک روز پس از پیروزی انقلاب یعنی در روز ۲۳ بهمن ۱۳۵۷ از طرف مهندس بازرگان به سمت معاونت نخست‌وزیر و سرپرست نخست‌وزیری منصوب شدم و در طول ده روز بعد، سمت‌ها و مسئولیت‌های زیر نیز به من محول شد:

۱. سخنگویی دولت

۲. مسئولیت صدور اجازهٔ خروج از کشور، به‌این‌ترتیب که افراد متقاضی، درخواست خود را به دفتر من می‌دادند و دفتر من از دفتر امنیتی که زیر نظر دکتر ابراهیم یزدی بود، استفسار می‌کرد. بعد از دریافت پاسخ مثبت یا منفی، جواب لازم با امضای من در اختیار متقاضی قرار می‌گرفت.

۳. نمایندگی نخست‌وزیر در صدا و سیما

۴. مسئولیت پاسخگویی به مکاتبات سفارتخانه‌هایی که با نخست‌وزیر مکاتبهٔ مستقیم داشتند.

تا روز ۲۱ تیرماه ۱۳۵۸ در نخست‌وزیری مشغول انجام وظایف خود بودم، لیکن به‌دلیل بسیاری کارشکنی‌ها و نیز مداخلهٔ غیرمسئولانهٔ بعضی روحانیون در امور دولت، باکسب توافق نخست‌وزیر، به‌عنوان سفیر در پنج کشور اسکاندیناوی یعنی کشورهای سوئد، نروژ، فنلاند، دانمارک و ایسلند در تاریخ فوق به سوئد رفتم. قبل از حرکت به سوی محل مأموریت، مهندس بازرگان وظیفهٔ جدیدی را تحت عنوان «نمایندهٔ ویژهٔ نخست‌وزیر» در مذاکرات با کشورهای جهان به من تفویض کرد، تا با داشتن این سمت، با دولت‌های خارجی به‌خصوص دولت‌های اروپایی، امریکا و اتحاد جماهیر شوروی به مذاکره بپردازم.

در اواخر آذرماه ۱۳۵۸ طبق دعوت ساختگی کمال خرازی معاون وقت وزارت امور خارجه و بدون اطلاع وزیر امور خارجهٔ وقت، صادق قطب‌زاده، به تهران آمدم و در ۲۸ آذر ۱۳۵۸ به‌طور غیرقانونی بازداشت شدم و اکنون نیز بیست و یکمین سال حبس را سپری می‌کنم.

پس از چهارصد و پنجاه‌وچهار روز اقامت در سلول انفرادی، بدون ملاقات با کسی، در روز ۲۶ اسفند ۱۳۵۹ محاکمهٔ من شروع شد. در تمام این مدت از حق ملاقات و امکان مشاوره با وکیل محروم بودم. تنها ارتباط من با دنیای خارج از سلول، روزنامه بود که گاهگاهی به من می‌دادند و من همهٔ مطالب آن را می‌خواندم و در سلولم نگاه می‌داشتم.

زمستان ۱۳۵۹، یعنی هنگام شروع محاکمهٔ اینجانب، یکی از دوران‌های ویژه از نظر شرایط سیاسی بعد از انقلاب بود. یک گروه انحصارگر تحت لوای مذهب حکومتی در حال جان‌گرفتن بود و کار تصفیهٔ افراد و دولتمردانی که نسبت به قدرت بلامنازع آنان بیمناک بودند را آغاز کرده بود. دادگاه انقلاب دوباره فعال شده بود و این‌بار با واردنمودن اتهامات واهی و محاکمات بدون توقف، به این هدف کمک می‌کرد.

ابتدا از ملّیون شروع کردند. متهم‌کردن کسانی چون حسن نزیه، مقدم مراغه‌ای، اینجانب و نیز

مهندس بازرگان و نهضت آزادی عرصهٔ سیاست را برای انحصارطلبان و عده‌ای جوان دانشجو که به‌دلیل فقدان تجربه، خطری برای آنان محسوب نمی‌شدند، بازگذارد.

اختلافات شدیدی نیز بین بنی‌صدر رئیس‌جمهور وقت و شورای انقلاب بروز کرده بود و در چنین جو پرتلاطم و وحشت‌آوری تصمیم گرفته شد که مرا در روز ۲۶ اسفند محاکمه و در روز ۲۹ اسفند اعدام کنند. ولی از آنجایی که تقدیر الهی چنین نبود، یک روز قبل از شروع دادگاه بنا به پیشنهاد مرحوم بازرگان که پس از استعفا از نخست‌وزیری، نمایندهٔ مجلس در دورهٔ اول و نیز عضو شورای انقلاب بود، قرار می‌شود که برای حل اختلافات بین رئیس‌جمهور و شورای انقلاب یک کمیسیون سه‌نفری با عضویت دکتر بهشتی، آیت‌الله اشراقی و حجت‌الاسلام محمد یزدی تشکیل شود.

به‌این‌ترتیب جو سیاسی کشور در روز ۲۶ اسفند ۱۳۵۹ آرام می‌شود، مهندس بازرگان برای ادای شهادت در صبح روز محاکمه به دادگاه می‌آید، آیت‌الله محمدی گیلانی با احترام وی را می‌پذیرد و ایشان به مدت حدود سه‌ساعت به شهادت، تشریح وقایع و رد موارد اتهامات وارد بر من می‌پردازد.

داوطلبان وکالت

از اولین روزهای دادگاه عده‌ای از افراد شرافتمند و وطن‌دوست جهت پذیرفتن وکالت من اعلام آمادگی کردند، که هرچند دادگاه هیچ کدام را نپذیرفت، لیکن موجبات قدردانی و سپاس مرا فراهم ساختند. عده‌ای از این داوطلبان عبارت بودند از مرحوم حجت‌الاسلام دکتر حشمت‌الله مقصودی، مرحوم سرهنگ غلامرضا نجاتی، دکتر علی تابنده و حمید صادق نوبری. البته تعداد دیگری نیز اعلام آمادگی کردند که من از نام آنان بی‌اطلاع هستم.

همچنین از آیت‌الله ناصر مکارم شیرازی، شیخ علی تهرانی و دکتر گلزاده غفوری طی نامه‌ای درخواست کردم تا وکالت مرا بپذیرند. لیکن هیچ‌کدام بنا به دلایل شخصی، آن را نپذیرفتند.

لانهٔ جاسوسی و اسناد لانهٔ جاسوسی

پس از اشغال سفارت امریکا، دانشجویان نام آن را لانهٔ جاسوسی گذاشتند و سپس مکاتبات رسمی دولت را اسناد لانهٔ جاسوسی نامیدند. همه‌چیز بسیار ساده و حساب‌شده بود و صحنه‌گردانان اصلی ماجرا، اهداف خویش را دنبال می‌کردند.

طبق گفتهٔ مجتبی میرمهدی نمایندهٔ دادستان انقلاب، فقط اسناد مکاتبات بین دولت موقت و دولت امریکا در سفارت موجود بود و آن هم به‌این‌ترتیب که اسناد تکثیر شده و در کلیهٔ فایل‌های سفارتخانه قرار داده شده بود تا دانشجویان بدون کوچک‌ترین زحمتی به آنها دست یابند. آنان نیز نامه‌های دولت موقت با امضای مرا برداشته، مشعوف از این افشاگری، توسط شیخ علی تهرانی برای آیت‌الله خمینی فرستادند.

من در دادگاه ثابت کردم، با توجه به این که قبل از ۱۳ آبان ۱۳۵۸ نیز سفارت امریکا اشغال شده بود و اگر قرار بود تغییراتی در اسناد، انتقال، معدوم‌ساختن، جعل و یا دسته‌بندی آنها صورت بگیرد، تا آن تاریخ انجام یافته بود و بسیاری دلایل دیگر نیز ارائه کردم که این اسناد پرداختهٔ CIA است، لیکن برای آنان، به دلایلی، پذیرش حرف‌ها و اسناد ساختگی سیاسی امریکا، خوشگوارتر و قابل اعتمادتر از قول و عمل افراد شرافتمند ایرانی بود.

ترجمه‌های سراپا غلط اسناد نیز که توسط دانش‌آموزان دبیرستانی و یا سال‌های اول دانشگاه انجام شده بود، مورد تأیید دادگاه قرار گرفت. قابل توجه است که حزب تودهٔ ایران هم در روزنامهٔ رسمی خود، **نامهٔ مردم**[1]، ترجمهٔ دانشجویان را تأیید کرد.

یکی از کارگزاران اشغال سفارت امریکا، مهندس بهزاد نبوی، ضمن مصاحبه‌ای چنین گفت: «ما سفارت امریکا را اشغال کردیم تا دولت موقت را از اریکهٔ قدرت به زیر بکشیم[2]». کارگزاران امریکا نیز با وارونه بازی‌کردن نقش خویش، خود را در ورای شعارهای مرگ بر امریکا پنهان ساخته و با بهره‌برداری تبلیغاتی از این حرکت، ایران را تروریست معرفی کرده و در صحنه‌های بین‌المللی به انزوا کشانیدند.

به‌این‌ترتیب دولت موقت که برای استرداد دارایی‌های ایران به مذاکرهٔ اصولی و دیپلماتیک می‌اندیشید، از صحنه خارج شد و حاکمیت انحصارگرا با فروکاهیدن موقعیت سیاسی و بین‌المللی خود، برای حل سریع‌تر ماجرا و تصور بهره‌برداری از آن به مذاکره با امریکا متوسل شد. حسن و مهدی کروبی در تاریخ ۲۷ ژوئیه ۱۹۸۰ با نمایندگان امریکا در مادرید ملاقات کرده و توافق کردند که پس از سوگند ریاست جمهوری ریگان در واشنگتن، گروگان‌ها را آزاد کنند و در عوض امریکا نیز بدهی‌های خود به ایران را اعم از پول و سلاح پرداخت نماید. ملاقات دیگری نیز توسط دکتر صادق طباطبایی با وارن کریستوفر معاون وزارت خارجهٔ امریکا در پاریس و در اوت ۱۹۸۰ برای مبادلهٔ گروگان‌ها در مقابل استرداد دارایی‌های ایران صورت گرفت.[3]

طرف ایرانی به تعهد خود که ناچار از آن بود عمل کرد[4]، لیکن امریکا پس از تحویل گروگان‌ها به تعهد خود وقعی نگذاشت و به سادگی آن را به بازی گرفت.

---

۱. روزنامهٔ **نامه مردم**، شمارهٔ ۵۰۲، یکشنبه ۱۳ اردیبهشت ۱۳۶۰.

۲. روزنامهٔ **انقلاب اسلامی**، ۳۰ دی ۱۳۵۹.

۳. رجوع کنید به کتاب Garysick, *October Surprise,* 1991–1992 (ملاقات حسن و مهدی کروبی، با واسطهٔ سیروس و جمشید هاشمی با Casey رئیس ستاد انتخاباتی ریگان و رئیس بعدی سازمان سیا در هتل پنج ستارهٔ Ritz).

۴. عده زیادی از هموطنان به‌خاطر دارند که مراسم تحلیف ریگان به‌طور زنده در ساعت ۸ شب از رادیو امریکا پخش شد و همزمان با آن، تلویزیون ایران گروگان‌ها را نشان داد که در فرودگاه مهرآباد سوار هواپیما می‌شوند، به‌نظر می‌رسد این همزمانی تعمدی و نمایشی بود.

علاوه بر این، قراردادی نیز با دولت کارتر در مورد دارایی‌های سیزده میلیارد دلاری ایران امضا شد و برای این‌که ملت ایران یعنی صاحبان اصلی دارایی فوق از جریان توافق آنها باخبر نشوند، نام این قرارداد را بیانیهٔ الجزایر گذاشته و ملت ایران تا به‌حال نمی‌داند که اینان به‌جای ۱۳ میلیارد دلار، چیزی کمتر از ۳ میلیارد دلار دریافت کرده‌اند.[۱]

در این جا ضروری می‌دانم که به چند نکته در مورد کتاب اشاره کنم:

در هنگام گردآوری مطالب و تهیهٔ کتاب، همچنان در زندان اوین بودم و با مرخصی ۱۰ روزه در ایام نوروز ۱۳۷۹ موفق به تهیهٔ مقدمهٔ فوق شدم.

منابع مورد استناد گردآورندگان به‌دلیل عدم دسترسی به اینجانب و نیز سانسور محاکمات در روزنامه‌های آن زمان، بسیار محدود بوده و به‌جز روزنامه‌ها مقداری از دست نوشته‌های مرا اعم از خاطرات و دفاعیات در اختیار داشته‌اند. لیکن با توجه به امکانات موجود، کامل‌ترین سند تاریخی ممکن از آن وقایع در اختیار خوانندگان قرار گرفته است.

بی‌تردید در آینده با دسترسی به نوارها و فیلم دادگاه که در حال حاضر صرفاً در اختیار سازمان‌های ذیربط است، این کتاب به‌صورت کامل‌تری به چاپ خواهد رسید.

خاطرات اینجانب به دو بخش تقسیم شده است؛ یک بخش خاطرات دوران دولت موقت، بازداشت و محاکمات و بخش دیگر خاطرات زندان پس از دادگاه تاکنون است. بخش اول خاطرات بنا به نظر گردآورندگان همراه دفاعیات در اختیار علاقه‌مندان قرار می‌گیرد و خاطرات زندان در آیندهٔ نزدیک و در زمان مقتضی به ملت شریف ایران عرضه می‌گردد.

لازم می‌دانم از زحمات خستگی‌ناپذیر همسر فداکارم سرکار خانم الهه میزانی (امیرانتظام) که در تهیه و تنظیم کتاب با همه وجود وقت صرف کردند، تشکر و قدردانی کنم. همچنین از توجه و دقت دوست ارجمندم جناب آقای محمدعلی سفری که در نهایت صمیمیت کتاب را مطالعه و مقدمه‌ای بسیار ارزنده برای آن تهیه فرمودند، سپاسگزاری نمایم.

از دوستان بسیار عزیزم جناب آقای محمدمهدی جلالی و سرکار خانم فرنوش هاشمیان که تهیه و گردآوری کتاب، درنهایت دقت و محبت به عهدهٔ ایشان بود، سپاسگزاری کرده و آرزوی توفیق بیشتر آنان را در راه خدمت به میهن دارم.

همچنین تلاش و زحمات صمیمانهٔ مسئولان محترم نشرنی در انتشار این کتاب را ارج نهاده و توفیق ایشان را خواستارم.

عباس امیرانتظام

نوروز ۱۳۷۹

---

۱. به این مطالب به طور مشروح و مستند در کتاب **در جستجوی حقیقت** پرداخته‌ام که امید دارم به‌زودی در دسترس ملت شریف ایران قرار گیرد.

انقلاب، دولت موقت و دوران سفارت

(از ۱۷ شهریور ۱۳۵۷ تا ۲۸ آذر ۱۳۵۸)

۱۷ شهریور ۱۳۵۷

امروز صبح با اردشیر پسر ۶ ساله‌ام درحالی‌که در پیاده‌روی غربی خیابان پهلوی [ولی‌عصر]، حول‌وحوش محمودیه قدم می‌زدیم، آقای مهندس مهدی بازرگان را دیدم که از تهران به‌طرف شمیران می‌رفت. با ایشان سلام وعلیک کردم و درباره سروصدای شهر و تیراندازی‌ها پرسیدم. گفت که دلیل آن را نمی‌داند. پرسیدم چه باید کرد؟ پاسخ داد: باید نزدیک رفت و از جریانات آگاه شد. پیشنهاد کردم که آیا به همکاری من احتیاج دارند؟ گفت: بله، البته به‌شرطی که کارهای بازرگانی‌ات را کنار بگذاری. قول دادم.

صبح امروز در میدان ژاله عده‌ای تظاهرات کرده بودند و درنتیجهٔ درگیری با افراد نظامی عده‌ای از مردم کشته و زخمی شده بودند. از ساختمانی که منزل مسکونی من در آن واقع است منظرهٔ شهر تهران پیدا است و دود آتش میدان ژاله قابل رؤیت است. پس از صحبت با مهندس بازرگان تصمیم گرفتم که از فردا به ایشان کمک کنم، به همین خاطر دفترم را به محل ترجمهٔ مجلات و روزنامه‌های خارجی تبدیل کردم و با کمک همکارانم در دفتر آنها را ترجمه کرده تا پس از ترجمه فارسی، آنها را برای آقای بازرگان و چند نفر دیگر بفرستم.

مهرماه ۱۳۵۷

از ۱۷ شهریور به بعد روزها به دفتر مهندس بازرگان می‌روم و در ملاقات‌ها و مصاحبه‌ها غالباً در کنار ایشان هستم. حرکت‌های مبارزه‌جویانهٔ مردم در تهران هرروز وسیع‌تر و اعتصابات هم هر روز گسترده‌تر می‌شود. در برخوردهای خیابانی عده‌ای تیر می‌خورند و مجروح می‌شوند. دفتر من در ساختمان «ایرفرانس» در خیابان شاهرضا [انقلاب] و در نزدیکی میدان فردوسی قرار دارد. تظاهرات هر روز در این خیابان که دانشگاه تهران نیز در آن قرار دارد، ادامه دارد وما از روی بام دفتر جریانات خیابانی را نظاره می‌کنیم. هیچ‌کس نمی‌داند که نتیجه کار چیست و به کجا خواهد کشید.

من برای رسیدگی به کارهای دفترم در این ماه به اروپا رفتم و در پاریس با استفاده از فرصت برای دیدن آیت‌الله خمینی به نوفل لوشاتو رفتم. با ابراهیم یزدی نیز که از مشاوران آیت‌الله است دیدار کردم و او مرا به حیاط کوچک دیگری که آیت‌الله در آنجا می‌نشیند، برد و به ایشان معرفی

کرد. از تهران پرسیدند، گفتم هر روز زدوخورد و تیراندازی هست و هر روز دامنهٔ تظاهرات بیشتر می‌شود. در این جلسه آقای مادرشاهی هم حضور داشت، ایشان هم اوضاع تهران و مشهد را برای آیت‌الله شرح می‌داد. از صحبت‌ها پیدا بود که آیت‌الله او را از قبل می‌شناسد. پس از حدود نیم‌ساعت صحبت با آیت‌الله، نوفل لوشاتو را ترک کردم. بعدازظهر برای بازگشت به تهران به فرودگاه «شارل دوگل» رفتم. مهندس بازرگان هم که از چند روز قبل برای دیدار و ملاقات با آیت‌الله به پاریس آمده بود، بین مسافران در انتظار پرواز بود. در طول پرواز با ایشان درباره حوادث تهران و شهرستان‌ها صحبت می‌کردیم.

در حدود ساعت یازده شب وارد فرودگاه تهران شدیم. هنگام رفتن به شهر، ایشان در یک اتومبیل جلوتر از من سوار بودند و تاکسی ما به دنبال آن. شهر حکومت نظامی بود و فقط اتومبیل‌های مجاز حق عبور از خیابان‌ها را داشتند. در زمان عبور اتومبیل مهندس بازرگان از خیابان آیزنهاور در مقابل خیابان بیمارستان هزارتخت‌خوابی [بیمارستان امام‌خمینی]، اتومبیلی که با سرعت از شمال به‌طرف جنوب در حرکت بود با ماشین بازرگان تصادف کرد و شدیداً به بدنهٔ تاکسی ایشان آسیب وارد ساخت. من بلافاصله از تاکسی خود پیاده شده و برای کمک به ایشان شتافتم. خوشبختانه فقط جراحت کوچکی در روی پیشانی ایشان بوجود آمده بود. مهندس بازرگان را به منزل رساندم بعد به منزل خودم رفتم.

آبان و آذر ۱۳۵۷

هیئتی به نمایندگی کمیسیون حقوق بشر امریکا به ایران آمده بود. مهندس بازرگان از من خواست تا به نمایندگی ایشان در جلسهٔ حقوق بشر که با شرکت ریچارد کاتم، جان استمپل، ریچارد فالک و یک کشیش امریکایی ــ که نام او را فراموش کرده‌ام ــ از طرف امریکا و هیئت ایرانی شامل آقایان حسن نزیه، دکتر عبدالکریم لاهیجی، مهندس بنافتی، دکتر علی اصغر حاج سیدجوادی و احمد صدر حاج سیدجوادی در دفتر حقوق بشر در طبقهٔ دوم ساختمان روبه‌روی حسینیهٔ ارشاد برگزار می‌شد، شرکت کنم. هدف از تشکیل این جلسه مطرح‌کردن اعمال ناقض حقوق بشر در رژیم سلطنتی بود. در آخر جلسه ریچارد کاتم پیشنهاد کرد که برای ادامهٔ گفت‌وگو با هیئت حقوق بشر امریکا از طریق جان استمپل اقدام کنم. مذاکرات جلسه را به اطلاع مهندس بازرگان رساندم و پیشنهاد کاتم برای تماس با حقوق بشر امریکا را طرح کردم. ایشان توصیه کرد که تماسم را با آنها ادامه دهم.

در اوایل آذر ۱۳۵۷ مهندس بازرگان پیشنهاد کرد که با سولیوان ملاقات کند و محل ملاقات را در دفتر من مناسب دانست. من پیشنهاد ایشان را به استمپل گفتم و سولیوان سفیرکبیر امریکا به اتفاق استمپل برای دیدن مهندس بازرگان به دفتر من آمدند. تلاش آقای بازرگان و من در این تماس‌ها این بود که از سولیوان بخواهیم تا شاه را به نرمش و جلوگیری از

درگیری‌ها وادار کند تا از کُشت و کشتار جلوگیری شود.

در اواخر آذر مهندس بازرگان از من خواست تا ملاقاتی بین ایشان و آیت‌الله موسوی اردبیلی با سولیوان فراهم کنم. این ملاقات در قیطریه در منزل دکتر فریدون سحابی انجام شد. موضوع مورد بحث وادارکردن شاه به جلوگیری از خونریزی و خرابی بود، در مورد قانون اساسی آینده ایران نیز مذاکراتی شد.[۱]

اوایل دی‌ماه ۱۳۵۷

صبح در دفتر مهندس بازرگان بودم. دکتر یدالله سحابی هم حضور داشت. دکتر علی امینی به دیدن آقای بازرگان آمد و پیام شاه را به ایشان رساند. وی گفت: «اعلیحضرت علاقمندند تا شما یک دولت ملی تشکیل دهید». مهندس بازرگان ضمن تشکر، پیشنهاد شاه را رد کرد. دکتر امینی پاسخ داد: «ریاست شورای سلطنت را بپذیرید» مهندس بازرگان آن را هم رد کرد. سپس دکتر امینی از دکتر سحابی خواست تا ریاست شورای سلطنت را بپذیرد. ایشان هم این پیشنهاد را قبول نکرد.

از اوایل پاییز ۱۳۵۷، دریادار مدنی و من در جلساتی که با حضور عده‌ای از زنان و مردان ملی در منازل تشکیل می‌شد و تعداد شرکت‌کنندگان به حدود ۲۰ تا ۳۰ نفر می‌رسید، جمع می‌شدیم. در این جلسات دریادار مدنی و من آخرین اطلاعات‌مان را برای جمع مطرح می‌کردیم. جلساتی نیز در منزل دکتر سنجابی، مهندس بیانی و دکتر صدیقی داشتیم. جلسهٔ منزل دکتر صدیقی به این جهت تشکیل شد که ما معتقد بودیم که دکتر صدیقی نباید پیشنهاد شاه را بپذیرد. به‌همین‌دلیل وقتی وارد سالن محل سکونت ایشان شدیم، من به نمایندگی گروه تقاضای خودمان را به اطلاع ایشان رساندم. ایشان پاسخ داد که مصلحت خود را بهتر از ما می‌داند و دراین‌باره تصمیم خواهد گرفت.

دی‌ماه ۱۳۵۷

تظاهرات، آشوب و بلوا به‌طور عجیبی توسعه پیدا کرده و هر روز عده‌ای زخمی یا کشته می‌شوند. ذهن دیرباور من دائماً به‌دنبال هدایت‌کنندهٔ حوادث می‌گردد. در طول عمر من به‌خصوص از سال‌های ۱۳۲۰ به بعد، ملت ما با عشق به آزادی به‌حرکت درآمده‌اند ولی متأسفانه ابرقدرت‌های زمان همواره سعی داشته‌اند آن حرکت‌ها را کانالیزه کرده و در جهت منافع خود از آن بهره‌برداری کنند. به‌همین‌دلیل اکنون نیز که مردم با تمام خلوص و فداکاری به میدان آمده‌اند تردید دارم ابرقدرت‌ها ما را تنها بگذارند.

---

۱. آقای مهندس بازرگان جریان مذاکرات را در یک گفتار تلویزیونی به اطلاع عموم رساند. (امیرانتظام)

من هفته‌ای چندبار با نمایندهٔ کمیسیون حقوق بشر امریکا و دبیر سیاسی سفارت امریکا «جان استمپل» بنا به توصیه و راهنمایی مهندس مهدی بازرگان ملاقات می‌کنم و از او می‌خواهم تا همه تلاش و قدرتش را به‌کار بگیرد و شاه را وادار کند تا از خونریزی و ویرانی جلوگیری کند. اعضای سفارت امریکا اعم از سولیوان و استمپل همیشه می‌گویند که آنها در امور داخلی ما دخالت نمی‌کنند ولی من با تجربیاتی که از کودتای ۲۸ مرداد ۱۳۳۲ دارم، می‌دانم که آنها در این گفتار صادق نیستند. بنابراین در هر ملاقات این مسئله را تکرار می‌کنم، چون معتقد هستم هرکس که کشته شود ایرانی است و هرچه که ویران و نابود شود متعلق به ایران است. پس باید با تمام نیرو کوشید تا از تکرار آن جلوگیری شود.

کابینه ازهاری بالاخره سقوط کرد و عده‌ای از ملیّون سرشناس دعوت شده‌اند تا کابینهٔ ائتلافی تشکیل دهند. بازرگان، سحابی و سنجابی عذر خواستند. دکتر صدیقی هم موفق به تشکیل کابینه نشد. بالاخره شاپور بختیار پذیرفت و کابینه‌اش را معرفی کرد و در روز خروج شاه (۲۶ دی‌ماه) از مجلس رأی اعتماد گرفت. شاه فرودگاه مهرآباد تهران را بدون تشریفات رسمی به اتفاق فرح به مقصد مصر ترک کرد.

ترک تهران باعث شادی بسیار و هیجان برای مردم شد. بعدازظهر همان روز روزنامهٔ **اطلاعات** با تیتر درشت در صفحهٔ اوّل نوشت: «شاه رفت» عده‌ای از مردم عکس‌های شاه را در روی اسکناس‌ها می‌کندند و اسکناس بدون تصویر شاه را به یکدیگر نشان می‌دادند. عده‌ای دیگر مشغول پایین‌کشیدن مجسمه‌های شاه و پدرش رضاشاه شدند. عده‌ای نیز شیرینی و نقل به مردم تعارف می‌کردند.

پس از اعلام نخست‌وزیری دکتر شاپور بختیار من به مهندس بازرگان پیشنهاد کردم که ما باید بختیار را وادار به استعفا کنیم و اجازه ندهیم یک شخصیت سیاسی با سابقهٔ ملی، با حکم شاه به نخست‌وزیری برسد. بازرگان از من پرسید که چه کسی را برای این کار بفرستیم. من با وجودی که تا به آن روز بختیار را ندیده بودم، گفتم خودم. بازرگان استقبال کرد. من توسط دکتر احمد مدنی به بختیار معرفی شدم و وظیفهٔ خود را در این ملاقات‌ها به اطلاع بختیار رساندم. او سعی می‌کرد مرا قانع کند که به منظور خدمت، مسئولیت را در یک چنین دورانی پذیرفته است. استدلال من این بود که با شرایط فعلی او قادر نخواهد بود اهدافش را اجرا کند و بهتر است که هرچه زودتر از مقامش استعفا دهد. من هر روز پس از ملاقات با بختیار به دیدن مهندس بازرگان در مدرسهٔ رفاه می‌رفتم و گزارش کارم را به ایشان می‌دادم و رهنمودهای ایشان را در ملاقات بعدی به‌کار می‌بستم.

استمپل در ملاقات‌های متعدد به ما پیشنهاد می‌کرد بین فرماندهان ارتش و مهندس بازرگان و دکتر بهشتی تماس برقرار شود و با هم ملاقات کنند و شورای انقلاب هم در جریان این تماس‌ها بود. اولین موفقیت من در ملاقات با بختیار این بود که وی مهندس بازرگان را به ناهار

دعوت کرد تا مسائل موجود را با مشورت یکدیگر حل‌وفصل کند. این ملاقات چند روز پس از شروع کار بختیار انجام گرفت و راه تماس‌ها و ملاقات‌های بعدی را هموار ساخت.

ملاقاتی نیز بین ارتشبد قره‌باغی و سپهبد ناصرمقدم و مهندس بازرگان انجام گرفت. در این ملاقات مهندس بازرگان سعی داشت تا فرماندهان نظامی و امنیتی را قانع کند تا از برادرکشی و ویرانی جلوگیری کنند. مهندس بازرگان برای ملاقات بین قره‌باغی و دکتر بهشتی تلاش‌های فراوانی به‌عمل آورد، لیکن من از چگونگی آن اطلاعی ندارم.

بهمن‌ماه ۱۳۵۷

در طول این ماه چند ملاقات طولانی با دکتر بختیار داشتم و بحث ما برای استعفای او به درازا کشیده بود. بختیار در هفته اوّل قانع شد که استعفا بدهد و از مشارکت در مرگ و ویرانی خودداری کند. او متن استعفانامه‌اش را نوشت و به من داد. متن استعفا را برای مهندس بازرگان به شورای انقلاب بردم. این شورا در اطاقی بزرگ در حدود ۵×۸ متر در مدرسه رفاه تشکیل شده بود. از اعضای شورا فقط آیت‌الله طالقانی را می‌شناختم. بقیهٔ حضار همه روحانی بودند و من هیچ شناختی نسبت به آنها نداشتم. آیت‌الله طالقانی پس از دریافت متن استعفا به علی اکبر هاشمی رفسنجانی، باهنر و ربانی شیرازی تکلیف کرد که به اتاق دیگر بروند و به اتفاق دریادار مدنی و من، متن استعفانامه را مورد بررسی قرار دهند. به اتاق دیگر رفتیم، آنها تغییرات اندکی در متن دادند تا به بختیار بدهیم و او متن اصلاح‌شده را با خط خود بنویسد. بختیار در ضمن نوشتن متن استعفا خواسته بود که با مسافرت او به پاریس موافقت شود و او پس از ملاقات با آیت‌الله خمینی در پاریس استعفایش را به ایشان تسلیم کند. من شرایط بختیار را به اطلاع مهندس بازرگان رساندم و ایشان هم ابتدا از طریق دکتر ابراهیم یزدی متن استعفا و درخواست دکتر بختیار را به اطلاع آقای خمینی رسانده و جواب مساعد ایشان را گرفته بود. من هم این موافقت را به اطلاع دکتر بختیار رسانیده بودم و او خودش را آماده پرواز به پاریس کرده بود و این آمادگی را ضمن یک مصاحبهٔ تلویزیونی به اطلاع مردم رساند. همزمان با اقدامات من و مهندس بازرگان، بعضی روحانیون از جمله آیت‌الله صادق خلخالی با تماس‌های خود نظر آیت‌الله خمینی را عوض کرده بودند به‌طوری که چندساعت پس از اعلام مسافرت بختیار، آیت‌الله خمینی در یک مصاحبه مطبوعاتی اعلام کرد که تا بختیار استعفا ندهد او را نخواهد پذیرفت. بختیار از این مصاحبه عصبانی و ناراحت شد زیرا برخلاف توافق قبلی بود و به حیثیت او لطمه وارد شده بود.

۱۲ بهمن ۱۳۵۷

در چند روز گذشته، زمان ورود آیت‌الله خمینی چندبار اعلام و سپس تغییر کرد. سرانجام با روز ۱۲ بهمن موافقت شد. با تبلیغات وسیعی که انجام شده بود به‌خصوص خبر رادیو بی.بی.سی که

در سراسر ایران شنیده می‌شد، یک اجتماع بی‌نظیر و غیرعادی برای استقبال ایشان تدارک گردید. همهٔ احزاب، جمعیت‌ها و گروه‌ها در این استقبال مشارکت داشتند، از جمله گروه ما یعنی نهضت آزادی به اتفاق مهندس مهدی بازرگان به فرودگاه مهرآباد رفتیم. جمعیت زیادی در مسیر حرکت و در داخل ساختمان وجود داشت. هواپیمای ایرفرانس بدون هیچ حادثه در حدود ساعت ۱۰ صبح در تهران بر زمین نشست. من در داخل سالن به اتفاق صدها نفر دیگر حاضر بودیم. به‌دلیل ازدحام زیادی که در زمان ورود ایشان به سالن رخ داد من فقط از فاصله دور توانستم آیت‌الله خمینی را ببینم. ایشان پس از عبور از سالن با اتومبیل به‌طرف گورستان بهشت‌زهرا حرکت کردند. ما تا میدان ۲۴ اسفند [میدان انقلاب] اتومبیل ایشان را دنبال می‌کردیم و در آنجا از کاروان همراهان عقب ماندیم. آیت‌الله در بهشت‌زهرا از اینکه شاه چنین گورستان بزرگی ساخته بود، با کنایه، سفّاکی او را مورد سرزنش قرار داد و از افسران و امیران ارتش خواست که به حرکت مردم بپیوندند.

۱۵ بهمن ۱۳۵۷

امروز مراسم انتصاب مهندس مهدی بازرگان در سالن مدرسه رفاه انجام گرفت. در این مراسم که با حضور آیت‌الله خمینی انجام شد، حجت‌الاسلام رفسنجانی حکم انتصاب را قرائت کرد. مهندس بازرگان نیز در سخنانی آمادگی خود را برای پذیرش این مسئولیت اعلام داشت. عصر امروز آیت‌الله خمینی در سخنانی که از رادیو و تلویزیون پخش شد اعلام کرد که از این تاریخ روحانیت در منازل و مساجد خواهد نشست و در امور سیاسی دخالت نخواهد کرد.

هفته سوم بهمن ۱۳۵۷

به‌دنبال جلسات متوالی و مذاکره با دکتر شاپور بختیار، او برای بار دوم متقاعد شد که استعفا دهد. من در تمامی جلسات از ایشان می‌خواستم که از ادامه کشتار و ویرانی به‌عنوان نخست‌وزیر جلوگیری کند و ضمناً از ارتشبد قره‌باغی رئیس ستاد ارتش بخواهد که به نیروهای ارتشی دستور بازگشت به پادگان‌ها را بدهد. بختیار همیشه می‌گفت که او تحت فشار ارتش است و اگر بخواهد به آنها فشار وارد سازد، ارتش او را خواهد کُشت. می‌گفت که رئیس دفتر او که یک سرگرد نیروی هوایی بود مأمور کشتن اوست. من پیشنهاد کردم که جلسه‌ای مشترک با حضور ارتشبد قره‌باغی و سپهبد ناصر مقدم داشته باشیم. قرار شد عصر جمعه ۱۹ بهمن این جلسه با حضور آقای دکتر سحابی و من در کاخ نخست‌وزیری برگزار شود. من به دفتر مهندس بازرگان در مدرسهٔ رفاه بازگشتم و گزارش امر را به ایشان دادم. مهندس بازرگان با دکتر سحابی صحبت کرد، و قرار شد ایشان هم به اتفاق در این جلسه حضور داشته باشد. در ساعت ۸ بعدازظهر جلسه در دفتر نخست‌وزیر تشکیل و تا ساعت ۱۰ شب ادامه داشت. ابتدا دکتر سحابی مطالبی را مطرح کرد و

از تیمسار قره‌باغی و مقدم خواست از این برادرکشی و ویرانی جلوگیری کنند. ارتشبد قره‌باغی توضیح داد که وی و سپهبد مقدم در اختیار دکتر بختیار نخست‌وزیر هستند و با تمام توانشان اجراکننده دستورات دکتر بختیار هستند. این موضوع که در حضور دکتر بختیار مطرح می‌شد، با گفته‌های او که مدعی بود آنها مانع این کار هستند، مغایر بود. بعد من صحبت کردم و برداشت‌های دکتر بختیار را مطرح نمودم. ایشان دلیلی برای توجیه مطالب خود نداشت. بنابراین قبول کرد تصمیمات سریع و صریحی دراین‌باره اتخاذ نماید و قول داد برای حل مسئله کنار برود، قرار شد من فردای آن روز برای گرفتن استعفانامهٔ ایشان به دیدنش بروم.

شنبه بیستم بهمن ۱۳۵۷

صبح شنبه به دکتر بختیار تلفن کردم، او گفت که فردا تلفن کنم. عصر آن روز دکتر بختیار ساعت حکومت نظامی را به ۴ بعدازظهر تقلیل داد. آیت‌الله خمینی بلافاصله پس از اعلام این ساعت دستور داد مردم مقررات حکومت نظامی را رعایت نکنند و به خیابان‌ها بریزند. مردم هم چنین کردند و حکومت نظامی نادیده گرفته شد.

یکشنبه ۲۱ بهمن ۱۳۵۷

امروز نیز به بختیار تلفن کردم و او وعده تسلیم استعفانامه‌اش را به روز ۲۲ بهمن موکول کرد. من در چندین هفتهٔ اخیر صبح‌ها ساعت ۷ صبح به مدرسه رفاه می‌رفتم ودر دفتر مهندس بازرگان به ایشان کمک می‌کردم.

امشب در پادگان نیروی هوایی دوشان تپه بین همافران و نیروهای محافظ پادگان در زمان نمایش فیلم ورود آیت‌الله خمینی اختلاف و درگیری پیش آمد. این جدال لفظی به درگیری فیزیکی بین افراد منجر شد و با هجوم همافران و دیگران به انبار اسلحه و دست‌یابی آنان به سلاح، تبدیل به درگیری نظامی شد که به کشته‌شدن عده‌ای از طرفین و زخمی‌شدن تعدادی از آنها انجامید. نتیجهٔ این درگیری به‌دلیل کمک مردم ساکن اطراف پادگان به پیروزی همافران که به‌صورت شورش درآمده بود، منجر شد و لشگر گارد شاهنشاهی که علیه همافران می‌جنگیدند، با پذیرش شکست، عقب‌نشینی کردند.

دوشنبه ۲۲ بهمن ۱۳۵۷

صبح اول وقت در مدرسه رفاه بودیم. شدت تیراندازی اطراف مجلس و مدرسهٔ رفاه به حدی بود که شورای انقلاب طبق توصیهٔ مهندس بازرگان نخست‌وزیر منتخب تصمیم گرفت محل خود را از مدرسهٔ رفاه به منزل «حاج معین» در ضلع شرقی خیابان ایران (عین‌الدوله) تغییر دهد. به اتفاق مهندس بازرگان و هاشم صباغیان مدرسه رفاه را ترک کردیم و از در شمالی مدرسه

خارج و به منزل حاج معین منتقل شدیم. بلافاصله پس از استقرار در آن محل به اتفاق مهندس صباغیان موقعیت منزل و همسایه‌ها و دیوارهای اطراف را مورد بررسی قرار دادیم که اگر مجبور شدیم آن منزل را نیز ترک کنیم، چگونه دست به چنین کاری بزنیم. بعد یکی از اتاق‌ها برای صرف ناهار شورای انقلاب آماده شد. در این موقع من رادیو را باز کردم. ساعت در حدود ساعت ۱۲ ظهر بود. گویندهٔ رادیو اعلام کرد که اخبار را در ساعت ۱۲:۱۵ ظهر اعلام خواهد کرد. من به صباغیان گفتم چه خوب است که ارتش اعلام همبستگی کند و سلاح‌ها را به زمین بگذارد. در ساعت ۱۲:۱۵ ظهر خوشبختانه ارتش اعلام همبستگی کرد و آرامش نسبی برقرار شد. بعد از ناهار آقای مهندس بازرگان به من گفت که مهندس کاظم جفرودی تلفن کرده و گفته است که دکتر بختیار امروز عصر در ساعت ۴ بعدازظهر به منزل مهندس جفرودی خواهد رفت تا استعفای خودش را تقدیم کند. قرار شد من با اتومبیل خود به‌دنبال دکتر علی اکبر سیاسی رئیس سابق دانشگاه بروم. منزل مهندس جفرودی در خیابان جنوبی کاخ صاحبقرانیه قرار داشت.

امروز از صبح اول وقت به‌دلیل درگیری‌ها و آتش‌زدن اتوبوس‌ها، ساختمان‌ها و تایرها در تمام شهر تهران دود غلیظی به آسمان می‌رفت. بعدازظهر وقتی به دنبال دکتر سیاسی رفتم، تهران به‌صورت یک شهر جنگ‌زده درآمده بود. به اتفاق دکتر سیاسی به منزل مهندس جفرودی رفتیم. در زمان ورود مهندس جفرودی در منزل تنها بود، پس از چند دقیقه ارتشبد قره‌باغی با لباس کامل نظامی و مدال‌های نظامی خود به اتفاق سپهبد ناصرمقدم با لباس شخصی آمدند. بعد مهندس بازرگان به اتفاق دکتر یدالله سحابی، مهندس عبدالحسین خلیلی رئیس سابق دانشکده فنی تهران آمدند. جلسه تشکیل شد و درباره رویدادهای صبح و بعدازظهر صحبت شد. ما همه منتظر آمدن دکتر بختیار بودیم پس از مدتی تلفن زنگ زد، مهندس جفرودی را خواستند، رفت و برگشت و گفت بختیار می‌گوید به‌دلیل شرایط حاکم، قادر به آمدن نیست ولی استعفانامه خود را خواهد فرستاد. پس از مدتی شخصی آمد و استعفانامه را آورد. مهندس بازرگان آن را دریافت کرد و با دکتر سحابی و مهندس خلیلی مورد بررسی و اصلاحات قرار دادند و متن اصلاح‌شده را برای پاک‌نویس نزد دکتر بختیار فرستادند. قاصد پیام را برد و پس از مدتی متن اصلاح‌شده را با خود آورد و به مهندس بازرگان داد. پس از جلسه ما منزل را ترک کردیم و این آخرین باری بود که من ارتشبد قره‌باغی را می‌دیدم.

سه‌شنبه ۲۳ بهمن ۱۳۵۷

صبح مطابق معمول چندین هفته اخیر من به مدرسه رفاه رفتم. مهندس بازرگان که قبل از ما در محل دفتر کار خود حاضر شده بود، احکامی را ماشین شده برای ما که با ایشان همکاری می‌کردیم، صادر نمود. بیشتر مهندس صباغیان و من به‌عنوان کمک ایشان بودیم. در حکم صادره به من دستور داده شده بود که به نخست‌وزیری رفته آن محل را برای آمدن نخست‌وزیر

آماده کنم. به همراهی آقای عباس رادنیا تصمیم گرفتم به نخست‌وزیری بروم، ولی فکر کردم بهتر است که یک روحانی را با خود ببریم. از آقای رادنیا که با طبقه روحانی آشنایی داشت خواهش کردم از یک روحانی بخواهد به ما کمک کند. او از حجت‌الاسلام محمد مجتهد شبستری خواست تا با ما همراهی کند. در خیابان‌های شهر اتومبیل‌های مملو از افراد مسلح در حرکت بود و باعث وحشت و اضطراب عمومی شده بود، چون هیچ‌کس مطمئن نبود که از گزند تیر آنان رهایی داشته باشد. در طول مسیر در چندجا جلوی اتومبیل ما راگرفتند و حضور آقای مجتهد شبستری باعث رهایی ما شد.

در نخست‌وزیری به سروان نیلی مسئول حفاظت نخست‌وزیری برخورد کردم. ایشان سرگرد منوچهری رئیس دفتر دکتر بختیار را به ما معرفی کرد، من در طول یک ماه و اندی ملاقات‌های خودم با دکتر بختیار با وی آشنا شده بودم. حکم آقای بازرگان را نشان دادم و از او خواستم به ما کمک کند تا نخست‌وزیری را تحویل بگیریم. او گفت که روز قبل تمام اسناد و مدارک و حتی سلاح‌های موجود در گاوصندوق نخست‌وزیری غارت شده و چیزی برای تحویل‌دادن وجود ندارد. به اتفاق از اسلحه‌خانه و دفاتر نخست‌وزیر بازدید کردیم. در اتاق ناهارخوری غذای دیروز شاپور بختیار بدون این‌که دست خورده باشد در روی میز دیده می‌شد. سرگرد توضیح داد که در روز قبل دکتر بختیار بدون این‌که غذا خورده باشد با هلی‌کوپتر دفترش را ترک و به منطقه نامعلومی در ونک رفته است.

پس از بازدید از ساختمان مرکزی نخست‌وزیری به ساختمان اِل (L) که دفتر معاونان و کارمندان ارشد نخست‌وزیری بود، رفتیم. من دفتر کار یکی از وزرای مشاور راکه دارای همه‌گونه امکانات لازم جهت کار نخست‌وزیر بود برای مهندس بازرگان آماده کردم و سپس به آماده‌کردن دیگر دفاتر پرداختم. در حدود ساعت یک بعدازظهر به آقای مهندس بازرگان تلفن کردم تا به نخست‌وزیری بیاید، پس از مدتی ایشان وارد شد و با اتومبیل از داخل محوطه به جلوی پلکان ساختمان اِل رسید. من به همراه عده‌ای از کارمندان نخست‌وزیری به استقبال ایشان رفتم. وی بلافاصله پس از صعود از پله‌ها با دکتر ابراهیم یزدی و مهندس هاشم صباغیان، بازوی مراگرفته و به کناری برد و گفت من شما را برای معاونت نخست‌وزیری و سرپرست آن انتخاب کرده‌ام، چه نظری دارید؟ بلافاصله به ایشان گفتم که من یک عمر در آرزوی خدمت به کشورم بودم، اکنون که شما به‌عنوان یک دولت ملی آمده‌اید، مانند سربازی در خدمت شما هستم. بعد به اتفاق از پله‌های ساختمان بالا رفته و وارد سالن کنفرانس نخست‌وزیری شدیم، در این سالن عده‌ای از کارمندان نخست‌وزیری جمع شده بودند که من آنها را به نخست‌وزیر معرفی کردم و ایشان با یک‌یک آنها دست دادند. اولین فردی که بازرگان با او دست داد، یکی از کارمندان بود که خم شد تا دست ایشان را ببوسد. مهندس بازرگان با عصبانیت دست خود را کنار کشید و گفت: این چه عادت زشتی است که شما پیدا کرده‌اید و دستور داد که هیچ‌کس حق ندارد دست ایشان را

ببوسد. سپس چند دقیقه‌ای دربارهٔ وظایف نخست‌وزیری صحبت کرد و به دفتر خود رفت. آقایان ابراهیم یزدی و هاشم صباغیان و من در اتاق‌هایی که درنظر گرفته بودم، مستقر شدیم.

۲۴ بهمن ۱۳۵۷

در این روز سفارت امریکا توسط چریک‌های فدایی خلق مورد حمله قرار گرفت. چریک‌ها قبلاً در روی بام اطراف ساختمان سفارت مستقر شده بودند. در این حمله آنها با مسلسل به ساختمان سفارت شلیک کردند و شیشه‌های آنها را شکستند و عده‌ای از کارمندان سفارت از جمله ویلیام سولیوان را به گروگان گرفتند. این گروگان‌گیری با دخالت دکتر ابراهیم یزدی خاتمه یافت و از این تاریخ کمیته‌ای به سرپرستی «ماشاءالله قصاب»[1] در سفارت امریکا تشکیل شد.

اسفندماه ۱۳۵۷

از ابتدای تأسیس دولت موقت که من به‌عنوان معاون نخست‌وزیر انتخاب شده بودم هر روز در ساعت شش و نیم صبح در دفتر نخست‌وزیر حاضر می‌شدم و همراه آقایان دکتر ابراهیم یزدی و مهندس هاشم صباغیان کارهای روزانه و تصمیمات نخست‌وزیر را دریافت می‌کردیم.

یک روز صبح که از خیابان پهلوی [ولی عصر] وارد خیابان پاستور شدم، پاسداری با اسلحه به من فرمان توقف داد. ایستادم او به شیشه ماشین نزدیک شد و پرسید کیستی؟ گفتم امیرانتظام معاون نخست‌وزیر. گفت از ماشین پیاده شو. پیاده شدم. گفت در صندوق عقب ماشین را باز کن. باز کردم، نگاهی به داخل صندوق انداخت و گفت برو. پشت فرمان نشستم و ماشین را روشن کردم و راه افتادم، هنوز ده‌متری نرفته بودم که پاسدار مذکور با گلوله تایر و رینگ عقب را هدف قرار داد و اتومبیل از حرکت ایستاد. توقف کردم، از ماشین خارج شده، در ماشین را قفل کردم و بدون کلمه‌ای گفت‌وگو با وی، پیاده به‌طرف نخست‌وزیری راه افتادم و راننده را فرستادم تا تایر تیرخورده را با رینگ و لاستیک زاپاس داخل ماشین عوض کند.

اسفندماه ۱۳۵۷

یک روز صبح که در جلسهٔ ساعت شش ونیم نخست‌وزیر شرکت داشتم نخست‌وزیر خطاب به من گفت که از امروز علاوه بر سمت معاونت نخست‌وزیر شما را به‌عنوان سخنگوی دولت منصوب می‌کنم. پس از اتمام سخنان نخست‌وزیر، هاشم صباغیان از جا بلند شد و بدون هیچ حرفی اتاق نخست‌وزیر را ترک و در را به‌شدت به هم زد، نخست‌وزیر پرسید: «چرا صباغیان چنین رفتاری کرد؟!.» گفتم: «نمی‌دانم.»

---

۱. ماشاءالله کاشانی معروف به ماشاءالله قصاب.

اسفند ۱۳۵۷

در یکی از روزهای اسفند ۱۳۵۷ منشی من اطلاع داد که شخصی می‌خواهد به ملاقات من بیاید و یک مسئله امنیتی را در میان بگذارد، پس از توافق من مردی در حدود ۵۰ سال با قدی متوسط با لباس رسمی و کراوات به اطاقم آمد، من صندلی طرف راست خودم را به او تعارف کردم. پس از نشستن به من گفت که کارمند و عضو اداره ضدجاسوسی ساواک است. طبق خبر او، قرار است در ساعت ۵ بعدازظهر امروز یکی از دیپلمات‌های سفارت شوروی به دیدن یک ایرانی در ساختمانی در میدان ۲۵ شهریور برود و چیزهایی را در اختیار فرد ایرانی قرار دهد، ضمناً گفت که طرف ایرانی عبدالعلی نامیده می‌شود. این فرد آمده بود تا کسب تکلیف کند.

مطالب را بلافاصله به اطلاع نخست‌وزیر رساندم. ایشان دستور داد که آن شخص مسئله را تعقیب کند، ولی آقای بازرگان از شنیدن نام عبدالعلی که نام یکی از فرزندانش بود، ناراحت شده بود.

کارمند ادارهٔ ضدجاسوسی ساواک به کارش ادامه داد و روز بعد گزارش کارش را به من داد که به اطلاع نخست‌وزیر رساندم.

وی گفت که عبدالعلی را دستگیر کرده‌اند و عمل دستگیری توسط ماشاءالله قصاب انجام شده و نام واقعی این فرد محمدرضا سعادتی است که با دستگاه‌های عکاسی مخصوص جاسوسی که از دیپلمات روسی دریافت کرده دستگیر شده است.

من تاآن روز نمی‌دانستم که محمدرضا سعادتی کیست و به چه گروهی وابسته است.[1]

هفته اوّل اسفند ۱۳۵۷

من از روز ۲۲ بهمن ۵۷ در سمت معاون نخست‌وزیر مشغول کار شده بودم، هفته‌ای سه روز در نخست‌وزیری می‌خوابیدم. صبح یکی از این روزها منشی من اطلاع داد که شخصی به‌نام آیت‌الله شبیر خاقانی از خرمشهر می‌خواهد با من صحبت کند. ابتدا شخص دیگری که بعداً فهمیدم پسر ایشان بود در تلفن گفت که آقا می‌گویند در مدت زمامداری دولت موقت (دومین هفته دولت) مشکلات همچنان باقی است، وضع اتوبوس‌رانی، مشکل مسکن، مسئله فرهنگ و... تغییر پیدا نکرده، اگر تا چند روز دیگر تغییری حاصل نشود، ما خوزستان را جدا خواهیم کرد. من با شنیدن جدایی خوزستان گفتم هرکسی نامی از جدایی قسمتی از ایران بر زبان براند و اقدامی به عمل آورد، ملت ایران آنها را به خلیج‌فارس خواهند ریخت. گوشی راکس دیگری که گویا آیت‌الله شبیر خاقانی بود به‌دست گرفت با فارسی غلط و در حقیقت با زبان عربی و فارسی شکسته گفت: «به

---

۱. محمدرضا سعادتی از اعضای سازمان مجاهدین خلق بود که چندی بعد در دادگاه انقلاب محاکمه و اعدام شد.

بازرگان گفت اگر کارها انجام نشد، ما خوزستان را جدا کرد» من به ایشان همان مطالبی را که به پسرش گفته بودم تکرار کردم. او تلفن را گذاشت و مکالمه قطع شد. بلافاصله پس از قطع مکالمه به دفتر مهندس بازرگان رفتم و ماوقع را تعریف کردم، پرسیدم این شخص که بود؟ ایشان پاسخ داد که شبیر خاقانی یک روحانی شیعه در خرمشهر است و اضافه کرد که جواب درستی به او داده‌ام.

شبیر خاقانی این مسئله را به شکل دیگری به اطلاع قم و آیت‌الله خمینی رسانیده بود که باعث ناراحتی ایشان شد و به مهندس بازرگان تأکید کرد که من را از کابینه خارج کند. مهندس بازرگان پاسخ داد که یا مهندس امیرانتظام هست و من هم هستم یا اگر او برود، من هم خواهم رفت. آیت‌الله طالقانی نیز که از جریان مطلع شده بود با لحن خشنی مهندس بازرگان را تحت فشار قرار داده بود وجواب مهندس بازرگان همان بود که به آیت‌الله خمینی گفته بود.

این ماجرا مشکلات زیادی را برای دولت و شخص مهندس بازرگان به‌وجود آورد، تا این‌که اپراتور تلفن اهواز که خط خرمشهر را به دفتر وصل کرده بود و مکالمات مرا با آیت‌الله شبیر خاقانی ضبط کرده بود یک کپی از نوار آن را برای مهندس بازرگان فرستاد. وی پس از شنیدن نوار آن را به قم برد و به اطلاع آیت‌الله خمینی رساند و ایشان که متوجه می‌شود اطلاعی که به وی داده بودند با متن مکالمات نوار تفاوت دارد، از مهندس بازرگان می‌خواهد که مرا به قم ببرد تا از من دلجویی کنند. در مراسم تبریک عید نوروز به قم رفتیم و آیت‌الله خمینی برای دلجویی از من به احمد خمینی گفت که «حرف‌زدن را از امیرانتظام یاد بگیر» و به‌این‌ترتیب کدورت برطرف شد.

هفته آخر اسفند ۵۷

در یکی از شب‌های این هفته که من در نخست‌وزیری می‌خوابیدم، و وظایف خود را انجام می‌دادم در ساعت ۱۱ شب ویلیام سولیوان با جان استمپل به‌دفترم آمدند. سولیوان نامه‌ای به من داد که در آن دولت موقت را در جریان دستگیری یکی از افراد گارد محافظ شرکت امریکایی خلیج در خیابان سلطنت‌آباد قرار داده بود و از دولت موقت می‌خواست که امکانات آزادی آن زندانی را فراهم و پاسپورت و تلفن کیوسک او را پس بدهد، مهندس بازرگان را تلفنی از خواب بیدار کردم و جریان را به اطلاع ایشان رساندم. گفت که هرچه می‌توانم انجام دهم تا تقاضای سولیوان انجام شود. ابتدا به آیت‌الله مهدوی کنی رئیس کمیته مرکزی تلفن کردم. گفت که نیرویی ندارد تا در اختیارم قرار دهد، بعد به تیمسار ایمانیان فرمانده نیروی هوایی تلفن کردم، سوگند خورد که فقط ۶ نفر را در اختیار دارد و ۴ نفر از آنها را به من داد. آنها را به سلطنت‌آباد فرستادم و نگهبان امریکایی را آزاد و پاسپورت و تلفن او را گرفتند و به او پس دادند.

فردای آن شب ویلیام سولیوان نامه‌ای به من نوشت و از من تشکر کرد. نامه سولیوان خطاب به من با این عنوان بود: Dear Mr. Amir Entezam Deputy Prime Minister

هفته آخر اسفند ۵۷

ویلیام سولیوان به اتفاق جان استمپل به دفتر من آمدند. سولیوان در نامه‌ای خطاب به نخست‌وزیر نوشته بود که عده‌ای از کارشناسان امریکایی در کبکان مشهد گروگان گرفته شده‌اند و اضافه کرده بود که گروگان‌گیری آنها جنبهٔ سیاسی ندارد بلکه کارشناسان چندین میلیون تومان به پیمانکاران محلی بدهکارند و سفارت امریکا حاضر است آن بدهی را بپردازد و گروگان‌ها را آزاد و آنها را به تهران منتقل نماید. موضوع را با نخست‌وزیر در میان گذاشتم. نخست‌وزیر دستور داد که سرپرستی این کار را به‌عهده گیرم. فوراً نماینده‌ای از دادستانی کل کشور خواستم و نماینده‌ای هم از نخست‌وزیری تعیین کردم و همراه گروه امریکایی به کبکان فرستادم. تماس و مذاکره با فرماندهٔ نیروی هوایی فرودگاه مهرآباد و اختصاص یک هواپیما برای انجام این مأموریت، نصف روز وقت گرفت و بالاخره فرمانده نیروی هوایی فرودگاه توانست با جلب موافقت انقلابیون و پاسداران هواپیما را به مشهد و بعد به کبکان بفرستد و پس از پرداخت بدهی‌ها و آزادکردن گروگان‌ها، آنها را به تهران منتقل کردند تا ترتیب انتقال کارشناسان امریکایی همراه با سایر کارشناسان مقیم تهران به امریکا انجام شود. این کارشناسان طی صورت‌جلسه‌ای دستگاه‌های استراق سمع کبکان را به مأموران ایرانی پایگاه کبکان تحویل دادند و خود به تهران آمدند.

اول فروردین ۱۳۵۸

صبح امروز برای اجرای برنامه نوروزی همراه با مهندس بازرگان نخست‌وزیر با هلیکوپتر به استادیوم ۱۰۰ هزار نفری رفتیم. در استادیوم چندین هزار نفر از افراد علاقمند اجتماع کرده بودند. ابتدا یک گروهبان ارتش قسمت‌هایی از قرآن را با صوتی زیبا قرائت کرد. بعد مهندس بازرگان پشت میکروفون قرار گرفت که مردم برایش صلوات فرستادند. بازرگان به جمعیت گفت که برای من دست بزنید، صلوات نفرستید.

ظهر برای شرکت در مراسم تبریک سفیران کشورهای خارجی به مناسبت عید نوروز به کاخ نخست‌وزیری بازگشتیم و انجام مراسم که شامل عرض تبریک شیخ‌السفرا به شخص نخست‌وزیر و تبریک مهندس بازرگان به سفرا بود حدود یک‌ساعت طول کشید.

در زمان بازگشت از استادیوم صدهزار نفری مهندس ملک‌زاده مدیرعامل شرکت ساختمانی آرمه که در استادیوم حضور داشت تقاضا کرد با ما به نخست‌وزیری بیاید و اظهار می‌داشت که تأمین جانی ندارد و به همین جهت تقاضا کرده بود که همراه ما باشد. آقای بازرگان با آمدن ایشان همراه ما موافقت کرد. ملک‌زاده به نخست‌وزیری آمد و من قبل از شرکت در جلسه تبریک عید سفرا، او را در اتاق انتظار خودم قرار دادم تا پس از پایان آن جلسه ببینم که برای ملک‌زاده چه می‌توان کرد. پس از اتمام جلسه وقتی به اتاقم آمدم او نبود و من تصور کردم که او خودش اتاق

مرا ترک کرده، درحالی‌که در غیاب من مأموران دادستانی که بدون اطلاع من در نخست‌وزیری مستقر شده بودند، او را توقیف و به زندان قصر منتقل کرده بودند.

دوم فروردین ۱۳۵۸

به اتفاق نخست‌وزیر، دریادار مدنی و دکتر حسین بنی‌اسدی برای رسیدگی به وضع خوزستان و رفع کدورت آیت‌الله شبیر خاقانی به آنجا رفتیم، هواپیما در فرودگاه آبادان به زمین نشست. آقای بازرگان به اتفاق دکتر مدنی و بنی‌اسدی به خرمشهر رفتند و من هم با اتومبیلی به‌تنهایی وارد خرمشهر شدم. پس از ورود به خرمشهر متوجه شدم که تعداد زیادی از اهالی در نزدیکی منزل آیت‌الله شبیر خاقانی اجتماع کرده بودند. من هنگام پیاده‌شدن از اتومبیل متوجه شدم که این مردم نسبت به من عصبانی هستند و با چهره‌هایی تلخ به من نگاه می‌کنند. بر روی دیوار عکس‌هایی از مرا نصب کرده بودند و در زیر عکس‌ها نوشته بودند که امیرانتظام دشمن خلق عرب و عامل امریکاست. پس از دیدن عکس‌ها دستم را برای مردم تکان دادم و به طرف کوچهٔ منزل آیت‌الله حرکت کردم. کوچه خالی بود فقط یک زن با لباس عربی وسط کوچه ایستاده و منتظر من بود. این زن در حدود ۳۵ سال داشت، وقتی به او رسیدم با مشت محکم خود بر سینه‌ام زد و گفت امیرانتظام ما تو را می‌کشیم. به او خندیدم و به منزل شبیر خاقانی رفتم. مهندس بازرگان مرا معرفی کرد.[۱]

پس از پاره‌ای مذاکرات شبیر خاقانی به مسجد جنب منزلش رفت و به زبان عربی برای مردم صحبت کرد. افراد عرب‌زبان خرمشهر که صحن مسجد را پر کرده بودند و توسط یک طناب از محل اجتماع ما و منبر جدا شده بودند با غیظ و غضب به من نگاه می‌کردند. پس از خطبهٔ عربی آیت‌الله شبیر خاقانی، نخست‌وزیر بالای منبر رفت تا برای جمعیت سخنرانی کند که افراد داخل صحن مسجد با هلهله‌کردن خود از صحبت ایشان ممانعت کردند. سروان حجازی رئیس شهربانی خرمشهر که حضور داشت به من گفت که این افراد می‌خواهند به شما سوءقصد کنند، مسجد را ترک کنید. من به نزد آقای بازرگان رفتم و جریان را به اطلاع ایشان رساندم ایشان از منبر پایین آمد و مسجد را ترک نمود، من صبر کردم تا دریادار مدنی و دکتر بنی‌اسدی از مسجد خارج شدند و من آخرین نفر بودم که مسجد را ترک کردم. هنگام خروج از مسجد از روی بام به طرف من تیراندازی شد، پریدم روی پله و از محلی که در تیررس نبود به‌سرعت خارج شدم. بعداً به من گفته شد که سه نفر تیر خورده بودند. این اولین سوءقصد نسبت به من بود.

---

۱. آیت‌الله شبیر خاقانی نابینا بود.

هفته اوّل فروردین ۱۳۵۸

ویلیام سولیوان سفیر امریکا به دفترم آمد و نامه‌ای را که خطاب به نخست‌وزیر بود به من داد. نامه درباره اهدای موجودی غذایی و دارویی انبارهای کارشناسان امریکایی بود که ایران را ترک کرده بودند. مطالب نامه را به اطلاع آقای بازرگان رساندم، ایشان تشکر کرد و گفت: هدیه نمی‌پذیریم ولی پس از بازدید از دو انبار، کالاهایی را که احتیاج داریم خواهیم خرید. مسئولیت این کار را نیز برعهدهٔ من گذاشتند. من تقاضا کردم که یک روحانی و نماینده دادستانی مرا همراهی کنند. آقای بازرگان آیت‌الله طالقانی را برای تشخیص موارد شرعی تعیین کرد و نماینده‌ای از دادستانی نیز انتخاب شد. تشریفات این کارها تا ۲۱ تیرماه ۱۳۵۸ به‌طول انجامید. در آن تاریخ من به‌عنوان سفیر در کشورهای اسکاندیناوی و نماینده ویژه رئیس دولت، ایران را ترک کردم و کار اجرای این برنامه از طرف نخست‌وزیر به شخص دیگری واگذار شد.

هفته دوّم فروردین‌ماه ۱۳۵۸

نخست‌وزیری به‌دلیل تعطیلات عید نوروز تعطیل بود. در این مدت من به‌دلیل On Call بودن در نخست‌وزیری حضور داشتم. روزی دکتر مصطفی چمران به اتاقم آمد[1] و پس از سلام و احوالپرسی به من گفت که تصمیم گرفته است ایران را ترک کند. پرسیدم چرا؟! گفت از دخالت روحانیون در امور داخلی دولت عاصی شده و می‌خواهد کناره‌گیری کند. او در ضمن شرح ناراحتی‌ها منقلب شده و گریست. او را دلداری داده و گفتم: «مصطفی، تو و من آرزو داشتیم تا روزی در حکومت ملی به کشورمان خدمت کنیم، حالا موقع خدمت است. انصاف نیست که بازرگان را تنها بگذاریم تا خودمان را راحت کنیم.»

اوایل هفته دوّم فروردین‌ماه ۱۳۵۸

سپهبد ناصر مقدم به دیدنم آمد تا در جلسات متوالی بخشی از اسرار پشت‌پرده ساواک را برای دولت انقلاب بازگو کند. آنچه را که او برای من تعریف کرد پیرامون ماجرای جاسوسی تیمسار مقربی بود.

تیمسار مقدم گفت که مأموران ضداطلاعاتی ساواک از مدت‌ها قبل متوجه شده بودند که یکی از دیپلمات‌های روسی در روزهای معینی از هفته و در ساعتی مشخص از اتومبیلی در سر کوچه‌ای که تیمسار مقربی در آن سکونت داشت، پیاده می‌شود و درحالی‌که یک کیف دستی مانند سامسونایت در دست دارد، با سرعتی یکنواخت طول کوچه را طی می‌کند و در انتهای

---

۱. گفتنی است که شهید چمران از نزدیک‌ترین دوستان عباس امیرانتظام از سال ۱۳۳۰ و در دانشکده فنی بوده است.

کوچه سوار یک اتومبیل می‌شود و می‌رود. مأموران متوجه می‌شوند که حتماً اسراری در این کار است. چندین منزل در مقابل منزل مقربی و دو منزل طرفین منزل او را اجاره کرده و مأموران اطلاعاتی ساواک را در آنجا جای می‌دهند. سرانجام متوجه می‌شوند که در زمان عبور دیپلمات روسی امواج خاصی پخش می‌شود. این امواج را با دستگاه‌های گیرنده ضبط می‌کنند و متوجه می‌شوند این امواج فشرده‌ای بوده که تیمسار مقربی توسط دستگاه خود آنها را دریافت و بعد توسط دستگاه دیگری این امواج را به طول موج متداول و معمولی تبدیل و از آن طریق پیام خود را دریافت و جواب‌های لازم را به همان طریق برای گیرندهٔ محتوی کیف دیپلمات می‌فرستاده است. با کشف این رمز تیمسار مقربی دستگیر و محاکمه می‌شود.

تیمسار ناصر مقدم رئیس ساواک پس از ترک اتاق من در راهروی نخست‌وزیری توسط عوامل دادستانی دستگیر و به زندان قصر منتقل شد. نخست‌وزیر پس از اطلاع از این اقدام دادستانی، نامه‌ای با خط خود نوشت و جان خود را در گرو جان تیمسار مقدم قرار داد و بدین‌وسیله می‌خواست از مرگ این بانک اطلاعات ایران جلوگیری نماید تا زمانی که دادگاهی باصلاحیت برای محاکمهٔ عادلانهٔ او تشکیل گردد، ولی متأسفانه آیت‌الله خلخالی و عوامل او بدون درنظرگرفتن مصالح ملی و بدون اینکه اجازه دهند او اطلاعات خود را در اختیار دولت قرار دهد، بدون هیچ ضابطهٔ قضایی و برخلاف مصالح ملی ایران به‌سرعت او را نابود کردند. آقای خلخالی برای انجام این کار و در بن‌بست‌قراردادن دولت، سیم‌های تلفن زندان قصر را قطع کرده بود تا هیچ‌کس مانع انجام کار او نشود.

اوایل فروردین‌ماه ۱۳۵۸

روزنامهٔ **کیهان** در یکی از شماره‌های خود در صفحهٔ آخر، ستون دست راست، اطلاعیه‌ای را منتشر کرد مبنی بر این که امیرانتظام عضو نهضت آزادی نیست. این اطلاعیه بدون امضا ضربه‌ای بود برای دولت موقت، چراکه مطالب آن مبین اختلاف و دودستگی در نهضت آزادی بود. نخست‌وزیر و دکتر یدالله سحابی ــ وزیر امور انقلاب ــ و سایر مسئولان و اداره‌کنندگان نهضت آزادی نمی‌دانستند که این اطلاعیه توسط چه کسی و به چه دلیل داده شده است. مهندس بازرگان نخست‌وزیر و دکتر یدالله سحابی در این مورد از من سؤال کردند، من هیچ خبری نداشتم. برحسب تصادف زمانی که در راهرو به طرف اتاق نخست‌وزیر می‌رفتم مهندس عزت‌الله سحابی را دیدم که از آنجا خارج می‌شد، در یک لحظه به ذهنم رسید که مهندس سحابی این اطلاعیه را منتشر کرده است، وقتی به ایشان رسیدم، سؤال کردم که: «چرا این کار را کردی؟!». ایشان جواب داد: «مگر تو عضو حزب بودی؟» من نگاهی به ایشان کرده و چون قصد بحث و جدل نداشتم،

عبور کردم.[۱] گفتنی است که دکتر یدالله سحابی هنگامی‌که دانست این اطلاعیه توسط چه کسی تنظیم شده بسیار ناراحت شد.

دلیل این حرکت مهندس عزت‌الله سحابی این بود که آقای یاسر عرفات در آخر اسفند سال ۱۳۵۷ به تهران آمد و پس از ترک تهران در لبنان با مجلهٔ **الثوره** مصاحبه‌ای کرد و در آن مصاحبه گفت: «دولت ایران تعهد کرده است که به فلسطین اسلحه و پول بدهد.» نخست‌وزیر پس از دیدن این مصاحبه دستور داد که دولت ضمن تأیید مبارزات مردم فلسطین در جهت کسب استقلال خود آن را تکذیب کند و من به‌عنوان سخنگوی دولت آن را تکذیب کردم.[۲] این امر به‌دلیل تعصبات و التهابات مذهبی دوران انقلاب در بعضی دوستان نهضت آزادی بدون درنظرگرفتن منافع ملی، ناگوار آمد و باعث تصمیم بدون مشورت آقای عزت‌الله سحابی برای انتشار آن اطلاعیه شد.[۳]

اواخر فروردین ۱۳۵۸

از ابتدای تشکیل دولت موقت دخالت بعضی روحانیون به شکلی غیرمنطقی و غیرمسئولانه در امور دولت ظاهر شد به‌خصوص در مورد شخص من که ظاهری به زعم آنان غیرمذهبی داشتم.

---

۱. شایان ذکر است که اینجانب هفتمین نفری بودم که به‌جز شورای مؤسس به نهضت آزادی پیوستم. (امیرانتظام)

۲. آن‌طور که در سالیان بعد دانستم، این اقدام باعث خروج من از نهضت آزادی از دیدگاه اعضای بعدی نهضت شد. (امیرانتظام)

۳. عزت‌الله سحابی دراین‌باره چنین اظهار می‌دارد: «... من به اینها گفتم که ما جزء نهضت آزادی نیستیم و از سال ۵۸ از نهضت آزادی جدا شدیم و این خبر در تلکس‌ها و همه‌جا منعکس شده است. خود نهضتی‌ها هم می‌دانند. گفتند شما چرا جدا شدید؟ بنده در مورد اختلافات فکری و نظری‌مان با نهضت مطالبی را گفتم و آن موقع این اختلافات واقعاً وجود داشت. بعد از انقلاب ناگهان عده زیادی از ایرانیان اروپا و امریکا به ایران آمدند و همه خود را عضو نهضت معرفی می‌کردند. عده‌ای هم از قدیم داخل نهضت بودند ولی در سال‌های اوج مبارزه یعنی از سال ۴۲ به بعد خود را کنار کشیدند. بعد از پیروزی انقلاب اینها جلو آمدند مثل آقای نزیه و آقای امیرانتظام. ما از این ترکیب ناراضی بودیم به‌طوری که وقتی دولت موقت بر سر کار بود در اردیبهشت ۵۸ روی کار آمد مرحوم طالقانی، بنده، اخوی و چندتن از دوستان جلسه‌ای تشکیل دادیم، جلسه نهضتی‌های خارج از دولت. در این جلسه مطرح شد که آقای امیرانتظام از سال ۴۰ از نهضت بیرون رفت و هیچ ارتباط تشکیلاتی با نهضت نداشت. فقط با برخی از سران نهضت مثل مرحوم رحیم عطایی ارتباط شخصی داشت. از سال ۵۵ـ۵۴ به این طرف هم با آقای مهندس بازرگان ارتباط برقرارکرده بود. ما در این جلسه اعلامیه دادیم مبنی بر این که آقای امیرانتظام عضو نهضت آزادی نیست و از سال ۴۰ از نهضت بیرون رفته است.

امیرانتظام هم دلخور شد و از ما گله کرد. به هرصورت می‌خواهم بگویم که در نهضت اختلاف فکری وجود داشت.»

روزنامهٔ **فتح**، شمارهٔ ۴۹، ۲۰ بهمن ۱۳۷۸

با وجودی که معاون نخست‌وزیر و سرپرست کاخ نخست‌وزیری بودم، ورود و خروج از نخست‌وزیری زیر نظر روحانیت و عوامل آنها بود، کلیهٔ نامه‌های وارده و صادره از نخست‌وزیری کنترل می‌شد و بدون اینکه سواد خواندن نامه‌های انگلیسی را داشته باشند، آنها را بررسی و گاهی پاره می‌کردند و به‌این‌ترتیب کارهای نخست‌وزیری را فلج کرده بودند.

ورود و خروج افراد نیز توسط این گروه کنترل می‌شد و غالباً رفتاری غیرمتعارف و بی‌ادبانه داشتند که به حیثیت اشخاص لطمه می‌زد. پس از تلاش زیاد توانستیم گارد شهربانی را که در گذشته امر حفاظت را به‌عهده داشت، به‌کار دعوت کنیم در ابتدای بازگشت گارد محافظ شهربانی، افراد انقلابی که از طرف بعضی روحانیون حمایت می‌شدند، می‌خواستند افراد گارد شهربانی را به گلوله ببندند که به‌طرز معجزه‌آسایی از آن جلوگیری شد. من که مایل بودم در نهایت آرامش، این گارد انقلابی که متشکل از انواع گروه‌ها از جمله مجاهدین خلق بود را برای جلوگیری از هرج‌ومرج و بی‌نظمی کنار بگذارم، برای هرکدام از آنها لوح تقدیر تهیه کردم و آقای نخست‌وزیر از آنها تشکر کردند ضمناً طبق تقاضای من از آنها خواسته شد تا سلاح خود را قبل از ترک نخست‌وزیری تحویل دهند. متأسفانه این دستور نخست‌وزیر اجرا نشد و افراد انقلابی گارد نخست‌وزیری پس از به مسلسل‌بستن دیوار راهروی نخست‌وزیری(!) ساختمان را ترک کردند.

فروردین‌ماه ۱۳۵۸

از ابتدای تشکیل دولت موقت، مهندس علی‌اکبر معین‌فر به ریاست سازمان برنامه انتخاب شده بود. تمام وزارتخانه‌ها بودجه‌های خود را می‌بایستی از سازمان برنامه دریافت کنند. به دلایلی که من هنوز نمی‌دانم بودجه‌های مربوط به آنها ابلاغ نمی‌شد و مشکلات شدیدی را برای وزرا و مسئولان وزارتخانه‌ها به‌وجود آورده بود. این امر در آن شرایط بغرنج اجتماعی بلافاصله پس از انقلاب و تشکیل دولت موقت به‌صورت مهم‌ترین معضل دولت درآمده بود، که من یک مورد آن را که درباره وزارت دفاع بود، شرح می‌دهم:

در این ماه تیمسار سرلشگر فربد از نخست‌وزیر، وزیر کار (داریوش فروهر) و شخص من دعوت کرده بود تا برای بازدید ستاد ارتش به آنجا برویم. در این بازدید فرمانده نیروی زمینی (سرتیپ فلاحی) هم حضور داشت. پس از بازدید در سالن سخنرانی جمع شدیم تا از نظرات مسئولان ستاد ارتش و نیروی زمینی آگاه شویم. تیمسار فلاحی پشت تریبون قرار گرفت و مطالب زیر را به اطلاع نخست‌وزیر و ما رسانید.

تیمسار فلاحی گفت: «من چند نمونه از اتفاقات پیش‌آمده را به اطلاع آقای نخست‌وزیر و هیئت همراه می‌رسانم و آنها عبارتند از، صبح‌ها که افسران وارد ستاد می‌شوند، در آستانه ورودی نه‌تنها از احترام سربازان و گروهبان خبری نیست، بلکه آنها عمداً دود سیگار را در دهان نگه می‌دارند و در زمان عبور هر افسری دود را به‌صورت افسران فوت می‌کنند و آنها را مورد

تحقیر قرار می‌دهند.» تیمسار فلاحی اضافه کرد که در چند روز گذشته در زمان تخلیه لاشهٔ گوسفندان از کامیون، سربازی که در حال حمل لاشهٔ گوسفندی بوده در زمان عبور سرتیپی لاشه گوسفند را بر دوش وی گذاشته و گفته است که تا به‌حال من آن را حمل می‌کردم، حالا نوبت توست! سرباز دیگری که در حال شستن دستشویی بوده به سرتیپ دیگری که به توالت می‌رفته جارو را داده و به او گفته تا حالا من می‌شستم حالا تو توالت را بشور!...

تیمسار فلاحی در ادامه سخنان خود اضافه کرد تحمل چنین شرایطی مشکل و شاید غیرقابل تحمل باشد، ولی آنچه راکه بیشتر شخص وی و سایر فرماندهان را ناراحت و مستأصل کرده، عدم دریافت بودجهٔ ارتش است که آنها حتی پول برای تهیه غذای سربازان ندارند. در اینجا لحن گفتار تیمسار فلاحیان آنقدر هیجان‌انگیز بود که همهٔ حضار و شخص نخست‌وزیر شدیداً منقلب شدند.

آقای نخست وزیر در پشت تریبون قرار گرفت و قول داد که تا بیست و چهارساعت آینده ترتیب ابلاغ بودجهٔ ارتش را خواهد داد.

عکس شمارهٔ ۱

بازدید ستاد ارتش توسط مهندس بازرگان و هیأت همراه مرکب از امیرانتظام، داریوش فروهر و مصطفی چمران

عکس شمارهٔ ۲

قول آقای نخست‌وزیر تا آخرین روزهایی که من در تهران بودم یعنی ۲۱ تیر ۱۳۵۸، انجام نشد و تیمسار تقی ریاحی که در آن زمان وزارت دفاع را به‌عهده داشت چند بار به من گفت که برای دریافت ابلاغ بودجهٔ ارتش ساعت‌ها در پشت در اتاق بستهٔ آقای مهندس معین‌فر در سازمان برنامه نشسته و انتظار دریافت بودجه را داشته و دست‌خالی به وزارت دفاع بازگشته است و بالاخره هم مسئله بودجه و سخنرانی‌های سرتیپ عزیزالله امیررحیمی که بدون کسب اجازه از وزیر دفاع و نخست‌وزیر بود، باعث استعفای تیمسار ریاحی شد و وی ایران را ترک کرد.

اردیبهشت‌ماه ۱۳۵۸

پس از پیروزی انقلاب در ۲۲ بهمن ۱۳۵۷ ارتش تقریباً متلاشی شده بود و تشکیلات ارتش به‌صورتی درآمده بود که نمونه‌ای از آن را در بالا توضیح دادم. حادثه بسیار جالب دیگری ــ که هنوز هم معمای آن برایم حل نشده ــ بوجود آمد، یک روز در روزنامه‌ها اعلام شد که دژبان مرکز با دوهزار پرسنل و لباس‌های یونیفورم نو با جیپ‌های کارنکرده و نو تشکیل شده است. شخص نخست‌وزیر و وزیر دفاع از نحوهٔ تشکیل آن بی‌اطلاع بودند و جالب‌تر از همه تیمسار امیر رحیمی که خود را فرمانده دژبان می‌نامید در یک هفته چند مصاحبه مطبوعاتی داشت و

عکس شمارهٔ ۳

مطالبی را بدون اطلاع وزارت دفاع و شخص نخست‌وزیر اعلام می‌کرد. تیمسار تقی ریاحی از این وضعیت به نخست‌وزیر شکایت کرد، همه فکر می‌کردند که تیمسار امیر رحیمی از طرف آیت‌الله خمینی منصوب شده که خود را محافظ آیت‌الله معرفی می‌کرد. یک روز نخست‌وزیر مرا به دفتر خود احضار کرده و مسئله دژبان را با من مطرح کرد از من خواست به قم بروم و موضوع را با آیت‌الله خمینی مطرح کرده و مشکلات نخست‌وزیر و وزیر دفاع را در رابطه با تیمسار امیر رحیمی شرح دهم، با هلیکوپتر به قم و به دیدن آیت‌الله خمینی رفتم و مسئله را با ایشان مطرح کردم. ایشان با تعجب پرسید امیر رحیمی کیست؟ بعضی حاضران توضیح دادند و ایشان پاسخ داد که هرگز از ظهور و حضور او و ۲ هزار پرسنلش خبر ندارد. به تهران بازگشتم و نتیجه را به اطلاع نخست‌وزیر رساندم. نخست‌وزیر تازه متوجه شد که آقای امیر رحیمی منتسب آیت‌الله خمینی نیست.

تا ۲۱ تیر ۱۳۵۸ که در تهران بودم آقای بازرگان نتوانست تیمسار رحیمی را معزول و یا از مصاحبه منصرف سازد. در این فاصله تیمسار ریاحی وزیر دفاع به‌دلیل حضور تیمسار امیر رحیمی و عدم دریافت بودجه ارتش از سمت خود استعفا و ایران را به قصد فرانسه ترک کرد.

عکس شمارهٔ ۴

بهار سال ۱۳۵۸

پس از استعفای تیمسار ریاحی از وزارت دفاع تیمسار دریادار مدنی به وزارت دفاع منصوب شد. از روز ۲۲ بهمن ۵۷ مرد جوانی به‌نام فرشچی ادارهٔ تسلیحات ارتش و صنایع نظامی را در سلطنت‌آباد تصرف و خود را مدیرعامل آن معرفی و صدها حکم برای افراد مختلف صادر کرده بود. هیئت دولت و وزیر دفاع از وجود او در ابتدا بی‌خبر و بعد هم که باخبر شدند تغییر او از آن سمت، کار دشواری شده بود چون بنا به اظهارات فرشچی، او مبلغ ۲۵۰ میلیون تومان پول موجود در صندوق آن اداره را پس از سوراخ‌کردن صندوق با ماشین جوش برداشته و به قم فرستاده و بعد خود را مدیر آن سازمان نامیده بود.

یک روز دریادار مدنی در نخست‌وزیری به دیدنم آمد و اظهار داشت که فرشچی در اداره امور تسلیحات ارتش و صنایع آن اخلال می‌کند و کسی نمی‌تواند او را از آن مقام بردارد. تلفنی از او خواستم به نخست‌وزیری بیاید. پس از ساعتی درحالی‌که دریادار مدنی در اطاقم حضور داشت، با یک مسلسل پر وارد اتاق شد و با لحن و رفتار بسیار بی‌ادبانه‌ای با من و دریادار مدنی برخورد کرد و گفت که او را از قم منصوب کرده‌اند و حاضر نیست محل کارش را ترک کند.

عکس شمارهٔ ۵

صحبت‌های دریادار مدنی و من نتیجه‌ای نداد و او بدون اعتنا به ما با مسلسلش نخست‌وزیری را ترک کرد و تا ۲۱ تیرماه ۱۳۵۸ که من هنوز در تهران بودم. فرشچی هنوز خود را مدیرعامل صنایع نظامی می‌دانست.

بهار سال ۱۳۵۸

از ابتدای مشارکت در دولت موقت متوجه کارشکنی‌های بعضی روحانیون بودم و مسئله تلفن آیت‌الله شبیر خاقانی را قبلاً ذکر کردم. این مداخلات در حدی بود که ادامهٔ کار را غیرممکن می‌کرد که چند نمونهٔ آن را قبلاً گفتم. از جمله، افراد انقلابی محافظ کاخ نخست‌وزیری که از همه گونه افراد تشکیل شده بود و نه‌تنها نامه‌ها را در ورود و خروج از نخست‌وزیری کنترل می‌کردند بلکه در زمان ورود افراد، به‌خصوص سفرای مقیم تهران، آنها را به‌طرز توهین‌آمیزی می‌گشتند که بارها و بارها این کنترل غیرعادی و زننده به من تذکر داده شده بود و کاری از دستمان برنمی‌آمد، چون آنها مورد حمایت بودند. تا بالاخره با تمهیدات من آنها با گارد مخصوص شهربانی تعویض شدند، ولی عملاً همان‌طور که بعدها آقای بازرگان اظهار داشت دولت ما حکم چاقوی بدون

تیغه را داشت و به‌هیچ‌وجه معنا و مفهوم دولت در مورد آن صادق نبود و بدون هیچ امکان اجرایی، مسئول امور کشور بود. من مدتی مقاومت کردم چون نمی‌خواستم مهندس بازرگان نخست‌وزیر را تحت فشار قرار دهم. البته باید توضیح دهم که مشکلاتی را که برای من به‌وجود می‌آوردند با مشکلات آقای ابراهیم یزدی و هاشم صباغیان فرق داشت چون آنها وابسته به جناح روحانیون بودند درحالی‌که من از دیدگاه آنان غیرمتشرع قلمداد می‌شدم. بنابراین مجبور شدم مشکل را با شخص نخست‌وزیر مطرح کنم و از ایشان بخواهم که اجازه دهد از دولت خارج شوم. آقای بازرگان به من تکلیف نمود که در حل مشکلات خارج از کشور به ایشان کمک کنم و من هم قول دادم چنین کنم. ایشان پیشنهاد کرد به‌عنوان سفیر به امریکا و یا انگلستان بروم. عذر خواستم و گفتم ترجیح می‌دهم که به محل ساکت‌تری بروم. پرسید: کجا؟ گفتم: کشورهای اسکاندیناوی، گفت: چرا آنجا؟ گفتم: آنها سابقهٔ استعماری در کشور ما ندارند و من راحت‌تر و آرام‌تر می‌توانم در آنجا کار کنم. ایشان پذیرفت و از طریق وزارت خارجه برایم تقاضای آکرمان (پذیرش) شد و در ۲۱ تیرماه ۱۳۵۸ تهران را به مقصد اسکاندیناوی ترک کردم. شب قبل از حرکت از تهران اتومبیل من که بدون حضور من در جلوی چند اتومبیل محافظان در حرکت بود مورد حمله و اصابت گلولهٔ سه‌نفر از گروه فرقان قرار گرفت و سرپرست کمیته وزرا که همراه گروه محافظین بود، تیر خورد. من از این ترور جان سالم به‌در بردم.

بهار سال ۱۳۵۸

در طول مدت معاونتِ نخست‌وزیر در تهران چندین طرح از طرف من تهیه و به هیئت دولت تقدیم شد که به‌طور خلاصه آنها را در زیر بیان می‌کنم:

۱. تهیهٔ طرح امنیت عمومی کشور از طریق در دست‌گرفتن نهادهای کلیدی مانند پلیس، ارتش، سپاه پاسداران، کمیته‌ها، رادیو تلویزیون و... این طرح تصویب شد، ولی چون مجلس وجود نداشت می‌بایستی شورای انقلاب آن را تصویب می‌کرد که آن را وتو نمود و کشور به‌صورتی بی‌نظم اداره شد و دولت نتوانست برای ایجاد امنیت اعمال قدرت کند.

۲. طرح رفع بحران بیکاری در سطح کشور که به‌دلیل مخالفت و کارشکنی یکی از وزرا مسکوت ماند.

۳. طرح عمران عمومی کشور، این طرح برای ایجاد آرامش و به‌حرکت‌درآوردن چرخ‌های اقتصادی کشور تهیه و تقدیم شد و برای کسب پشتیبانی مردم با مشورت و صلاحدید نخست‌وزیر در روز مشخصی از صاحبان صنایع و پیمانکاران دولتی که کارهایشان متوقف شده بود، دعوت شد تا در نخست‌وزیری حضور به‌هم رسانند. متأسفانه به‌دلیل اینکه دعوت از طرف من (و نه سازمان برنامه و بودجه) به‌عمل آمده بود، آقای مهندس علی‌اکبر معین‌فر با آن مخالفت کرد و نخست‌وزیر را قانع کرد که طرح چنین مسایلی در آن برهه از زمان ضروری نیست و

مسکوت ماند. این طرح می‌توانست تعداد زیادی از افراد بیکار را جذب و کشور را از نابسامانی نجات دهد و با مشغول‌کردن افراد بیکار در کارهای مفید عمرانی از بسیاری از تنش‌ها و حوادثی که بعداً به‌دلیل حضور غیرمفید همین افراد در سطح شهر به‌وجود آمد، جلوگیری نماید.

۴. طرح ادغام پنج سازمان و وزارتخانه (سازمان برنامه، اقتصاد، کار، صنایع و معادن و کشاورزی): هدف از تهیهٔ این طرح تسریع در انجام کارهای عمرانی کشور در آن برهه خاص زمانی بود که باز به‌دلیل مخالفت چند نفر از وزرا این طرح در هیئت دولت مطرح نشد.

نکتهٔ دیگر اینکه در طول پنج ماهی که در تهران در سمت معاونت نخست‌وزیر مشغول خدمت بودم، بارها دکتر ابراهیم یزدی به من گفت که اگر او نخست‌وزیر بود، هرگز مرا برای همکاری در هیئت دولت موقت دعوت به‌کار نمی‌کرد. تنها دلیلی که من از حرف‌های او درک کردم این بود که من در نظر او مسلمان غیرمذهبی بودم و شباهتی با اکثریت اعضای مذهبی هیئت دولت نداشتم.

بهار سال ۱۳۵۸

روزی در اتاق شورای اقتصاد با نخست‌وزیر تنها بودم و هنوز مدتی وقت برای تشکیل شورای اقتصاد باقی مانده بود که آقای داریوش فروهر وارد اتاق شد و سر میز نشست. صبح آن روز فروهر که در سمت وزیر کار در دولت موقت خدمت می‌کرد بدون مشورت با شورای اقتصاد و شخص نخست‌وزیر حداقل حقوق کارگران را از ۱۹۶ ریال به ۵۴۸ ریال بالا برده و آن را به‌عنوان تصمیم دولت در رادیو و تلویزیون اعلام کرده بود. ایشان این پایه حقوق را برخلاف عرف معمول در ایران عطف به ماسبق کرده و از روز استخدام هر کارگر آن را اعلام کرده بود.

نخست‌وزیر به این عمل اعتراض کرد و به‌قدری عصبانی بود که می‌لرزید، درحالی‌که آقای فروهر خونسرد در مقابل نخست‌وزیر نشسته بود و ایشان را نگاه می‌کرد. این اولین باری بود که من مهندس بازرگان را تا آن حد عصبانی می‌دیدم.

این تغییر پایهٔ حقوق از بدو استخدام، بالغ بر میلیاردها تومان می‌شد که دولت مجبور به پرداخت آن شد و به اعتقاد بعضی کارشناسان اولین عامل برای ایجاد تورم بود.

تیرماه ۱۳۵۸

«آکرمان» من از طرف پنج دولت اسکاندیناوی (سوئد، نروژ، دانمارک، فنلاند و ایسلند) رسید و قرار شد تهران را در ۲۱ تیر ۱۳۵۸ به مقصد استکهلم ترک کنم. آقای بازرگان از من خواست تا کسی را به‌عنوان جانشین خود معرفی کنم و من هم صادق طباطبائی را معرفی کردم. ایشان با جانشینی طباطبائی موافق نبود و چند روزی هم مقاومت کرد ولی چون

شخص مناسبی پیدا نشد، لاجرم با انتصاب او موافقت کرد.[۱]

نخست‌وزیر قبل از اینکه تهران را ترک کنم مرا به‌عنوان نمایندهٔ ویژه خود انتخاب کرد و دستور داد که در استکهلم مسائل موردنظر ایران و شوروی را با سفیر شوروی و مسائل مربوط به ایران و امریکا را با سفیر امریکا یا نمایندگان دولت‌های شوروی و امریکا مورد بحث قرار دهم.

بنا بر عرف مرسوم دیپلماتیک، سفیر سوئد در ایران برای من که به کشورش می‌رفتم، میهمانی شام ترتیب داد و از آقای نخست‌وزیر هم دعوت کرد که در جلسه شام حضور داشته باشد. علاوه بر نخست‌وزیر، وی از چند نفر ایرانی نیز دعوت کرده بود که برای میهمانی حضور داشته باشند. طبق روال معمول قبل از صرف شام من ضمن مطالبی در مورد روابط دو کشور، آرزو کردم که با حضور من روابط ایران و سوئد در تمام جوانب توسعه یابد. سفیر سوئد در تهران نیز در جواب من مطالبی را بیان داشت.

تابستان سال ۱۳۵۸

پس از ورود به سوئد ابتدا با کارهای سفارت ایران آشنا شدم. عده‌ای از کارمندان سفارتخانه‌های ایران در استکهلم، کپنهاک و اسلو سفارت را ترک کرده بودند. من پس از آشنایی با کارمندان سفارتخانه ایران در استکهلم، تصمیم گرفتم که کسی را اخراج نکنم؛ و از همه درخواست کردم که به کارهای خود ادامه دهند. من می‌دانستم که ساواک تعدادی کارمند در بین کارمندان سفارتخانه‌ها دارد. با این حال همه را نگهداشتم و به همه گفتم تا زمانی که افراد به وظایف خود عمل می‌کنند و کارهای سفارتخانه را انجام می‌دهند، من از آنها حمایت خواهم کرد. با وجود این تذکر دو نفر از اعضای سفارتخانهٔ سوئد، ما را ترک کردند. یکی کاردار قبلی به‌نام محمودی بود و دیگری کارمندی به‌نام صبوری. کارمندان باقی مانده در دوران من به‌خوبی وظایفشان را انجام می‌دادند و من با وجود آنها احساس آرامش می‌کردم.

بلافاصله پس از ورود، حضور خود را به وزارت‌خارجهٔ کشورهای اسکاندیناوی اعلام کردم و منتظر تعیین وقت بودم تا استوارنامه خود را به رؤسای کشورهای مربوطه تسلیم کنم. قبل از حضور در دربار سوئد ابتدا رونوشت استوارنامه را به وزیر خارجه سوئد دادم و مدتی درباره روابط دو کشور به مذاکره پرداختیم. در زمان تعیین‌شده با تشریفات خاص دربار سوئد همراه با وزیر دربار که به دیدنم آمده بود، در اتومبیل مخصوص برای معرفی به اعلیحضرت گوستاو پنجم به دربار رفتیم و پس از پیاده‌شدن از صف گارد پادشاهی سوئد دیدن کردم و سپس با تشریفات سلطنتی به حضور پادشاه سوئد رسیدم و استوارنامهٔ خودم را تقدیم ایشان کردم. این ملاقات‌ها معمولاً ۱۰ دقیقه به‌طول می‌انجامد ولی به‌دلیل علاقه گوستاو پنجم نسبت به شرایط

---

۱. در روز ۱۰ تیرماه صادق طباطبایی به‌عنوان سخنگوی دولت معرفی شد.

ایران ملاقات ما ۴۵ دقیقه طول کشید و در این مدت من به سؤالات پادشاه در مورد انقلاب اسلامی در ایران توضیح دادم. بیانات من تا آن اندازه برای پادشاه سوئد جالب بود که از من خواست هر نشریه‌ای که درباره اسلام و انقلاب اسلامی دریافت می‌کنم برای او بفرستم. در خاتمهٔ دیدار، پادشاه برای انجام وظیفه‌ام در سوئد آرزوی موفقیت کرد.

من با همان تشریفات که به حضور وی رسیده بودم، تالار ملاقات را ترک کردم و مورد استقبال وزیر دربار و سایر مسئولان بلندپایه دربار قرار گرفتم و همراه وزیر دربار با اتومبیل مخصوص به رزیدانس سفارت ایران در استکهلم بازگشتم.

پس از تقدیم استوارنامه به حضور پادشاه سوئد نوبت به دیدار از سفرای خارجی مقیم استکهلم فرا رسید. این ملاقات‌ها را طبق عرف دیپلماتیک از دیدار با شیخ‌السفرا که در آن زمان سفیر اتحاد جماهیر شوروی بود، شروع کردم.

در ملاقات با سفیر شوروی درباره روابط دو کشور ایران و شوروی و حسن همجواری دو کشور صحبت شد. سپس سفیر شوروی سفارتخانهٔ خودش را که بزرگ‌ترین سفارتخانه در استکهلم بود به من نشان داد. سفارت شوروی با نهصد کارمند از موقعیت خاصی برخوردار بود. سفیر شوروی در مدتی که با وی ملاقات داشتم از دخالت‌های امریکا در امور ایران صحبت کرد و اظهار داشت که امریکا در حال تجهیز سلاح و پرداخت پول به گروه مخالفان رژیم مذهبی و دولت ایران است. من بلافاصله پس از بازگشت به سفارت مطالب مورد مذاکره با سفیر شوروی را یادداشت کردم تا در بایگانی سفارتخانهٔ ما در سوئد باقی بماند و اطلاعاتی را که سفیر در مورد دخالت‌های امریکا در ایران بیان داشته بود برای نخست‌وزیر و وزارت‌خارجه نیز فرستادم.

دو روز بعد به ملاقات سفیر امریکا در استکهلم رفتم. در آن زمان سفیر امریکا در سوئد شخصی به‌نام «کندی» بود. در ملاقات طولانی با وی درباره روابط دو کشور و مسائل موردنظر ایران و امریکا گفت‌وگو کردیم. سفیر امریکا از جو ضدامریکایی در ایران و اینکه روزبه‌روز حالت وخیم‌تری را به خود می‌گرفت، صحبت کرد. من در جواب کندی گفتم: «دولت امریکا در مدت ۲۵ سال گذشته (پس از کودتای ۲۸ مرداد ۱۳۳۲) دائماً در امور داخلی ایران دخالت کرده و با پشتیبانی از شاه و سلب آزادی مردم و ایجاد خفقان ایران را تبدیل به قبرستان بزرگی کرد. ملت ایران از این همه دخالت در سرنوشت خود توسط امریکا ناراحت و نگران بود و حال که رژیم سلطنتی در ایران سقوط کرده، ما انتظار داریم که امریکا ما را آزاد بگذارد. در چنین حالتی مسلماً ما با دولت و ملت امریکا سر جنگ نداریم و می‌خواهیم که با تمام توان خود به ساختن ایرانی نوین بپردازیم.» سفیر کندی در جواب قول داد مطالب مرا به واشنگتن گزارش کند و آرزو کرد روابط ایران و امریکا بهتر شود.

در زمان ورود من به سوئد ۸۶ کشور در آن کشور سفارتخانه داشتند و طبق پروتکل، من ابتدا باید به دیدن سفرای خارجی بروم و بعد آنها به بازدیدم بیایند. در تابستان سال ۵۸ من

فقط توانستم بیست و چند نفر از این سفرا را ملاقات کنم.

در یکی از ملاقات‌ها که با سفیر ترکیه داشتم، پس از مذاکره درباره مسائل مورد علاقهٔ دو کشور، سفیر ترکیه از من پرسید که آیا می‌دانید بزرگ‌ترین درآمد ارزی ترکیه در چه سالی و به چه مبلغی بود؟ اظهار بی‌اطلاعی کردم. سفیر گفت بزرگ‌ترین درآمد ما مبلغ سه میلیارد دلار آن هم در سال ۱۹۷۸ بوده است ـ البته ایران در سال ۱۹۷۸ درآمدی معادل بیست و هفت میلیارد و ۶۰۰ میلیون دلار داشت ـ بعد سفیر ترکیه اظهار داشت که با چنین درآمد ناچیزی ترکیه دارای بزرگ‌ترین ارتش خاورمیانه است. تا آن تاریخ ۱۹۴ هزار کیلومتر راه ساخته شده در ترکیه وجود داشت و این در حالی بود که ارتش ما به مراتب ضعیف‌تر از ترکیه بوده و طول کلیه راه‌های کشور ما در آن سال ۲۳ هزار کیلومتر بود. من تنها از مقایسه طول راه‌های ترکیه و ایران شدیداً تحت تأثیر قرار گرفتم و متوجه شدم ما در ایران با داشتن درآمدی ۹ برابر ترکیه، طول راه‌های کشورمان $\frac{1}{9}$ طول راه‌های کشور ترکیه بود و این موضوع برایم بسیار تأسف‌آور بود. نکات دیگری که در سوئد توجه مرا به خود جلب کرد، عبارت بودند از:

اول: کشور سوئد در شمال اروپا و نزدیک به قطب شمال قرار دارد و کشور سردی است و بیشتر اوقات سال از برف و یخ پوشیده شده است و امکانات کار و تلاش بسیار کمتر از کشور ایران است، با این حال درآمد سرانهٔ سوئد در آن سال هم‌طراز کشور امریکا و ژاپن یعنی نزدیک به بیست هزار دلار بود.

دوّم: در این کشور ۸ میلیون نفری فقیر به چشم نمی‌خورد و همگان از یک زندگی مرفّه متوسط برخوردار بودند.

سوّم: پلیس در شهر دیده نمی‌شد و من اولین پلیسی را که دیدم پلیس راهنمایی در مقابل مجلس ملی سوئد بود که اتومبیل‌ها را هدایت می‌کرد. بعداً که تحقیق کردم متوجه شدم که چراغ‌های راهنمایی توسط کامپیوتر هدایت می‌شود و درصد اعمال خلاف بسیار ناچیز بود به‌طوری که در تابستان ۱۹۷۹ (۱۳۵۸) جمعاً ۷۵ زندانی در زندان سوئد وجود داشت که بیشتر آنها خارجیان مقیم سوئد بودند و برای اصلاح آنان تعداد زیادی روانشناس و روانکاو وجود داشت.

چهارم: برخلاف ایتالیا، فرانسه، انگلیس و... در شهر و در خیابان‌های استکهلم فحشا به‌چشم نمی‌خورد و زنان استکهلم از وقار و متانت خاصی برخوردار بودند.

پنجم: در این کشور کوچک، بیست و چند حزب وجود داشت و چون در تابستانی که من به سوئد وارد شده بودم سال انتخاباتی بود در یک آمفی‌تئاتر روباز در استکلهم تریبونی قرار داشت که نمایندگان همه احزاب به نوبت از آن با مردم صحبت می‌کردند و پس از اتمام سخنرانی هر کاندیدایی، مردم طرفدار او به آرامی بدون هیچ هیاهویی که معمولاً ما در کشورمان همیشه شاهد آن هستیم، برای آن سخنران دست می‌زدند و هیچ گفت‌وگو و بحث بین طرفداران احزاب پیش نمی‌آمد و این نشانه بلوغ و درک اجتماعی ملت سوئد بود.

ششم: مسئلهٔ دیگری که مورد توجه من قرار گرفت، نظافت شهر استکهلم بود که شباهت زیادی به آلمان داشت.

هفتم: امنیت شهر بود که در تمام مدت شبانه‌روز هر انسانی، بخصوص دوشیزگان و زنان مسن به راحتی و بدون هیچ نگرانی چندساعت پس از نیمه‌شب به‌تنهایی به طرف منزل و یا مقصد خود در حرکت بودند. درباره وجود امنیت همان بس که در سوئد در ۲۰۰ سال گذشته هیچ تروری انجام نشده است.

هشتم: فضای سبز بسیار وسیعی برای شهر استکهلم با جمعیتی که از نهصدهزار نفر تجاوز نمی‌کرد، درنظر گرفته شده بود.

نهم: احترام به قانون از طرف تمامی اتباع سوئد. وجود امنیت و احترام به قانون درحدی است که پادشاه سوئد فقط وظایف تعیین‌شده خودش در قانون اساسی را انجام می‌دهد و دولت‌های سوئد که منتخب مردم‌اند در مقابل مردم و پارلمان سوئد نسبت به انجام وظایف خود، پاسخگو هستند. استقلال قوای سه‌گانه و رعایت قانون و وجود امنیت باعث شده که شاه و ملکه سوئد بدون گارد محافظ به هر نقطه‌ای از کشور سفر می‌کنند و اعضای هیئت دولت نیز از گارد محافظ استفاده نمی‌کنند. خلاصه آنکه شاه و یک فرد عادی در برابر قانون یکسان و برابرند.

دوران سفارت در کشورهای اسکاندیناوی

این دوران که در حدود پنج‌ماه طول کشید علاوه بر انجام وظایفم در سفارتخانه‌های ایران در پنج کشور اسکاندیناوی اقدامات دیگری نیز انجام دادم، همچنین وقایعی نیز اتفاق افتاد که به ذکر آن می‌پردازم، از جمله:

۱. با مسافرت به چهار کشور سوئد، فنلاند، نروژ و دانمارک برای تقدیم استوارنامه‌ام به رؤسای این کشورها، طرح ادغام پنج سفارتخانه را تهیه کردم. در این طرح، سفارتخانه‌های ما در کشورهای اسکاندیناوی به‌جز سوئد، برچیده می‌شد و یک سفارتخانه مجهز در استکهلم به‌وجود می‌آمد و در سایر کشورهای اسکاندیناوی ما به‌صورت اکرودیته عمل می‌کردیم و کارهای مربوطه را در استکهلم انجام می‌دادیم. با این تفاوت که کادر مجهزی از نظر سیاسی-اقتصادی فرهنگی بوجود می‌آمد که بتواند همهٔ کارهای محل مأموریت را انجام داده و همهٔ طرح‌های مفید را از روی تجارب خوب این کشورها تهیه نماید و هم در هزینه‌های مربوطه صرفه‌جویی به‌عمل آید. طبق این طرح در سال ۱۳۵۸ جمعاً پنج میلیون تومان در هزینه‌ها صرفه‌جویی می‌کردیم درحالی‌که کارها به‌مراتب بهتر و مفیدتر انجام می‌شد.

۲. طرح تعاونی کشاورزی از تولید به مصرف: ایدهٔ این طرح را من از شرکت‌های تعاونی کشاورزی سوئد گرفتم و متوجه شدم که اجرای آن کشاورزی ایران را دگرگون و کشاورزان را به حقوق خودشان می‌رساند و فقر را از روستاهای ایران ریشه‌کن می‌کند. این طرح با بیانی ساده

عبارت بود از تولید محصولات کشاورزی توسط کشاورزان با ماشین‌آلات تعاونی، حمل و نقل این محصولات به بازارهای فروش توسط خود اتحادیه و فروش در فروشگاه‌های تعاونی. درنتیجه محصول تولیدشده بهتر و بیشتر و ارزان‌تر و بدون واسطه و با قیمتی که هزینه‌های انجام‌شده را شامل می‌شد و با سایر هزینه‌های حمل و نقل و فروش در شرکت‌های تعاونی با قیمتی ارزان‌تر به خریداران عرضه می‌گشت. مصرف‌کننده نیز اجناس را ارزان‌تر می‌خرید. بنابراین کشاورزان با درآمد کافی قادر به حفظ و توسعه امور کشاورزی و بهبود کارهای خود می‌شدند و از طریق داشتن درآمد کافی امور بهداشتی، فرهنگی و امور عمران و آبادی ده و منطقه بهبود می‌یافت و مصرف‌کنندگان نیز به‌دلیل ارزان‌تربودن و بهتربودن می‌توانستند هرچه احتیاج دارند تهیه کنند، در نتیجهٔ تأسیس و ادارهٔ چنین روشی اقتصاد کشور شکوفا می‌شد. زمین‌های بایر، آباد می‌شد، بیکاری کمتر و نرخ تورم نیز پائین می‌آمد. و مهم‌تر از همه اینکه استفاده از چنین طرحی دست واسطه‌های امور کشاورزی را قطع و عدالت اجتماعی بهتر تأمین می‌گردید.

شبیه همین طرح را در امور دامداری و گوشت مورد احتیاج مردم می‌توان اجرا و دست واسطه‌ها را کوتاه کرد.

۳. در مدت اقامتم در سوئد ۳ بار بنا به دعوت نخست‌وزیر به تهران آمدم و مسائل مورد توجه ایشان را مورد بحث قرار دادیم.

۴. تابستان سال ۱۳۵۸ (۱۹۷۹) در درگیری بین دانشجویان ایرانی در آلمان، عده‌ای زخمی و عده‌ای زندانی شدند. نخست‌وزیر از من خواست به آلمان سفر کنم و مسئله را حل کنم. با تماس با سفارت ایران در بُن مسافرت خودم را به اطلاع کاردار ایران به‌نام پیشوا رساندم. پس از سفر به بن با کمک وی به دیدن گنشر[۱] وزیر خارجه آلمان و وزرای دادگستری و کشور آلمان رفتم و مسائل را مورد بحث و مذاکره قرار دادیم. قرار شد که زندانیان ایرانی به‌زودی از زندان آزاد شوند. در هنگام ملاقات با گنشر، اولین جمله‌ای که ایشان به من گفت و مرا مورد سؤال قرار داد این بود که: «شما با این تحصیلات و مشخصات ظاهری در یک رژیم مذهبی چه می‌کنید و چه نقشی را دارید؟» جواب دادم که من نمایندهٔ دولت موقت آقای مهدی بازرگان هستم. سپس در بارهٔ نیروگاه بوشهر[۲] و وضع دانشجویان ایرانی صحبت کردیم.

۵. مسافرت به فرانسه طبق دعوت دکتر یزدی وزیر خارجه: در این جلسه که با حضور کلیهٔ

---

۱. گنشر حدود پنج‌سال بعد برای بررسی وضعیت زندان‌ها و رعایت حقوق بشر در ایران، به ایران سفر می‌کند و امیرانتظام در خاطرات زندان خود از او که باعث تغییر در وضعیت زندان‌ها می‌گردد، یاد می‌کند.

۲. طرف قرارداد ایران برای تأسیس نیروگاه اتمی بوشهر آلمان بوده است که آنان بنا به دلایلی آن را رها کرده و ایران به روسیه متوسل شد.

نمایندگی‌های ایران در اروپا تشکیل شده بود شرکت کردم. اکثریت شرکت‌کنندگان افراد جوان و کم‌تجربه‌ای بودند که از سیاست و دیپلماسی ایران و کار در وزارت‌خارجه بی‌اطلاع بودند و تنها چیزی را که می‌دانستند این بود که ریش خودشان را اصلاح نکنند و فرش و مبل داخل سفارتخانه‌ها و کنسولگری‌ها را بردارند و روی پتو بر روی زمین بنشینند. از آداب معاشرت و لباس‌پوشیدن به‌سبک معمول دیپلمات‌ها بی‌خبر بودند و اغلب باعث لطمه به حیثیت ملت ایران می‌شدند. در این جمع که آقای ابراهیم یزدی نیز حضور داشت چند نفر از کارمندان رژیم سابق نیز حضور داشتند، ولی آنقدر وحشت‌زده و نگران بودند که در تمام طول جلسه حتی یک کلمه صحبت نکردند. در طول این جلسهٔ چندساعته افراد تازه و جوان سفارتخانه‌های ما که از طرف آقای یزدی منصوب شده بودند، آن‌قدر به افرادی که در رژیم گذشته کار می‌کردند توهین کردند که من مجبور شدم به آنها پرخاش کنم و آنها را از ادامهٔ توهین و تحقیر به مردمی که گناه آنها خدمت در رژیم گذشته بود، بازدارم. در این جلسه پیشنهاد کردم که یک مجله به ۳ زبان انگلیسی، فرانسه و آلمانی در اروپا و امریکا منتشر کنیم و در آن دلیل وقوع انقلاب، اهداف انقلاب و ایدئولوژی اسلام را مورد بحث قرار دهیم، این پیشنهاد به اتفاق آراء تصویب شد.

۶. چون در زمان خروج از ایران نخست‌وزیر مرا به‌عنوان نمایندهٔ ویژهٔ خود در مذاکرات با امریکا و اتحاد جماهیر شوروی انتخاب کرده بود، جان استمپل مسئول سیاسی سفارت امریکا در تهران از واشنگتن تلفن کرد و گفت که می‌خواهد به سوئد بیاید و در باره مسائل مورد علاقهٔ دو کشور مذاکره کند. مراتب را تلفنی به اطلاع نخست‌وزیر رساندم و ایشان موافقت نمود. به استمپل خبر دادم که آماده مذاکره با ایشان هستم. در شهریور ۱۳۵۸ جان استمپل همراه با جرج کیو، کارمند اسبق سفارت امریکا در تهران در سال ۱۳۳۲، به استکهلم آمدند. موضوع مورد بحث آنها وضعیت ارتش‌های کشورهای همسایهٔ ایران بود. در بین این کشورها، بیشتر در مورد وضعیت ارتش کشور عراق تکیه شده بود. آنها با تهیه اسلاید از جابجایی ارتش عراق به مرز ایران و عراق ما را باخبر ساختند و استدلال می‌کردند که ارتش عراق با این جابجایی خیال حمله به ایران را دارد. عراق در آخر شهریور چند دهکدهٔ ایران در کردستان را بمباران کرد و ایران نسبت به این تجاوز عراق اعتراض کرد. در این حمله ۶ نفر از هموطنان کُرد ما کشته شدند، در انتهای جلسه آنها پیشنهاد کردند که به ایران بروند و این مطالب را به اطلاع آقای بازرگان نخست‌وزیر برسانند. آنها به ایران پرواز کردند و من هم جداگانه به ایران آمدم و مراتب را به اطلاع نخست‌وزیر رساندم. جان استمپل و جرج کیو به‌دیدن نخست‌وزیر رفتند و با پروژکتوری که به همراه آورده بودند اسلایدهای جابجایی ارتش عراق را به آقای بازرگان و وزیر خارجه نشان دادند و چند روز بعد به امریکا مراجعت کردند.

۷. در مهرماه ۱۳۵۸ مجدداً جان استمپل به من در سوئد تلفن کرد و گفت که برای طرح مسئلهٔ مهم دیگری می‌خواهد به اتفاق همکاران خود به استکهلم بیاید. برای کسب دستور به

نخست‌وزیر تلفن کردم و آقای بازرگان با آمدن آنها موافقت کرد و موضوع را به آنها اطلاع دادم که می‌توانند به استکهلم بیایند. این بار آنها سه‌نفر بودند: جان استمپل و جرج کیو و یکی دیگر از همکاران آنها که نام او را فراموش کرده‌ام. موضوع مورد بحث آنها این بود که اتحاد جماهیر شوروی که از صادرکنندگان عمده نفت بود به‌زودی به‌دلیل احتیاج به سوخت، واردکننده نفت خواهد شد و دراین‌باره گزارش مفصل مدونی را تهیه کرده بودند. در این مسافرت دو موضوع دیگر نیز مورد بحث و مذاکره قرار گرفت:

اوّل ـ آنها اطلاع دادند که اتحاد جماهیر شوروی از طریق پرواز هوایی برای جدایی‌طلبان کردستان اسلحه ارسال می‌کند و تعداد پروازها و مقدار جنگ‌افزاری راکه از یک‌ماه گذشته یعنی شهریور ۱۳۵۸ برای کردها ارسال شده بود، شرح دادند.

دوّم ـ در آخر جلسه در زمانی که جرج کیو خداحافظی می‌کرد. گفت: «راستی شما همان کسی هستی که نامهٔ اعتراضیهٔ نهضت مقاومت ملی را در سال ۱۳۳۲ به نیکسون دادی؟ گفتم بله، من بودم. جرج کیو گفت: آیا هنوز به مصدق و راه او وفاداری و از سیاست او پیروی می‌کنی؟ گفتم بله. صددرصد همین‌طور است.

در این جلسه قرار شد آنها به امریکا برگردند و ده روز بعد در تهران باشند و من هم در تاریخ مقرر در تهران بودم و به اتفاق آنها به دیدن نخست‌وزیر رفتیم. آنها همان مطالب سوئد را به اطلاع نخست‌وزیر رساندند. بعد هم به دیدن دکتر ابراهیم یزدی وزیر خارجه رفتیم و آنها پس از تکرار مطالب مورد مذاکره با نخست‌وزیر، گزارش چاپ‌شدهٔ خودشان را در مورد نفت به وزیر خارجه دادند.

۸. در اواسط سال ۱۳۵۸ بنا به‌دعوت آقای رواسانی یکی از رهبران اپوزیسیون چپ برای سخنرانی به هامبورگ رفتم. پلیس سوئد حافظ جان من، در آلمان مرا به پلیس آلمان تحویل دادند ولی خودشان نیز همراهم بودند. صندلی‌های آمفی‌تئاتر دانشگاه هامبورگ به‌صورت U چیده شده بود رواسانی در بالای قسمت U نشسته بود و حاضران در جلسه در کنار دو ضلع U پشت سرهم نشسته بودند. مرا به کنار وی هدایت کردند، من در صندلی کنار وی نشستم. نگاهی به حضار انداختم افراد ردیف اوّل صندلی‌ها بسیار خشمگین و عصبانی به من نگاه می‌کردند و سایر افراد که اکثریت خاموش بودند، بی‌تفاوت به من چشم دوخته بودند. آقای رواسانی مرا به حضار معرفی کردند و گفتند که ایرانیان مقیم هامبورگ علاقه‌مند هستند تا از نظرات دولت موقت درباره برنامه‌های آینده آگاهی پیدا کنند و به‌همین‌دلیل از شما دعوت کردیم تا ما را در جریان قرار دهید.

پس از بیانات آقای رواسانی ضمن ابراز خوشوقتی از سفر به هامبورگ و ملاقات با ایشان و حضار تقاضا کردم که ترجیح می‌دهم تا حاضران سؤالات خودشان را نیز مطرح نمایند و من پس از پاسخ به سؤالات آنها نظرات خودم را بیان کنم.

نخست جوانی ۲۲ یا ۲۳ ساله از جای برخاست و با دردست‌داشتن روزنامهٔ **کار** مرا به‌عنوان یک بورژوا و سرمایه‌دار معرفی کرد، سپس مقاله‌ای را که در روزنامهٔ **کار** چاپ شده بود قرائت کرد. در این مقاله گفته شده بود که من در سال ۱۳۵۷ دویست دستگاه کارخانه اسفالت به‌مبلغ ۶۰۰ میلیون تومان فروخته‌ام. من این روزنامه را در تهران هم دیده و خوانده بودم. از آقای رواسانی خواستم روزنامه را بگیرد و به من بدهد تا برمبنای مقاله و سایر مطالب چاپ‌شده در روزنامه جواب بدهم. بعد از این مرد جوان، دخترخانمی از جای برخاست و سخنان زننده‌ای دربارهٔ من و دولت موقت بیان و ما را امریکایی خطاب کرد. چند نفر دیگر نیز در همین زمینه صحبت کردند. وقتی اعتراضات و اتهامات تمام شد، من شروع به صحبت کردم. نخست مقدمهٔ کوتاهی پیرامون اوضاع و احوال ایران در دوران قاجاریه و پهلوی‌ها به اطلاع حاضران رساندم و شرایط سیاسی و اجتماعی ایران را در ۲۵ سال بین ۱۳۳۲ تا ۱۳۵۷ و نیز دلایل پیدایش انقلاب را بیان کردم و از حاضران و همهٔ هموطنانم که در خارج هستند و علاقه‌مند به بازگشت به ایران هستند، خواستم با توجه به اینکه در حال حاضر ما وارث یک کشور انقلاب‌زده و نابسامان هستیم به ایران بازگردند و ما را در برنامه‌ریزی و ساختن ایران یاری دهند و افزودم: «ایران ارث پدر من و یا افرادی که در حال حاضر مشغول خدمت هستند نیست، بلکه به فردفرد ایرانیان تعلق دارد و برای بازسازی آن نیاز به کمک فکری و همکاری همهٔ ایرانیان وجود دارد. سپس یادآور شدم که ما مدعی نیستیم که داناترین و باتجربه‌ترین افراد برای ادارهٔ کشور هستیم، چه‌بسا کسانی در بین شما دارای دانش و تجربیاتی بیش از ما باشند، به ایران بیایید و به کشورتان کمک کنید. تنها در خارج‌ماندن و از دور انتقادکردن و ما را منتسب به دیگران دانستن نه منصفانه است و نه مشکلی را حل می‌کند.

بعد از پایان مقدمه به پاسخ سؤالات مطرح‌شده پرداختم، نخست روزنامهٔ **کار** را به حضار نشان دادم و صفحه‌ای را که اساسنامهٔ شرکت مرا چاپ کرده بود قرائت کردم در این اساسنامه ذکرشده بود که سرمایه شرکت من بالغ بر پنجاه هزارتومان است. من با نشان‌دادن روزنامه و خواندن متن اساسنامه از حضار سؤال کردم که آیا به‌نظر آنها شرکتی با سرمایه ۵۰ هزار تومان می‌تواند ۶۰۰ میلیون تومان ماشین‌آلات بفروشد؟ همان جوانی که روزنامهٔ **کار** را در دست داشت از جا بلند شد و گفت بله تو سرمایهٔ شرکت را کم گذاشته‌ای تا سر رژیم گذشته را کلاه بگذاری و از پرداخت مالیات فرار کنی. گفتم سؤال دیگری دارم و آن این است که آیا از زمان پیداشدن ماشین در جهان ۲۰۰ کارخانه آسفالت به ایران وارد شده که من ۲۰۰ دستگاه آن را تنها در سال گذشته فروخته باشم. در اینجا جوان مخاطب من جوابی نداشت که به من بدهد شروع کرد به دادن شعار که تو یک سرمایه‌دار و نوکر امریکا هستی!

همان‌طور که قبلاً گفتم آقای رواسانی و عده‌ای که در ردیف اوّل میز U نشسته بودند از گروه چپ بودند و طبق تجربیات گذشته، این گروه هر زمانی که برای پاسخ‌دادن به یک پرسش،

جوابی نداشتند به شعاردادن می‌پرداختند و اگر شعار کافی نبود به جنگ و جدال روی می‌آوردند. این بار نیز چنین شد. و افراد چپ ردیف اوّل میز U ابتدا به سردادن شعار و بعد به فحاشی و بعد هم پرتاب میز و صندلی‌ها به طرف من پرداختند. پلیس آلمان فوراً مداخله کرد و مرا از جلسه خارج کردند.

پس از خروج از جلسه به اتفاق پلیس سوئد به فرودگاه هامبورگ رفتیم و با هواپیما به کپنهاک پرواز کردیم تا از آنجا به استکهلم بازگردیم. در همین سفر بود که در هواپیمای ما بمب‌گذاری شده بود. ما با دخالت پلیس بین‌المللی از یک مرگ حتمی نجات پیدا کردیم.

۹. تهیه طرح انحلال مجلس خبرگان: همان‌طور که در صفحات قبل توضیح دادم در مهرماه ۱۳۵۸ برای شرکت در جلسه‌ای که جان استمپل و جرج کیو و کارمند دیگر وزارت‌خارجهٔ امریکا قرار بود با مهندس بازرگان نخست‌وزیر داشته باشند، به تهران آمدم. در چند روز اقامت در تهران در چند میهمانی خانوادگی شرکت کردم و دلیل آن هم این بود که بتوانم از نظرات سایر دوستان و هموطنانم آگاه شوم. در این جلسات، عموماً از وضعیت موجود شکایت داشتند و اوضاع را خیلی وخیم توصیف می‌کردند. چون در این جلسات اغلب زن و مرد و عده‌ای نوجوان هم شرکت داشتند من نمی‌توانستم نظرات خود را درباره اوضاع و دورنمای آینده مملکت تشریح کنم، بنابراین درصدد برآمدم اعضای شورای مقاومت ملی سال ۱۳۳۲ را برای مشورت و تبادل‌نظر دعوت کنم. این جلسه در منزل آقای محمدتقی انوری یکی از افراد مبارز و فداکار نهضت در بازار تشکیل شد. اعضای شرکت‌کننده تا آنجاکه به‌خاطر دارم عبارت بودند از:

آقایان عباس سمیعی، احمد صدر حاج سیدجوادی، فتح‌الله بنی‌صدر، پولادی، رحیم عطائی، عباس رادنیا......

در این گردهمایی ضمن تشریح وضع نابسامان موجود و بحث و تبادل‌نظر پیرامون مسائل جاری، عدم وجود قانونی فراگیر، هرج و مرج و تعدد مراکز قدرت بدون نظارت و امکان پاسخ‌گویی، هریک از حاضران برای چاره‌جویی پیشنهادی را مطرح نمود که مورد تأیید دیگران واقع نشد. نظر من براین بود که مشکلات ما ناشی از فقدان قانون است و چون در این رابطه مجلس خبرگان که ماهیتی بدعت‌آمیز داشت، تخلف کرده بود، طرح انحلال آن را پیشنهاد کردم. مردم ایران به نمایندگان خود این وظیفه را محول کرده بودند که پیش‌نویس قانون اساسی تهیه شده توسط دولت موقت را مورد بررسی قرار دهند و این بررسی را در مدت یک‌ماه به‌پایان ببرند.

در زمان تشکیل مجلس خبرگان سه تخلف نسبت به رفراندوم ۱۲ فروردین ۱۳۵۸ انجام شده بود:

۱. پیش‌نویس قانون اساسی تهیه شده توسط دولت موقت بایستی مورد بررسی قرار می‌گرفت، درحالی‌که این پیش‌نویس دور انداخته شده بود و یک پیش‌نویس قانون اساسی مذهبی مورد بررسی و مداقه قرار داشت.

۲. قرار بود پیش‌نویس قانون اساسی دولت موقت در مجلس مؤسسان مورد بررسی قرار گیرد. درحالی‌که مجلس خبرگان با نمایندگانی که اکثراً روحانی بودند و با تعداد ۷۵ نفر تشکیل شده بود.

۳. مدت زمان رسیدگی یک ماه تعیین شده بود، درحالی‌که مجلس بیش از ۳ ماه ادامه داشت. بنابراین طرح انحلال مجلس خبرگان، پاسخی بود به خواست مردم که منتظر یک قانون اساسی جدید و دموکراتیک در مقابل قوانین رژیم سلطنتی بودند و به‌این‌ترتیب برمبنای پیش‌بینی من، از تدوین یک قانون اساسی که قدرت را در انحصار روحانیون قرار می‌داد، جلوگیری به‌عمل می‌آمد.

پس از تأیید پیشنهاد من، از افراد حاضر در جلسه که عده‌ای حقوقدان در بین آنها بود تقاضا کردم که متن حقوقی طرح را تهیه نمایند. متن این طرح توسط آقایان احمد صدر حاج سیدجوادی و فتح‌الله بنی‌صدر تهیه و انشاء و اصلاح نهایی آن به‌عهده فتح‌الله بنی‌صدر گذاشته شد. صبح روز بعد به منزل فتح‌الله بنی‌صدر رفتم و طرح تهیه‌شده را گرفتم. ولی طرح مزبور بدون اطلاع مهندس بازرگان نخست‌وزیر تهیه شده بود و من مخصوصاً ایشان را در جریان جلسهٔ طرح قرار نداده بودم تا نتیجهٔ کار را به اطلاع ایشان برسانم. لذا طرح را به نخست‌وزیری بردم و از آقای بازرگان خواهش کردم دستور دهد در اتاق ایشان را قفل کنند تا من بتوانم جریان مذاکرات دیشب را به اطلاعشان برسانم. ایشان دستور داد در اتاقشان را قفل کردند و من نخست‌وزیر را در جریان مذاکرات و تصمیمات و نتایج جلسهٔ شب قبل قرار دادم. آقای بازرگان پس از مطالعه طرح، سرش را روی دست‌های خود روی میز قرار داده و مدتی فکر کرد. پس از نزدیک بیست دقیقه سرش را بلند کرد و گفت: من هم با این طرح موافقم، بعد اضافه کرد: برو خودت متن را در روی کاغذ بلندی ماشین‌کن و آن را به امضای وزرا برسان. من متن ماشین‌شده را به وزارتخانه‌های مختلف بردم و ۱۴ نفر از وزرا آن را امضا کردند. وقتی به نخست‌وزیری بازگشتم نتیجه را به اطلاع نخست‌وزیر رساندم. ایشان پرسید برای بقیهٔ امضاها چه کنیم؟ گفتم معمولاً آقایان وزرا قبل از تشکیل جلسهٔ دولت برای سلام به اتاق شما سر می‌زنند، از آنها بخواهید در صورت موافقت آن را امضا کنند. همین کار را کرد و ۴ نفر دیگر نیز طرح را امضا کردند، به‌این‌ترتیب ۱۸ وزیر آن را تأیید کردند.

آقایانی که مخالف طرح بودند و آن را امضا نکردند عبارت بودند از: دکتر ابراهیم یزدی، مهندس هاشم صباغیان، مهندس علی‌اکبر معین‌فر و دکتر ناصر میناچی.

در آن زمان به‌دلیل بروز اختلافاتی بین دولت و شورای انقلاب پنج نفر از اعضای دولت در شورای انقلاب و پنج نفر از اعضای شورای انقلاب، بدون داشتن حق رأی در هیئت دولت شرکت می‌کردند و من می‌دانستم در صورتی‌که طرح تصویب‌شده در هیئت وزیران برای اطلاع مردم ایران اعلام نشود و موکول به تصویب آیت‌الله خمینی گردد، آن طرح اجرا نخواهد شد،

به‌همین‌دلیل قبل از اینکه نخست‌وزیر از اتاق به محل تشکیل کابینه برود به ایشان پیشنهاد کردم خبرنگاران رادیو و تلویزیون و روزنامه‌ها را دعوت کنیم تا در نخست‌وزیری حضور پیدا کنند و آقای بازرگان بلافاصله پس از خروج از هیئت دولت طرح تصویب‌شده را به اطلاع خبرنگاران برسانند. نخست‌وزیر پیشنهادم را پذیرفت و من از رئیس دفتر ایشان خواستم تا از خبرنگاران دعوت کنند و خودم در اتاق رئیس دفتر ایشان منتظر ماندم. جلسه هیئت دولت پنج ساعت طول کشید و در ساعت ده شب خاتمه یافت اولین کسی که از جلسه خارج شد و به طبقه بالا آمد، شخص نخست‌وزیر بود. من بالای پله‌ها انتظار ایشان را می‌کشیدم. ایشان فوق‌العاده عصبی و هیجان‌زده بود، وقتی به من رسید مرا به کناری کشیده و ابتدا سوگند داد تا مسئله را فراموش کنم و دوّم اینکه بلافاصله به سوئد بازگردم، از ایشان جریان را پرسیدم گفت بعداً برایت خواهم گفت. من روز بعد به سوئد بازگشتم و ماوقع را در هواپیما نوشتم تا روزی در کتابی آن را مورد بررسی قرار دهم. وقتی به سوئد بازگشتم یادداشت‌هایم را در پاکتی قرار داده در کشوی میزم در سفارتخانه گذاشتم.

۱۰. طی ۹ ماه عمر دولت موقت به‌دلیل دخالت‌های غیرمسئولانه و غیرمجاز بعضی روحانیون در امور دولت، بارها آقای مهندس بازرگان نخست‌وزیر تصمیم به استعفا گرفته و همیشه از طرف آیت‌الله خمینی قول داده می‌شد که از دخالت‌ها جلوگیری خواهد کرد. البته این قول هرگز اجرا نشد و روحانیون دائماً در امور دولت کارشکنی و اخلال می‌کردند.

در اواسط آبان‌ماه به مناسبت سالگرد استقلال دولت الجزایر، نخست‌وزیر برای شرکت در این مراسم به الجزایر دعوت شد و مهندس بازرگان همراه با دکتر ابراهیم یزدی و دکتر چمران به الجزایر رفتند. از طرف کلیهٔ کشورهای جهان نمایندگانی برای شرکت در مراسم، اعزام شده بودند. آقای برژینسکی رئیس شورای امنیت ملی در دولت آقای کارتر به نمایندگی از طرف رئیس جمهور کشورش در این مراسم شرکت کرده بود و مطابق پروتکل بین‌المللی رؤسای هیئت‌های نمایندگی کشورها به دیدار یکدیگر می‌روند و دربارهٔ مسائل مورد علاقهٔ طرفین به صحبت می‌نشینند. به‌همین‌دلیل نیز نشستی بین آقای برژینسکی و هیئت همراه با مهندس بازرگان و دکتر ابراهیم یزدی و دکتر مصطفی چمران ترتیب داده شد. روز ۱۳ آبان ۱۳۵۸ تعدادی از دانشجویان پیرو خط امام در اعتراض به ملاقات نخست‌وزیر و برژنسکی به سفارت امریکا در تهران حمله کرده و حدود ۶۰ تن کارکنان آن را به گروگان گرفتند. اشغال سفارت مورد تأیید همه‌جانبهٔ روحانیون و طرفداران آنها، به‌خصوص گروه‌های چپی قرار گرفت. روز ۱۵ آبان، دولت موقت در اعتراض به این اقدام، استعفا کرد و آن را موجب انزوای بین‌المللی، تروریست قلمدادشدن ایران و بهره‌برداری‌های تبلیغاتی امریکا دانست. بعد از استعفای مهندس بازرگان من‌هم استعفانامه خود را نوشتم و قبل از ارسال آن برای وزارت خارجه با ایشان در تهران مشورت کردم. ایشان با استعفای من مخالفت و تأکید کرد تا من در سمت خودم در کشورهای اسکاندیناوی باقی بمانم.

۱۱. در پاییز سال ۱۳۵۸ در اسلو، پایتخت نروژ بودم تا استوارنامه خودم را به پادشاه نروژ تسلیم کنم، روزی هنگام پیاده‌شدن از اتومبیل سفارت، شخصی حدوداً ۳۵ ساله به من نزدیک شد به زبان فرانسه ادای احترام کرد و بعد گفت شنیده است که امریکاییان می‌خواهند از گاز خواب‌آور استفاده کرده و دانشجویان و محافظان سفارت امریکا را که گروگان‌های امریکایی را در اختیار دارند، خواب کنند و گروگان‌ها را آزاد کنند، این شخص پس از ادای این مطالب بلافاصله مرا ترک کرد. من مطالب را بلافاصله به نخست‌وزیر در تهران اطلاع دادم.

۱۲. روزنامهٔ انگلیسی‌زبان کشور سوئد بنام *New Solidarity* در ۲۳ نوامبر ۱۹۷۹ (۲ آذر ۱۳۵۸) پیدایش انقلاب ایران را با ارایهٔ اسنادی ناشی از خواست و دخالت امریکا دانست.

بازگشت به تهران در آذر ۵۸

در اواخر آذر ۱۳۵۸ تلکسی به امضای صادق قطب‌زاده وزیر امور خارجه به سفارت ایران در استکهلم رسید و در آن از من دعوت شده بود که برای مشورت در امور سیاسی به تهران بروم. من بلافاصله پس از دریافت این تلکس کارهای سفارتخانه‌های سوئد، نروژ، دانمارک را سروسامان دادم و آقای محمد میرخانی وابستهٔ اقتصادی سفارت را به‌عنوان قیم و وصی فرزندانم تعیین کردم و آمادهٔ بازگشت به تهران شدم. چون قبل از حرکت، وزارت خارجه هرسه کشور را از عزیمت خودم آگاه‌کرده بودم، در شب ۲۷ آذر ۱۳۵۸ قبل از عزیمت به فرودگاه، آقای «بلیکس» وزیر امور خارجهٔ سوئد به‌منزلم تلفن کرد و گفت که مطلع شده است که رژیم ایران در مورد من توطئه‌ای را ترتیب داده و پیشنهاد کرد از رفتن به ایران خودداری کنم. به ایشان گفتم از اظهار لطف او در آگاه‌کردن من نسبت به این توطئه سپاسگزارم ولی چون این یک مسئله داخلی است باید به ایران بروم. ایشان توصیه خود را دومرتبه تکرار کرد و من هم دومرتبه عذر خواستم، بنابراین سفربخیر گفت. سپس به فرودگاه رفتم و از آنجا به مونیخ پرواز کردم تا با هواپیمای لوفت‌هانزا به تهران پرواز کنم. صبح روز سه‌شنبه ۲۷ آذر ۱۳۵۸ وارد فرودگاه مهرآباد شدم، دوستانم آقایان دکتر مصطفی بنی‌جمالی و مهندس پرویز کاشانی در فرودگاه منتظر من بودند. وسایل سفر مرا مصطفی بنی‌جمالی به منزل خودش برد و قرار شد شب به منزل او بروم. ابتدا به نخست‌وزیری رفتم. اتومبیل و راننده و محافظان همیشگی من در فرودگاه منتظرم بودند. در نخست‌وزیری به اتاقی که در چند سفر قبلی در آنجا بودم رفتم و صبح روز بعد سفرای سوئد، دانمارک، نروژ در تهران به دیدنم آمدند. علاوه بر آنها عده‌ای از کارمندان نخست‌وزیری از من دیدن کردند.

در حدود ساعت ۱۰ صبح به آقای قطب‌زاده در وزارت امور خارجه تلفن کردم. تلفن به دفتر کمال خرازی معاون وزارت امور خارجه وصل شد از او دربارهٔ قطب‌زاده سؤال کردم. گفت ایشان جلسه دارند و به من پیغام داده‌اند که شما را برای فرداشب یعنی چهارشنبه شب ساعت ۹ به

وزارت خارجه دعوت کنم. گفتم چرا ساعت ۹ شب در وزارت‌خارجه؟! گفت: برای اینکه ایشان بسیار گرفتارند. نسبت به این که قطب‌زاده، واقعاً در جریان دعوت من باشد، مردّد بودم.[۱]

بعد به مهندس بازرگان که در آن زمان هنوز عضو شورای انقلاب بود، تلفن کردم. ایشان پرسید از کجا تلفن می‌کنید؟ گفتم: از تهران. گفت: برای چه به تهران آمده‌اید؟ گفتم طبق دعوت قطب‌زاده برای مشورت در امور سیاست خارجی. آقای بازرگان گفت که ساعت ۱۰ صبح پنجشنبه به دیدن من در نخست‌وزیری خواهد آمد.

---

۱. قطب‌زاده در مصاحبهٔ اختصاصی با **کیهان**، بر بی‌اطلاع‌بودن خود از ترفند دستگیری امیرانتظام تأکید می‌کند:

« **سؤال** ـ شما روزگاری به مطبوعات این مملکت به‌عنوان نشر اکاذیب حمله می‌کردید درحالی‌که آنها مثلاً می‌گفتند که عباس امیرانتظام یا کسانی نظیر او مأموران خارجی هستند. اما شما گفته‌اید که از جریان بازداشت امیرانتظام اطلاعی نداشته‌اید. این موضوع را در رابطه با مسئولیت خود در وزارت خارجه و جنجال مطبوعات خارجی در این مورد که می‌نویسند در ایران عملاً دولتی وجود ندارد، چگونه توجیه می‌کنید؟

قطب‌زاده ـ در مورد مسئله امیرانتظام همان‌طور که گفتم این امر کاملاً بدون اطلاع من بوده و من در این زمینه صریحاً و رسماً و علناً اعتراض کردم. چون مطابق تصویب شورای انقلاب درگذشته و امر امام خصوصاً به دادگاه انقلاب دستور داده شده بود که هیچ‌کس را در ادارات دولتی بازداشت نکنند، مگر با نظر مسئولان آن سازمان و در این مورد متأسفانه این‌طور عمل شده و دادگاه انقلاب و درحقیقت دادستان کل انقلاب در این جریان به من خبر نداده و حتی بعد از آن‌که ایشان دستگیر شده بود و من تلفن کردم که از واقعه امر اطلاع پیدا کنم، ایشان هیچ تلفنی را جواب نداد و من این اعتراض را خدمت امام هم کردم...» (**کیهان**، ۴ دی ۵۸.)

بازداشت

این شعر در روی دیوار سلول انفرادی نوشته شده بود و از آنجا رونویسی کردم:

در بارگه داد بـه کس داد ندادند | بیدادگران فرصت فریاد ندادند
دیدند به کنج قفسی مرغ اسیری | رحمی به دل تیرهٔ صیاد ندادند

بازداشتگاه دادستانی انقلاب اسلامی (بازداشتگاه دانشجویان پیرو خط امام)[1]

ساعت ۷ صبح روز سه‌شنبه ۵۸/۹/۲۷ از استکهلم به تهران آمدم تا در جلسه‌ای که قرار بود با حضور سفرای ایران در اسکاندیناوی، فرانسه و آلمان با آقای قطب‌زاده وزیر خارجه در تهران تشکیل شود، شرکت کنم. این جلسه بنا به دعوت وزیر امور خارجه تشکیل می‌شد. قبل ازاطلاع از این سفر غیرمنتظره به‌دنبال فعالیت و کوشش همه‌جانبه‌ای که برای افشاگری اعمال جنایتکارانه امریکا در ایران می‌کردم، کتاب Counter Coup نوشته کرمیت روزولت[2] را که اجراکننده کودتای ننگین ۲۸ مرداد ۳۲ بود، ترجمه کرده و همراه آورده بودم که با اصل کتاب انگلیسی، با کسب اجازه از امام در اختیار دانشجویان پیرو خط امام برای دفاع از مواضع ایران قرار دهم. روز ورود از دفتر امام تقاضای وقت ملاقات کردم و قرار شد که روز شنبه ۵۸/۱۰/۱ ساعت ۴ بعدازظهر به حضور ایشان برسم. جلسه مشترک سفرای اروپا و وزیر امور خارجه هم قرار شده بود که در ساعت ۹ شب چهارشنبه در دفتر وزیر برگزار شود.

ساعت ۹ شب چهارشنبه ۵۸/۹/۲۸ به کاخ وزارت امور خارجه رفتم و به محض ورود به داخل ساختمان شخصی نامه‌ای را به من داد که در آن از طرف دادستانی کل انقلاب خواسته شده بود تا برای توضیحاتی به دادستانی مراجعه کنم، ناچار همراه با سه اتومبیل مسلح به دادستانی رفتم. گفته بودند که آقای قدوسی دادستان کل در انتظارم است. در اتاق انتظار ایشان منتظر ماندم، گفتند که ایشان نماز می‌خواند. شاید نزدیک به یک ساعت طول کشید و نماز ایشان تمام نشد! نمی‌دانستم که مسئله چیست. یکی از افراد گارد محافظ خودم که هنوز حضور داشت، گفت که گویا مسئله در رابطه با دانشجویان پیرو خط امام و رابطه با امریکاست. پس از مدتی آمدند و گفتند که به اتاق دیگری بروم. در آن اتاق یک نفر به‌نام آقای محمدی[3] پشت میز نشسته بود (بعدها فهمیدم عضو دادستانی است) و پیدا بود که سروکار من با او است نه با آقای قدوسی. او شروع به سخن‌گفتن

---

۱. این بخش از خاطرات امیرانتظام اغلب به‌طور روزانه در ایامی از بازداشت که قلم و دفتر در اختیار داشته، نگاشته شده است.

۲. این کتاب تحت عنوان **کودتا و ضدکودتا** ترجمه و منتشر شده است.

۳. نام واقعی محمدی، ناصر آلادپوش بود. (امیرانتظام)

کرد و گفت که در بین مدارکی که از سفارت امریکا پیدا کرده‌اند، مدارکی هم هست که نشان می‌دهد که من چه قبل از پیروزی انقلاب و چه در دوران معاونت نخست‌وزیری و چه در زمان سفارت در اسکاندیناوی با دیپلمات‌های امریکایی در تماس بوده‌ام و باید دربارهٔ آنها توضیح بدهم.

گفتم: برادر، این‌که مطلب محرمانه‌ای نیست، من به‌دلیل سمتی که در نهضت مقاومت ملی و حزب نهضت آزادی داشتم یعنی در دفتر سیاسی بودم، طبق دستور این دو سازمان در چند مورد نظرات ملت ایران را به اطلاع مسئولان سفارت رسانیده‌ام. در دوران نهضت مقاومت، در زمان آمدن نیکسون[1] به ایران، کمیته مرکزی نهضت مقاومت تصمیم گرفت نامه اعتراضی به نیکسون بدهد. این نامه تهیه شد و طبق دستور کمیته مرکزی نهضت مقاومت، من مأمور دادن نامه شدم که مسئولیتی بسیار خطرناک بود و در صورت اطلاع رژیم، عقوبتی مانند اعدام داشت. در زمان دادن نامه، کسی که آن را تحویل گرفت فردی بود به‌نام ریچارد کاتم و ضمن اظهار علاقه و همدردی نسبت به وضع ایران پیشنهاد کرد چنانچه نهضت مقاومت صلاح بداند، هرچند وقت یک بار مرا ببیند. پیشنهاد ایشان را به کمیته مرکزی نهضت و مهندس بازرگان دادم و آنها تصویب کردند که هرچند وقت یک‌بار اعتراضات ما از طریق آقای کاتم به اطلاع دولت امریکا برسد. آقای کاتم خودش جزء مخالفان کودتا در ایران بود (طبق اظهارات خودش) و حتی خیلی زود ایران را ترک کرد و از وزارت امور خارجه امریکا هم استعفا داد و به کار تدریس در یکی از دانشگاه‌های امریکا پرداخت و بعدها در امریکا کتابی در باره ایران نوشت به‌نام *Nationalism of Iran* (**ناسیونالیسم در ایران**) که بنابه گفتهٔ کسانی که این کتاب را خوانده بودند حقایق صحیح دوران دولت ملی دکتر مصدق در آن منعکس شده است. این چند ملاقات مربوط می‌شود به سال‌های ۱۳۳۲ و ۱۳۳۳.

در فاصله شهریور تا بهمن سال ۱۳۵۷ نیز با دستور و اطلاع و تصویب مهندس بازرگان، اهداف انقلاب اسلامی و قاطعیت تصمیم مردم ایران را در سرنگون‌کردن رژیم سلطنتی به‌اطلاع نمایندگان سفارت می‌رساندم و در این جلسات اکثراً من تنها نبودم، آیت‌الله موسوی اردبیلی و مهندس بازرگان و دیگران هم بودند و نتایج این مذاکرات تماماً توسط مهندس بازرگان به اطلاع رهبران مذهبی و انقلاب رسیده است.

در دوران معاونت نخست‌وزیری همیشه با حضور نخست‌وزیر و یا به‌تنهایی ولی با اجازهٔ ایشان، طبق یک سنت تشریفاتی با همهٔ سفرا جلسه داشتیم که شامل دیپلمات‌های امریکایی هم می‌شد. این امری بدیهی است و نه‌تنها در سفارت امریکا به نام من پرونده‌ای وجود دارد در کلیه سفارتخانه‌ها نیز پرونده‌ای به‌نام من هست، زیرا من معاون روابط عمومی و اجرایی نخست‌وزیر بودم و در چندماه اول که همه کارها به نخست‌وزیری ختم می‌شد همه دیپلمات‌ها سروکارشان با نخست‌وزیری و من بود. اکثراً مکاتبات به‌نام من بود و به تمام آنها و حتی نامه‌هایی که به

۱.معاون ژنرال آیزنهاور رئیس جمهور وقت امریکا.

نخست‌وزیر نوشته می‌شد، جواب می‌دادم و تمام مذاکرات و مکاتبات در نخست‌وزیری وجود دارد. پس از تغییر سمت و رفتن به سوئد هم دوباره نمایندگان وزارت امور خارجه امریکا دربارهٔ دادن اطلاعات در زمینه تغییر مواضع نظامی عراق در مرزهای ایران، اوضاع سیاسی افغانستان و مسئله نفت به من تلفن کردند و اجازه خواستند که به ملاقاتم بیایند. پس از تلفن به مهندس بازرگان به آنها اجازه دادم، به سوئد آمدند و چون می‌خواستند گزارش کامل را به دولت بدهند باز به‌وسیله تلفن و کسب اجازه از آقایان مهندس بازرگان آنها به تهران آمدند، من هم جداگانه به تهران آمدم و آنها گزارشات خودشان را که همراه با نشان‌دادن اسلاید بود به نخست‌وزیر و وزیر امور خارجه دادند.

پس از تصرف لانه جاسوسی امریکا توسط دانشجویان پیرو خط امام و دستور امام برای عدم تماس و ملاقات و مذاکره با دیپلمات‌های امریکایی، دیگر هیچ ملاقات و مذاکره‌ای انجام نشده است و یک‌بار که نماینده آنها از آلمان تلفن کرد و گفت که می‌خواهد برای حل مسئلهٔ گروگان‌ها به دیدن من بیاید، گفتم طبق دستور امام حق دیدن و مذاکره با او را ندارم.

اضافه کردم به‌این‌ترتیب آنچه را که به من نسبت می‌دهید، نه‌تنها کار خطایی نیست بلکه وظیفه مصوب تاییدشده برای من و باعث افتخار من است.

نزدیک ساعت دوازده شب به طرزی زننده با نگاه‌های حقارت‌بار عده‌ای جوان مسلح که در دادستانی بودند و از قبل حکم به محکومیت من داده بودند و به دیدهٔ یک محکوم و خطاکار به من نگاه می‌کردند با دو اتومبیل مسلح از دادستانی به اتفاق آقای محمدی (ناصر آلادپوش) به ساختمانی چندطبقه در شمال سفارت امریکا منتقل و در طبقه هفتم آن تحت نظارت چند جوان مسلح در آپارتمانی زندانی شدم. از همان لحظهٔ اول تصمیم گرفتم به‌عنوان اعتراض به این عمل غیرانسانی و غیرشرافتمندانه که دربارهٔ من انجام شده، اعتصاب غذا کنم.

شب را به‌دلیل مشکل کلیوی با ناراحتی گذراندم چون اجازهٔ تماس با کسی را نداشتم و نتوانستم داروی مورد احتیاج را به‌دست آورم، در تمام شب نخوابیدم. از این عمل ناجوانمردانه آن‌هم از طرف عده‌ای به‌نام مسلمان حیران بودم.

پنجشنبه ۲۹ آذر ۵۸ (دومین روز بازداشت)[1]

از صبح بسیار زود لباس پوشیده و در اتاق نشسته بودم و به‌دلیل بدی هوای اتاق، در بالکن را باز

---

۱. هم‌زمان با بازداشت امیرانتظام، روزنامه‌ها ضمن اعلام این خبر، هرکدام به تشریح و انعکاس علل بازداشت وی پرداختند. روزنامهٔ **اطلاعات** یادداشتی چاپ نمود تحت عنوان «دلایل ارتباط امیرانتظام با «سیا» اعلام شد». (نگاه کنید به ضمیمهٔ ۱)

روزنامهٔ **کیهان** نیز با تیتر درشت در صفحهٔ اول خود نوشت: امیرانتظام از روز اول انقلاب رابط امریکا بود (درحالی‌که تمام مردم ایران با پیروی از امام قطع وابستگی با امپریالیسم امریکا را موردنظر داشتند، ←

کردم که هوای تازه استنشاق نمایم. یکی از محافظان آمد و مؤدبانه گفت: جلوی بالکن نروید چون ممکن است اشتباهاً شما را با تیر بزنند. قبول کردم ولی در بالکن را که به‌طرف جنوب باز می‌شد و سفارت امریکا در قسمت جنوبی آن واقع شده بود، بازگذاشتم. تقریباً از ساعت ۹ صبح به بعد دائماً یک سخنران در محوطهٔ سفارت امریکا صحبت می‌کرد و عده‌ای هم از زنان و مردان حاضر حرف‌های او را تایید می‌کردند. یکی از شعارها این بود: «امیرانتظام اعدام باید گردد»

حیرت‌زده می‌اندیشیدم که خدایا پاداش خدمتگزاری و عاشقانه‌کوشیدن برای پیروزی انقلاب این است؟ آیا اگر هم این دانشجویان به‌دلیل کمی سن و عدم تجربه قضاوت صحیح ندارند، رهبران مذهبی ما که هم‌اکنون زمام امور سیاسی مردم و مملکت را هم در دست دارند و عدهٔ زیادی از آنها ناظر و مدافع و تاییدکنندهٔ همه کارهایی که من کرده‌ام بوده‌اند، چرا ساکت نشسته‌اند؟ این چه عدالتی است؟ آیا این اعمال آبروی اسلام و دین را نخواهد برد؟ به‌هرصورت از همان لحظهٔ اول تصمیم گرفتم راضی باشم به رضای خدا و به آنچه که مقدر است تسلیم شوم. امّا نه با سکوت لذا نامه‌های زیر را نوشتم:

پیشگاه حضرت آیت‌الله العظمی امام خمینی رهبر عالیقدر ملت ایران

همان‌طور که استحضار دارید از ساعت ۹ شب چهارشنبه ۵۸/۹/۲۸ به‌دلیل اتهامات غیرواقع و سراپاکذبی که به اینجانب وارد کرده‌اند توقیف و آبرو و شرف انسانی من برخلاف حق مورد تجاوز قرار گرفته است.

من به تمام آنچه که از ۲۶ سال قبل در نهضت مقاومت ملی و نهضت آزادی و سپس در انقلاب اسلامی انجام داده‌ام، افتخار می‌کنم و کوچک‌ترین نقطهٔ تاریکی در زندگی سیاسی من وجود ندارد. اکنون همهٔ اعتبار و حیثیت انسانی من مورد تجاوز قرار گرفته. آن هم تحت لوای حکومت اسلامی. آن را چگونه می‌شود توجیه کرد؟

به‌همین‌دلیل از پیشگاه امام تقاضا دارم دستور فرمایید هرچه زودتر نسبت به این اتهامات ناروا رسیدگی و اجازه ندهند شرف و حیثیت من مورد تجاوز قرار گیرد و از این رهگذر به اعتبار حکومت اسلامی و عدالتی که میلیون‌ها مردم در انتظار اجرای آن هستند لطمه وارد شود.

امیرانتظام سعی در بهبود روابط با این کشور داشت) **کیهان** ضمن تشریح این موضوع، مقاله‌ای بدون امضا با عنوان «طوطی سیاست و استاد سیا» چاپ نمود که ضمن مورد استهزاقراردادن مهندس بازرگان برای جمله‌ای که گفته بود «از امیرانتظام پاک‌تر پیدا نکرده‌ام» سراسر به توهین نسبت به امیرانتظام پرداخت. (نگاه کنید به ضمیمهٔ ۲)

این مقاله با واکنش روبه‌رو شد، از جمله یادداشتی با عنوان «اصل برائت و اعدام قبل از محاکمهٔ امیرانتظام». (نگاه کنید به ضمیمهٔ ۳)

ضمناً چون از قبل برای ساعت ۴ بعدازظهر شنبه ۵۸/۱۰/۱ از طرف دفتر امام برای من وقت تعیین شده بود، تقاضا دارم اجازه دهید در این ساعت به حضورتان برسم و علاوه بر توضیح نسبت به اتهامات، ترجمه کتاب **Counter Coup** نوشتهٔ کرمیت روزولت را که بزرگ‌ترین مدرک ما برعلیه امریکاست، تقدیم کنم.

با اعتقاد به اجرای عدالت اسلامی

عباس امیرانتظام

حضرت آیت‌الله موسوی اردبیلی

امروز که شرف و حیثیت زندگی‌ام به تار مویی بسته است، تقاضا دارم شما را ملاقات کنم و با توضیح و تشریح آنچه که به من نسبت داده‌اند و همهٔ آنها دور از حقیقت و کذب محض است ازکمک شما بهره‌مند شوم. خدای بزرگ را گواه می‌گیرم که همه آنچه را که به من نسبت دادند اتهامی بیش نیست و خود شما در جریان مقداری از آنها در ماه‌های آذر، دی و بهمن سال ۵۷ بوده‌اید و این دور از انصاف الهی و عدل اسلامی است، وظیفه‌ای که به من محول شده بود و انجام آن مورد تایید همه بود، امروز به‌صورتی مطرح شود که شرف و حیثیتم را که تنها اندوختهٔ زندگی من است، بی‌پروا مورد تجاوز قرار دهند. من از شما تقاضا می‌کنم با اجازهٔ ملاقاتی که خواهید داد، نگذارید انسان بی‌گناه و باشرفی همه‌چیز خود را بی‌دلیل از دست بدهد.

عباس امیرانتظام

طی نامهٔ دیگری به حاج احمد خمینی ازاو نیز تقاضای ملاقات کردم و نامه‌ای هم به مهندس بازرگان نوشتم و ضمن تشریح وضع، از ایشان تقاضا کردم که هرچه می‌تواند برای اثبات حقانیت دولت موقت و من تلاش و اقدام کند. ضمناً تقاضا کردم از طریق دکتر بنی‌جمالی به خانواده‌ام در سوئد خبر دهند که فعلاً در همان‌جا بمانند و همچنین درخواست کردم که مهندس بازرگان را ببینم.

همهٔ نامه‌ها را به آقای محمدی دادم. امیدوارم که به دست آنها برسد و بتوانم آنها را ملاقات کرده و دلیل این ظلم غیرقابل جبران و این اعمال غیرانسانی که در دنیای کفّار هم مشابه ندارد را جویا شوم و بدانم چرا در حق من آن هم در حکومت اسلامی و چنین ظلمی روا می‌دارند.

امروز بعدازظهر یکی از دانشجویان پیرو خط امام به دیدنم آمد. سن او بین ۲۱ تا ۲۴ سال بود، نگاه و برخوردش بسیار زننده و بد بود، درست مثل این‌که در صحرای کربلا دارد به چهره شمر نگاه می‌کند! به خود گفتم الهی اینان بندگان مسلمان تو هستند که قبل از محاکمه، حکم محکومیت انسانی بی‌گناه را صادر می‌کنند و بعد با او به سخن می‌نشینند. او یک‌سری سؤال را

نوشته بود و به بدترین و زننده‌ترین شکل مطرح کرد. همهٔ سؤالات او را به‌صورت کتبی جواب دادم و در آخر نامه نوشتم: از عذاب خدا بترسید و از این رفتار غیرانسانی و غیراسلامی برحذر باشید.

در حدود ساعت ۹ شب آقای محمدی دوباره به دیدنم آمد و سؤالاتی درباره دوران معاونت نخست‌وزیری من کرد. خلاصه این سؤالات به‌شرح زیر است:

۱. مسئله کبکان

۲. مسئله ممنوع‌الخروج‌ها

۳. مسئله مصاحبه‌های من در دوران سخنگویی دولت

۴. مسئله بایگانی محرمانه نخست‌وزیری

۵. مسئله حفاظت نخست‌وزیری

پس از جواب به سؤالات با ایشان به بحث نشستم، گفتم معنی این کارها چیست و آیا به‌نظر شما این نوع رفتار و قضاوت از طرف عده‌ای به‌نام مسلمان صحیح است؟ در جواب گفت اینها جوان‌های بسیار صادق و علاقه‌مندی هستند، ولی تجربیات سیاسی ندارند. گفتم گناه مردم این مملکت چیست که بایستی خسارت عدم تجربهٔ سیاسی آنها را بپردازند؟ بعد اضافه کردم که این وظیفهٔ شما و امثال شماست که با آنها صحبت کنید و آنها را روشن کنید. آقای محمدی گفت: مسئله، شما نیستید بلکه مربوط به اعمال دولت بازرگان و خود ایشان است. در زمانی که خط امام در جهت مقابله با امریکا بوده است ایشان در الجزیره به‌دیدن برژینسکی رفته بودند.

گفتم: ببین برادر، فرض کنیم که حرف‌ها و خط‌مشی شماها صددرصد درست باشد آیا در چنین برهه‌ای از زمان به صلاح مملکت است که دولت بازرگان به محاکمه کشیده شود؟ بعد برای او مثال حکومت نیکسون را زدم و گفتم با وجودی‌که نیکسون به کشورش خیانت کرده بود معهذا «جرالد فورد» به‌خاطر وحدت و یگانگی ملت امریکا او را بخشید. آنچه همهٔ مردم درباره بازرگان و همکاران او متفق‌القول هستند این است که آنها مردم صادق و باشرفی بوده و هستند و جز خدمت به مملکت، کاری نکرده‌اند. آیا این عمل شما عاقلانه و در جهت صلاح کشور خواهد بود؟! فکری کرد و بعد از مدتی، گفت، نه. گفتم: بنابراین وظیفه سنگینی به‌دوش دارید، با تمام وجود و امکانات خودتان و دوستانتان سعی کنید به این برادران بفهمانید که در صورت ادامه این وضع و محکوم‌کردن به‌ناحق من و دولت بازرگان چیزی عاید ملت مسلمان ایران نخواهد شد بلکه در جهت تضعیف و خدای‌ناکرده شکست آن پیش می‌رویم و شکست انقلاب ما شکست اسلام در تمام دنیا است. این کار عاقلانه نیست و در جهت تقویت اسلام نخواهد بود. بنابراین از شما خواهش می‌کنم هم خودتان کوشش کنید و هم امکان ملاقات مرا با افراد مختلف فراهم آورید تا بتوانم با آنها صحبت کنم.

شب را به راحتی خوابیدم. امروز بعدازظهر حوله و صابون و سایر وسائل اولیه مورد احتیاج را از منزل دکتر بنی‌جمالی برایم فرستادند.

جمعه ۳۰ آذر ۱۳۵۸ (سومین روز بازداشت)

صبح آقای محمدی آمد و نامه‌های امام، احمدآقا، بازرگان، آیت‌الله موسوی اردبیلی را به ایشان دادم و خواهش کردم که آنها را تحویل و وقت ملاقات برای من بگیرد.

ضمناً قرار شد ببیند که چگونه می‌توانم با خانواده‌ام که بدون شک شدیداً نگران بودند، در سوئد تماس بگیرم.

ساعت ۹ بعدازظهر جمعه نامه زیر را برای دکتر یدالله سحابی نوشتم:

جناب آقای دکتر یدالله سحابی

امروز که این نامه را برایتان می‌نویسم از زندان دولت انقلاب اسلامی می‌نویسم که عدالتش(!) شامل حال من هم شده است. همان حکومتی که همه به اندازهٔ استطاعت جسمی و فکری به‌خاطرش فداکاری‌ها کردیم. امروز که در این بیغوله زیرنظر پاسداران مسلح تنها نشسته‌ام و در هرچند لحظه نیز شعار سخنرانان سفارت امریکا را می‌شنوم که همه فریاد می‌زنند «امیرانتظام اعدام باید گردد» به آنچه کرده‌ایم فکر می‌کنم، جز افتخار و غرور احساس دیگری ندارم. البته سعی کرده‌ام خودم را فراموش کنم و راضی باشم به‌رضای خدا. امّا سؤال بزرگ‌تری برایم مطرح است که بسیار زجرم می‌دهد و آن این است که آیا تمام مکتب‌هایی که در دنیا وجود دارد و نظام‌هایی که در هر کشور و هر دولت خود را تحت نام آنها قرار می‌دهند، برای فریب مردم است و برای ارضای اعمال خلاف انسانیت و وجدان بشریت؟ استفاده خلاف از احساسات عوام و اتهامات ناروا و غلط و ضدانسانی به افراد باشرف و فداکارِ اجتماع زدن و ناجوانمردانه آنها را از صحنه خارج‌کردن، کار همه هیئت‌های حاکمه بوده، چه آنهایی که به مذهبی و یا مکتبی خود را منتسب می‌کردند و چه آنهایی که فارغ از آن بودند.

شما را به خدا یک لحظه فکر کنید و ببینید که چطور همه‌چیز برای آدمی بی‌ارزش می‌شود. ببینید که مدعیان پیرو خط امام و مسلمان و انقلابی تا چه حد برخلاف حق و انسانیت و مذهب عمل می‌کنند. چطور ناجوانمردانه زندگی، شرف و حیثیت شخص بی‌گناهی را مورد تجاوز قرار می‌دهند و حتی بدون رسیدگی حکم اعدام او را صادر می‌کنند. این است راه اسلام و عدالت آن؟!

آقای دکتر اجازه دهید شما را پدر بنامم چون همیشه رفتارتان بیشتر از همه پدرانه بوده و از شما بخواهم از من بی‌گناه به‌هرشکلی که می‌توانید دفاع کنید. این لکهٔ ننگ که به من نسبت داده‌اند، نسبتی است که به همهٔ همکاران مهندس بازرگان زده‌اند و اینطور ناجوانمردانه متهم‌شدن و مورد تجاوز قرارگرفتن و ساکت‌نشستن با هیچ اصولی تطبیق نمی‌کند. من طی نامه‌ای از امام، حاج احمدآقا، آیت‌الله موسوی اردبیلی و مهندس بازرگان تقاضای ملاقات کرده‌ام. شما هم در این راه کمک کنید. من تا جان در بدن دارم از حیثیت و شرفم دفاع خواهم

کرد. امّا من به کمک شما و همه دوستان آزاده و شرافتمند احتیاج دارم.

پدر اگر امروز همه با هم این تلاش را برای اثبات حقانیت و معصومیت خودمان شروع نکنیم فردا خیلی دیر خواهد بود. ملاقات‌هایی که مرا به‌خاطر آن متهم کرده‌اند به سه دوره تقسیم می‌شود:

۱. قبل از انقلاب، چه در دورهٔ نهضت مقاومت ملی در دادن نامه نهضت مقاومت از طریق کاتم به نیکسون و رساندن پیام نهضت مقاومت و اعتراض آن به دولت امریکا از طریق کاتم.

و چه چند ماه قبل از پیروزی انقلاب که همه از جمله دکتر بهشتی، آیت‌الله موسوی اردبیلی، خود شما و مهندس بازرگان و آیت‌الله طالقانی و ... همه در جریان بودند.

۲. ملاقات‌های تشریفاتی در زمانی که من به‌عنوان معاون نخست‌وزیر بودم که تمام آنها با اطلاع مهندس بازرگان بوده است.

۳. دو ملاقات در استکهلم که باز هم با اجازه مهندس بازرگان بوده است و حتی شخصاً در زمانی‌که به حضور امام رسیدم به ایشان اطلاع دادم و طبق اظهارات بازرگان در موارد قبلی هم آنها امام را در جریان قرار می‌دادند.

خدایا چگونه افرادی که خود را مسلمان می‌نامند و پیرو خط امام هستند می‌توانند بدون وحشت از عذابی که تو برای آنها تعیین خواهی کرد تا این حد برخلاف دستور تو و دین تو و اخلاق و شرف اسلامی و انسانی عمل کنند؟!

لطفاً چنانچه صلاح می‌دانید متن این نامه را در اختیار سایر دوستان و روزنامه‌ها قرار دهید.

خدایا پناه بر تو

عباس امیرانتظام

در ساعت ۹ بعدازظهر جمعه ۵۸/۹/۳۰ نامه زیر را برای دادستان کل انقلاب نوشتم:

دادستان محترم کل جمهوری اسلامی ایران

بدینوسیله نسبت به توقیف غیرقانونی و اتهامات سراپاکذبی که به من نسبت داده شده شدیداً اعتراض دارم و تا زمان آزادی به اعتصاب غذا ادامه خواهم داد. ضمناً امیدوارم آنقدر آزادی در این کشور باشد که این اعتراض را برای چاپ و انتشار در اختیار مطبوعات و رادیو و تلویزیون قرار دهید.

با تقدیم احترام

عباس امیرانتظام

شنبه ۱ دی‌ماه ۵۸ (چهارمین روز بازداشت)

صبح دیر از خواب بیدار شدم چون دیشب خوب نخوابیدم. به‌دلیل اعتصاب غذا هرشب سردرد شدیدی دارم که نمی‌گذارد خوب بخوابم.

امروز یکی از دانشجویان پیرو خط امام که دانشجوی سال دوّم پزشکی است به دیدنم آمد ابتدا فقط مدتی بدون اینکه حرفی بزند فقط با ذکر این‌که، «اجازه می‌دهید؟» روی مبل مقابل من نشست. شاید یک ساعتی گذشت و من مشغول خواندن کتاب «کویر» دکتر شریعتی بودم. بالاخره پرسید: «آیا شما غذا نمی‌خورید؟» گفتم: نه، گفت: چرا؟ گفتم: «به‌عنوان اعتراض به عمل ضدانسانی و غلط شما.» گفت: چرا؟ گفتم: «شما بدون هیچ تحقیق و مطالعه با شرف و حیثیت من بازی کرده‌اید. شما فکر کردید چون اسم من در پرونده‌های سفارت امریکا پیدا شده و در آنجا ذکر شده که چه کسی یا چه کسانی از سفارت امریکا چه در دوران قبل و چه در دوران انقلاب و چه در دوران سفارت با من ملاقات کرده‌اند، پس این دلیل رابطهٔ سفارت با من بوده است. گفتم من معاون اجرایی و روابط عمومی نخست‌وزیر بودم نه‌تنها در سفارت امریکا از دیدار و گفت‌وگو با من سوابقی موجود است، بلکه تمام سفارتخانه‌های خارجی در تهران مشابه این پرونده‌ها را دارند، چون کارشان با نخست‌وزیر و من بود. قبل از انقلاب و دوران سفارت نیز یا از طرف رهبران نهضت آزادی و انقلاب مسئول رساندن صدای اعتراض مردم به مسئولان سفارت بودم و در این هم من تنها نبودم آیت‌الله موسوی اردبیلی، مهندس بازرگان و همه شرکت داشتند. در دوران سفارت هم با اجازه نخست‌وزیر امریکایی‌ها اطلاعاتی راکه در مورد جابجایی ارتش عراق و وضع افغانستان و نفت می‌خواستند به دولت بدهند، از طریق من به دولت داده‌اند. شما با این کار خودتان بزرگ‌ترین کمک را به امریکا کرده‌اید. شما به‌جای جنگیدن با امریکا و عوامل او به جنگ برادران خودتان پرداخته‌اید. دلیل آن‌هم بی‌تجربگی شماست. شما فکر کردید هرکسی نامی در سفارتخانه دارد، حتماً رابطه هم داشته درحالی‌که من یک مقام مسئول بودم و بایستی آنها را بپذیرم و برای حل مشکلاتی که داشتند طبق دستور نخست‌وزیر به آنها کمک کنم و همین کار را برای همهٔ سفارتخانه‌ها کرده‌ام.» او که جوابی نداشت بدهد گفت: من وارد نیستم. گفتم: «لااقل حرفم را می‌توانی با عقل و منطق خودت بسنجی اگر درست بود، بروی و با برادرانت صحبت کنی و با ادامه چنین اعمالی به‌جای وحدت، ایجاد نفاق نکنید. وقتی ملت ما یک چنین دشمن بزرگ و مشترکی را دارد (امریکا) کسی حق ندارد امروز با چنین اعمال نادرستی باعث تفرقه ملت و خوشحالی دشمن بشود.»

عین همین بحث را دیشب با برادر دیگری داشتم که چون هیچ‌کدام نامشان را نمی‌گویند نمی‌دانم آنها را چه بنامم. جوانی بود نسبتاً چاق با ریش و چشمانی تاب‌دار. او هم در مقابل این سؤال‌که قبل از تحقیق چراکاری برخلاف اسلام و انسانیت کرده‌اید، جوابی نداشت. خداوند سرنوشت ملت ما را با چنین اعمال که حاکی از عدم تجربه و فقط و فقط از روی احساس است به‌خیر بگرداند.

ساعت ۶ بعدازظهر همان روز

همان برادر نسبتاً چاق دومرتبه به دیدنم آمد و برای اولین‌بار روزنامهٔ **بامداد** چاپ امروز را برایم آورد و مقصودش این بود که ثابت کند که آنها چیزی در روزنامه‌ها برعلیه من نگفته‌اند. از او خواهش کردم که روزنامه‌های پنج‌شنبه گذشته و امشب را هم برایم بیاورد.

از ابتدای توقیف خواسته بودم که اجازه دهند با خانواده‌ام در سوئد صحبت کنم. هنوز خبری نیست و از طرفی هنوز آقای محمدی نیامده و نمی‌دانم توانسته نامه‌های امام، حاج احمدآقا، مهندس بازرگان و آیت‌الله اردبیلی را بدهد یا نه؟

ساعت ۱۰ شب همان روز

آقای محمدی به اتفاق یکی دیگر از دانشجویان عضو گروه پیرو خط امام به‌دیدن من آمدند. درباره نامهٔ امام و حاج احمدآقا اظهار کرد که آنها را توسط آقای قدوسی به قم فرستاده ولی هنوز جوابی از قم نرسیده است. نامهٔ مهندس بازرگان را از طریق دفتر دکتر صادق طباطبایی داده بود. نامه آقای آیت‌الله اردبیلی را هم هنوز نتوانسته بدهد. نامه اعتراض خود را دربارهٔ توقیف و اتهام و اعتصاب غذا همراه با نامه دکتر سحابی به ایشان دادم که برساند.

در بحث دوساعته‌ای که داشتیم ایشان چند سؤال کوتاه و مختصر پرسید، از قبیل تعداد دفعات ملاقات با نمایندگان وزارت امور خارجهٔ امریکا در استکهلم و همچنین از تلفن‌هایی که آنها داشتند سؤال کرد که من از جریان بی‌اطلاع بودم.

بعد از این بحث طولانی هردو قبول کردند که دانشجویان به‌علت عدم تجربه فقط به‌دلیل صداقت بیش از حد دست به چنین کاری زده‌اند که نمی‌بایستی بزنند. من توصیه کردم که هرچه می‌توانند آنها را راهنمایی بکنند و بعد هم جلسه‌ای با حضور آیت‌الله موسوی اردبیلی، مهندس بازرگان، دکتر یدالله سحابی به‌طور خصوصی تشکیل بشود تا مشخص گردد که هیچ تماس فردی توسط من گرفته نشده است و بعد هم آن‌طور عمل کنند که به حیثیت گروه ما لطمه نخورد.

امروز روزنامهٔ **بامداد** و **کیهان** روز شنبه را به من دادند. اینها روزنامه‌هایی است که چیزی دربارهٔ من ندارد و اگر دارد از نظر زندانبانان، من می‌توانم آنها را ببینم.

از امروز به تعداد محافظان من اضافه شده. اکثراً نگاه‌های ناراحت و نفرت‌باری دارند.

آنچه در این چند روز برایم مسلم شده این است که موضوع، اتهام من نیست بلکه محاکمهٔ دولت بازرگان است. سعی می‌کنم به فردفرد آنان توضیح دهم که این کار به نفع انقلاب و ایجاد وحدت نیست. همه هم بعد از مدتی نشستن و صحبت‌کردن قبول می‌کنند. چندین‌بار تقاضا کردم که در جمع دانشجویان پیرو خط امام شرکت کنم و در جمع با آنها صحبت کنم. آنچه احساس می‌کنم این است که می‌خواهند تا قبل از شروع انتخابات ریاست جمهوری با اجرای این برنامه برای من و محاکمهٔ دولت بازرگان، به قول خودشان چهرهٔ واقعی این دولت و

همکارانشان را به مردم نشان دهند! هرچه برای آنها استدلال می‌کنم که بازرگان و همه همکاران او ادعایی ندارند و از مدت‌ها قبل هم، بارها اعلام کرده‌اند که هرکس بهتر می‌تواند کشور را اداره کند، بیاید زمام امور را در دست بگیرد و همه آنها نیز حاضرند برای دستگاه رهبری کار کنند ولی شما با این عمل خودتان درواقع آنها و تمام کسانی که آنها را قبول دارند، کنار می‌گذارید. و این برخلاف ادعای شما برای ایجاد وحدت است و به انقلاب لطمه خواهد زد.

تا ساعت ۳ صبح بیدار بودم و کتاب «کویر» دکتر شریعتی را تمام کردم.

یکشنبه ۲ دی‌ماه ۵۸ (پنجمین روز بازداشت)[1]

امروز صبح همان پاسدار ریش‌دار و نسبتاً چاق به دیدنم آمد و روزنامهٔ **جمهوری اسلامی** و **بامداد** را برایم آورد.

در طول روز چند نفر از دانشجویان پیرو خط امام به نام‌های جواد و جعفر و غلامحسین به‌صورت تک‌تک به دیدنم آمدند و با هم صحبت کردیم. همان حرف‌ها و همان بحث‌ها و همه در جواب این سؤال که چگونه به خودتان اجازه دادید که قبل از تحقیق و مطالعه به آبرو و شرف انسانی تجاوز کنید، جوابی نداشتند.

آقای محمدی امروز نیامد و اجازهٔ هم ندادند که با سوئد تلفنی صحبت کنم. مدتی ورزش کردم و کتاب خواندم.

شب را بسیار بد خوابیدم.

دوشنبه ۳ دی‌ماه ۵۸ (ششمین روز بازداشت)

صبح خیلی دیر از خواب بیدار شدم. به دو دلیل، اوّل این‌که پنجمین روزی است که اعتصاب غذا کرده‌ام و فقط با آب زندگی می‌کنم. دوّم این‌که شب را نمی‌توانستم بخوابم. هر روز افراد جدیدی برای پاسداری می‌آیند و نگاه‌های زننده و زجرآوری دارند و برای همه باید از ابتدا شروع کنم تا تغییری در صورت و نگاه‌های آنها ایجاد شود. در حدود ساعت ۴ بعدازظهر آقای سعیدی (از دادستانی) که جوانی خوشرو و با صداقت است، آمد و گفت که می‌توانم با سوئد صحبت کنم. خوشبختانه تلفن خیلی زود وصل شد و با خانواده‌ام صحبت کردم. آنها بی‌اندازه نگران شده بودند. خودم هم منقلب شدم و به‌هرصورت توانستم بگویم که زنده هستم و سوء‌تفاهمی شده و

---

۱. در این روز **کیهان** در ستون یادداشت روز خود در مقاله‌ای بدون امضا و تحت عنوان «امیر رفت و امیرانتظام باقی ماند» به هجو بازرگان و توهین به امیرانتظام پرداخت. در این مقاله نسبت به حضور امیرانتظام‌های دیگر و تداوم راه او ابراز نگرانی شده و انصاف در این دیده شده بود که به‌جای امیرانتظام حق این بود که یکی دانشجویان خط امام سخنگوی دولت بود. (نگاه کنید به ضمیمهٔ ۴)

به‌زودی مسئله روشن خواهد شد. از آنان خواستم که همان‌جا بمانند تا وضع من روشن شود.
آقای سعیدی روزنامهٔ بامداد را داد که مصاحبه دفاعیه بازرگان را درباره من نوشته بود. از این ابرمرد شجاع و سمبل شرافت و قدرت، انتظاری جز آن نداشتم. خدا او را برای ملت ایران حفظ کند.
مدتی با آقای سعیدی نشستیم و صحبت کردیم. او می‌پرسید که چه راه‌حلی را پیشنهاد می‌کنم. گفتم پیشنهاد من این است که امام عده‌ای را در حدود ۲۰ نفر از قضات عالی‌رتبه، وکلای دادگستری، و سیاست‌مداران به انتخاب خودشان تعیین کنند و آنها کلیه پرونده‌های سفارت امریکا را زیرنظر بگیرند و مطالعه کنند. بعد از مطالعه تحقیق و بررسی کافی، تصمیم بگیرند.
در ساعت ۷ بعدازظهر آقای محمدی نامه زیر را برایم فرستاده بود:

بسمه تعالی

جناب آقای امیرانتظام

با توجه به این‌که اتهامات شما نقطه عطفش در قبل از پیروزی انقلاب و بعد از انتقال شغل شما از معاونت نخست‌وزیری به سفارت می‌باشد، لطفاً کلیه فعالیت‌های خود را در رابطه با نمایندگان سفارت امریکا و تماس‌هایتان نوشته و افرادی را که از این مذاکرات مطلع بوده‌اند مشروحاً معرفی نموده تا تصمیم نهایی بر روی پرونده شما گرفته شود. متشکرم.

نماینده دادستان کل انقلاب اسلامی ایران

محمدی

نوشته‌ها نزد خودتان باشد تا در اولین فرصت توسط اینجانب دریافت شود.

پاسخ به نامهٔ کوتاه آقای محمدی را در همین روز به شرح زیر، نوشتم:

جناب آقای محمدی

نمایندهٔ دادستان کل انقلاب اسلامی ایران

همان‌طور که قبلاً هم توضیح دادم، پس از کودتای ننگین ۲۸ مرداد ۱۳۳۲ جمعیتی برای دفاع از حقوق ملت ایران و اعتراض و مقابله با اساس حکومت کودتا در ایران بوجود آمد به‌نام نهضت مقاومت ملی ایران. من از همان روزهای اوّل افتخار عضویت و کار در این نهضت را داشتم. این نهضت دنباله‌رو مکتب مصدق رهبر عظیم‌الشأن نهضت ملی ایران بود و جمعیتی بود زیرزمینی و آنهایی که خاطرات سال‌های بعد از ۱۳۳۲ را به‌خاطر دارند می‌دانند که عضویت و کار در چنین سازمانی تا چه اندازه مخاطره‌آمیز بود. این جمعیت را افراد زیر تشکیل داده بودند: آیت‌الله سیدرضا زنجانی، آیت‌الله طالقانی، مهندس مهدی بازرگان، دکتر یدالله سحابی، رحیم عطایی و عده‌ای دیگر از مردان آزاده و وطن‌پرست ایران. من هم عضو

کوچکی بودم که به‌دلیل اعتقاد به راه مصدق و خدماتی که انجام دادم، مسئولیت نهضت مقاومت ملی در دانشگاه تهران به من سپرده شد و در آن زمان اسم مستعار من در نهضت مقاومت ملی، «دانش» بود. همان‌طور که گفتم سازمان ما یک سازمان زیرزمینی و مخفی بود. نهضت مقاومت ملی از هر فرصتی برای لطمه‌زدن به دولت کودتا با افشاگری و اعتصاب در دانشگاه و بازار و شهرستان‌ها و ایجاد میتینگ‌ها و راهپیمایی‌ها استفاده می‌کرد. ضمناً صدای اعتراض ملت ایران را به عناوین مختلف به گوش مردم دنیا و به‌خصوص مردم امریکا می‌رساند. در سفری که نیکسون به ایران آمد کمیتهٔ مرکزی نهضت مقاومت ملی تصمیم گرفت نامهٔ اعتراضیه برای او بنویسد و هم‌زمان نیز اعتراضات وسیعی در تهران از طرف نهضت انجام گرفت. برای رساندن این نامه به سفارت امریکا، نهضت مقاومت به من مأموریت داد که آن را به سفارت تحویل دهم. در زمان تسلیم نامه کسی که در سفارت امریکا نامه را از من گرفت شخصی بود به‌نام «ریچارد کاتم» که خودش را عضو سیاسی سفارت معرفی کرد و گفت که او و عدهٔ زیادی در سفارت از نقشهٔ کودتا خبر نداشتند و بعد که فهمیدند با آن مخالفت کردند و نسبت به ملت ایران ابراز همدردی کرد. ضمناً پیشنهاد کرد چنانچه نهضت مقاومت بپذیرد، هرچند وقت یک‌بار همدیگر را ببینیم. پیشنهاد او را با کمیتهٔ مرکزی نهضت مقاومت طرح کردم. تصویب کردند که برحسب ضرورت او را ببینم و به‌همین‌دلیل هروقت نهضت مطلبی را صلاح می‌دانست که به‌عنوان اعتراض بدهد، به کاتم داده می‌شد و به من ماموریت می‌دادند که او را ببینم. جمعاً چندبار بنا به دستور نهضت مقاومت ایشان را دیدم و مشکلات و مصائب ناشی از کودتا را که بر مردم ایران تحمیل شده بود به او منعکس می‌کردم و او همیشه ابراز همدردی می‌کرد. بعد از چندی هم که از ایران رفت، قبل از رفتن گفت که به‌عنوان اعتراض به سیاست دولت امریکا از سفارت و وزارت امور خارجه امریکا استعفا خواهد داد و به کار تدریس خواهد پرداخت. پس از ترک ایران کاتم کتابی درباره ایران و اهداف حکومت ملی دکتر مصدق نوشت به‌نام ***Nationalism of Iran*** و کسانی که این کتاب را خوانده‌اند تأیید کردند که کتاب او وقایع و هدف‌های دولت دکتر مصدق را همان‌طور که بوده، نوشته است. این اولین باری بود که به‌دستور کمیتهٔ مرکزی نهضت مقاومت به‌عنوان یک وظیفه ملّی و وطنی با یک دیپلمات خارجی تماس گرفتم و صدای اعتراض ملت ایران را به گوش او و دولتش رسانیدم.

بعد از گذشت سال‌ها و تداوم حرکت ملت ایران و گرایش بیشتر آن به سوی مذهب به‌رهبری امام‌خمینی، فعالیت‌ها به‌تدریج شدت پیدا می‌کرد. در ملاقاتی که صبح روز جمعه ۱۷ شهریور ۵۷ در خیابان مصدق با آقای مهندس بازرگان داشتم و دربارهٔ مسائل روز صحبت می‌کردیم، به ایشان پیشنهاد کردم که فعالیت بیشتری بکنیم و ایشان گفتند به یک شرط که همهٔ وقت خودت را بگذاری. با جان و دل پذیرفتم. آن‌روز ایشان به جلسه‌ای در زعفرانیه می‌رفتند که در همان‌جا توقیف شدند. بعد از چند روز که آزاد شدند و من به‌دیدنشان رفتم و بلافاصله

کارم در دفتر ایشان و حزب نهضت آزادی شروع کردم. از بدو فعالیت در زمینهٔ امور سیاست خارجی کلیهٔ تماس‌هایی که خود آقای مهندس بازرگان و مهندس محمد توسلی تا آن تاریخ داشتند، به من واگذار شد. لازم است توضیحی بدهم و آن این است که در هر نقطهٔ عالم که تحول و یا حرکتی بوجود می‌آید کلیه نمایندگان سیاسی کشورهای خارجی در آن کشور سعی دارند با رهبران این حرکت تماس بگیرند و از کم و کیف حرکت اطلاع حاصل کنند. به‌همین‌دلیل قبل از اینکه این مسئولیت به من واگذار شود تقریباً از طرف کلیهٔ کشورهای مهم دنیا با افرادی که حدس می‌زدند نقشی در رهبری دارند تماس گرفته شده بود. این افراد عبارت بودند از رؤسای کلیه احزاب مخالف، اداره‌کنندگان جمعیت‌های مذهبی و بالاخره هر گروه، جمعیت و دستهٔ مخالفی که آنها فکر می‌کردند در این انقلاب نقشی دارند.

این دوران همزمان با آمدن آقای ریچارد کاتم به ایران بود و باز لازم است توضیح دهم که آقای ریچارد کاتم پس از مسافرت پاریس و دیدن امام به تهران آمده بود و از طرف کارمندان سفارت در تماس‌هایی که از قبل گرفته شده بود، قرار شده بود که ایشان به دفتر سازمان دفاع از حقوق بشر بیایند. در این جلسه به نمایندگی از سوی مهندس بازرگان شرکت کردم. حاضرین در جلسه عبارت بودند از: دکتر میناچی، دکتر علی‌اصغر صدر حاج سید جوادی، احمد صدر حاج‌سیدجوادی، دکتر لاهیجی، مهندس بنافتی، آقای کاتم و آقای استمپل و من. جلسه در حدود یک ساعت طول کشید و خلاصهٔ اظهارات همه با آقای کاتم این بود که دولت امریکا باید دست از حمایت شاه و ارتش و دولت بردارد و انقلاب ایران را به‌رسمیت بشناسد. پس از ترک جلسه، آقای کاتم؛ آقای استمپل را که از مدت‌ها قبل همان‌طور که قبلاً توضیح دادم با آقایان توسلی، میناچی و تعداد بسیاری از رهبران و شاید خود آقای بازرگان ملاقات کرده بود، به‌من معرفی کرد.

آقای استمپل از این تاریخ که شاید اواسط آذر ۱۳۵۷ بود مرتباً تا پیروزی انقلاب با همه از جمله شخص من تماس می‌گرفت. این تماس‌ها در اواخر دی‌ماه و بهمن‌ماه حتی به ملاقات آقایان سولیوان و استمپل و آیت‌الله موسوی اردبیلی و بازرگان هم رسید. برای اینکه هرچه بر شدت حملهٔ مردم ایران برعلیه دولت جابر رژیم شاه اضافه می‌شد رهبران انقلاب اصرار داشتند که دولت امریکا را بیشتر زیر فشار قرار دهند. تنها جلسه‌ای که من در زمان خداحافظی آقایان رسیدم و تاریخ و محل آن را می‌دانم که ذکر می‌کنم جلسه‌ای بود در منزل دکتر فریدون سحابی با حضور آیت‌الله موسوی اردبیلی، بازرگان، سولیوان و استمپل. من نرفته بودم که در جلسه شرکت کنم بلکه می‌خواستم نتیجهٔ مذاکرات خودم را به آقای مهندس بازرگان اطلاع دهم و زمانی به منزل دکتر فریدون سحابی رسیدم که آقایان سولیوان و استمپل داشتند خداحافظی می‌کردند. ضمناً توضیح بدهم که دیدن مهندس بازرگان در آن روزها کار ساده‌ای نبود و هرساعت در جایی مشغول فعالیت بودند به‌همین‌دلیل و به‌دلیل اهمیت مذاکرات بختیار با من، طوری به دیدن ایشان رفتم که جلسهٔ آنها در حال اختتام بود.

من از آقای مهندس بازرگان شنیده بودم که ایشان نتیجهٔ مذاکرات را همیشه به اطلاع روحانیون تهران می‌رسانند و بارها هم از آقای استمپل شنیده بودم که ایشان به دیدن آیت‌الله دکتر بهشتی هم می‌روند. امّا بعد از انتصاب من به سفارت ایران در کشورهای اسکاندیناوی از جمله سوئد، همان‌طور که اطلاع دارید و آقای مهندس بازرگان هم در اظهارات روز دوشنبه ۳ دی‌ماه ۱۳۵۸ (امروز) بیان داشته‌اند **دولت بازرگان تا قبل از ۱۳ آبان ۱۳۵۸ به‌دلیل وظیفهٔ سنگینی که بر دوش احساس می‌کرد و آن حفظ دارایی‌ها و منافع ملت ایران بود معتقد بود که با شرط قبول و احترام به انقلاب اسلامی ایران از طرف امریکا و با شرط عدم مداخلهٔ امریکا در امور داخلی ایران و رعایت استقلال و حق حاکمیت ایران از طرف امریکا بایستی مسائل فی‌مابین را از طریق مذاکره حل نماید** و من در تمام مذاکرات در جواب اینکه آنها دائماً اظهار می‌کردند که انقلاب ایران را قبول دارند و به استقلال و حق حاکمیت ملت ما احترام می‌گذارند، می‌گفتم تنها گفتن کافی نیست، وقتی ملت ما می‌پذیرد که شما صادقانه عمل کنید. یعنی نه‌تنها عملاً مداخله نکنید و عملاً به استقلال ما احترام بگذارید بلکه باید پول‌های ایران که از بابت قراردادها نگه‌داشته‌اید پس بدهید. در حل موضوع لوازم یدکی و سایر مشکلات صادقانه پیشقدم شوید. چون سیاست دولت این بود که این مسائل از طریق مذاکره حل شود. بنابراین قبل از رفتن به سوئد هم، از آقای مهندس بازرگان سؤال کردم که آیا در این مسائل به‌جایی رسیده‌ایم (چون من در تمام مذاکرات نبودم) ایشان گفتند: بله مذاکرات جدی دربارهٔ لوازم یدکی در حال انجام است.

بعد که من به سوئد رفتم کاردار سفارت امریکا تلفن کرد و به دیدنم آمد (اجازه دهید که توضیح بیشتری بدهم و آن اینکه کار یک سفیر بنا به پروتکلی که تا به‌حال در دنیا و وزارت امور خارجه ایران وجود دارد، دیدن و تماس با کلیه سفرای خارجی مقیم در کشور محل مأموریت است، جز درباره کشورهایی که دولت متبوع دستور دهد که با آنها تماس گرفته نشود، ارتباط برقرار می‌کند. از طرف دیگر یکی از اولین وظایف هر سفیر تازه‌وارد این است که باید به دیدن تمام سفرای خارجی مقیم در محل مأموریت خود برود و طبق اصطلاح «پروتکل» از تمام آنها بایستی دیدن بکند و این دیدارها همیشه از شیخ‌السفرا هم شروع می‌شود). در سوئد شیخ‌السفرا سفیر شوروی بود. که من پس از تسلیم استوارنامه خود به‌دیدن سفیر شوروی و بعد هم به‌تدریج به دیدن سایر سفرا از جمله سفیر امریکا رفتم (اواخر مردادماه ۱۳۵۸) و یکی دیگر از وظایف سفیر دیدن و مذاکره با مسئولین دولت محل مأموریت، رؤسای پارلمان و احزاب و شخصیت‌های سیاسی است. امیدوارم این توضیح روشنگر وظیفهٔ هر سفیری باشد. البته متقابلاً سفرای خارجی نیز به بازدید سفیر تازه‌وارد می‌آیند. این هم پروتکل و وظیفه است.

در ملاقاتی که کاردار سفارت امریکا در استکهلم با من داشت اظهار داشت که تلگرافی از

واشنگتن دریافت کرده که آقای استمپل به اتفاق شخص دیگری می‌خواهند به استکهلم بیایند و به دنبال مذاکرات تهران درباره مسائل فیمابین از طریق من با دولت ایران تماس بگیرند. گفتم با تهران تماس می‌گیرم و جواب می‌دهم. با مهندس بازرگان نخست‌وزیر تماس گرفتم، گفتند: عیبی ندارد، بیایند. (باز توضیحی بدهم، به‌دلیل وضع استثنایی ایران در چندماه پس از انقلاب و انجام وظایف صادقانهٔ من، به‌خاطر دارم که چهار سفیر یعنی سفیر فرانسه، آلمان، روسیه، انگلستان خیلی صریح به آقای مهندس بازرگان گفتند که پس از رفتن امیرانتظام چه خواهید کرد و غیبت مرا از تهران برای دولت و گرفتاری‌های آن جبران‌ناپذیر می‌دانستند. دلیل آمدن این آقایان به سوئد هم همین احساس بود که به جز سفرای روسیه، آلمان، فرانسه و انگلیس، به جرئت می‌توانم بگویم سایر سفرا نیز داشتند. شما اگر به هر سفارتخانه مراجعه کنید، پرونده‌ای به‌نام امیرانتظام وجود دارد که باعث افتخار من است که توانسته‌ام در آن برهه از زمان وظایفم را ضمن حفظ حقوق ملت ایران در نهایت صداقت انجام دهم.) آقای استمپل و آقایی به‌نام جرج کیو آمدند. آقایان گفتند که اطلاعاتی درباره جابجایی ارتش عراق و وضع افغانستان دارند که می‌خواهند به دولت ایران بدهند و درباره آنها مفصلاً به من توضیح دادند و قرار شد من با تهران تماس بگیرم و نتیجه را بگویم. با تهران تماس گرفتم، آقای نخست‌وزیر گفتند به تهران بیایند و در حدود ۱۵ روز بعد آنها از واشنگتن به تهران آمدند. اضافه کنم که آنها سؤال همیشگی خود را که چه کنیم که ایران قبول کند که دولت امریکا صادقانه انقلاب ایران را به‌رسمیت می‌شناسد و می‌خواهد به‌صورت دو دولت متساوی‌الحقوق با ایران روابط داشته باشد و به استقلال و حاکمیت ایران هم نهایت احترام را دارد، باز تکرار کردند و من همیشه جواب‌های قبلی را تکرار می‌کردم.

وقتی به تهران آمدند من هم آمده بودم و جلسه‌ای با حضور آقای نخست‌وزیر و دکتر یزدی وزیر امور خارجه، آقای جرج کیو و آقای آدامز تشکیل شد. این جلسه به‌مدت یک‌ساعت طول کشید و در آن از طریق اسلاید موقعیت نظامی ارتش عراق در مرزهای ایران نشان داده شد. همچنین درباره افغانستان نیز توضیح دادند.

بار دوّم در حدود ۳۰ تا ۴۰ روز بعد بود که باز ابتدا کاردار سفارت امریکا در استکهلم تلفن کرد و به‌دیدنم آمد و باز مسئله آمدن و گزارشات تازه‌ای را در مورد آینده نفت مطرح کرد و همان سؤال کذایی که چه کنیم ایران ما را قبول داشته باشد؟ من نیز همان جواب‌های همیشگی را دادم. ایشان گفت این همان حرف‌هایی است که شما ۲۵ سال قبل به کاتم گفته بودید. گفتم درست است ما تغییری در خواسته‌هایمان نداده‌ایم می‌خواهیم شما واقعاً دست از دخالت در امور ایران بردارید، به انقلاب و استقلال ما احترام بگذارید و حق حاکمیت ما را صادقانه رعایت کنید و بقیه مسائل فی‌مابین را هم به‌طور شرافتمندانه با ما سر یک میز بنشینید و به‌صورت دو دولت متساوی‌الحقوق حل کنید. ایشان رفت. دومرتبه من تلفنی از

نخست‌وزیر اجازه گرفتم، بعد به کاردار تلفن کردم و گفتم بیایند، آنها آمدند و مفصلاً درباره آینده نفت و ضمناً استفاده از وسائل حفاظتی جنوب و شمال صحبت کردند و گفتند که اگر دولت ایران بپذیرد ما کاملاً آماده هستیم به‌شما کمک کنیم. گفتم تصمیم با دولت است. باز مراتب به اطلاع نخست‌وزیر رسید. آنان بعد از مدتی به تهران آمدند و من هم به تهران آمدم که تاریخ صحیح آن را به‌خاطر ندارم یا اواخر شهریور یا اوایل مهرماه سال ۱۳۵۸ بود. این‌بار فقط به دیدن آقای دکتر یزدی رفتند و گزارشات خودشان را در موارد فوق به ایشان دادند. البته در این سفر به‌جای آقای جرج کیو شخصی دیگری بود به‌نام ادل سیک(Adle Sick) که مراتب در پرونده وزارت امور خارجه موجود است.

در چند روزی که درتهران بودم کاردار سفارت امریکا تلفن کرد و گفت آقایی که عهده‌دار میز ایران در وزارت امور خارجه امریکا است به تهران آمده و می‌خواهد آقای یزدی و نخست‌وزیر را ببیند و می‌خواهد مسئله را ابتدا با شما مطرح کنند. به آقای دکتر یزدی تلفن کردم و ایشان اجازه دادند. آقای کاردار سفارت امریکا و آن شخص به‌دیدنم آمدند و مسئله مریضی شاه و بردن او را به امریکا مطرح کردند. گفتم: ملت ما نمی‌تواند این مسئله را بپذیرد و عکس‌العمل بسیار شدیدی خواهد داشت. گفتند: ما تقاضا داریم شما این مسئله را با آقای نخست‌وزیر و وزیر امور خارجه درمیان بگذارید. به آقای نخست‌وزیر و آقای دکتر یزدی تلفن کردم و قرار شد ساعت ۱۱ صبح روز بعد به دفتر آقای وزیر خارجه بیایند و صحبت کنند. آنان آمدند و در این جلسه آقای نخست‌وزیر و وزیر امور خارجه با پیشنهاد آنها مخالفت کردند و حتی پیشنهاد شد که شاه به‌جای امریکا به یک کشور اروپایی فرستاده شود. دلایل زیادی آوردند که این بیماری فقط در بیمارستان مخصوص نیویورک قابل معالجه است و تلکسی هم نشان دادند. همه ما با این پیشنهاد مخالفت کردیم و به آنها گفته شد در صورت انجام چنین کاری مسئولیت عواقب آن به‌عهدهٔ دولت امریکا است.

من قبل از ترک ایران به خدمت امام رسیدم و از جمله مسایلی که خدمت ایشان اطلاع دادم، تماس دو نفر امریکایی در سوئد و بعد هم آمدن آنها به تهران بود، امام فرمودند درباره امریکایی‌ها خیلی باید احتیاط کرد.

پس از بازگشت به سوئد و تصرف لانهٔ جاسوسی امریکا از طرف دانشجویان مسلمان پیرو خط امام آقای جرج کیو از آلمان تلفن کرد که می‌خواهد به استکهلم بیاید و دراین‌باره صحبت کند. گفتم طبق دستور امام هیچیک از مأمورین دولتی ایران حق مذاکره با امریکا را ندارد و تلفن را قطع کردم.

ضمناً توجه شما را به مصاحبه‌هایی که در کلیه کشورهای اسکاندیناوی از زمان تصرف لانه جاسوسی امریکا کرده‌ام و نسخ آن در دادستانی وجود دارد جلب می‌نمایم.

عباس امیرانتظام

آقای محمدی برای بردن نامه نیامد، و من تا حدود ۳ بعد از نیمه‌شب بیدار بودم و کتاب و چند روزنامه‌ای را که داده بودند، می‌خواندم. امشب از شب‌های قبل بهتر خوابیدم.

سه‌شنبه ۴ دی‌ماه ۵۸ (هفتمین روز بازداشت)

صبح زودتر بلند شدم که اگر آقای محمدی بیاید نامه را به او بدهم. ولی تا ساعت ۸ شب نیامد.

امروز روزنامه‌های **بامداد** و **کیهان** را به من دادند. در **کیهان** آقای هاشمی رفسنجانی هم مطالب بازرگان را تأیید کرده بود.[۱]

در روزنامهٔ **بامداد** دکتر سنجابی، جواب بازرگان را داده بود. ضمن عدم اظهارنظر دربارهٔ من بی‌دلیل و به‌طرز ناصحیحی به مهندس بازرگان حمله کرده بود.

چند روزی است که ورزش می‌کنم و به‌همین‌دلیل بدنم کمی درد می‌کند که بهتر خواهد شد.

امروز آقای سعیدی از دادستانی به دیدنم آمد. جوان نازنینی به‌نظر می‌آید، خیلی با دلیل می‌خواست مرا قانع کند که اعتصاب غذای خودم را بشکنم، چون ممکن است توقیف من که به دست دانشجویان پیرو خط امام است تا بعد از انتخابات طول بکشد. گفتم هنوز توانایی دارم، خواهش کردم اگر ممکن باشد اعتراض مرا به دادستانی در روزنامه‌ها منعکس سازند. با کلیه کسانی که تا به‌حال صحبت کرده‌ام، پس از چند دقیقه صحبت یک حالت انسانیت از صورت و بیاناتشان مشخص می‌شود جز یک نفر. جوانی است در حدود ۲۲ تا ۲۴ سال به‌نام «عباس»[۲] که روز اول هم از طرف دانشجویان آمده بود و سؤالات زننده‌ای نوشته بود. این شخص حرفش و نگاهش با دنیایی از کینه و نفرت توأم است و مانند خنجری است که به‌دل فرو می‌رود، مانند مأمور عذاب، در جواب یک سؤالش نوشتم که از عذاب الهی بترس. امروز هم به او گفتم دیگر مایل به دیدن و صحبت‌کردن با او نیستم و پس از مدتی نشستن اطاقم را ترک کرد.

---

۱. اکبر هاشمی رفسنجانی عضو شورای انقلاب و وزیر کشور به سؤالات خبرنگار **کیهان** در مورد امیرانتظام پاسخ گفت. «سؤال شد: دیروز در نشستی که با آقای بازرگان داشتیم، ایشان قویاً از امیرانتظام دفاع کرد و گفت که پیش از محاکمه نباید یک فرد را جاسوس خواند. شما به‌عنوان عضو شورای انقلاب و با توجه به این که بهتر از دیگران در جریان اسناد جاسوس‌خانه هستید آیا امیرانتظام را یک جاسوس می‌دانید؟ وی پاسخ داد: اولاً اسنادی که راجع به انتظام فاش شد، نشان‌دهندهٔ جاسوسی ایشان نیست و من در این مورد حرف‌های آقای بازرگان را تأیید می‌کنم و به نظر من ایشان جاسوس نیست.

خبرنگار **کیهان** پرسید: از حرف‌های شما این استنباط می‌شود که دانشجویان پیرو خط امام در این مورد اشتباه کرده‌اند، آیا واقعاً نظرتان همین است؟ وی گفت: من نگفتم دانشجویان اشتباه کرده‌اند، بلکه گفتم اسنادی که دانشجویان افشا کرده‌اند نشان‌دهندهٔ جاسوسی نیست و جدا از این مسئله حتی دانشجویان نگفتند که ایشان جاسوس هستند، بلکه گفتند این اسناد دربارهٔ ایشان به‌دست آمده و به‌هرحال استنباط من این است که این اسناد نشان‌دهندهٔ جاسوسی نیست.» (**کیهان**، ۴ دی ۱۳۵۸)

۲. بعدها دانستم که نام کامل او «عباس عبدی» است.

در حدود ساعت ۱۰ آقای سعیدی به دیدنم آمد و تا ساعت ۱۲ ماند. من از مصاحبت او و آقای محمدی همیشه احساس آرامش می‌کنم. نامه زیر را نوشتم و از وی تقاضا کردم به آقای هاشمی رفسنجانی بدهد.

بسمه تعالی **۵۸/۱۰/۴**

جناب آقای حجت‌الاسلام هاشمی رفسنجانی

به‌دلیل وضع استثنایی زمان، که هرساعت آن می‌تواند برای ملت ستم‌کشیده ایران سرنوشت‌ساز باشد، تقاضا دارم به‌هرشکلی که صلاح می‌دانید اجازه دهید شما را ملاقات کنم. مسئله شخص من مطلقاً مطرح نیست بلکه مسئله انقلاب اسلامی و ایران مطرح است و من استدعا می‌کنم هرچه زودتر تا دیر نشده ترتیب این ملاقات را اعلام فرمایید.

با توجه به عنایت خداوند

عباس امیرانتظام

بعد از رفتن آقای سعیدی و غلامحسین (یکی دیگر از دانشجویان پیرو خط امام) که از ساعت ۹ به اطاقم آمده بود، مشغول خواندن مصاحبهٔ مهندس بازرگان شدم. در این مصاحبه بازرگان به اتهاماتی که بر دولت او وارد شده بود، جواب داده بود. تا ساعت ۲ یا ۳ بامداد بیدار بودم. بعد خوابیدم.

چهارشنبه ۵ دی‌ماه ۱۳۵۸ (هشتمین روز بازداشت)

نزدیک ظهر آقایان محمدی و سعیدی به دیدنم آمدند. محمدی گفت که نامهٔ بازرگان را شخصاً داده و ایشان جواب داده است، البته شفاهی. همچنین پرسیده است که آیا مصاحبهٔ وی را در روزنامه دیده‌ام یا نه و نیز به آقای بنی جمالی تلفن کرده است. بعد خود من به مهندس بازرگان تلفن کردم. البته تلفن به ضبط‌صوت وصل بود. مهندس بازرگان گفت که اعلام جرمی از طرف ایشان، دکتر سحابی و صدر حاج سیدجوادی تهیه و به دادستانی کل انقلاب داده‌اند و همچنین فردا صبح (روز پنج‌شنبه) مصاحبهٔ مطبوعاتی خواهند کرد. ضمناً به من توصیه کرد که از اعتصاب غذا دست بردارم. بنا به توصیه ایشان از امروز به‌خوردن شیر خواهم پرداخت. از ایشان تقاضا کردم که از طریق بنی‌جمالی بخواهد که لوازم شخصی مرا از سفارت ایران در سوئد خارج کنند. به ایشان گفتم که روحیه بسیار خوبی دارم و نگران من نباشد. ایشان گفت که به آیت‌الله موسوی اردبیلی توصیه کرده‌اند که طبق تقاضای من، ایشان مرا ملاقات کند. ضمناً گفت که چندین بار به احمدآقا تلفن کرده ولی وی را پیدا نکرده است. همچنین گفت که قطب‌زاده و بنی‌صدر هم از من دفاع کرده‌اند.

امروز روزنامه‌ها مصاحبهٔ افشاگرانه دیشب دانشجویان خط امام (عباس عبدی، ابراهیم اصغرزاده) در رادیو و تلویزیون را چاپ کرده بودند و اتهامات آنقدر ناجوانمردانه و بی‌پایه و غرض‌آلود بود که انسان نمی‌فهمد که اینها چگونه مسلمانند و چگونه خود را به اسلام و رهبران آن نسبت می‌دهند و حاضر نیستند ابتدا تحقیق کنند و بعد کسی را متهم نمایند.

مدتی با آقای سعیدی و محمدی صحبت کردیم و موضوع گفت‌وگو، درباره آیندهٔ ایران با توجه به بی‌تجربگی این برادران بود که چه خواهد شد و دشمن تا چه حد از این همه تفرقه که به‌دست خود ما بین صفوف مردم ایجاد شده بهره‌برداری خواهد کرد؟

با مطالبی که به‌عنوان افشاگری دیشب از رادیو و تلویزیون پخش شد و امروز هم در روزنامه‌ها منعکس گردید[1] کاملاً پیداست که این گزارشات بی‌اساس است، چراکه آنچه را به من نسبت داده‌اند غیر منطقی و کذب محض است و تنها دو گمان ممکن است:

۱. توطئه خود سازمان سیا از ماه‌ها قبل باشد که تمام این اسناد را تهیه کرده و در فرصت مناسب فکر اشغال سفارت را القا کنند و جوانان پرشور و بی‌تجربهٔ ما هم بدون توجه به القاکننده آن را دنبال کنند و درنتیجه، هم گروه‌های سیاسی را از هم متلاشی کنند و هم از آن استفاده تبلیغاتی در سطح جهان کرده و ایران را به انزوای بین‌المللی بکشانند.

۲. همان‌طور که در روزنامه‌های اروپا شایع بود، در میان گردانندگان اشغال سفارت عده‌ای از چپی‌ها باشند و مطالبی را به گزارشات موجود اضافه کرده و با تشویق برادران مسلمان و بی‌تجربه به طرح موضوع، باعث رودررویی جناح‌های مختلف سیاسی انقلابی بشوند، که موفق هم شدند.[2]

با توجه به موضوع خاصی که «جواد» (یکی از دانشجویان) توضیح می‌داد از قبیل کنترل کامل کردستان و کرمانشاهان از طرف حزب دموکرات کردستان، وضع اصفهان، نوار آیت‌الله شریعتمداری و ارسال آن به آذربایجان و وضع بلوچستان که به دکتر یزدی و جمعیت حمله

---

۱. این مطالب با عنوان «افشاگری در مورد ارتباط نماینده نهضت آزادی با امریکا» در روزنامهٔ **اطلاعات**، ۵ دی ۱۳۵۸ و نیز روزنامهٔ **کیهان** همان تاریخ و با عنوان «چگونگی توطئه رابط نهضت آزادی برای منحرف‌کردن انقلاب» که در آن از قول دانشجویان تذکر داده شده بود امیرانتظام نه به‌عنوان یک فرد، بلکه به‌عنوان یک جریان مطرح است، به چاپ رسید و نهضت آزادی در روز بعد طی یک اطلاعیهٔ شدیداللحن به آن اعتراض کرده و نسبت به دو دانشجویی که اجرای برنامهٔ رادیو و تلویزیونی را برعهده داشتند، اعلام جرم کرد. پیرو این اعتراض، دانشجویان عذرخواهی کرده، لیکن بعضی احزاب و گروه‌ها به دفاع از افشاگری‌ها پرداختند، از جمله جامعهٔ مدرسین حوزهٔ علمیه قم که با جانبداری از مرحوم طالقانی و عزت‌الله سحابی و تفکیک آنها از نهضت آزادی، این گروه را به موضع‌گیری نادرست در قبال امریکا متهم کرد. همچنین حزب جمهوری، چریک‌های فدایی خلق و مجاهدین خلق نیز افشاگری‌ها را تأیید نمودند. (نگاه کنید به ضمائم ۵، ۶، ۷ و ۸)

۲. حدس شمارهٔ ۱ صحیح است. لطفاً به کتاب **در جستجوی حقیقت** مراجعه فرمایید. (امیرانتظام)

کردند و هنوز هم ارتش آنجا را اداره می‌کند و نابسامانی همه‌جانبه؛ پیداست که دشمن نهایت سعی را برای شکست انقلاب از همه جهت شروع کرده و هیچ بعید نیست که امریکا و شوروی توافق کرده باشند و با کمک آنها هم جناح امریکا و هم عوامل چپ، دست به طغیان بزنند.

روزنامه‌های چپی (کمونیست‌ها) از هر مسلمانی مسلمان‌تر شده‌اند و بعضی مسلمانان بی‌خبر ما هم برای آنکه از آنها عقب نمانند می‌خواهند از آنها در شعار و اعمال ناپخته جلو بزنند. نتیجه هم همین می‌شد که شده و بدتر از آن را هم باید در آینده انتظار داشت.

تمام چپی‌ها به‌طور یکنواخت افراد مثبت انقلاب را می‌کوبند و ساده‌دلان خودمان نیز چوب زیر آتش آنها می‌گذارند. آینده ایران چه خواهد شد؟ خدا می‌داند! امشب آقای سعیدی و جواد به دیدنم آمدند و دوساعتی دربارهٔ اوضاع مملکت صحبت کردیم. اخبار ایران نگران‌کننده است. جواد می‌گفت در چند روز قبل یک کودتای نظامی از طرف افراد نیروی هوایی متوقف و مسئولان آن بازداشت شده‌اند و همچنین توضیح می‌داد تمام کردستان تا حدود «قروه» و خود شهر کرمانشاهان از دست رفته است و کردها کنترل همه‌جا را در اختیار دارند و ارتش هیچ کاری نمی‌تواند انجام بدهد و پالایشگاه کرمانشاه نیز در معرض حمله و تجاوز افراد کرد قرار دارد. پالایشگاه کرمانشاه گویا روزانه ۱۷۰۰۰ بشکه نفت تولید می‌کند.

ندانم‌کاری و بی‌تجربگی و غرور بی‌جای عده‌ای از جوانان، کشور را به‌کجا خواهد برد؟ چرا امام تلاشی برای توقف این سقوط به‌عمل نمی‌آورد؟ خدایا اگر این‌بار هم خودمان دستی‌دستی کشور را تسلیم دشمنان بکنیم، جواب تاریخ را چه خواهیم داد؟ در کمتر از صدسال، چهار انقلاب بزرگ در ایران پیش آمده و همیشه هم رهبران بزرگی آن را رهبری کرده‌اند اما خودخواهی‌های عده‌ای و تعصب بی‌جا و انحصارطلبی آنان، انقلاب‌های ما را به شکست کشانیده است. خدایا این بار تو عنایت کن و چشم‌ها و گوش‌های این جوانان را که فقط مسلمان و یک دنیا شور و احساس هستند ولی بی‌تجربه، بازکن و آنها را از لجاجت که باعث از بین‌رفتن ایران خواهد شد، بازدار.

۵شنبه ۶ دی‌ماه ۱۳۵۸ (نهمین روز بازداشت)[۱]

دیشب خوب خوابیدم. صبح مطابق معمول بیدار شدم. و در این چند روز در انتظار جواب امام

---

۱. در این روز دکتر بهشتی در یک مصاحبه با خبرنگاران خارجی در مورد اتهامات امیرانتظام تأکید می‌کند که اظهارنظر در مورد افراد باید با دلایل روشن و کافی همراه باشد: «سؤال: در پاسخ افشاگری دانشجویان پیرو خط امام گفته شد که ارتباط عباس امیرانتظام به روال شغلی بوده است که در نخست‌وزیری داشته است اما دیدیم که شب گذشته مجدداً دانشجویان پیرو خط امام با قاطعیت بیشتری مسئله را عنوان کرده‌اند در این مورد چه نظری دارید؟ دکتر بهشتی در پاسخ گفت دربارهٔ افراد و گروه‌ها اگر بخواهیم نظر بدهیم باید اسناد و

←

و حاج احمدخمینی و آیت‌الله موسوی اردبیلی و هاشمی رفسنجانی هستم. هنوز هیچکدام جوابی نداده‌اند. نزدیک ظهر آقای محمدی آمد و جواب سؤالاتی که در باره اتهامات قبل و بعد از حکومت انقلاب از من شده بود را به‌صورت کتبی به ایشان دادم. گفت می‌خواهد به دیدن امام برود. خواهش کردم ازامام بپرسد که آیا جوابی برای تقاضای ملاقات که قبلاً کرده بودم دارد یا نه؟

روزنامه‌ها را می‌خواندم که در تمام آنها لااقل چند مقاله دربارهٔ من و بازرگان وجود دارد و انسان به‌خوبی متوجه می‌شود که نویسندگان این مقالات جز نابودی ما و افراد نهضت آزادی هیچ منظور دیگری ندارند و در این مقالات نه از خدا نه از انسانیت و نه از شرف و نه از اسلام، خجالت نمی‌کشند و هرچه دلشان می‌خواهد، هر نسبت دروغ و اتهامی را به‌راحتی وارد می‌سازند. امروز از آقای محمدی نمایندهٔ دادستانی سؤال کردم که چرا اعتراض مرا به توقیف غیرقانونیم و اعتصاب غذا را در روزنامه‌ها منتشر نکردید؟ گفت آقای قدوسی دادستان گفته است که ضرورت ندارد (خدایا چرا دادستان انقلاب اجازه چاپ آن را نداده است) ولی به آقای بازرگان گفته‌ام. پرسیدم چرا برخلاف اصول ۳۷ و ۳۶ و ۳۹ و ۲۳ قانون اساسی مرا توقیف کردند و آبرو و شرف مرا مورد تجاوز قرار دادند؟ گفت آخر هنوز دولتی برای اجرای قانون اساسی وجود ندارد. شما را به‌خدا ببینید که همه‌چیز بازیچه است. به چه سادگی اولین "قانون اساسی" انقلاب اسلامی که توسط دولت موقت تهیه شده، پاره‌پاره شده و زیرپا گذاشته می‌شود.

جمعه ۷ دی‌ماه ۱۳۵۸ (دهمین روز بازداشت)

دیشب شاید فقط یک ساعت خوابیدم چون متأسفانه پاسدارانی که در این ساختمان پاسداری می‌کنند در دنیای خودشان هستند و اکثراً آنقدر سروصدا راه می‌اندازند که با خواب سبک من جور نمی‌آید. به‌هرصورت بیدار شدم و دیگر خوابم نبرد و نامه‌های زیر را در ساعت ۴ بعداز نیمه‌شب برای امام‌خمینی و مهندس بازرگان نوشتم.

مدارک قطعی و کافی وجود داشته و در اختیارم باشد، بنابراین نتیجه می‌گیرم که چنین زمینه‌ای تاکنون فراهم نشده است. اجمالاً این را بگویم که این رویه یعنی استناد به اسناد و مدارک به‌صورت یک اصل اسلامی و انقلابی و به‌عنوان یک مبنا باید پذیرفته شود و این‌گونه اظهارنظرها برپایه مدارک روشن و کافی و با جمع‌بندی نهایی صورت بگیرد و در غیر این صورت بیم آن می‌رود که هم از اصول اسلامی انحراف پیش آید و هم به استواری و استحکام کار انقلابی ما لطمه بزند...». (**اطلاعات**، ۵ دی ۵۸)

وی در مصاحبه‌های بعدی خود با صراحت بیشتری، نسبت به عملکرد دانشجویان و اتهامی که متوجه امیرانتظام کرده‌اند، اعتراض می‌کند. در یک پرسش و پاسخ در بیست دی‌ماه ۵۸ انتقاد خود را از این که روزنامهٔ **جمهوری اسلامی** با تیتر درشت امیرانتظام را جاسوس می‌نامد، مطرح می‌کند (کتاب **اولین رئیس‌جمهور**، محمدجواد مظفر، ۱۳۷۸) و در روز دوم اسفندماه ۵۸ در جمع بازاریان تهران، ضمن اعتراض به نحوهٔ عملکرد دانشجویان، از این که افراد مورد اتهام آنان، امکان پاسخ‌گویی و حتی دسترسی به اسناد را ندارند تا مردم به قضاوت صحیحی دست یابند، سخن می‌گوید. (نگاه کنید به ضمیمهٔ ۹)

بسمه تعالی **۵۸/۱۰/۷**

پیشگاه رهبر عظیم‌الشأن انقلاب اسلامی ایران امام‌خمینی

دومین باری است که نامه‌ای را به‌عنوان آن رهبر بزرگ می‌نویسم و به حضورتان می‌فرستم و در آن تظلم می‌کنم و تقاضای ملاقات و مذاکره دارم. نمی‌دانم آیا این نامه‌ها به‌حضور امام می‌رسد و یا دیگران آن را می‌خوانند و به دور می‌اندازند.

رهبر بزرگ ملت مسلمان ما، از آن امام سؤال می‌کنم که آیا اگر پیامبر بزرگ اسلام حضرت محمد(ص) زنده بودند و مظلومی به پیشگاه مقدسش تظلم می‌کرد آیا ممکن بود که آن حضرت صدای مظلوم را نشنیده بگیرند و به آن بی‌اعتنا باشند و اجازه ملاقات و مذاکره به او ندهند.

من برای دومین بار با بلندترین صدایم فریاد می‌زنم که از جانشین پیغمبر اسلام تقاضای ملاقات و مذاکره دارم. فریاد می‌زنم که به شرف و حیثیت انسانی و اجتماعی من برخلاف حق و اسلام و قانون اساسی لطمه وارد شده است و کسی دادرس من نیست. امیدوارم این صدای مظلوم را به گوش امام برسانند و این اجازه به من داده شود.

با تقدیم احترام و درود

عباس امیرانتظام

بسمه‌تعالی **۵۸/۱۰/۷**

جناب آقای مهندس بازرگان

مصاحبه ۳ دی‌ماه شما را با **بامداد** خواندم، جز این‌هم انتظاری نداشتم، چون در تمام طول زندگی نشان داده‌اید که در سختی‌ها چون کوه پابرجا هستید و هیچ چیز شما را از بیان حقیقت باز نمی‌دارد. به‌هرصورت شما را تقدیس می‌کنم. دیروز انتظار مصاحبهٔ جدید شما را داشتم که از آن هیچ خبری نشد. نمی‌دانم انجام گرفت یا نه. ساکت‌نشستن را درست نمی‌دانم. اصرار دارم که خدمت امام برسم و تظلم کنم و توضیح دهم. چون این‌طور که جلو می‌رود و با توجه به وقایعی که در نقاط مختلف کشور اتفاق افتاده و یا در حال وقوع است، به انقلاب اسلامی ایران لطمه خواهد خورد. دشمن از همه جهت ملت ما را در زیر ضربات خود قرار داده و ما هم خودمان به آن کمک می‌کنیم.

می‌دانم که شما و دوستان هرچه توانسته‌اید کرده‌اید و می‌کنید ولی احساس من این است که دیدن امام می‌تواند خیلی از مسائل را روشن و حل نماید. من دو نامهٔ دیگر هم خدمت امام فرستادم که یک کپی از آن را هم برای شما می‌فرستم و شما محبت کنید آن را از طریقی که صلاح می‌دانید در اسرع وقت خدمتشان تقدیم کنید و یا در ملاقات حضوری برایشان بخوانید. چون مطمئن نیستم که نامه‌هایم به‌دست ایشان رسیده باشد و یا آنها را خوانده باشند.

ادامه این روش کلیهٔ نیروهای سیاسی علاقه‌مند به انقلاب را به جای متحدکردن، از هم متفرق می‌سازد و خدای نخواسته به‌جای اینکه این نیروها در کنار هم قرار گیرند، در مقابل هم قرار خواهند گرفت و این همان چیزی است که امپریالیسم امریکا می‌خواهد.

امیدوارم سایر برادران نهضت آزادی هم به اهمیت مطلب، همان‌طور که هست پی برده باشند. و در چنین برهه‌ای از زمان همه کمک کنند تا مملکت از این بن‌بست نجات یابد.

چنانچه صلاح می‌دانید نامه‌ها را در اختیار مطبوعات و سایر دوستان هم قرار دهید.

با سلام و درود
مخلص شما
امیرانتظام

در طول روز از دانشجویان جواد و غلامحسین و یکی دیگر از آنها نزد من بودند و گویا امشب ساعت ۷ بعدازظهر جلسه مهمی دارند. مدتی با آنها درباره قانون اساسی و اصول ۲۳ و ۳۶ و ۳۷ و ۳۹ آن صحبت کردم، جوابی ندارند و متأسفانه به‌طور بچه‌گانه خودشان را گول می‌زنند که رأی مردم مهم است نه قانون اساسی! آنها ملت ایران را همین چندهزارنفر می‌دانند. جای تأسف است که قدرت فکرکردن از آنها گرفته شده و به جای فکرکردن دربست در اختیار گردانندگان خود هستند. و این گردانندگان پشت پرده چه کسانی هستند خدا می‌داند؟ بعضی از ایشان کمی توجه می‌کنند و سکوت می‌نمایند ولی اکثریت نیستند.

ساعت ۸ بعدازظهر آقای سعیدی تنها آمد و نامه‌های مهندس بازرگان و امام را به ایشان دادم و قول داد که به آنها برساند و همچنین خواهش کردم که اگر ممکن است با مهندس بازرگان ملاقات کنم. گفت احتمالاً فردا صبح به اتفاق آقای محمدی به دیدنم خواهند آمد. همه‌چیز مبهم و نامعلوم است. چون در دادستانی کسی نیست که تصمیم بگیرد، بلکه دانشجویان پیرو خط امام هستند. آنها با چه ضابطه‌ای تصمیم می‌گیرند و چرا دانسته و یا ندانسته اتهامات کاملاً غلط و کذب را به خورد مردم می‌دهند، بدون اینکه اجازه دفاع به من و یا مهندس بازرگان و یا دیگران را بدهند؟

شنبه ۸ دی‌ماه ۵۸ (یازدهمین روز بازداشت)

نزدیک ساعت ۲ بعدازظهر آقای سعید باقری (من نام ایشان را اشتباهاً سعیدی یاد گرفته بودم) آمد و مدتی با هم بحث کردیم و قرار شد نامهٔ مهندس بازرگان را به ایشان برساند و از طرف دیگر قرار شد که مهندس بازرگان دوشنبه ساعت ۸/۵ صبح به‌دیدنم بیاید.

عصر نیز دوساعتی با دانشجویان (عباس، غلامحسین و جواد) دربارهٔ مشکلات حکومت بازرگان و نداشتن اختیار ولی مسئول‌بودن صحبت و بحث کردیم.

شب با اجازهٔ پاسداران با بنی‌جمالی تلفنی صحبت کردم و از او خواستم ۱۰۰ شماره از متن مصاحبه مهندس بازرگان با روزنامهٔ **بامداد** مورخ ۵۸/۱۰/۳ را بخرد و بعد هم کلیهٔ روزنامه‌ها را از تاریخ توقیف من بگیرد و مقالات مربوط به مرا خط‌کشی کند.

هر روز نیم‌ساعت ورزش سنگین می‌کنم. حالم بسیار خوب است و چند کتاب در این چند روزه خوانده‌ام. امروز کتاب وحی و نبوت آیت‌الله مطهری را تمام کردم.

یکشنبه ۹ دی‌ماه ۱۳۵۸ (دوازدهمین روز بازداشت)

امروز آقای باقری چندبار به دیدنم آمد و دربارهٔ مصاحبهٔ آقای موسوی خوئینی‌ها، که در آن مرا متهم کرده بود به این که گفته‌ام امام را دوست ندارم، صحبت کردیم.[1] اتهامی بی‌اساس و بی‌پایه‌ای که فقط باعث تحریک مردم خواهد شد و چون امکان دادن هیچ پاسخی از طرف من وجود ندارد مردم آن را می‌پذیرند. همچنین دربارهٔ اطلاعیهٔ حزب جمهوری اسلامی که در آن عده‌ای از نویسندگان تظاهر به بی‌اطلاعی کرده‌اند و انگار نه انگار که در تمام جریانات خودشان از ابتدا تا انتها شرکت داشته‌اند، نیز صحبت کردیم. سیاست چقدر کثیف و تنفرآمیز است و انسان همه اعتقاداتش را برای چنین افرادی که متظاهر به مذهب هستند از دست می‌دهد. چه راحت خلاف می‌گویند و چه راحت اقدام می‌کنند تا گروهی را از میدان به‌در کنند. خدایا پناه بر تو. خیلی دردآور است که این آقایان حتی آن‌قدر شجاعت ندارند که به دیدن من بیایند. از همه آنها تقاضای ملاقات کرده‌ام.

از یکی از دانشجویان عضو گروه پیرو خط امام که محافظ و زندانبان نیست، پرسیدم: این آقایان عضو حزب جمهوری که همه در مسئلهٔ مذاکرات قبل از انقلاب شرکت داشتند چرا از آنها اسمی برده نمی‌شود؟ پاسخ داد که مسئله به اطلاع امام رسانیده شده است و امام گفته‌اند که چون اینها عضو شورای انقلابند بردن نامشان صلاح نیست. نمی‌شود این امر را باور کرد. آیا صلاح است که مهندس بازرگان و گروه دوستان او همه بی‌اعتبار شوند و میدان را خالی کنند ولی این آقایان به‌دلیل مصلحت‌اندیشی‌هایی! مطرح نشوند. اگر مذاکره، اعتراض و هشدار که با نظر و اجازه و مشارکت و مداخله خود آنها انجام شده بد است، برای آنها هم بایستی بد باشد نه فقط برای یاران بازرگان. خدایا چه باید کرد؟

فردا صبح قرار است مهندس بازرگان به دیدنم بیاید.

---

۱. سیدمحمد موسوی خوئینی‌ها طی یک سخنرانی در مقابل سفارت امریکا با تأیید ضمنی ارتباط نهضت آزادی با امریکا، به تبیین عملکرد دانشجویان مورد حمایت خویش پرداخته و سیاست گام به گام دولت موقت را جریان انحرافی امریکا در انقلاب ایران قلمداد می‌کند. وی به کسانی که معتقدند اتهامات باید در یک دادگاه صالح به اثبات برسد، اعتراض کرده و گفته است در مورد امیرانتظام نیازی به دادگاه برای اثبات اتهامات و یا امکان دفاع وی قایل نیست. (نگاه کنید به ضمیمهٔ ۱۰)

دوشنبه ۱۰ دی‌ماه ۱۳۵۸ (سیزدهمین روز بازداشت)

دیشب خیلی کم خوابیدم. صبح ساعت ۹ آقای مهندس بازرگان به دیدنم آمد و آقای باقری نیز در جلسه بود ضمن یک بحث کلی مطالب زیر را از آقای بازرگان تقاضا کردم که برای انجام آنها کمک کند.

۱. ترتیب ملاقات با امام، حاج احمدآقا، موسوی اردبیلی، هاشمی رفسنجانی

۲. از قطب‌زاده بخواهند که خانوادهٔ من در سوئد بمانند تا وضع من روشن شود

۳. کتاب *Counter Coup* نوشته کرمیت روزولت را با خلاصه ترجمه آن، برای امام ببرند که در محکمه برعلیه امریکا از آن استفاده شود.

۴. مدارک خیانت شاهپور غلامرضا راکه برای امام تهیه کرده‌ام برای ایشان ببرد.

۵. متن مصاحبه‌های مرا ببینند که در طی ۵۰ مصاحبه افکار و مواضع دولت انقلاب را چگونه منعکس کرده‌ام.

۶. در مورد اظهارنظر آقای موسوی خوئینی‌ها جوابی تهیه شود.

ضمناً مسئلهٔ فرار ملک‌زاده و استاندار یونسی که مورد اعتراض دانشجویان پیرو خط امام است را به اطلاع ایشان رساندم، درحالی‌که نه به من و نه به دولت موقت ارتباطی ندارد. همچنین درباره این‌که اکثر افراد حزب جمهوری اسلامی در تمام مراحل مذاکرات بوده‌اند و چرا اینطور وارونه جلوه می‌دهند، صحبت کردیم.

در خاتمه دربارهٔ اوضاع کلی ایران، کردستان، آذربایجان، بلوچستان و اصفهان و نگرانی خودم دربارهٔ وضع کلی صحبت کردم و گفتم نگران شخص من نباشید، با تمام قدرت از خودم دفاع خواهم کرد.

پس از رفتن آقای مهندس بازرگان، آقای باقری آمد و گفت که آقای بازرگان کیف دستی مرا همراه خود آورده بود و اکنون در ساختمان است ولی ایشان نمی‌دانسته که آن را باید نزد من بیاورد یا نه، با این حال آقای باقری چند یادداشت که در آن داشتم آورده بود تا توضیح بدهم.

دو یادداشت آن مربوط به برنامهٔ کار و ملاقاتم در تهران بود که توضیح دادم و یک برگ آن هم مربوط به برنامه‌ها و کارهایم بود که وصیت کرده بودم و در اختیار آقای میرخانی در سوئد گذاشته بودم. دربارهٔ همهٔ آنها هم توضیح دادم.

سه‌شنبه ۱۱ دی‌ماه ۱۳۵۸ (چهاردهمین روز بازداشت)[1]

دیشب به‌دلیل ناراحتی کلیه، خیلی بد خوابیدم و امروز منتظر بودم که از دادستانی آقای محمدی یا باقری بیایند و اجازه دهند که از دکتر معالج در سوئد بخواهم داروی مورد احتیاجم را برایم

---

۱. دانشجویان پیرو خط امام در این روز به تشریح برنامه‌های خود پرداختند. (نگاه کنید به ضمیمهٔ ۱۱)

بفرستد. در استکلهم چند آزمایش از من شد که داروها باید متناسب با آنها تجویز شود. تا ساعت ۶/۵ شب هیچکدام از این آقایان نیامدند. دلیل نیامدن آنها بلاتکلیفی آنهاست. حال آنکه به جمع‌آوری مدارکی که به‌عهده داشته‌اند پرداخته و آنها را توأم با نظریات خودشان به آقای قدوسی دادستان دادند که ایشان تصمیم‌گیری کنند.

امروز دو مقاله در جمهوری اسلامی به چشم می‌خورد یکی مقاله آقای چهل‌تنی بود که مفصلاً به دانشجویان و سایرین که به‌نام اسلام ولی برخلاف اصول آن اتهاماتی را بر افراد بی‌گناه وارد کرده بودند، هشدار داده بود که همه آنچه راکه کرده‌اند و گفته‌اند برخلاف اسلام و اخلاق و شرف انسانی است.

مقاله دیگر مصاحبهٔ آقای خامنه‌ای بود که در مقابل سؤال خبرنگار که پرسیده بود وابستگی و همکاری امیرانتظام را با سیا چگونه توجیه می‌کنید؟ گفته بود این اتهامی است که شما وارد کرده‌اید، هنوز این امر ثابت نشده است.[۱]

امروز کتاب جهان‌بینی توحیدی شهیدمطهری را تمام کردم.

چهارشنبه ۱۲ دی‌ماه (پانزدهمین روز بازداشت)

دیشب را تقریباً نخوابیدم و از صبح خیلی زود بیدار بودم و در دنیای افکارم غوطه می‌خوردم. آرزو می‌کردم زودتر جلسه محاکمه تشکیل شود و به من اجازه دهند از تلویزیون برای همهٔ مردم ایران صحبت کنم. مطالب دفاعیهٔ خودم را در ذهنم مرور می‌کردم. به‌هرصورت صبح زود از خواب برخاستم و رئوس مطالب را نوشتم البته نمی‌دانم که هیئت حاکمهٔ فعلی شهامت آن را داشته باشد که به من اجازه دهد برای همه مردم صحبت کنم. بی‌پایه‌بودن اتهامات آنها همان بس که از صحبت‌کردن من می‌ترسند، به جای این‌که من از اتهامات آنها واهمه داشته باشم. درحالی‌که من یک خدمتگزار این کشور بوده و هستم و آنچه خواهم گفت رد اتهامات بی‌پایه‌ای است که به من وارد شده است.

نزدیک ساعت ۱۱ صبح آقای باقری آمد و کیفم را آورد و داد ولی دو پاکت حاوی مصاحبه‌ها و ترجمه کتاب Conter Coup، اسناد و سایر مدارک را نمی‌داند که در کجاست. با رونقی و خانم زاهدی صحبت کردم. چقدر احساسات پاک این مردم به من امید زندگی می‌دهد. هم‌چنان‌که پایمردی و بزرگواری مهندس بازرگان و آقای چهل‌تنی نیز امیدبخش و زندگی آفرین است. قرار شد آقای باقری از مهندس بازرگان بپرسد که نامهٔ مرا به امام داده‌اند یا نه.

آقای باقری می‌گفت که دادستان درمانده که با من چه کند، اگر آزادم کنند می‌ترسند که من حرف بزنم، اگر آزادم نکنند چه کنند. به او گفتم همین‌طوری از اینجا نخواهم رفت، مگر ترتیبی

---

۱. نگاه کنید به ضمیمهٔ ۱۲.

برای اعاده حیثیتم فراهم نمایند و چرا نمی‌خواهند قبول و باور کنند من که با همه وجودم به این کشور وابسته‌ام حرفی برخلاف ایران نخواهم زد.

امشب در روزنامهٔ **کیهان** حجت‌الاسلام علی حجتی کرمانی اعمال و اتهامات را بسیار ناپسندیده توصیف کرده بود و هشدار داده بود که بدین‌ترتیب افراد صادق و علاقمند کنار خواهند رفت.

سرمقالهٔ انقلاب اسلامی نیز تحت عنوان امنیت، بسیار زیبا تشریح کرده بود که با وجود چنین اعمالی، امنیت برای هیچ‌کس که مسئولیت بپذیرد، وجود نخواهد داشت. مطلبی که از روز اوّل گفتم و هیچ‌کس گوش نکرد.

۵ شنبه ۱۳ دی‌ماه ۱۳۵۸ (شانزدهمین روز بازداشت)

ناراحتی کلیه‌هایم، به‌صورت مداوم ادامه دارد و شب‌ها به‌خصوص نمی‌گذارد که خوب بخوابم. چندبار تقاضا کرده‌ام که به پزشکی که در سوئد آزمایشات لازم را انجام داده بود، تلفن کنم و دارو بگیرم، هنوز اجازه نداده‌اند (این چه نوع عدالت و انسانیت اسلامی است؟!) بالاخره پس از چندبار کسب اجازه توانستم با دکتر افشار تماس بگیرم و قرصی داده که سال‌ها قبل هم داده بود. خیلی موثر نیست.

تفاوتی که زندان و زندانبانان من با همهٔ دوره‌های تاریخ دارند، این است که در آنجا هرچه بود نظم و نسقی در کار بود و اگر کسی مریض می‌شد و به مأمور محافظ زندان مراجعه می‌کرد، چون رئیسی داشتند و تجربیاتی متناسب با شناخت خودشان، بالاخره تصمیمی می‌گرفتند ولی در اینجا زندانبانان من عده‌ای جوان بین ۱۸ تا ۲۳ ساله هستند که تا به‌حال هرچه دیده‌اند مربوط به دورهٔ کوتاه زندگی آنهاست و با نظم و نسق نه‌تنها آشنایی ندارند بلکه غرور پیروزی فعلی و اینکه اینها راهنما و راه‌گشای ملت ما شده‌اند آن‌چنان آنها را مسخ کرده که ابتدایی‌ترین وظیفه انسانی را هم اگر می‌دانستند، از یاد برده‌اند.

من هفتهٔ اول را اعتصاب غذا کردم اما به توصیهٔ مهندس بازرگان اعتصابم را شکستم ولی هیچ تفاوتی ندارد. این دانشجویان اگر خودشان غذا را در بیرون و یا در سلف‌سرویس خورده باشند، دیگر احتیاجی به غذاآوردن برای زندانی خود احساس نمی‌کنند. اگر نخورده باشند غذایی را می‌آورند امّا به شکل بسیار زننده و با دست‌های نشسته آن را دستمالی می‌کنند که امکان خوردن ندارد.

محل زندان من یکی از آپارتمان‌های مشرف به سفارت امریکا است و چند آپارتمانی را که این دانشجویان در اختیار دارند، همه حمام دارد ولی در مدت ۱۵ روز گذشته فقط یک نفر از آنان را دیدم که حمام می‌کرد. بقیه بنا به آداب و رسوم گذشته، استحمام بیشتر از ماهی یک‌بار را لازم نمی‌دانند. معمولاً بدن‌هایشان و به‌خصوص پاهایشان بوی بدی می‌دهد و با وجود تذکر حاضر

نیستند با آب گرم موجود خود را شستشو دهند. به‌همین‌دلیل اکثر اطاق‌ها از بوی تند پا و بدن اشباع می‌شود. غذا را هم با همین دست‌ها می‌خورند. نظافت یکی از واجبات اسلام است و اینها این امر واجب را نیز اجرا نمی‌کنند و نه می‌خواهند بدانند که باید به‌جا آورند. بنابراین اگر هرچند روز یک‌بار غذایی آن‌هم با آن رفتار زننده برایم بیاورند به‌دلیل عدم نظافت آنها نمی‌توانم بخورم. البته به حکم اجبار کمی می‌خورم.

در عوض هرچه بخواهی، غرور سراپای آنها را گرفته وخودشان را در بالاترین قلهٔ قدرت برای اعمال نظریات سیاسی خودشان می‌پندارند و نه‌تنها مسائل ایران را با یک چشم به هم‌زدن حل می‌کنند بلکه راهنما و حلال مشکلات جهانی شده‌اند. همان‌طور که بازرگان گفت بایستی بگویم خدا آخر عاقبت ملت ما را به‌خیر بگذراند.

چند روزی است که نامهٔ دوم امام را از طریق مهندس بازرگان فرستاده‌ام ولی هنوز جوابی نرسیده است.

امروز هیچ‌کس به دیدنم نیامد. آقای محمدی یک هفته است که نیامده و باقری هم دوبار در هفته آمده. دلیل نیامدن آنها برایم واضح است. چیزی ندارند که بگویند. تحقیقات کرده‌اند و مسئلهٔ من منتفی است ولی انسانی که جسارت بیان آن را داشته باشد، وجود ندارد. بنابراین من باید در زندان بمانم تا روزی که خدا و سرنوشت من زمان آن را تعیین کرده‌اند. خدایا پناه به تو با چنین مسلمانانی و با چنین مدعیان اسلام و مجریان عدالت اسلامی!

امشب بدتر از هرشب خوابیدم و خیلی دیر به‌خواب رفتم. علاوه بر ناراحتی کلیه، من از دوران کودکی نیز خوابم بسیار سبک بود و از شب اول هم از این آقایان خواستم هرزمان که می‌خواهند بخوابند، من بخوابم تا با صحبت‌ها و صدای رادیو و یا تلفن آنها بیدار نشوم. لیکن رعایت این امر هم مانند رعایت نظافت و استحمام آنهاست. دیشب ساعت یک بعداز نصف‌شب غلامحسین داشت با نامزدش در دزفول راز ونیاز می‌کرد. و با وجود تذکری که داده بودم، نگذاشت که بخوابم.

جمعه ۱۴ دی‌ماه (هفدهمین روز بازداشت)

امروز هم هیچ‌کس از دادستانی به‌دیدنم نیامد. ممنوع‌الملاقات که هستم و این دو نفر هم از دادستانی چیزی ندارند که بگویند و به‌همین‌دلیل حتی نمی‌آیند که من بتوانم با دکتر معالج تماس بگیرم و مشکل کلیه‌ام را حل کنم. آیا این است نظام مورد نظر مدعیان عدالت اسلامی و انسانیت؟

هر روز بیش از هزار حرکت ورزشی انجام می‌دهم و عجیب در سلامتم مؤثر است و تقریباً هشت ساعت کتاب می‌خوانم. امروز کتاب عدل الهی مرحوم مطهری را تمام کردم.

شنبه ۱۵ دی‌ماه (هیجدهمین روز بازداشت)

امروز مسئله ناراحتی کلیه بیش از هر روز دیگر ناراحتم می‌کند و مجبور شدم سر این بچه‌ها داد بزنم. واقعاً که رعایت نمی‌کنند و مثل یک حیوان با من عمل می‌کنند و نمی‌دانند که چه بایستی بکنند. بالاخره به‌دلیل دادزدن من قرار شد به دادستانی تلفن کنند. بعد هم به دروغ گفتند که تلفن دادستانی را ندارند. بیشتر آزارها و بی‌توجهی‌ها توسط «عباس» صورت می‌گیرد و اوست که در بیشتر اوقات به دلایل نامشخصی معرکه‌گردان این اعمال زشت و ضدانسانی و ضد اخلاقی آنهاست.

خوشبختانه آقای محمدی تلفن کرد و توانستم با او صحبت کنم به او هم شدیداً اعتراض کردم، گفت راست می‌گویی ولی کاری از دست من ساخته نیست چون من گزارشم را به دادستان داده‌ام و اوست که باید تصمیم بگیرد. گفتم اقلاً اجازه بدهید با دکتر معالج صحبت کنم و بعد هم از مهندس بازرگان بپرسید که جواب سؤال‌های من چه شد. گفت کلاً درباره ملاقات شما صحبت می‌کنم، البته می‌دانم که خلاف می‌گوید و خلاف‌گویی برای این عده یک امر بسیار پیش پاافتاده است. بالاخره عنایت فرمود اجازه داد که با دکتر افشار تماس بگیرم. او گفت: تمام مدت در فکر تو بودم که راهنمایی‌ات کنم ولی نمی‌دانستم چگونه. بالاخره برایم دارو تجویز کرد و گفت تا ۴۸ ساعت بهتر خواهی شد و نتیجه را به او تلفن کنم. البته اگر این از خدابی‌خبران بگذارند. زندانی کردن من در نوع خودش در دنیا بی‌نظیر است چون هیچ‌کس به هیچ‌کس نیست و اختیار زندگی من به‌دست چند نفر دانشجوی کارنکرده و بی‌تجربه و بی‌اطلاع است که به دلایلی به اسلحه رسیده‌اند و فعلاً سرنوشت من و امثال مرا اینها تعیین می‌کنند.

امروز چندین بار از همهٔ آنها خواسته‌ام که کتاب برایم بیاورند ولی هنوز هیچیک از آنها اقدامی نکرده‌اند.

یکشنبه ۱۶ دی‌ماه ۱۳۵۸ (نوزدهمین روز بازداشت)

امروز پس از مدت‌ها توانستم با آقای محمدی صحبت کنم و با اجازهٔ ایشان بتوانم تلفنی با مهندس بازرگان و دکتر افشار حرف بزنم. مهندس بازرگان را به‌هیچوجه نتوانستم تا ساعت هفت بعدازظهر پیدا کنم. رفتار دانشجویان روزبه‌روز ناراحت‌کننده‌تر می‌شود. رفتار بسیار ناشایست و بچه‌گانه‌ای دارند درست مانند زمانی که شیری را در قفسی بکنند و کودکان برای دیدن آن شیر به تماشای او در قفس بیایند. هر روز و هرشب عده‌ای از این دانشجویان که بیشتر سن آنها ۱۸ و ۱۹ ساله است برای دیدن زندانی و اینکه امکان دیدن او را دارند می‌آیند آن هم با چه نگاه‌های زشت و زننده‌ای. امروز عصر یکی از آنها به‌نام بیژن آمده بود (جوانی حدوداً ۲۰ـ۱۹ ساله) باز کاغذی آورده بود که شما به این سؤالات پاسخ بدهید. به او گفتم هر سؤالی دارد از طریق دادستانی بپرسد و با وجود اینکه شفاهاً سؤال او را جواب دادم ولی از نوشتن آن خودداری کردم. گفت که

از نوشتن حقیقت روگردانی. گفتم نه عزیزم هرچیزی قاعده و روالی دارد، تو باید بروی درس‌های مدرسه‌ات را بخوانی و سؤال را بازپرس دادستانی بپرسد. هرساعت صحنه‌های زننده و زشت و سؤالات بچه‌گانه تکرار می‌شود. خدایا به چه کسی جز تو پناه ببرم. مملکت هیچ صاحبی ندارد و اینها تعیین‌کنندهٔ زندگی من شده‌اند. امام به دو نامه‌ام جوابی نداد. از مهندس بازرگان هم یک هفته است که خبری نیست. به چه کسی بایستی متوسل شد؟ این وضعیت بلاتکلیفی و اسارت در دست تعدادی جوان بسیار ناراحتم کرده است.

دیشب پس از چندین بار تلفن به آقای مهندس بازرگان بالاخره در ساعت ۱۱ شب موفق شدم با ایشان تلفنی مذاکره کنم. گفتند که چندین بار با آقای قدوسی و حاج احمدآقا صحبت کرده‌اند و باید منتظر نتیجه باشیم.

شب را بیش از دو سه ساعت نتوانستم بخوابم.

دوشنبه ۱۷ دی‌ماه (بیستمین روز بازداشت)

تمام روز کسی به‌دیدنم نیامد. ساعت ۹ صبح آقای محمدی تلفن کرد که به اتفاق آقای قدوسی به‌دیدنم خواهند آمد. ساعت ۱۰ شب آمدند.

ابتدا آقای قدوسی از اولین ملاقات با سپهبد ربیعی صحبت کرد که گریه می‌کرده است. نمی‌دانم چرا این مثال را برای من زد و بعد هم اضافه کرد: «به او گفتم مرد باش به‌فرض که کشته شوی، چیزی نیست.»

بعد پرسید که چرا امریکایی‌ها از شما خوب گفته‌اند(!) و روابط شما با آنها چه بود که مفصلاً توضیح دادم. چه در مورد قبل از انقلاب و چه در زمان معاونت نخست‌وزیری. پرسید که آیا هیچ تصمیمی در هیئت دولت گرفته می‌شده که بدون اجازهٔ امام باشد؟ گفتم من رابطهٔ نخست‌وزیر را با امام نمی‌دانم که آیا از قبل دستور می‌گرفتند و کاری را انجام می‌دادند یا تصمیمات را بعداً به اطلاع امام می‌رسانند.

پرسید که آیا هیچ پیشنهادی برعلیه امام در دولت تهیه شده است؟ گفتم تا آنجا که من می‌دانم، خیر.

پرسید آیا شما پیشنهاداتی داده‌اید که مخالف روش امام باشد؟ گفتم من دو پیشنهاد به دولت دادم یکی برای ایجاد امنیت ملی و دیگری رفع بحران بیکاری که یکی از آنها در هیئت دولت تصویب و دیگری که پیشنهاد اقتصادی است از طرف آقای نخست‌وزیر تأیید شد و به اطلاع امام هم رسانده شده ولی هیچ‌وقت اجرا نشد.

گفت: اگر از شما دست‌خطی باشد که پیشنهادی داده باشید چی؟ گفتم به‌خاطر ندارم ولی اگر باشد مایلم آن را ببینم. ایشان قبل از اینکه اتاق مرا ترک کند گفت فکر کنید و هرچه به‌خاطرتان آمد، بنویسید. بعد از رفتن ایشان مدتی فکر کردم و تمام توجه من به دورانی بود

که در ایران بودم ولی بعد متوجه شدم که منظور وی پیشنهادی است که من برای انحلال مجلس خبرگان تهیه کرده بودم.

بسمه تعالی

۵۸/۱۰/۱۷

جناب آقای قدوسی دادستان کل انقلاب

پیرو مذاکره دوشنبه شب و سؤال جنابعالی به‌عرض می‌رساند که:

پیشنهاداتی که مبتکر آن شخص اینجانب بوده‌ام سه پیشنهاد است که یکی از آنها در هیئت دولت تصویب شد و آن عبارت بود از اینکه دولت برای انجام وظایفش به نحو احسن وسایل و ابزار کارش یعنی رادیوتلویزیون، دادگاه انقلاب، سپاه پاسداران انقلاب و کمیته‌های انقلاب را در اختیار داشته باشد و قرار شد که این طرح را چنانچه دولت تصویب کرد به عرض امام برسد و در صورت موافقت امام، اجرا شود.

پیشنهاد دوم نیز پیشنهاد اقتصادی برای رفع بحران بیکاری بود که خدمت آقای نخست‌وزیر و امام تقدیم کردم و توضیحات کافی درباره آنها دادم ولی در هیئت دولت تصویب نشد.

پیشنهاد سوم، پیشنهاد طرح انحلال مجلس خبرگان بود.

در سفری که فکر می‌کنم در اوایل مهرماه سال جاری به تهران کردم شایعات زیادی از ناامنی و بیکاری و دخالت اجانب و اعمال ضدانقلاب در تمام سطح کشور پراکنده بود و هر شنونده‌ای را نگران و ناراحت می‌کرد که نکند دشمنان ملت ما بتوانند قبل از روی کارآمدن دولت دائمی و ثبات بیشتر ایران، ضربه‌ای به این انقلاب بزنند. به‌همین‌دلیل در جلساتی که در تهران در مدت کوتاه اقامتم داشتم در همه‌جا همین بحث بود.

یک شب که تاریخ دقیق آن را به‌خاطر ندارم عده‌ای از علاقمندان به انقلاب و کشور دور هم جمع بودیم و افراد حاضر در جلسه عبارت بودند از:

آقای احمد صدر حاج سیدجوادی، آقای فتح‌الله بنی‌صدر، آقای پولادی، آقای سمیعی، آقای رادنیا، آقای مقدم مراغه‌ای، آقای انوری و من، که دربارهٔ همین نگرانی‌ها بحث شد. مطلبی که به نظر جمع رسید این بود که چه باید کرد تا دولت دائمی هرچه زودتر بر سر کار بیاید، چون مدت مجلس خبرگان طولانی شده و ادامهٔ آن احتمالاً تصویب قانون اساسی و انتخابات و درنتیجه روی کارآمدن دولت دائمی که می‌تواند ثبات بیشتری به‌وجود آورد را به تأخیر خواهد انداخت.

من پیشنهاد کردم تا دولت قانوناً مختار باشد و بتواند مجلس خبرگان را منحل نماید و از این طریق شاید این بحران زودتر برطرف بشود. قرار شد دونفر از اعضای جلسه که حقوق‌دان بودند طرح قانونی را تهیه نمایند و آقای فتح‌الله بنی‌صدر و آقای صدر حاج‌سیدجوادی آن را

مطالعه و متنی را تهیه کنند. ضمناً قرار شد که این مطلب را من به اطلاع آقای نخست‌وزیر برسانم. فردا صبح به دیدن آقای مهندس بازرگان رفتم و مطلب را به اطلاع ایشان رسانیدم. آقای فتح‌الله بنی‌صدر نیز متن را تهیه کردند و به من دادند. متن را خدمت آقای نخست‌وزیر رساندم. مدتی درباره آن فکر کردند، بعد گفتند این به‌شرطی قابل طرح در هیئت دولت خواهد بود که از طرف عده‌ای از وزرا امضا شود و قرار شد من این کار را بکنم و از عده‌ای که حاضرند امضا بگیرم.

متن تهیه شده توسط آقای فتح‌الله بنی‌صدر روی کاغذ کوچکی نوشته شده بود و جا برای امضا نداشت. بنابراین عین متن ایشان را من روی کاغذ بزرگ‌تر پاکنویس کردم و به دیدن آقایان وزرا رفتم فکر می‌کنم چند نفر که من توانسته بودم تا ساعت ۴ بعدازظهر آنها را ببینم عبارت بودند از: آقای علی اردلان، آقای دکتر سامی، آقای دکتر اسلامی، آقای داریوش فروهر و آقای صدر حاج سیدجوادی و آقای دکتر ایزدی که آن را امضا کردند.

بعد متن نامه را به‌دفتر آقای نخست‌وزیر بردم و بقیه آقایان وزرا که جمعاً ۱۷ نفر می‌شدند قبل از تشکیل هیئت دولت آن را امضا کردند و آقای نخست‌وزیر آن را در جلسه هیئت دولت مطرح کردند. البته من در جلسه هیئت دولت نبودم ولی بعد شنیدم که با وجود داشتن اکثریت امضا مع‌هذا هیئت دولت تصمیم گرفته است که قبل از هر اقدامی ابتدا مسئله را به عرض امام برساند و چنانچه امام تصویب فرمودند آن را اجرا کنند.

متن امضاشده نزد آقای احمد صدر حاج سیدجوادی است.

عباس امیرانتظام

امشب در حدود ساعت ۸ یا ۹ بعدازظهر یک زندانی دیگر نیز به آپارتمان من اضافه شد. آپارتمانی که در آن زندانی هستم آپارتمان دواتاق خوابه است و در یکی از اتاق خواب‌ها من می‌خوابم و پاسداران محافظ همیشه در مهمانخانه و اتاق پذیرایی هستند گاهی یک نفر و گاهی پنج تا شش نفر. از دیشب اتاق خواب دوّم را این پیرمرد که گویا مشاور کنسول امریکا در شیراز است، اشغال کرده. به‌نظر می‌آید ناراحتی سینه دارد و تا صبح سرفه می‌کند. بی‌خوابی من کم بود، این بابا هم به آن اضافه شد.

سه‌شنبه ۱۸ دی‌ماه (بیست و یکمین روز بازداشت)

در حدود ساعت یازده صبح آقای محمدی (ناصر آلادپوش) آمد و برای ایشان توضیح دادم که دلیل این‌که دیشب مطلبی به‌خاطرم نرسید اصرار آقای قدوسی درباره پیشنهادات من بود و بعد هم تمام توجهم به دورانی معطوف شد که در ایران معاون نخست‌وزیر بودم. به‌هرصورت برای ایشان توضیح دادم که پیشنهاد انحلال مجلس خبرگان را من دادم و آقای فتح‌الله بنی‌صدر آن را به

شکل قانونی تدوین کرد. اتفاقاً آقای باقری هم آمد و تقریباً تمام روز را ماند چون می‌بایستی از زندانی جدید بازپرسی بنماید و چندین بار نیز با وی به بحث نشستیم و یک نکته که من توجه دادم و وی اذعان نمود که این بهترین دفاع است و جوابی نداشت، این بود که گفتم **شما دولت بازرگان و مرا به کاری متهم می‌کنید و معتقد هستید که مطابق خط امام نبوده درحالی‌که خط و روش تنظیم‌شده و مشخصی را قبلاً نه امام و نه کس دیگری عرضه نکرده بود که ما کارهایمان را با آن تطبیق دهیم به‌خصوص این‌که بازرگان انسانی شناخته‌شده بود با طرز فکر و روش و سیاست مخصوص به‌خودش و تا ۱۳ آبان‌ماه همین طرز فکر و سیاست از طرف امام به‌عنوان یک وظیفه شرعی تکلیف شده بود و شما چگونه می‌توانید ما را به‌خاطر راه و روشی که خود امام اجرای آن را تکلیف شرعی دانسته است محاکمه و متهم سازید.**

امشب را از شب‌های دیگر بهتر خوابیدم و خوشبختانه وضعیت کلیه‌ام هم خیلی بهتر شده است.

چهارشنبه ۱۹ دی‌ماه ۵۸ (بیست و یکمین روز بازداشت)

امروز به‌دلیل اربعین، روزنامه وجود نداشت و به خواندن کتاب مشغول بودم، یک‌ساعت نیز داخل اتاق پیاده‌روی کردم. آقای باقری و محمدی هم نیامدند.

وضع این زندان بسیار استثنایی است و شاید در هیچ کجای عالم مشابه نداشته باشد. دانشجویان به‌دلیل گرفتاری شخصی و خانوادگی و یا مأموریت دائماً تعویض می‌شوند و این تغییرات بسیار ناراحت‌کننده و زجرآور است چون فرد تازه‌وارد نه سلام بلد است و نه یک برخورد انسانی و مدت‌ها طول می‌کشد تا قیافه خود را عوض کند و این نوع برخورد زجرآورترین مراحل زندگی است که من دارم. در این تغییرات چون این دانشجویان آموزشی ندیده‌اند و نه‌تنها وظائف اولیه انسانی خود مانند سلام‌کردن را نمی‌شناسند، بلکه از مامور قبلی هم نمی‌پرسند که چه باید بکنند. به این زندانی بیچاره آب و غذا بدهند یا نه. این چندمین بار است که از غذا خبری نیست. خود غذا نفساً بی‌ارزش است ولی آنچه که دل آدم را به درد می‌آورد وظیفه این نگهبانان به‌عنوان یک انسان و مسلمان است. خدایا تو کمک کن، نمی‌دانم به کی و چطور باید متوسل شوم. از امام که عالی‌ترین مرجع رهبری هستند با توجه به دو نامه جوابی نرسید؛ سایر مسئولان شورای انقلاب هم که جواب نامه‌هایم را ندادند. ملت ایران هم که اصلاً نمی‌داند بر امثال من چه می‌گذرد، فقط تا آنجا که توانسته‌اند با انتشار اتهامات واهی مغز مردم را برخلاف حق پر کردند، بدون اینکه امکان جواب و حتی امکان زندگی به‌عنوان یک زندانی را فراهم کنند.

۵شنبه ۲۰ دی‌ماه ۱۳۵۸ (بیست ودومین روز بازداشت)

دیشب را مجدداً بد خوابیدم . روز مطابق معمول بدون ملاقات گذشت. راه‌پیمایی داخل اتاق و ورزش را مانند همیشه انجام دادم و بیشتر وقتم صرف خواندن روزنامه و کتاب شد. آقای باقری

بعدازظهر آمد و مدتی صحبت کردیم. به او گفتم کمک کند و مسئله رسیدگی را تسریع نماید و باید دانست که گذشت زمان مرگ را پشت‌سر دارد. اگر در این مسئله آنقدر تأخیر شود و مرگی فرا رسد ننگ ابدی دامان فرزندان مرا به‌ناحق خواهد گرفت. گفت گاهی حرف‌های تو حتی مرا وادار به استعفا از مجموعه دادستانی می‌کند. گفتم: نه به‌عکس، تلاش کن تا آن حد که می‌توانی این کار سریع‌تر انجام شود.

دربارهٔ کتاب *Counter Coup* کرمیت روزولت صحبت کردیم. قرار شد به سوئد تلفن کنم اگر «دانی[۱]» ترجمهٔ مجدد کتاب را تمام کرده بود، بفرستد. ساعت ۱۰ شب به دانی تلفن کردم بسیار ناراحت بود. سعی کردم با صدای محکم و آرام خودم به او آرامش بدهم. گفت هنوز کتاب از نیویورک نرسیده. ضمناً تمام محتویات میز مرا برای وزارت امور خارجه و دادستانی فرستاده‌اند. فقط خدا می‌داند که مرا به کجا می‌کشانند و آبرو و حیثیت یک عمر خدمت چگونه سرنوشتی پیدا خواهد کرد.

جمعه ۲۱ دی‌ماه ۱۳۵۸ (بیست وسومین روز بازداشت)

دیشب هم مطابق معمول بد خوابیدم و به جز ناراحتی کلیه از اندیشیدن در مورد رفتار محافظین خودم که می‌گویند مسلمانند، می‌گویند پیرو خط امام هستند، ادعا می‌کنند انقلابی‌اند و آمده‌اند تا فرامین قرآن و عدالت اسلامی را پیاده کنند، خوابم نبرد. خدایا فقط تو می‌دانی که آنها با اعمالشان و قضاوتشان وعدالتشان تا چه اندازه به دستورات تو و اسلام تو و پیامبر تو پشت کرده‌اند و از باده غرور سرمست‌اند و چه بیانات و اعمالی را به‌نام تو و اسلام تو انجام نمی‌دهند. این افکار بیشتر شب‌ها به‌خصوص آن‌زمان که تمامی مردم دنیا به‌خواب می‌روند نمی‌گذارد که بخوابم و از این‌همه دورویی و این‌همه تظاهر به انسانیت و مذهب و این‌همه اذیت و آزار به خلق خدا، در تحیّر و اعجاب فرو می‌روم و معمولاً تا سپیده‌دم‌ها بیدارم و آن‌وقت از حال می‌روم.

امروز حادثه و اقدام جالبی از سوی این دانشجویان جوان ولی بی‌خبر از خدا انجام شد. مانند قشون چنگیز یک‌مرتبه عده‌ای به‌داخل آپارتمان آمدند و مطابق معمول بدون سلام (که اولین دستور و وظیفه اسلامی است) و بدون توجه به من که در داخل سالن نشسته و مشغول خواندن کتاب بودم، به اتاقم رفتند و شروع کردند به خارج‌کردن میز و صندلی و تخت و تشک و همه چیز اتاق. به داخل اتاق رفتم. گفتم: منظور چیست؟ گفتند: اینجا هم بایستی مانند سایر زندان‌ها باشد و هیچ وسیله‌ای در اتاق نباشد. سکوت کردم همه‌چیز را به‌استثنای کمد، جالباسی و یک میز کوچک و چند کشو بردند و چند پتوی سربازی و یک بالش گذاشتند و بعد هم بدتر از سپاه چنگیز دستور دادند که حق خروج از اتاق و رفتن به سالن مهمانخانه را ندارم و به محافظان

---

۱. منظور دانیال گریسبی، هموطن آشوری است که با امیرانتظام همکار بوده است.

نیز دستور دادند در اتاقم را از بیرون قفل کنند. خیلی خونسرد ولی بی‌تفاوت آنها را نگاه کردم و در موقع خروج از آنها تشکر کردم. آنان از خونسردی و بی‌تفاوتی من در مدت ۲۲ روز گذشته بسیار عصبانی هستند، به‌خصوص از صحبت‌کردن من برای پاسداران وحشت دارند. در موقع رفتن به سرپرست آنها «عباس عبدی» گفتم مگر من یک ولگرد خیابان هستم که تو با من چنین می‌کنی. «عباس عبدی» گفت: آن ولگرد از تو شرافتمندتر است، تو جاسوس و وطن‌فروشی.

بدون شک تا مدتی به اعضاء دادستانی انقلاب هم اجازه نخواهند داد که به دیدنم بیایند و تلفن به خانواده‌ام نیز قطع خواهد شد. بایستی منتظر محدودیت‌های بعدی باشم. این جوان‌ها نمی‌دانند که من از لحظه اول خودم را به خدا سپرده‌ام و با افتخار و سربلندی اتهامات آنها را رد کرده‌ام و با قدرت و اتکا به خداوند به حقانیت و معصومیت خودم حرف می‌زنم و اکثر اوقات و بلکه در تمام موارد با هرکه صحبت کرده‌ام؛ جوابی که منطقی باشد، نداشته است و تماماً حرف‌های بی‌معنی و بی‌منطق خودشان را طوطی‌وار تکرار می‌کنند. بارها از آنها خواسته‌ام اجازه دهند برای همه آنها هرچند نفر که هستند، صحبت کنم. گفته‌ام آرزو دارم که آنها شهامت این را داشته باشند که اجازه دهند من برای سی وپنج میلیون مردم ایران حرف‌هایم را بزنم، ولی می‌دانم که این‌ها می‌ترسند چنین اجازه‌ای را به من بدهند.

باز هم خدایا تو گواه باش، تو می‌دانی که آنچه راکه به من و بازرگان نسبت دادند اتهامی سراپاکذب است تو حاکمی و حکم نهایی با توست. الهی این تنها تویی که قادری آنها را از ادامه ظلم بازداری و قبل از مرگ این مجال و فرصت را به من بدهی که از شرف وحیثیت اجتماعی خود و اتهامات غلطی که به من وارد شده، دفاع کنم و این لکه ننگ راکه بر من و دولت موقت به‌ناحق گذاشته شده، برطرف نمایم. تنها استدعای من از درگاه تو همین است والاّ زندگی در چنین شرایط خفقان‌آور و مملو از ظلم و پایمال‌کردن حق، چه ارزشی می‌تواند داشته باشد. خدایا تو کمک‌کن و اجازه بده که حتی برای یک‌بار هم شده من در مقابل همهٔ هموطنانم از حق خودم و شرفم دفاع کنم. امروز تمام روز را در اتاقم محبوس بودم و از آن خارج نشدم. کمی راه رفتم و مطابق معمول نیم‌ساعت ورزش سنگین کردم و کتاب حج دکتر شریعتی را تمام کردم.

یکی دیگر از مسائلی که با این دانشجویان دارم، این است که با وجود تذکرات مکرر رعایت ساعات خواب را نمی‌کنند؛ تا پاسی از شب یا بلند حرف می‌زنند یا رادیو و ضبط‌صوت گوش می‌دهند. یا درها را به‌شدت به هم می‌کوبند. برای من که در شبانه‌روز ممکن است ساعتی به زحمت به خواب روم، عذابی است الیم که هنوز نتوانسته‌ام این مسئله را با آنها حل کنم.

شنبه ۲۲ دی‌ماه ۵۸ (بیست و چهارمین روز بازداشت)

از دیشب با پتوی سربازی روی زمین خوابیدم؛ واقعاً بهتر خوابیدم. عجیب نسبت به همه چیز بی‌تفاوت شده‌ام، فقط نگران بودم دچار کمردردی شوم که از قبل داشتم که خوشبختانه نشد.

امروز هم از اتاق بیرون نرفتم و در داخل همین اتاق ۵×۴ متری یک‌ساعت راه رفتم و کتاب و روزنامه خواندم.

امروز زندانی دیگری که از چند روز قبل به این آپارتمان آورده بودند را بردند.

یکشنبه ۲۳ دی‌ماه ۵۸ (بیست و پنجمین روز بازداشت)

دیشب هم باز این برادران پاسدار بدون توجه به اینکه من ممکن است خوابیده باشم از ساعت ۲ بعداز نیمه‌شب چراغ‌ها را روشن کردند و بلندبلند شروع کردند به صحبت و چندبار در را محکم به هم زدند. هنوز نخوابیده بودم ولی اگر آنها چنین نکرده بودند شاید به خواب می‌رفتم. به‌هرصورت هرشب داستان‌ها مثل همیشه تکرار می‌شود و گذراندن شب عذابی است الیم.

صبح امروز آقای باقری آمد. خواهش کردم به‌داخل اطاقم بیاید. گفت که شورای دانشجویان مسلمان تصمیم گرفته که مبلمان آپارتمان را بردارد. گفتم: مانعی ندارد. این هم خودش نوعی زندگی است و تفاوتی ندارد. بعد از ایشان پرسیدم که آیا با بازرگان تماس گرفته؟ گفت نه. منتظر بودم که ترجمه کتاب برسد، گفت منتظر آن نباش. احساس می‌کنم دلیل آن کارشکنی بعضی از کارمندان سفارت ایران در استکهلم است که احتمالاً آنها را نگه داشته و اجازه نداده‌اند که به ایران آورده شود. من برای آقای باقری تاریخچهٔ مبارزه‌ای را که برعلیه کارمندان ضدانقلابی و یا ساواکی وزارت امور خارجه شروع کرده بودم، شرح دادم و این که مدارک چندساله کارهایم را در میز سفارت گذاشته بودم و اشاره کردم که بدون شک آن مدارک از طرف سفارت به تهران فرستاده شده و به خیال خودشان حالا که می‌شود ضربه زد، آنها هم ضربه خودشان را بایستی وارد کنند و احتمالاً نامه مجلس خبرگان را هم که یک کپی آن را من بین مدارک خودم نگهداشته بودم به‌دست آقای قدوسی رسانده‌اند. به‌هرصورت خواهش کردم اگر سؤالی هست بپرسند تا نسبت به همه آنها توضیح دهم. گفت اگر چیزی هست که فکر می‌کنی سوءتفاهمی به‌وجود آورده از حالا بگو و بنویس. پاسخ دادم نمی‌دانم چه دارم بایستی آنها را ببینم و بعد توضیح دهم. به‌هرصورت از ایشان خواهش کردم اجازه بگیرد که با مهندس بازرگان تلفنی صحبت کنم و ضمناً کتاب کرمیت روزولت را هم به ایشان بدهد. قرار شد نامه‌ای برای مهندس بازرگان بنویسم. نامه زیر را نوشتم:

جناب آقای مهندس بازرگان **۵۸/۱۰/۲۳**

از بازداشتگاه دانشجویان پیرو خط امام

پس از عرض سلام و امید سلامت و توفیق شما. کتاب ***Counter Coup*** نوشته کرمیت روزولت رهبر کودتای ۲۸ مرداد ۱۳۳۲ را همراه این نامه خدمت شما می‌فرستم. همان‌طور که قبلاً هم توضیح داده بودم از مدت‌ها قبل این کتاب را تهیه و خلاصه‌ای از ترجمه آن را آماده

کرده بودم که همراه نامه وقتی به تهران آمدم خدمت امام تقدیم کنم و در آن نامه نوشته بودم که این کتاب بزرگ‌ترین دلیل دخالت امریکا در امور داخلی ایران است و بهترین گواه ما در دادگاهی خواهد بود که برعلیه دخالت‌های امریکا و افراد سیا در ایران می‌توانیم عرضه کنیم. متأسفانه از شب بازداشت با وجود تقاضای مکرر دو پاکت خیلی بزرگ که این ترجمه و نامه‌ها در آن بوده در دادستانی کل انقلاب گم شده و یا لااقل نخواسته‌اند که به من برگردانند. درنتیجه هنوز به من تحویل نشده است. به‌هرصورت تقاضا دارم این کتاب را از طرف من خدمت امام تقدیم نمایید.

مطلب دیگر که استدعا دارم نسبت بدان بذل توجه فرمایید این است که کاردار سفارت ایران در استکهلم برای خوش‌خدمتی نامه‌ها و اسناد خصوصی زندگی مرا که از سالیان گذشته مربوط به تحصیل یا تجارت و یا حساب‌های بانکی و حتی از کارهای دوران انقلاب و نخست‌وزیری و بالاخره هرچه که جنبهٔ شخصی داشته و متأسفانه نمی‌توانستم در منزل نگهدارم و در میز سفارت نگهداشته بودم به تهران فرستاده است. البته من هیچ چیزی ندارم که از افشا آنها نگران باشم اما در بین این مدارک نوشته‌های من دربارهٔ زندگی خصوصی و کارهای تجاری‌ام وجود دارد که استدعا دارم از این دست به آن دست نگردد. می‌خواهند بدانند که من از بدو تولدم چه بوده‌ام و چه کرده‌ام، عیبی ندارد این هم حتماً از دستورات اسلام است و من راضی هستم به رضای خدا ولی فقط تقاضایم این است که از آقای قدوسی بخواهید همه آنها را در حضور شما و یا کسی راکه شما معرفی می‌کنید بررسی کنند، اگر سؤالی دارند من آماده پاسخ‌گویی هستم و وقتی بررسی آنها تمام شد همه آنها را به شما پس بدهند.

خدا شاهد است وقتی به عمق ظلم و ستمی که این مسلمانان به من می‌کنند و رفتار غیرانسانی آنها در بازداشتگاه فکر می‌کنم، دیوانه می‌شوم. این دانشجویان حتی در مورد بیداری یا خواب، راه‌رفتن یا نشستن، حرف‌زدن یا سکوت، غذاخوردن یا نخوردن من تصمیم می‌گیرند، آن هم رفتاری بدتر از فاتحین لشگر چنگیزی. وقتی به نماینده دادستانی می‌گویم شانه‌ها را بالا می‌اندازند که به معنای این است که هیچ کاره‌اند. وقتی به امام نامه می‌نویسم بی‌جواب است. آخر به چه کسی باید گفت و تظلم کرد. مرا ببخشید که به شما پناه می‌برم چون پناهگاه دیگری ندارم. نمی‌خواهم شما را ناراحت کنم ولی چه کنم.

دو روز قبل عده‌ای از آنها یک‌مرتبه به داخل آپارتمان ریختند و بدون هیچ سؤالی کلیه وسائل اتاق را به بیرون بردند. از آنها پرسیدم که دلیل آن چیست با خشونت و رفتاری غیرانسانی جواب می‌دهند که این اتاق احتیاج به وسایل ندارد. موکت کافی است. بعد دستور داده‌اند که از اتاق خارج نشوم و در اتاق از خارج قفل باشد. آخر مگر این مملکت بی‌صاحب است، رهبر ندارد. حکومت ندارد. دادگاه و دادستانی ندارد که اینها درباره سرنوشت انسان‌هایی مانند من تصمیم می‌گیرند. خدایا به چه کسی بگویم. من چه تضمینی دارم که اینها

قبل از محاکمه، با تصمیمات خودشان به زندگی من خاتمه ندهند. آخر این چه کشور، چه سیستم و چه عدالتی است. نمی‌دانم می‌توانم باز شما را ببینم یا تلفنی صحبت کنم.

با پوزش از این‌که به شما متوسل می‌شوم

عباس امیرانتظام

امشب آقای باقری آمد. خواستم نامهٔ مهندس بازرگان را به او بدهم، گفت: لازم نیست چون دکتر سحابی فردا صبح به دیدن شما می‌آید. بعد نشست و کمی صحبت کردیم. سؤال کردم وضع را چگونه می‌بینی؟ گفت با استنباط او، من تا زمان انتخاب رئیس‌جمهور در اینجا هستم و یا بدون محاکمه آزاد خواهم شد و یا این‌که محاکمهٔ کوچکی خواهد بود و بعد به‌عنوان اینکه مسئله من مسئله حکومت دولت بازرگان است و من جزیی از آن هستم تبرئه خواهم شد. نمی‌دانم پیش‌بینی او، چه اندازه صحیح است. به او گفتم به‌هرصورت من می‌خواهم به ترتیبی حیثیت اجتماعی من به من بازگردانده شود چون زندگی بدون آن برایم غیرممکن است.

دوشنبه ۲۴ دی‌ماه ۵۸ (بیست وششمین روز بازداشت)

دیشب تا پنج و نیم صبح بیدار بودم و فقط بین ۵/۵ تا ۷ صبح توانستم بخوابم. قرار است که امروز صبح آقای دکتر یدالله سحابی به‌دیدنم بیایند. تا ساعت ۱۰ صبح منتظر شدم و از دکتر سحابی خبری نشد. نگران شدم بعد آقای باقری آمد و گفت که آقای دکتر سحابی دیشب تلفن کردند و گفتند که ساعت ۳/۵ بعدازظهر خواهند آمد. خیالم کمی راحت شد و چون دیشب نخوابیده بودم یک ساعت استراحت کردم. باز هم متأسفانه نتوانستم بخوابم. بعد بلند شدم، ورزش کردم و روزنامهٔ انگلیسی **تهران تایمز** را خواندم و انگلیسی تمرین کردم.

ساعت سه و نیم آقای دکتر سحابی آمدند محبت کرده بودند نارنگی و پرتقال برایم آورده بودند. آقای باقری هم آمد. از کارهای خلاف دانشجویان صحبت کردم و از اینکه احساس عدم امنیت می‌کنم به ایشان توضیح دادم و گفتم با رفتار این‌ها نگران این هستم که قبل از دفاع از خودم و شستن لکه ننگی که به من نسبت داده‌اند، به‌هردلیلی از بین برده شوم و فرزندانم این ارثیه زجردهنده را برای همه عمر به همراه داشته باشند.

دکتر سحابی توضیح داد که قبل از رسیدن اسناد و مدارک خصوصی‌ام از سوئد قرار بوده که آزاد شوم ولی پس از دیدن نامه مربوط به مجلس خبرگان، امام گفته است که باید محاکمه شوم. سحابی خیلی مأیوس بود و فکر می‌کرد که نشود امام را قانع کرد. به ایشان گفتم با تجربه‌ای که در چندبار ملاقات از ایشان دارم، آدم منصفی است و اگر اشتباه کرده باشد و بفهمد که در قضاوت خطا کرده، پافشاری نخواهد کرد، مانند دفعه قبل که شیخ محمدمنتظری نامه‌ای به ایشان نوشته

بود و اتهام یهودی‌بودن به من زده بود و امام هم باور کرده بود، اما بعد که فهمید خبری که به ایشان داده شده غلط بوده طبق اظهار صادق طباطبایی گریه کرده و گفته بود به دیدنش بروم تا دلجویی شود. دکتر سحابی قول داد با مهندس بازرگان و احمد صدر حاج سیدجوادی صحبت کند و به اتفاق، به دیدن امام بروند. من هم به ایشان توضیح دادم که نامهٔ مجلس خبرگان که با امضا ۱۷ وزیر به هیئت دولت و سپس به حضور امام تقدیم شده، مسئله‌ای نبوده و یک اقدام قانونی بوده است.

کتاب کرمیت روزولت و نامه را به ایشان دادم و خواهش کردم که به مهندس بازرگان برسانند. ضمناً به‌دلیل احساس عدم امنیت در اینجا به‌خاطر رفتار دانشجویان دکتر سحابی پیشنهاد کرد که به اوین منتقل شوم. گفتم پس از نتیجهٔ مذاکرات شما و امام تصمیم خواهم گرفت. دکتر سحابی خیلی ناراحت بود.

همچنین از ایشان خواهش کردم که به مهندس سحابی کمک کنند و اسناد و مدارک خصوصی مرا پس از مطالعه دادستانی پس بگیرند و نزد خودشان نگهدارند. دکتر سحابی در حدود چهار و نیم بعدازظهر با یک دنیا غم ونگرانی رفت.

باقری مجدداً نزدم آمد. در مدتی که در اتاق من بود می‌گفت از دکتر یزدی مدارک بدی پیدا کرده‌اند و یکی از کارمندان سفارت نیز تماس و ارتباط دکتر یزدی با امریکاییان را برای آنها تعریف کرده است. برایش زندگی و فعالیت و زحمات یزدی را در طول ۱۸ سال گذشته طبق اطلاعاتی که داشتم توضیح دادم و گفتم نمی‌توانم باور کنم و نیز از او هم خواهش کردم کاری نکنند که وضعی مشابه وضع من قبل از تحقیق برای دکتر یزدی پیش بیاید.

سه‌شنبه ۲۵ دی‌ماه (بیست و هفتمین روز بازداشت)

دیشب با خوردن دو قرص خواب‌آور و به‌دلیل این‌که شب قبل نخوابیده بودم بهتر از شب‌های قبل خوابیدم.

امروز تمام وقت در انتظار آقای باقری یا محمدی بودم که اجازه دهند به خانواده‌ام در سوئد تلفن کنم. دسترسی به هیچکدام آنها امکان‌پذیر نشد درحالی‌که خانواده‌ام چشم‌انتظار خبری از من هستند. آقایان محمدی و باقری انسان‌ترین این گروه هستند با این‌حال چقدر بی‌توجه و لاقیداند. تمام روز را به تمرین انگلیسی پرداختم و حالم از روزهای قبل بهتر است.

نزدیک ساعت یازده و نیم شب با خوردن قرص خواب سعی کردم بخوابم. هنوز خوابم نبرده بود که صدای شیر آب حمام جنب اطاقم بیدارم کرد و دیگر نتوانستم بخوابم. «عباس فزونی» ــ یکی از نگهبان‌ها و از دانشجویان پیرو خط امام ــ با وجود این‌که لااقل از ساعت چهار بعدازظهر در آپارتمان بود و هیچ کاری نداشت، ساعت دوازده شب به حمام رفته بود و حمامش تا ساعت دوازده و چهل و پنج دقیقه طول کشید و به‌کلی خواب را از چشمم برد.

این یک متفکر و یک گل سرسبد انقلاب اسلامی است و می‌خواهد تمام مشکلات مملکت و بلکه دنیای اسلام را حل کند.

چهارشنبه ۲۶ دی‌ماه ۱۳۵۸ (بیست و هشتمین روز بازداشت)

امروز صبح زندانبانان به من گفتند که روزنامهٔ **جمهوری اسلامی** سند دیگری درباره من چاپ کرده. روزنامه را گرفتم و دیدم این مسلمانان از خدا بی‌خبر یکی از اجازه خروج‌هایی را که پس از تصویب کمیته امنیت نخست‌وزیری صادر کرده بودم به‌عنوان خیانت امیرانتظام چاپ کرده‌اند. نامه زیر را برای دادستان کل انقلاب اسلامی نوشتم:

بسمه تعالی

نامه سرگشاده **۵۸/۱۰/۲۶**

جناب آقای قدوسی

دادستان کل انقلاب اسلامی ایران

احتراماً توجه جنابعالی را به جریانات و اقداماتی که به‌طور حساب‌شده برای لجن‌مال کردن شرف و حیثیت اجتماعی اینجانب و حزبی که به آن تعلق دارم؛ در جریان است جلب می‌کنم:

۱. از تاریخ ۵۸/۹/۲۹ که اینجانب به‌طور غیرقانونی توقیف و در بازداشت به‌سر می‌برم، مطالبی برخلاف اصل ۳۹ و ۳۷ و ۳۶ و ۲۳ قانون اساسی به شرح زیر:

اصل ۲۳: حیثیت، جان، مال، حقوق، مسکن و شغل اشخاص از تعرض مصون است، مگر در مواردی که قانون تجویز کند.

اصل ۳۶: حکم به مجازات و اجرای آن باید تنها از طریق دادگاه صالح و بموجب قانون باشد.

اصل ۳۷: اصل برائت است و هیچکس از نظر قانون مجرم شناخته نمی‌شود، مگر این‌که جرم او در دادگاه صالح ثابت شود.

اصل ۳۹: هتک حرمت و حیثیت کسی که به حکم قانون دستگیر، بازداشت، زندانی و یا تبعید شده به هر صورت که باشد، ممنوع و موجب مجازات است.

برعلیه اینجانب در رسانه‌های گروهی و روزنامه‌ها دائماً بیان و درج می‌شود.

هنوز مرکب قانون اساسی و خون شهدای به‌خون‌خفته این انقلاب خشک‌نشده. با وجود دادستانی دادگاه انقلاب اسلامی و قرارداشتن شخصی مذهبی چون جنابعالی در رأس آن و رهبری حضرت آیت‌الله خمینی، چگونه اجازه داده می‌شود که افرادی فارغ از هرگونه احترام به قانون اساسی و شرف انسانی تا این درجه از لجاجت و گستاخی، شرف وحیثیت اجتماعی، سازمان سیاسی که اینجانب وابسته به آن هستم را مورد حمله‌های ناجوانمردانه خود قرار دهند.

۲. برخلاف اصل ۳۲ قانون اساسی، پس از ۲۸ روز بازداشت موضوع اتهام هنوز کتباً به اینجانب ابلاغ نشده است.

۳. کلیه اتهاماتی راکه به‌عنوان تماس یا رابطه با سفارت امریکا به من نسبت داده‌اند به‌کلی رد می‌کنم و همان‌طور که جنابعالی نیز در این مدت در جریان قرار گرفته‌اید، اینجانب چه قبل از پیروزی انقلاب اسلامی و چه در دوران معاونت نخست‌وزیری و چه در زمان سفارت هیچ گفت‌وگویی بدون اطلاع و کسب دستور مقامات رسمی انجام نداده‌ام و همه آنچه را که به‌صورت کتبی و مفصل به استحضارتان رسانیدم، مورد تأیید جناب مهندس بازرگان نخست‌وزیر دولت انقلاب اسلامی قرار گرفته است. (روزنامهٔ **بامداد**، مورخ ۳ دی‌ماه ۵۸)

۴. در مورد مجلس خبرگان نیز همان‌طور که کتباً به استحضار رسانیدم، آن نوشته با امضا ۱۷ نفر از وزرا به هیئت دولت پیشنهاد شد که پس از تأیید هیئت دولت به استحضار پیشوای عالیقدر ملت ایران برسد و رسانیده شده است.

۵. در مورد دادن اجازه خروج به افراد در دوران معاونت نخست‌وزیری، بایستی به استحضارتان برسانم که طبق دستور جناب آقای نخست‌وزیر با سیستمی که در نخست‌وزیری به‌وجود آمده بود، متقاضی، ابتدا می‌بایست از کمیته امنیت نخست‌وزیری که مسئول رسیدگی به لیست افراد ممنوع‌الخروج بودند، اجازه خروج دریافت کند و بعد هم اگر هریک از افراد هیئت دولت یا کادر رهبری یا کمیته امام و یا کمیته انقلاب نسبت به خروج شخصی نامه کتبی می‌نوشتند، آن‌وقت با تأیید اولیه کمیته امنیت و احتمالاً یکی از افراد نامبرده فوق، اینجانب اجازه خروج صادر می‌کردم. حالا با توجه به مراتب فوق توجه جنابعالی را به مقاله روزنامهٔ **جمهوری اسلامی** مورخ چهارشنبه ۲۶ دی‌ماه، صفحهٔ ۱۰ جلب می‌کنم:

خیانت امیرانتظام

«چنانچه در سند اول مشاهده می‌شود هویدا به نصیری اطلاع می‌دهد که شاه مخلوع دستور داده است رؤسای حفاظت وزارتخانه‌ها و سازمان‌های دولتی باید تنها از طرف ساواک تعیین شوند و این سند حساس‌بودن این مقام و ماهیت این رؤسا را می‌رساند. در سند دوم آقای امیرانتظام دستور می‌دهد خروج آقای سیدفخرالدین طباطبایی از کشور بلامانع است. نامبرده یکی از همین معتمدین و دست‌نشاندگان ساواک منحله می‌باشد که بعد از انقلاب اسلامی ایران ممنوع‌الخروج بوده است. امیرانتظام هم‌اکنون در بازداشت بسر می‌برد و ملت ایران در انتظار محاکمه این خیانتکار می‌باشد.»

شمارهٔ ۳۴۲۱۰

گواهی موافقت خروج از کشور جهت کارمندان دولت

«بدین‌وسیله با خروج از کشور آقای سید فخرالدین طباطبایی کارمند بازنشسته نخست‌وزیری که آخرین سمت ایشان در سه‌سال گذشته رئیس اداره حفاظت و از تاریخ ۵۵/۱۲/۱۶ بازنشسته شده‌اند موافقت می‌شود.

عباس امیرانتظام

معاون نخست‌وزیر

جناب آقای قدوسی دادستان کل چنانچه در زیر کلیشه اجازه‌نامه ملاحظه می‌فرمایید از طرف کمیته امنیت نخست‌وزیری گواهی شده که نام آقای سید فخرالدین طباطبایی در لیست افراد ممنوع‌الخروج‌ها نیست و همچنین کمیته مسئول نخست‌وزیری نیز با ۴ امضا آن را تأیید کرده‌اند. بعد اینجانب اجازه صادر کرده‌ام. آیا این دلیل خیانت اینجانب است؟

شما را به خدایی که او را ستایش می‌کنید جلوی این همه ظلم، بی‌عدالتی و قانون‌شکنی را آن‌هم از طرف روزنامه‌ای که مظهر جمهوری اسلامی ایران است بگیرید و اجازه ندهید به این سادگی قانون اساسی را زیرپا بگذارند و آن را پاره‌پاره کنند.

روزنامهٔ **آزادگان** نیز در تاریخ ۵۸/۱۰/۳، صفحهٔ اول مقاله‌ای مشابه به اتهام بالا به‌عنوان «این‌هم سند دیگری از خیانت امیرانتظام» درج کرده بود که من امیدوار بودم بتوانم خیلی زود جواب این اتهامات غیرانسانی و غیراسلامی را در دادگاه عدل اسلامی بدهم.

من که ممنوع‌الملاقات هستم و اجازه ندارم از حیثیت و شرف اجتماعی خود در مقابل این‌همه لجام‌گسیختگی و حق‌کشی دفاع کنم. شما دادستان این کشور اسلامی هستید و بایستی از حق این مظلوم دفاع کنید واجازه ندهید مردم نسبت به عدالتی که در انتظار آن هستند، مأیوس شوند.

ضمناً تقاضا دارم متن این نامه سرگشاده در اختیار کلیه روزنامه‌ها قرار گیرد.

به امید تامل، تصمیم و اقدامات شما

از بازداشتگاه غیرقانونی دانشجویان پیرو خط امام

عباس امیرانتظام

آقای محمدی (ناصر آلادپوش) و آقای باقری در حدود ساعت یک بعدازظهر به دیدنم آمدند و مدتی به مذاکره نشستیم. نامه را به آقای محمدی دادم و خواهش کردم در اختیار کلیه روزنامه‌ها قرار دهند. قول داد که انجام دهد. ضمناً خواهش کردم به دیدن امام برود و مطالب را به‌عنوان نمایندهٔ دادستانی به عرض امام برساند. قول داد که این کار را هم انجام دهد. او معتقد بود که باید بازی را آنقدر گرم کرد تا همه آنهایی که خودشان را در پشت نام و مقامشان حفظ کرده‌اند به ملت

معرفی شوند. گفتم من با همه وجودم می‌خواهم به من اجازه دهند در یک دادگاه علنی و با حضور تلویزیون برای سی و پنج میلیون مردم ایران حرف بزنم.

پنجشنبه ۲۷ دی‌ماه ۱۳۵۸ (بیست و نهمین روز بازداشت)

امروز صبح تلفنی با مصطفی بنی‌جمالی صحبت کردم و قرار شد برایم دارو بفرستد. محبت کرده بود مقداری هم میوه فرستاده بود. آقای باقری زحمت آوردن آن را کشیده بود.

تمام روز را صرف تمرین نوشتن انگلیسی کردم. بی‌خبری هم‌چنان بر مقدرات من حاکم است. دیشب آقای قدوسی در مصاحبه‌ای گفته بود که کار آنها درباره رسیدگی به پرونده من تمام شده و نتیجه را به امام تقدیم کرده‌اند و تصمیم را ایشان خواهند گرفت.

جمعه ۲۸ دی‌ماه ۱۳۵۸ (سی‌امین روز بازداشت)

از دیشب گازوئیل ساختمان تمام شد و از سرما تمام بدنم درد گرفت و نتوانستم خوب بخوابم و به‌دلیل نبودن آب گرم نتوانستم حمام کنم. با اجازه عباس فزونی به بنی‌جمالی تلفن کردم و یک بخاری برقی برایم آورد که استفاده از آن را با نگهبانان تقسیم کردیم چون داخل ساختمان واقعاً سرد است. «عباس فزونی» امروز در موقع تلفن زدن ناراحتم کرد. اگرچه به خود قبولاندم که باید این وضعیت و او را تحمل کنم ولی همیشه این جوان با کارها و حرف‌هایش زجرآور است.

تمام روز و شب را به تمرین انگلیسی ادامه دادم و این انتظار کشنده که باید چه بکنم زجرم می‌دهد. نه معلوم است که باید به دادگاه بروم چون طبق اظهارات آقایان محمدی و باقری در دادستانی چیزی وجود ندارد که به‌خاطرش به دادگاه بروم و نه معلوم است که تا کی باید در این سلول تنهایی را تحمل کنم و هر روز و هرساعت شاهد اعمال غیرانسانی بعضی از این دانشجویان باشم. بی‌خوابی شب‌ها از همه بدتر است و ای‌کاش شب وجود نداشت، هرشب ساعت‌ها باید در روی پتوهای سربازی دراز بکشم و یا روزنامه و کتاب بخوانم و یا در آینده نامعلوم غرق بشوم تا بالاخره از حال بروم. از این دوران زجرآور با تحمل این همه ستم و این همه اتهام بدون اینکه حق دفاع داشته باشم، کی خلاص خواهم شد.

شنبه ۲۹ دی‌ماه ۱۳۵۸ (سی و یکمین روز بازداشت)

امروز آقای باقری آمد و گفت که امشب باز هم دانشجویان به افشاگری ادامه خواهند داد. ضمناً گفت عکسی را از من و عده‌ای زن و مرد که در یک میهمانی بودیم آورده‌اند و در اختیار دانشجویان قرار داده‌اند. گفتم عکسی ندارم که نگران پیداشدن آن باشم ولی خوب بود می‌توانستم آن را ببینم. ضمناً پرسیدم که آیا آقای بازرگان موفّق شده امام را ببینند یا نه؟ گفت تا آنجا که او اطلاع دارد به دیدن امام رفته است. گفتم ممکن است خواهش کنم که با او تلفنی

صحبت کنم. گفت: باشد، ولی فکر نمی‌کنم درست باشد که دائماً از او بپرسی چون اگر جواب مثبت باشد او خودش شایق‌تر است که فوری جواب را به اطلاعت برساند. مفهوم بیان او این بود که امام جواب منفی داده‌اند. این سؤالی که مرا دیوانه می‌کند این است که امام، جانشین پیامبر اسلام و رهبر انقلاب اسلامی ایران چرا اجازه نمی‌دهد که از من رفع ظلم بشود. چرا اجازه نمی‌دهد ایشان را ببینم و چرا توضیحات بازرگان، سحابی و حاج سیدجوادی که مظهر شرف و صداقت هستند در ایشان تأثیر نمی‌گذارد. خدایا تو کمک کن چه باید بکنم.

امشب دانشجویان پس از اخبار ساعت ۸ بعدازظهر به‌قول خودشان افشاگری شمارهٔ ۲۶ را منتشر کردند به آن گوش دادم. خدایا چطور ممکن است که همه دست‌اندرکاران این چنین برای محکوم‌کردن مظلومی و به کرسی‌نشاندن اتهامات ناحق خودشان با هم این‌چنین همکاری و همبستگی داشته باشند. دانشجویان به دو مسئله اشاره کردند که یکی مسئله مجلس خبرگان بود که در بین اسناد خودم در سوئد داشتم و با وجودی که در مورد آن به دادستانی نامه نوشته‌ام و همهٔ جزئیات آن را شرح داده‌ام و آقای محمدی (ناصر آلادپوش) هم تحقیق کرده و درست بوده است اما باز دانشجویان به‌عنوان یک سند برعلیه من بیان می‌کنند. دوم این‌که صدور اجازه خروج لوازم شخصی افراد سفارت امریکا را در آن دوران طبق دستور نخست‌وزیر، به‌دلیل اینکه همه تلاش و کوشش در جهت کمترکردن بار دولت بود و مشابه این اجازه تقریباً به همه سفارتخانه‌هایی که مراجعه کردند داده شد، برعلیه من مطرح کرده‌اند و آن را به‌عنوان سندی در جهت عکس خط امام توجیه کرده‌اند و از همه جالب‌تر این‌که ملت ایران را به دو گروه تقسیم کردند که یک گروه آنها بدون کمک یک ابرقدرت خارجی نمی‌توانند برای خودشان و ایران موجودیت قائل شوند و با کمال بی‌انصافی من و گروه سیاسی ما و مهندس بازرگان را در این مسیر قرار داده‌اند.[1] ما چه گفتیم و چه کردیم که مستوجب بمباران این همه اتهام دروغ باشیم. خدایا هیچ‌کس در این مملکت نیست که از حق ما دفاع کند. نه حق حرف‌زدن و دفاع از خودمان را داریم و نه سبک و سیستم خاصی که به‌وجود آمده به کسی اجازه دفاع از ما را می‌دهد. چه باید بکنیم؟

جالب‌تر از همه این است، با وجودی که بارها آقای باقری و آقای ناصر آلادپوش و همه دانشجویان گفته‌اند که برعلیه آقایان بهشتی و موسوی اردبیلی و رفسنجانی و دیگران هم مطالبی بسیار پیدا شده اما همه آنها در مسند قدرت و اداره امور کشور نشسته‌اند و من را دارند آماده می‌کنند تا در پای معبد «سفارت امریکا» قربانی کنند. الهی تو چگونه اجازه می‌دهی که این‌همه ظلم و ستم به‌نام تو و دین تو به من و دوستان ما اعمال شود.

---

۱. پس از این افشاگری، بازرگان از شورای صدا و سیما می‌خواهد، به جهت این که حیثیت و حقوق خدمتگزاران پایمال و بازیچه نشود، امیرانتظام را برای دفاع از خود به تلویزیون دعوت کنند. (نگاه کنید به ضمائم ۱۳ و ۱۴)

یکشنبه ۳۰ دی‌ماه ۵۸ (سی‌ودومین روز بازداشت)

امروز حالم بد بود. بدتر از همیشه و دلیل آن هم این است که می‌بینم این از خدا بی‌خبران دارند مرا برای قربانی شدن آماده می‌کنند و بیشتر از همیشه نگران این هستم که بدون هیچ گونه دفاع از خودم، مرا نابود کنند و ملت بی‌اطلاع ایران این را برای همیشه بپذیرد که یک خیانتکار را از بین برده‌اند و این ننگ ناحق را بر دامان تاریخ انقلاب بنشانند.

دوشنبه ۱ بهمن ۱۳۵۸ (سی‌وسومین روز بازداشت)

قرار است که آقای صدر حاج‌سیدجوادی پس از بازگشت از شهسوار به‌دیدن من بیاید. کی؟ خدا می‌داند. به‌همین‌دلیل نامه زیر را برای او نوشتم:

۵۸/۱۱/۱

جناب آقای صدر حاج سیدجوادی، برادر عزیز

مدت ۳۳ روز است که به‌طور غیرقانونی در بازداشتگاه دانشجویان پیرو خط امام در بازداشت به‌سر می‌برم و در این مدت نامه‌های زیر را نوشته‌ام:

۱. دو نامه به امام خمینی

۲. یک نامه به دکتر یدالله سحابی

۳. دو نامه به آقای حاج احمدآقا خمینی

۴. یک نامه به آقای هاشمی رفسنجانی

۵. یک نامه به آقای موسوی اردبیلی

۶. سه نامه به آقای مهندس بازرگان

۷. دو نامه به دادستانی که در نامه اول ضمن اعتراض به توقیف غیرقانونی اعلام اعتصاب غذا کردم و تا یک هفته نیز اعتصابم را ادامه دادم تا اینکه بنا به توصیهٔ آقای مهندس بازرگان آن را شکستم و یک نامه هم دومرتبه به دادستانی نوشتم و به تمام اتهامات وارده بر خودم جواب دادم.

مطلبی که دیوانه‌ام می‌کند این است که اینها در روزنامه‌ها و رادیو دائماً دم از آزادی می‌زنند و حتی نامه‌های اعتراضیهٔ افراد کمونیست و یا ضدانقلاب را که توقیف کرده‌اند چاپ می‌کنند و با وجود تقاضای مکرر اینجانب هیچکدام از نامه‌ها و فریادهای مظلومانه مرا در هیچ روزنامه‌ای منعکس نکرده‌اند. آیا این است معنی آزادی و اجرای عدالت اسلامی. نه به من حق حرف‌زدن می‌دهند و نه حق جواب دادن. احساس من این است که این گروه برخلاف اسلام و برخلاف انسانیت و برخلاف تمام قوانینی که تا به‌حال در هر گوشه از دنیا وضع شده، مرا به‌عنوان قربانی «معبد سفارت امریکا» انتخاب کرده‌اند و بدون حتی اجازه کوچک‌ترین دفاع، مرا دارند به قربانگاه می‌برند.

آخر چرا به امام و به جانشین پیامبر اسلام نمی‌گویید که این رفتار انسانی نیست، اسلامی نیست. نشانه‌هایی برای این احساس من بسیار است و به‌عنوان مثال، با وجودی که درباره مسئله مجلس خبرگان نوشته‌ام و آقایان هم تحقیق کرده‌اند و فهمیده‌اند که من درست نوشته‌ام، باز مرا به‌عنوان اجراکنندهٔ نقشه امریکا معرفی می‌کنند. آیا این تعمد را جز ندیده‌گرفتن حقیقت، جز اجرای اعمال ضدانسانی، به چه چیز دیگر می‌شود تعبیر کرد؟

برادر، مگر ۱۷ نفر از اعضاء هیئت دولت آن را امضا نکرده‌اند. مگر هیئت دولت تصویب نکرد که به اطلاع امام برساند. بنابراین چرا من؟ آن هم برای یک پیشنهادی که ۱۷ نفر وزیر کابینه آن را امضا کرده‌اند که از امام درباره اجرا یا عدم اجرا آن سؤال کنند.

خدایا به چه کسی بایستی متوسل شوم که لااقل به حرفم گوش دهد؟

چرا سعی نمی‌شود که من امام یا احمدآقا را ببینم؟ چرا به آیت‌الله مرعشی و گلپایگانی و سایرین متوسل نمی‌شوید؟ آیا در انتظار این نشسته‌اید که یک روز خبر مرگ، آن هم مرگ توأم با شک مرا به اطلاع شما برسانند؟

من می‌دانم که تلاش می‌کنید ولی کافی نیست. برای رسانیدن صدای حق و مظلومیت من نباید حدی قائل شوید. من احساس تنهایی و بی‌کسی عجیبی می‌کنم ونمی‌توانم بفهمم که چطور ممکن است رهبران کشور که رهبران مذهبی هم هستند گوش به ندای یک مظلوم که در دوران حکومت آنها به ناحق دارد قربانی می‌شود، ندهند. چطور ممکن است کسی ادعای رهبری اسلام را داشته باشد و از شنیدن حرف حق و صدای یک مظلوم سرباز زند. اینها با همه آنچه که من در باره مذهب و رهبران آن شنیده‌ام تطبیق نمی‌نماید. و مرا دچار سرگیجه عجیبی کرده است. من از مرگ نمی‌ترسم ولی از اینکه قبل از این‌که به من حق دفاع بدهند و من بتوانم برای مردم ایران حرف بزنم مرا نابود کنند و این ننگ را به ناحق بر دامان فرزندان من بنشانند؛ دیوانه می‌شوم.

شما را به‌خدا بیشتر و قاطعانه‌تر تلاش کنید. به پیوست کپی نامه‌ای که در تاریخ ۵۸/۱۰/۲۶ به دادستانی کل انقلاب نوشتم برای اطلاع و اقدام شما تقدیم می‌کنم.

لطفاً چنانچه صلاح می‌دانید این نامه‌ها را در اختیار روزنامه‌ها به‌خصوص روزنامهٔ **انقلاب اسلامی** قرار دهید یا در اختیار هر مقام روحانی که می‌توانید و می‌دانید جسارت دفاع از حق را دارد قرار دهید.

لطفاً در صورت وجود محاکمه از حالا از آیت‌الله مکارم شیرازی، آیت‌الله لاهوتی، حجت‌اسلام تهرانی، حجت‌الاسلام کرمانی که در کرمان هستند و نمایندگان آیت‌الله مرعشی و گلپایگانی دعوت فرمایید که حتماً در جلسات دادگاه از روز اول شرکت نمایند چون ممکن است اجازه ندهند مطالب در خارج منعکس شود.

برادر شما

عباس امیرانتظام

امروز مهندس بازرگان مقاله نسبتاً مفصلی تحت عنوان «انقلاب ما به کجا می‌رود» نوشته و در آن به تفصیل از مشکلات و از اختلافات و از بلاتکلیفی مردم صحبت کرده بود و در همین موارد می‌نویسد:

«با یک دست می‌خواهیم چندین هندوانه برداریم. با یک لشگر می‌خواهیم در ده جبهه بجنگیم، جبهۀ فئودال‌ها، جبهۀ سرمایه‌دارها، جبهۀ طاغوتی‌ها، جبهۀ ارتجاعی، جبهۀ مالکین، جبهۀ روشنفکران، جبهۀ چپ‌ها، و جبهه‌های خارج. کار جوانان‌مان پنبه‌ها را بادادن، انگشت روی عیب و خطاها گذاشتن نیست، بلکه عیب و خطاساختن، رفتن و در قباله کهنه‌های هر خانواده گشتن و پرده‌دری‌کردن شده است. هدف اصلی زدن تیرهای اعدام و اتهام است. اتهام و اعدام کسانی که اصیل و خدمتگزار و سازنده بودند... در این محیط و مملکت چگونه انقلاب می‌تواند به‌ثمر برسد؟ آیا باید گفت:

ترسم نرسی به کعبه ای اعرابی — کاین ره که تو می‌روی به ترکستان است

کیهان، دوشنبه اوّل بهمن ۱۳۵۸ ــ صفحۀ ۳»

در روز یکشنبه ۵۸/۱۰/۳۰ هم، آقای شیخ‌علی تهرانی نامه‌ای از مشهد برای روزنامۀ **جمهوری اسلامی** نوشته و در آن شدیداً اعتراض کرده بود که وقتی وزیر کشور و دو عضو شورای انقلاب هم در کارهای امیرانتظام شریکند، چرا فقط امیرانتظام باید در زندان باشد و دیگران آزاد؟ بخشی از نوشته ایشان را نقل می‌کنم[۱]:

«ملت از امام امت توقع دارد برای این خیانت و حفظ افکار عمومی، وزیر کشور و بعضی دست‌اندرکاران در این امر از مقام خود ساقط شوند و نیز خوب است از اعضای شورای لانه جاسوسی بخواهند پرونده دونفر از اینها راکه با امیرانتظام شریکند ارائه دهند تا نگویند یکی از بدکاران را زندان و بقیه را امیر نموده‌اند»

سه‌شنبه ۲ بهمن‌ماه ۱۳۵۸ (سی و چهارمین روز بازداشت)

چند روزی است که باکمال تأسف روزنامه‌ها و شخصیت‌ها به جان هم افتاده‌اند همان چیزی که من و بازرگان و عده‌ای دلسوز به حال مملکت، از مدت‌ها قبل فریاد می‌زدیم. این کار صحیح نیست و در چنین برهه‌ای از زمان نباید کاری کرد که نیروها از هم متفرق شوند. در این چند روزه بنی‌صدر و روزنامۀ **انقلاب اسلامی** شدیداً برعلیه روزنامۀ **جمهوری اسلامی** و **آزادگان** و **کیهان** که

---

۱. شیخ علی تهرانی، آمادگی خود را نیز به‌عنوان قاضی شرع برای دادگاه امیرانتظام اعلام می‌کند. (نگاه کنید به ضمیمۀ ۱۵)

همه در یک صف هستند، می‌جنگند و یکدیگر را به دروغ‌گویی، خرابکاری و خیانت متهم می‌کنند. از روز یکشنبه هم که آقای حجت‌الاسلام تهرانی وارد بحث شده، چون مقاله ایشان برعلیه اداره‌کنندگان حزب جمهوری اسلامی است درنتیجه آنها هم چه به‌صورت فردی و چه به‌صورت دسته‌جمعی ایشان را کوبیده‌اند و متأسفانه طرفین نسبت‌هایی هم به هم داده‌اند. و بیچاره مردم ایران هم گیج و متحیر، در اعلامیه‌هایی که در روزنامه‌ها چاپ می‌شود از امام تقاضا دارند که افشاگری شود و مردم بدانند حق با کیست. امروز (سه‌شنبه ۵۸/۱۱/۲) آقای تهرانی در مصاحبه نسبتاً مفصلی به آقایان خامنه‌ای و بهشتی و رفسنجانی و روزنامهٔ **جمهوری اسلامی** جواب داده است که قسمتی از آنها را به‌دلیل آن که مرا ابزاری برای متهم‌نمودن قرار داده‌اند، در اینجا ذکر می‌کنم:

«تهرانی چهارتن از مقام‌های حزب جمهوری اسلامی را به خیانت متهم کرد. من نمی‌گویم امثال امیرانتظام‌ها سوءنیت دارند بلکه خط فکری‌شان این است و باید کنار بروند.

سؤال: شما در مورد آقایان بهشتی، رفسنجانی و خامنه‌ای گفته‌اید که دونفرشان با امیرانتظام شریکند و اسناد همکاری‌شان در لانه جاسوسی موجود است. این اسناد چیست و اگر ارتباطی بوده نوع ارتباط چگونه بوده است؟

تهرانی: این نوشته این است که دو نفر از روحانیون شورای انقلاب هم پایشان در پرونده امیرانتظام هست. بنده چون یک هفته در لانه جاسوسی بودم. البته دانشجویان اطلاعات خصوصی‌شان را به من انتقال دادند. آنهایی که در شورا هستند به‌طور خصوصی گفتند که چنین مدارکی هست و نوشته به من دادند که خدمت امام بروم.

سؤال: امام چه فرمودند؟

تهرانی: امام فرمودند بررسی می‌شود. فرمودند سر فرصت بررسی می‌شود و معلوم می‌شود. پرونده را هم که به قم فرستادیم انگلیسی بود. ترجمه‌اش را نزد امام فرستادیم.

سؤال: آقای تهرانی شما سندی دارید منتشر کنید چون بدون سند متهم‌کردن اثرات منفی به دنبال خواهد داشت.

تهرانی: جوابش را روشن می‌گویم. من از آنچه در نامه نوشته‌ام حمایت می‌کنم. من در نامه نوشته‌ام پای دونفر از افرادی که در شورای انقلاب هستند در پرونده امیرانتظام هست و این طوری تحقیق شود که بعداً نگویند یکی را زندان و بقیه را امیر کرده‌اند. من همین مقدار بیشتر ننوشتم. کارهای امیرانتظام را ملت دید. البته نه این افشاگری اخیر را، بلکه افشاگری قبلی را که ارتباط با امریکا داشت. اینکه آیا ارتباط با امریکا جرم هست یا جرم نیست. من گفتم فرق نمی‌کند. امیرانتظام فرقی با آنها ندارد. اگر در مورد امیرانتظام شدت عمل داشته باشند آنها هم در یک قسمت کارشان شریکند. ممکن است امیرانتظام شدیدتر مجازات شود.

اما آنها هم باید تا حد کمتری مجازات شوند نباید آنها ذکر نشوند و از آنها غفلت شود. نباید آنها سرجایشان بنشینند و فقط امیرانتظام را زندان کنند. انتظام باید علنی محاکمه شود.

استاد تهرانی در مورد اسناد این ماجرا گفت من تا اندازه‌ای که مطرح کرده‌ام از بعضی از اعضاء شورای لانه جاسوسی مدرک گرفته‌ام. به‌نظر من تنها این نباید سرکار باشند من معتقدم که بازرگان و هیئت دولتش سوءنیت نداشته بلکه تشخیص آنها این بود که گام به‌گام کار کنند و آن‌طور که مبارزان به‌پاخاسته می‌خواستند، انقلابی نبودند ممکن است هم امیرانتظام و آن دو نفر سوءنیت نداشته‌اند اما فکر می‌کردند چنین ارتباطی به نفع ایران است و اعتراض ما همین است. همین جوری که بازرگان و دولتش را ملت نپذیرفت و اعتراض به امام هم نبود اما چرا اینها باید هنوز سرکار باشند. درحالی‌که بازرگان هم برگزیده امام بود. این‌همه مطلب روی منبر گفتند و نوشتند. چرا این کارها را می‌کنند گرچه خودشان در بعضی کارها شرکت داشتند. درباره آنها بدگویی کردند آنها اعتراض نکردند فقط من کردم. من کی به امام اعتراض کردم. اگر کنار رفتن است همه کسانی که با سیاست گام‌به‌گام سرکار داشتند و با آنها ارتباط می‌گرفتند، زندان بروند نه فقط یکی از آنها.

برای روشن‌شدن کامل همین پرونده دو راه هست. راه بهترش این است که امیرانتظام در یک محکمه علنی باید زود محاکمه شود و یا این‌که همهٔ پرونده خدمت امام برسد و از ایشان استفسار شود.»

چهارشنبه ۳ بهمن ۱۳۵۸ (سی و پنجمین روز بازداشت)

دیشب را نیز بسیار بد خوابیدم و فکر آینده نامعلوم، مرا به خودم مشغول می‌کرد. وقتی مطالب روزنامه‌ها را با محتوای سخنرانی‌ها و گفتارهای رادیو و بعد واقعیتی که در مورد من جاری است با هم می‌سنجم، مات و متحیر می‌شوم. همه‌جا داد از آزادی است همه‌جا سخن از عدالت اسلامی است و درحالی‌که این ظلم مسلم به من حتی بدون این‌که اجازه دهند حتی یک کلام از مطالبی که برای توضیح یا روشن‌کردن داده‌ام در جایی منعکس شود. در همه‌جا لغت آزادی و لغت مستضعفین و دفاع از آن هرلحظه به شکلی تکرار می‌شود. این تضاد و این تظاهر به عدالت و این‌که با چه سرعتی و قدرتی هر صدایی را در نطفه خفه می‌کنند، مانند پتک دائماً به مغز من وارد می‌شود. سال‌ها آرزو داشتم که به حکومت اسلامی برسیم و از عدالت اسلامی آن برخوردار شویم. خدایا آنچه تو بشارتش را به بشریت داده‌ای با آنچه در اینجا انجام می‌شود، یک دنیا فاصله وجود دارد. چرا هر کاری را به نام دفاع از حق می‌کنند و چرا تو دست آنها را باز نمی‌کنی و چهره واقعی این گروه که انقلاب اسلامی ما را در جهت منافع یک طبقه خاص می‌کشانند به مردم نشان نمی‌دهی؟

اگرچه حمله گروه‌های مختلف به هم کمتر به چشم می‌خورد ولی باز جناح بنی‌صدر و

روزنامهٔ **جمهوری اسلامی** متأسفانه در مقابل یکدیگر ایستاده‌اند، این برخورد بدون شک دشمنان ملت ما را خوشحال خواهد کرد.

امام از دیشب ناراحتی قلبی پیدا کرده و ایشان را به بیمارستان قلب تهران منتقل کرده‌اند.

پنج‌شنبه ۴ بهمن (سی وششمین روز بازداشت)

این هفته قرار بود آقای احمد صدر حاج سیدجوادی به‌دیدن من بیاید که هنوز نیامده است. از طرفی دیدن آقایان باقری و ناصر آلادپوش هم غیرممکن شده و این هفته اصلاً به‌دیدنم نیامدند.

دیشب به دکتر بنی‌جمالی تلفن کردم و خواهش کردم روغنی راکه دکتر پوست در سوئد به من داده بود، از سوئد بخواهد. چون دومرتبه ناراحتی عرق‌سوز پوستی‌ام شروع شده است. او می‌خواست دلداریم دهد و می‌گفت باید مقاومت کرد. شاید هفته آینده پس از انتخابات رئیس‌جمهور وضع کمی روشن‌تر شود. روزنامه‌های امروز افشاگری شمارهٔ ۲۸ دانشجویان را چاپ کرده بودند و در آن دکتر مدنی را به‌عنوان اینکه تلاشی در خروج فرزندان پالیزبان به خرج داده، معرفی کرده بودند.

دو شب قبل نیز چند روزنامه و مجله راکه با قسمت مطبوعاتی سفارت امریکا تماس داشته‌اند، معرفی کردند.

امروز آقای مهندس بازرگان در روزنامهٔ **کیهان**، مورخ ۴ بهمن ۱۳۵۸ مقاله‌ای تحت عنوان «آقای آقاشیخ علی آقا شما هم بله» نوشته و در آن از روحانیون، دکتر بهشتی و خامنه‌ای و هاشمی رفسنجانی دفاع کرده و نتیجه گرفته است که در این برههٔ خاص از زمان هرکسی با زدن اتهام، مؤثرترین افراد انقلاب را از صحنه خارج می‌کند. قسمتی از این مقاله به‌شرح زیر است:[1]

«تیرهای دشمن حساب‌شده بود. چه اتهام و انهدام و چه توطئه و پرونده‌سازی برای اخراج و افشاگری دربارهٔ افراد از همه صنف. اعم از نظامی، سیاسی، روحانی، اداری و بازاری. اساس این بود و این است که منصوبین و مأمورین و مؤثرین دست اول از جاکنده شوند. هم امکان و اختیار و اقتدار را از دولت بگیرند و هم اعتبار و احترام و حیثیت را از انقلاب و رهبران و رهبری آن.

سرلشگر قرنی شهید،سپر بلا می‌شود. استاد مطهری مغزش را متلاشی می‌کنند. امیرانتظام که از سوءقصد موتورسواران فرقان جان سلامت بدر می‌برد باید جاسوس امریکا اعلام شود. خبیری‌ها و مدیرکل‌ها، بدنام و مستأصل و مستعفی و بازداشت می‌گردند. عراقی‌ها و حاجی طرخانی‌ها و مهدیان‌ها مقتول و مجروح می‌شوند. دکتر ایزدی‌ها مبارز

---

۱. نگاه کنید به ضمیمهٔ ۱۶.

قدیمی و مخلص مطلع پرکار فئودال امپریالیست از آب درمی‌آیند و قس علیهذا که تا برسیم به آقایانی از معممین شورای انقلاب.»

مهندس بازرگان در نامه جداگانه‌ای خطاب به تلویزیون در همین روزنامه چنین می‌نویسد:

«امیرانتظام را برای دفاع از خود به تلویزیون دعوت کنید.

شورای محترم صدا و سیمای ایران، شنبه شب گذشته (۲۹ دی) مردم ایران شاهد یک افشاگری دیگر از اعمال آقای مهندس عباس امیرانتظام در دوران معاونت نخست‌وزیری ایشان بودند که به‌دستور یا اجازه آقایان از تلویزیون سراسری پخش شد. البته همان‌طور که شورای انقلاب جمهوری و مقامات ایراد نموده‌اند و عقل و عدل و قانون حکم می‌کند هرگونه اتهام و ادعای خیانت، پس از رسیدگی و قضاوت دادگاه‌های صالح و مراجع ذیربط می‌توانسته است از رسانه‌های گروهی اعلام شود و به این سادگی حیثیت و حقوق افراد خصوصاً کسانی که از طرف نخست‌وزیر منتخب و معتمد امام به خدمتگزاری آمده‌اند پایمال و بازیچه نشود. حال که چنین خلاف حقی تکرار شده است، آیا جا ندارد به اقتضای اسلام و انصاف، برای آبروی انقلاب و دلخوشی و تأمین خدمتگذاران مشغول به‌کار، از آقای امیرانتظام دعوت نمایید در صحنه تلویزیون حاضر شده نسبت به اسناد و اتهامات وارده به مردم توضیح بدهد و از خود دفاع کند، چه‌بسا که آنچه به‌عنوان جرم و خیانت و به‌صورت یک طرف ارائه گردیده است سند برائت و خدمت باشد.»

با دیدن پیشنهاد مهندس بازرگان دیشب تا ۵ صبح متن مصاحبه‌ای را تهیه کردم.
با وجود خوردن قرص خواب بیش از چندساعت نتوانستم بخوابم.

جمعه ۵ بهمن‌ماه ۱۳۵۸ (سی و هفتمین روز بازداشت)

امروز قسمت اعظم وقتم را صرف اصلاح و پاکنویس متن دفاعیهٔ بیست و هفت صفحه‌ای که احتمالاً بشود در تلویزیون مطرح کرد، نمودم.

همچنین امروز روز انتخابات ریاست جمهوری بود که من متأسفانه از این حق نیز محروم شدم. چندشبی است که دیگر اصلاً نمی‌توانم بخوابم و در حدود ساعت ۵ یا ۶ یا ۷ صبح با خوردن یک یا دو قرص خواب از حال می‌روم.

شنبه ۶ بهمن ۵۸ (سی و هشتمین روز بازداشت)

امروز صبح روزنامهٔ بامداد دومرتبه منتشر شد و مقاله مفصلی هم در دفاع از خود نوشته بود.

جالب توجه و زجرآور این است که حتی مسئولان روزنامهٔ رستاخیز دوران شاهنشاهی حق دفاع از خود را دارند، اما من ندارم. امروز هشتمین روزی است که نمایندگان دادسرا آقای باقری و محمدی هم به دیدن من نیامده‌اند و جواب تلفن هم نمی‌دهند.

یکشنبه ۷ بهمن ۵۸ (سی و نهمین روز بازداشت)

امروز هم نتوانستم با هیچ کس در دادسرای انقلاب اسلامی تماس بگیرم و اصولاً هربار که تقاضا می‌کنم تا یکی از زندانبانان که دانشجوی پیرو خط امام هستند به دادسرا تلفن کنند، بسیار با اکراه و با هزار و یک بهانه از تلفن‌کردن سرباز می‌زنند و عملاً نزدیک دو هفته است که جز این چهاردیواری با هیچ کس نتوانستم صحبت کنم. تمام روز را به خواندن کتاب گذراندم.

دوشنبه ۸ بهمن ۱۳۵۸ (چهلمین روز بازداشت)

امروز صبح آقایان ناصر آلادپوش و سعید باقری به‌دیدنم آمدند، دیدن آنها که تنها امید من برای تماس با خارج از این چهاردیواری است، همیشه امیدبخش است. گفتند که گرفتار بوده‌اند و آقای آلادپوش گفت که امروز مخصوصاً آمده که به دادسرای انقلاب تهران (ایشان مدتی است که به دادستانی انقلاب کرج منصوب شده است) تا به آقای قدوسی مراجعه کند و بخواهد که تکلیف مرا روشن کنند. به ایشان توضیح دادم که من نمی‌خواهم هیچ‌کس درباره من گذشت داشته باشد بلکه می‌خواهم تکلیفم هرچه زودتر روشن بشود و از ایشان خواهش کردم که بازرگان و صدر حاج‌سیدجوادی و بنی‌صدر را ببیند و بخواهد که برای روشن‌شدن وضع من اقدام کنند. من برای هر کاری آماده‌ام. بعد از ایشان گله کردم که قرار بود نامه سرگشادهٔ مرا به روزنامه‌ها بدهید و ندادید. گفت که به آقای قدوسی دادم و اشتباه کردم، چون اجازه نداد منتشر شود. حالا هرچه می‌خواهی بنویس و بده که به بازرگان بدهم تا منتشر سازند. ضمناً یک نوار و ضبط‌صوت داد که پیامم را هم در نوار پر کنم. نمی‌دانم صادقانه می‌خواهد در دفاع از حقیقت به من کمک کند یا اینها را خواهد گرفت و به دادستانی و دانشجویان خواهد داد؟ به هرصورت تصمیم گرفته‌ام این کار را بکنم.

امروز با وجود داشتن ناراحتی شدید معده و تذکر آن به دانشجویان پیرو خط امام ـ زندانبانان ـ آنها از دادن غذا به من خودداری کردند.

نامه‌های زیر را نیز برای دکتر بنی‌صدر و مهندس بازرگان نوشتم:

از بازداشتگاه دانشجویان پیرو خط امام

دوشنبه ۸ بهمن ۱۳۵۸

جناب آقای دکتر بنی‌صدر رئیس جمهور دولت اسلامی ایران

چون شما طبق قانون اساسی و سوگندی که یاد خواهید کرد پاسدار این قانون که خون‌بهای

شهدای به‌خون‌خفته انقلاب اسلامی ایران است هستید، تقاضا می‌کنم نسبت به اعمال غیرانسانی و مخالف قانون اساسی اسلامی که در مورد من از تاریخ ۵۸/۹/۲۹ به‌مدت ۴۰ روز اعمال شده و با وجود واردکردن بزرگ‌ترین و ننگین‌ترین اتهامات، تا این تاریخ حتی اجازه نداده‌اند که کوچک‌ترین دفاعی از خودم کرده باشم و با وجود نامه‌های مکرر به دادستانی، به پیشوای انقلاب حضرت امام خمینی، آقای حاج احمدآقا خمینی و آیت‌الله موسوی اردبیلی و حجت‌الاسلام هاشمی رفسنجانی تاکنون به‌هیچ‌وجه کلامی از آنها را بر خلاف ادعای اداره‌کنندگان مملکت مبنی بر وجود آزادی به اطلاع ملت ایران نرسانیده‌اند. اینک از شما تقاضا می‌کنم به‌عنوان یک انسان و یک مسلمان و اولین رئیس‌جمهور این کشور اجازه دهید تا متن مدافعات من که به ضمیمه تقدیم شده است به‌طور کامل به اطلاع ملت ایران برسد و چون سه فرزند بسیار خردسال من در یک کشور بیگانه بدون سرپرست سرگردان هستند، به‌خاطر انسانیت تکلیف مرا هرچه زودتر روشن کرده و مرا از عذاب الیم روحی که دانشجویان پیرو خط امام برایم هرساعت فراهم می‌کنند و درنتیجه باعث ناراحتی معده و قلب من شده است، نجات دهید. تنها تقاضای من رسیدگی سریع به وضع و اتهامات من است که امیدوارم شما شجاعت اقدام به آن را داشته باشید.

عباس امیرانتظام

جناب آقای مهندس بازرگان **دوشنبه ۸ بهمن ۱۳۵۸**

ضمن تشکر و سپاس از اقدامات و کمک‌های شما تقاضا دارم پس از تهیه یک کپی از نامه آقای بنی‌صدر و متن مدافعات من برای اقدامات خودتان، نامهٔ آقای بنی‌صدر و متن مدافعات را هرچه زودتر به ایشان بدهید. متأسفانه به‌دلیل شکنجه‌های روحی دانشجویان پیرو خط امام دچار ناراحتی معده و قلب شده‌ام. البته این مدعیان اسلام نه‌تنها تا به‌حال با وجود تذکرات مکرر تغییری در روش خودشان نداده‌اند بلکه هر روز شکنجه و عذاب روحی مرا سنگین‌تر کرده‌اند. امیدوارم با توجه به وضع سرگردان اطفال ۳ و ۶ و ۹ ساله من در کشور سوئد، بتوانید هرچه زودتر وسیله‌ای برای اینکه من بتوانم از شرف و حیثیت اجتماعی خودم دفاع کنم، فراهم کرده و این دوران ظلم و شکنجه مرا، آن هم در حکومت اسلامی کوتاه‌تر فرمایید.

با عرض معذرت وامید اینکه دربین مسلمانان گوشی برای شنیدن حرف‌های من باشد.

عباس امیرانتظام

آقای ناصر آلادپوش در حدود ۱۱ شب به‌دیدنم آمد و نامه‌هایی راکه برای مهندس بازرگان و دکتر بنی‌صدر نوشته بودم، همراه با متن مدافعات را به ایشان دادم که به مهندس بازرگان بدهد. گفت که با آقای قدوسی صحبت کرده و قرار است تا چهارشنبه آقای قدوسی جواب بدهد. ضمناً

با مهندس بازرگان قرار گذاشته ساعت ۸ صبح فردا نامه‌ها و متن مدافعات مرا به ایشان بدهد و قول داد آقای احمدخمینی را نیز ببیند.

سه‌شنبه ۹ بهمن ۱۳۵۸ (چهل و یکمین روز بازداشت)

هنوز رسماً انتخاب بنی‌صدر به مقام ریاست جمهوری اعلام نشده که رادیو و تلویزیون در مقام مخالفت و مقابله با او کارش را شروع کرده است، همچنانکه در دوران انتخابات با طرز زننده‌ای این عمل را به‌خصوص در مورد او شروع کردند.

امروز کسی به‌دیدنم نیامد و تمام روز مشغول خواندن کتاب‌های انگلیسی بودم.

چهارشنبه ۱۰ بهمن ۱۳۵۸ (چهل و دومین روز بازداشت)

امروز عباس فزونی دانشجوی عضو گروه دانشجویان با زندانبان همکارش رفت و دونفر دیگر بجای آنها آمدند البته مطابق معمول نه سلام بلد هستند و نه احترام به بزرگ‌تر. به‌هرحال امیدوارم رفتاری انسانی‌تر از افراد قبلی داشته باشند. امروز رادیو را هم از من گرفتند.

هنگام عصر آقای احمد صدر حاج سیدجوادی و آقای ناصر آلادپوش ساعت ۵/۵ بعدازظهر به‌دیدنم آمدند و بیش از یک‌ساعت صحبت کردیم. آینده همچنان مبهم و تاریک است و با وجود نبودن هیچ مدرکی، هیچ آدم شجاعی نیست که بتواند تصمیم بگیرد. دادستانی هم نه مدرک دارد و نه شجاعت تصمیم‌گیری. دوستان نهضت آزادی هم صلاح را در سکوت می‌دانند و هیچ‌کدام نتوانسته‌اند مستقیماً با خود امام صحبت کنند. همه متوسل به احمدآقا می‌شوند. همه بایستی از طریق احمدآقا مطالب را به اطلاع امام برسانند. و آیا سلامت ایشان اجازه می‌دهد که این مطالب نزدشان مطرح شود و یا همچنان باید به‌صورت مبهم باقی بماند؟ آنها بعد از ساعتی رفتند بدون این‌که بتوانند کوچک‌ترین اظهارنظری بکنند.

امروز به‌دلیل خرابی تلفن‌نتوانستم با خانواده‌ام صحبت کنم و باید منتظر درست شدن تلفن باشم.

۵ شنبه ۱۱ بهمن ۵۸ (چهل و سومین روز بازداشت)[1]

امروز هم مانند روزهای دیگر بدون هیچ اتفاقی که نشان‌دهنده بهترشدن وضع من باشد، گذشت.

---

۱. در این روز علی قدوسی دادستان کل انقلاب ضمن اعلام تشکیل قریب‌الوقوع دادگاه امیرانتظام (این وعده تا بیش از یک‌سال بعد تحقق نیافت) به سؤالات خبرنگار **اطلاعات** پاسخ گفت:

←

جمعه ۱۲ بهمن ۵۸ (چهل و چهارمین روز بازداشت)

مانند روز قبل هیچ حوصله‌ای برای نوشتن ندارم.

شنبه ۱۳ بهمن ۵۸ (چهل و پنجمین روز بازداشت)

امروز نیز مطلقاً تماس و امیدی بوجود نیامد. به آقامهدی تلفن کردم که داروهایی که برایم فرستاده‌اند، خود ایشان بیاورد. صحبت ایشان مأیوس‌کننده بود.

یکشنبه ۱۴ بهمن ۵۸ (چهل و ششمین روز بازداشت)

دوستان نهضت آزادی من با همه صداقتشان تحرک کافی را برای حل این مسئله کوچک که به‌صورت معما درآمده ندارند و من هیچ امیدوار نیستم در این هفته که وجودشان فوق‌العاده می‌تواند در حل مسائل کمک کند، اقدام جدی به‌عمل آورند.

درباره آقای آلادپوش هم هیچ نمی‌توانم قضاوتی داشته باشم چون هیچ نتیجه‌ای بر کارهای ایشان هم مترتب نیست.

دوشنبه ۱۵ بهمن ۵۸ ـ تولد حضرت رسول (چهل و هفتمین روز بازداشت)

امروز از صبح دچار سرگیجه و تهوع شدید شدم. باکمک دکتر مکرم افشارکه تلفنی دستور داد، از دارو استفاده کردم.

سه‌شنبه ۱۶ بهمن ۵۸ (چهل و هشتمین روز بازداشت)

امروز هم حالم بد است و بیشتر از همه تنهایی و ظلمی که به من وارد شده و رهاشدن خانواده‌ام بسیار ناراحتم کرده است.

سؤال ـ رسیدگی به پروندهٔ امیرانتظام چه زمانی تمام خواهد شد و محاکمه وی چه زمانی است و آیا این محاکمه علنی خواهد بود؟

قدوسی ـ محاکمه علنی امیرانتظام تابع این است‌که حال امام مساعدتر شود و بعضی مسائل باید حضور ایشان مطرح شود و ایشان اجازه فرمایند تا ما شروع بکنیم. فقط منتظر رفع کسالت کامل ایشان هستیم.

سؤال ـ یعنی وقتی کسالت امام برطرف شد، محاکمهٔ علنی امیرانتظام آغاز می‌شود؟

قدوسی ـ بله مسایلی هست‌که من باید خدمت امام توضیح بدهم تا بعد محاکمه شروع شود. آن‌وقت، بله، علناً محاکمه خواهد شد.

(اطلاعات، ۱۱ بهمن ۵۷)

چهارشنبه ۱۷ بهمن ۵۸ (چهل و نهمین روز بازداشت)

امروز آقای ناصر آلادپوش تلفن کرد و شب به‌دیدنم آمد. ناراحت بود. به‌خصوص اینکه دادستان کل انقلاب آقای قدوسی قادر به گرفتن هیچ تصمیمی نیست. از طرف دیگر از دیشب که دانشجویان دومرتبه به‌قول خودشان افشاگری کردند و باز مطالبی بی‌پایه دربارهٔ من گفته‌اند و بعد هم دکتر میناچی را متهم کردند و ساعت ۲ بعداز نیمه‌شب هم او را از منزلش توقیف کردند و حتی بدون دستور دادستان او را به زندان اوین برده‌اند. آلادپوش ابراز ناراحتی می‌کرد و طبق توصیهٔ من قرار شد اگر می‌تواند میناچی را به اینجا بیاورد که اقلاً تنها نباشیم تا ببینیم چه باید کرد.

امشب مهندس بازرگان، شجاعانه، دومرتبه از من و میناچی به‌صورت بسیار شدیدی دفاع کرده و اعمال دانشجویان را بچه‌گانه خوانده و آنها را محکوم کرد. متن مصاحبه و سخنان ایشان در **کیهان** ۱۷ بهمن چاپ شده بود. از طرف دیگر یک نسخه از متن مدافعات مرا به رادیو تلویزیون داده و در سخنانش گفته بود که بایستی آن را به‌صورت کامل با صدای خودش پخش کنند و آن را در اختیار جراید قرار دهند.[1] دکتر بنی‌صدر نیز شدیداً اعمال دانشجویان را محکوم کرده بود (کیهان امروز). چون قرار است که مهندس بازرگان فردا صبح به‌دیدنم بیاید، بنا به توصیهٔ آقای آلادپوش نامه‌های برای افراد زیر نوشتم:

۱. دکتر صادق طباطبایی ۲. دکتر علی‌اصغر حاج سیدجوادی ۳. داریوش فروهر ۴. دکتر سامی ۵. حجةالاسلام خامنه‌ای ۶. دکتر بهشتی ۷. حجةالاسلام هاشمی رفسنجانی ۸. دکتر مبشری ۹. دکتر ابوالحسن بنی‌صدر ۱۰. فتح‌الله بنی‌صدر ۱۱. احمد صدر حاج سیدجوادی

۵ شنبه ۱۸ بهمن ۵۸ (پنجاهمین روز بازداشت)

امروز صبح آقای رادنیا به اتفاق آقای آلادپوش به‌دیدنم آمد. البته چون مهندس بازرگان برای مصاحبه به کیهان رفته بودند، نتوانستند که بیایند. طبق اطلاعاتی که دادند دیشب آقای دکتر میناچی در ساعت ۱/۵ بعداز نیمه‌شب از زندان آزاد شده بود. امروز صبح هم روزنامهٔ **جمهوری اسلامی** خبر آزادی ایشان را طبق دستور دکتر بنی‌صدر و شورای انقلاب چاپ کرده بود.

روزنامهٔ **آزادگان** در چندین مقاله شدیداً به بازرگان حمله کرده بود و حتی به بنی‌صدر هم به‌عنوان همراه و همگام بازرگان شدیداً تاخته بود و به من هم هرچه خواسته بود گفته بود. گویا قرار است از امروز متن مدافعات من در **کیهان** چاپ شود.

آقای آلادپوش درباره نامه‌هایی که نوشته بودم نسبت به جمله‌ای ایراد گرفت. قرار شد دومرتبه آنها را بنویسم و ایشان امشب بفرستند ببرند.

---

۱. بازرگان طی یک مصاحبه تأکید کرده که شورای انقلاب در جریان کارهای امیرانتظام و میناچی بود. (نگاه کنید به ضمیمهٔ ۱۷)

متن نامه اصلاح‌شده برای آقایان فوق بشرح زیر می‌باشد.

برادر عزیز جناب............ **۱۸ بهمن ۱۳۵۸**

امروز پنجاهمین روزی است که برخلاف قانون و انسانیت و اسلام در زندان انفرادی و تحت شکنجه‌های روحی دانشجویان پیرو خط امام در بازداشتگاه دانشجویان بسر می‌برم و اتهامات آنها نیز ننگین‌ترین اتهاماتی است که می‌توان به یک انسان باشرف وارد کرد. در تمام این مدت تنها مهندس بازرگان از حق و شرف من به‌طور مستقیم دفاع کرده است.

امروز دست نیاز من برای کمک به سوی شما دراز شده است و امیدوارم به‌خاطر حقیقت و دفاع از مظلومیت و ظلم جانسوزی که همهٔ وجود مرا سوزانده و می‌سوزاند به دفاع از حق برخیزید و من و مهندس بازرگان را در این برهه از زمان تنها نگذارید.

بدون شک کمک شما در این لحظات حساس حیات سیاسی من که زندگی خانوادگیم را در یک کشور بیگانه دچار سرگردانی و نابسامانی کرده، کمک بزرگی خواهد بود برای دفاع از حقیقت و انسانی که شرف و حیثیت و زندگی او در معرض نابودی قرار گرفته است.

از بازداشتگاه دانشجویان پیرو خط امام

عباس امیرانتظام

امشب روزنامه‌های **کیهان** و **انقلاب اسلامی** مقداری از متن مدافعات مرا چاپ کرده بودند که به‌دلیل خلاصه‌کردن آن ارتباط بین قسمت‌ها قطع شده بود و چندین غلط املایی داشت. ضمناً آقایان بنی‌صدر و احمد صدر حاج‌سیدجوادی از دکتر میناچی دفاع کرده بودند.

روزنامهٔ **اطلاعات** تمام مدافعات را یک‌جا چاپ کرده بود.[۱]

جمعه ۱۹ بهمن ۵۸ (پنجاه و یکمین روز بازداشت)[۲]

امروز نامه‌های زیر را برای آقایان صدر حاج جوادی (احمد) و مهندس بازرگان نوشتم:

---

۱. روزنامهٔ **اطلاعات**، نامهٔ امیرانتظام از زندان و نامهٔ بازرگان را تحت عنوان «افشاگری‌های بازرگان و امیرانتظام در اطلاعات امروز» به‌طور کامل چاپ کرد. (نگاه کنید به ضمائم ۱۸ و ۱۹)

۲. شورای انقلاب در این زمان ادامهٔ افشاگری‌های بدون ضابطه و قبل از اعلام نظر دادگاه صالح توسط دانشجویان را مردود شناخت. به‌دنبال این اقدام احزاب و شخصیت‌های سیاسی با موضع‌گیری‌های متفاوت، به اظهارنظر پرداختند. گروه‌هایی چون مجاهدین خلق با تأکید بر ضرورت افشاگری کلیهٔ ارتباطات مشکوک استعماری و حبیب‌الله پیمان از جنبش مسلمانان مبارز با انحرافی‌دانستن جریانی در کنار جریان اصلی انقلاب و فاش‌نمودن آن توسط دانشجویان، موافق افشاگری‌ها و گروه‌ها یا افراد دیگری مخالف افشاگری بودند،

←

برادر ارجمند جناب آقای احمد صدر حاج سیدجوادی **۱۹ بهمن ۵۸**

مقاله شما را در روزنامهٔ **کیهان** پنج‌شنبه ۱۸ بهمن در مورد دکتر میناچی خواندم و در مورد خودم فوق‌العاده ناراحت شدم که چه شد که آن برادر در مدت ۲۴ ساعت نسبت به دکتر میناچی در جراید عکس‌العمل نشان داد ولی در مورد من پس از ۵۰ روز هنوز سکوت کرده است آیا:

۱. ایشان را بیشتر از من می‌شناسید؟

۲. نسبت به حرف‌ها و کارهای ایشان بیشتر از کارهای من اطمینان دارید؟

آیا فکر نمی‌کنید که به‌عنوان یک برادر کوچک‌تر و هم‌رزم شما در مدت ۲۶ سال حق این بود که مرا هم تنها نمی‌گذاشتید به‌خصوص با وضع تنهایی و ۵۰ روز بازداشت ظالمانهٔ من؟

برادر کوچک شما

عباس امیرانتظام

جناب آقای مهندس بازرگان **جمعه ۱۹ بهمن ۵۸**

همان‌طور که شاید استحضار داشته باشید من بلافاصله پس از توقیف، نسبت به توقیف خود اعتراض و کلیه اتهامات وارده را رد کردم که متأسفانه در جایی منعکس نشد و اینک ضمن تکرار رد اتهامات، آمادگی خودم را برای مصاحبه تلویزیونی اعلام می‌نمایم که امیدوارم با کمک شما و طرح این مطلب در شورای انقلاب و اطلاع به جناب آقای بنی‌صدر رئیس‌جمهور این اجازه به من داده شود. از کمکی که در این مورد مبذول خواهید داشت، تشکر می‌کنم.

شاگرد شما

عباس امیرانتظام

یکشنبه ۲۱ بهمن ۵۸ (پنجاه و سومین روز بازداشت)

امروز تلفنی با آقای آلادپوش صحبت کردم قرار شد امشب بیایند یا کسی را بفرستند که نامه‌ها را به ایشان بدهم. دیروز آقای قدوسی مصاحبهٔ رادیویی داشت که در مورد من اظهار داشت احتمالاً مدارکی را دارند که بتوانند ترتیب محاکمه مرا بدهند.

نامه زیر را برای آقای قدوسی دادستان کل نوشتم:

حزب جمهوری اسلامی با بیان اینکه با افشاگری بدون بررسی دادگاه، دیگر نمی‌توان بی‌گناهی متهمی را به آسانی ثابت نمود، ابوالفضل میرشمس شهشهانی دادستان سابق تهران با تأکید بر اینکه این افشاگری‌ها هم برخلاف قانون است و هم برخلاف شرع و عبدالکریم لاهیجی وکیل دادگستری به‌دلیل این که متهم در زمان افشاگری امکان دفاع از خود را ندارد، از مخالفان عملکرد دانشجویان بودند. (نگاه کنید به ضمیمهٔ ۲۰)

بسمه تعالی **۲۱ بهمن ۵۸**

جناب آقای قدوسی دادستان کل

احتراماً چون در این ۵۳ روز بازداشت به‌کرات در رادیو و تلویزیون نسبت به اتهامات وارده بر اینجانب به‌طور یک‌طرفه صحبت شده است بدین‌وسیله از آن جناب تقاضا دارم دستور فرمایید ترتیبی داده شود که اینجانب هم بتوانم از امکانات مشابه برای دفاع از شرف و حیثیتم از رادیو و تلویزیون استفاده نمایم. از توجهی که در این مورد مبذول خواهند فرمود قبلاً سپاسگزاری می‌کنم.

با تقدیم احترام

عباس امیرانتظام

شنبه ۲۷ بهمن (پنجاه و نهمین روز بازداشت)

امروز در حدود ساعت پنج بعدازظهر به دکتر بنی‌صدر رئیس‌جمهور تلفن کردم و گفتم: «برادر، من هم سفیر دولت جمهوری اسلامی بودم که ۶۰ روز است در زندان دانشجویانم و سه نامه تا به‌حال برای شما نوشته‌ام. به‌خاطر وظیفه‌ای که دارید وضع مرا روشن کنید.» گفت که خبر نداشته که من در اسارت دانشجویانم! به‌هرصورت نظرش این بود که تا فردا شب صبر کنم.

دوشنبه ۲۹ بهمن ۵۸ (شصت و یکمین روز بازداشت)

امروز تلفن کردم، آقای دکتر بنی‌صدر برای رسیدگی به کار سیل‌زدگان به جنوب رفته بودند.

آقای آلادپوش آمد و گفت که قرار شده من به اوین منتقل شوم و دست‌خط آقای قدوسی را که حاکی از انتقال من به آنجا و انجام محاکمه علنی بود به من داد. قرار شد چون دکتر مکرم افشار به اتفاق دکتر وزیری برای ناراحتی‌های جسمی امشب به‌دیدنم بیایند، این انتقال فردا انجام شود. آلادپوش بسیار خوشبین بود.

تلفنی با مهندس بازرگان صحبت کردم. پیدا بود که نمی‌تواند حرف بزند. گفت: فعلاً برو به خدا توکل داشته باش تا ببینم چه خواهد شد و تأکید کرد که امام و احمدآقا گفته‌اند که هیچ نظری ندارند. فتح‌الله بنی‌صدر گفت که فردا صبح تلفن کنم و نتیجه را از ایشان بپرسم.

شب ساعت هشت و نیم دکتر مکرم افشار و دکتر وزیری آمدند و هردو آزمایشات زیادی کردند و نسخه نوشتند. قرار شد که خود دکتر افشار دواها را بخرد و توسط مهندس بازرگان برایم بفرستد.

دیروز بعدازظهر یکی از این دانشجوها به‌نام مستعار حسن عباسی (عباس عبدی) به‌خاطر تلفنی که به دکتر بنی‌صدر کرده بودم فوق‌العاده ناراحتم کرد و اعتراض داشت که به چه حقی به رئیس‌جمهور تلفن کرده‌ام و مانند بچه‌ها در را به هم زد و تلفن‌ها را قایم کرد. اینها خیال دارند که

تا ابد مرا در این‌جا نگهدارند و با هیچ‌کسی هم تماسی نداشته باشم. تا می‌گویم آخر دانشجو! من یک آدم شناخته‌شده‌ای هستم، من سفیر این مملکت بوده‌ام. گمنام که نبوده‌ام و باید یک روزی به وضع من رسیدگی شود. همهٔ مطلب را کنار می‌گذارد و به من پرخاش می‌کند که ارزش یک اوباش بیشتر از توست، چه حقی داری خودت را با دیگران مقایسه می‌کنی؟ خدایا کمک کن.

سه‌شنبه ۳۰ بهمن ۵۸ (شصت و دومین روز بازداشت ـ اوین)

اولین روز اوین

امروز از ساعت هشت آماده بودم که طبق اطلاع آقای آلادپوش برای محاکمه به اوین منتقل شوم، تا ۹/۵ صبح صبر کردم خبری نشد، به دادستانی، آقای عرب‌پور که مأمور این‌کار بود تلفن کردم، گفت خبری ندارد، آقای آلادپوش حتی فراموش کرده بود که به او بگوید. به آلادپوش در کرج تلفن کردم و ایشان به آقای عرب‌پور تلفن کرد و نزدیک ظهر با دو نفر دیگر آمدند که به اوین رفتیم.

قبل از خروج از بازداشتگاه دانشجویان به بازرگان تلفن کردم و پرسیدم اگر محاکمه باشد، من علاقه‌مندم که وکیل داشته باشم و بعد هم مشورت کنم. گفت که واقعاً نمی‌داند که محاکمه خواهد بود یا نه. باید منتظر باشیم. به‌هرصورت از ایشان خواهش کردم که اگر در دو روز آینده من تماس نگرفتم، یعنی این‌که نمی‌شود تماس گرفت. خود ایشان سعی کند که با من تماس بگیرد.

قبل از خروج دو نفر از دانشجویان آمدند و گفتند که می‌خواستیم دو مطلب را به شما توضیح دهیم، یکی این‌که اینجا بازداشتگاه دانشجویان نیست بلکه متعلق به دادسرا است (بلافاصله یاد فروشنده‌ای افتادم که در روی ظرف شیره نوشته بود حبوبات، از او پرسیدند برادر این‌که شیره است چرا نوشته‌ای حبوبات؟ گفت برای این‌که مگس‌ها متوجه نشوند و روی آن ننشینند.) ۶۲ روز در ساختمانی که صددرصد در کنترل دانشجویان بوده و بدون اجازه آنها حتی آب نمی‌شد خورد، بوده‌ام و حالا آمده‌اند و می‌گویند که این‌جا بازداشتگاه ما نیست. دوم اینکه ما شما را متهم نکرده‌ایم، بلکه مطالبی که در باره شما بوده فاش کرده‌ایم. گفتم همین اندازه که شما دو نفر حسن‌نظر دارید خوبست ولی مطمئن باشید که اعمال شما را نه تاریخ و نه خدا نخواهند بخشید.

نزدیک ساعت ۱۱ صبح بود که به‌طرف اوین حرکت کردیم، اول قرار بود اجازه دهند که من وسائل اضافی خودم را به منزل دکتر مصطفی بنی‌جمالی بسپارم که بعد گفتند نمی‌شود، من هم اصراری نکردم. به زندان آمدیم. این اولین باری است که زندان اوین را می‌بینم، از دو در ورودی که محوطه‌ها را کاملاً جدا می‌کرد گذشتیم و به ساختمان دادستانی رفتیم. عده‌ای از جوانان مسئول در آنجا بودند، من در راهرو نشستم و آقای عرب‌پور به اتاق مسئول زندان رفت و حکم

مربوطه راگرفت و به اتفاق یک نفر دیگر به ساختمان زندان آمدیم. این ساختمان گویا بند ۵ و ۶ باشد. در اتاق افراد نگهبان وارد شدیم با خوشرویی برخورد کردند. کارت مخصوص را پر کردند و شمارهٔ مخصوص را (۱۱۰۵۸) به گردنم انداختند و عکس گرفتند و بعد هم به سلول انفرادی هدایت شدم. این سلول ۱/۸۰×۳ متر با یک پنجره در ارتفاع ۲/۵ متری و یک در با دریچه‌ای برای کنترل افراد پاسدار است. اگرچه وضع اتاق و ساختمان کثیف است، ولی در اینجا احساس زندگی بیشتر است چون همهٔ افراد سلول‌ها شرایط مشابه دارند و اکثراً آن‌چنان عادت کرده‌اند که با صدای بلند می‌خندند. افراد پاسدار هم مؤدب و مهربانند. داروهایی که آورده بودم در اتاق نگهبانی نگهداشتند. عصر دکتر آمد. دکتر شیخ الاسلام‌زاده بود که روحیه‌ای بسیار قوی داشت. داروهای مرا به من پس داد. متأسفانه مقدار فضایی که می‌توان در آن حرکت کرد، در اینجا بسیار کم است. امیدوارم آقای قدوسی را ببینم شاید هم مسئله راه‌رفتن و هم سایر مسائل روشن بشود.

در بندی که من هستم ۱۴ سلول تک‌نفری وجود دارد که اکثراً ۲ تا ۴ نفر در این سلول‌ها هستند. البته چند سلول هم مانند من تنها هستند. سلول‌ها، راهرو و دستشویی همه کثیف است. پریز برق برای ریش‌تراشی وجود ندارد. ناهار را معمولاً ساعت ۱۲ و شام را ساعت ۶ بعدازظهر می‌دهند. افراد زندانی در روز حق دارند ده دقیقه در هوای آزاد قدم بزنند در بقیه ساعات در داخل سلول هستند و بیش از چندبار در روز حق ندارند به دستشویی بروند. از ساعت ۱۰ شب تا ۵ صبح تمام درها قفل است و هیچ‌کس حق ندارد از سلول خارج شود و برای آنهایی که ناراحتی کلیه داشته باشند عذابی طاقت فرساست.

در بین ساعت ده شب تا پنج صبح آنهایی که احتیاج شدید به رفتن دستشویی دارند دائماً فریاد می‌زنند: برادر در را باز کن. ولی جوابی به آنها داده نمی‌شود. ساعت پنج که پاسدار از خواب برمی‌خیزد به نوبت به هر سلولی اجازه می‌دهد که به دستشویی برود و دائماً هم سر افرادی‌که رفته‌اند داد می‌زند که زود باش توالت را ترک کن نوبت بعدی است. خوشبختانه پاسدارهای فعلی مردان خوبی به‌نظر می‌آیند و با همه رفتاری انسانی دارند. افراد دادستانی هم تا به‌حال مردمان انسانی به‌نظر می‌آیند، اگرچه نگاه آنها به همه نگاه به گناهکار و مجرم است. امشب با توجه به سکوت نسبتاً خوب خوابیدم، چون ناراحتی پچ‌پچ‌کردن دانشجویان را نداشتم و با اینکه صدا بود ولی جنگ اعصاب نبود.

چهارشنبه اوّل اسفند (۶۳ روز بازداشت ـ اوین ـ انفرادی)

با وجودی که از ساعت ۴/۵ صبح به‌دلیل سروصدا بیدار بودم، معهذا همه را برای نماز دوباره بیدار کردند. از ساعت ۸/۵ تا ۹ صبح هم اجازه دادند در محوطه قدم بزنم. هنوز موفق نشده‌ام که با آقای قدوسی تماس بگیرم. رفتار پاسداران بسیار انسانی است و امروز ساعت ۳ بعدازظهر تعویض شدند. ابتدا در سلول و حتی پنجره را بستند ولی بعداً چند نفر از آنها آمدند و با هم

صحبت کردیم. بسیار صمیمانه و رفتاری پر از ملاطفت و محبت داشتند. متن مدافعات خودم را در روزنامهٔ **اطلاعات** دادم بخوانند، درباره اتهامات من صحبت کردند که برای آنها توضیح دادم. همه ملاقات‌ها و مذاکرات من با تأیید و تصویب نخست‌وزیر انجام شده و دولت هم همهٔ آنها را تأیید کرده. دولت بازرگان به‌عنوان یک وظیفه شرعی از طرف امام خدمت می‌کرد و یازده‌بار هم قبلاً استعفا داده بود و امام دومرتبه به ایشان تکلیف کرده بودند. بنابراین نبایستی اعمالی را که امام تأیید کرده‌اند مورد اعتراض قرار گیرد، آیا همه چیزی را که CIA نوشته و در پرونده‌ها گذاشته صحیح است و آیا این برای ایجاد تفرقه بین ملت ما نیست؟ آیا همه چیزی را هم که نوشته‌اند دانشجویان خوانده‌اند؟ آیا درست توانسته‌اند ترجمه کنند و آیا برای چنین مطالبی که احتیاج به تخصص در زبان دارد یک مقام مسئول زبان‌دان، اصالت متن و اصالت ترجمه را گواهی کرده و آیا می‌شود گروهی را محکوم کرد و چنین زندگی سیاهی را برایشان بوجود آورد.

امروز آقای کچویی از تمام سلول‌های این بند دیدن کرد. به دیدن من هم آمد. خواهش کردم که با آقای قدوسی تماس بگیرد و ضمناً از آقای آلادپوش سؤال کند که نتیجه تحقیقات ایشان به کجا رسیده است؟ ضمناً خواهش کردم اجازه دهد با خانواده‌ام در سوئد تماس بگیرم، گفت تا فردا خبر خواهند داد، خدا می‌داند. در اینجا تماس من با خارج به‌طورکلی قطع شده و با وجود رفتار صمیمانه و توأم با ادب و احترام اکثریت پاسداران معهذا نوع زندان و مراقبت از من تحت شدیدترین شرایطی است که برای یک زندانی می‌شود قایل شد.

پنج‌شنبه ۲ اسفند ۵۸ (۶۴ روز بازداشت ـ اوین ـ انفرادی)

دیشب بیش از بیست نفر از زندانیان این بند را بردند. کجا؟ نمی‌دانم! چون در اتاق و پنجره کوچک آن را هم بسته بودند خدا کند که آزاد شده باشند. امروز صبح مجدداً عده دیگری را آوردند و همهٔ سلول‌ها پر شد. آنچه می‌توانم بگویم این است که تعداد زندانیان زیاد است و گذراندن این دوران بلاتکلیفی بدون شک زجرآورترین دوران زندگی هر انسانی است. اولین کاری را که دولت بایستی انجام دهد رسیدگی به کار همین مردم است. خدایا به همهٔ بی‌گناهان کمک کن و آنها را نجات بده. امروز صبح اجازه دادند پانزده دقیقه راه بروم. بعدازظهر نیز مسئول دادسرا در زندان ما و پاسداران محبت کردند و اجازه دادند یک‌ساعت در محوطه با حضور پاسدار قدم بزنم.

نکات جالب درباره زندان این است که زندان عبارت از یک چهاردیواری است که دارای یک پنجره در ارتفاع ۲/۵ متر در ابعاد ۸۰×۱۰۰ سانتی‌متر با روپوش نرده آهنی و غیرقابل دسترسی، یک در آهنی، یک پنجره که از بیرون نگهبان می‌تواند داخل را ببیند و یک لامپ در داخل محفظه فولادی غیرقابل دسترسی برای روشنایی. در زندان پریز برق وجود ندارد، آینه وجود ندارد، دستشویی‌ها و توالت بسیار کثیف است. دوش آنقدر کثیف است که من فکر نمی‌کنم تا آخرین روز بتوانم از آن استفاده کنم و در راهرو هم با نرده آهنی بسته می‌شود. کف سلول‌ها پتوی

سربازی کثیف و تشک اسفنجی با ضخامت ۱۰ـ۸ سانتی‌متر که پارچهٔ پاره و کثیفی روی آنها را پوشانده، به‌عنوان روانداز برای خواب، استفاده می‌شود. بالش وجود ندارد. لیوان شیشه‌ای به کسی نمی‌دهند و هر شخصی یک بشقاب پلاستیکی و یک قاشق و یک لیوان پلاستیکی دارد. در سلولی که من هستم کانال هوادهنده به‌عنوان گرمایش مرکزی وجود دارد ولی کار نمی‌کند و همان روز اول آنقدر سرد بود که داشتم خشک می‌شدم، خواهش کردم یک بخاری علاءالدین به من دادند، ولی نتیجه این است که هرچه تنفس می‌کنم دوده و گاز کربنیک است که تمام بینی و آب دهانم را سیاه کرده است. امروز سومین روزی است که آمده‌ام. نتوانستم اصلاح کنم، نمی‌دانم چه مدتی در اینجا خواهم بود؟ قاعدتاً اگر روزی آزاد شوم با انبوهی از ریش و موی بلند سر و قیافه کثیف و زننده خارج خواهم شد.

امشب کسی که به‌عنوان عضو گروه فرقان در شب ۲۱ تیرماه ۱۳۵۸ به اتفاق سه‌نفر دیگر به‌منزل ما (آخرین شبی که می‌خواستم به سوئد بروم) حمله کرده بود، توسط یکی از پاسداران به من معرفی شد و به دیدن او رفتم. جوانی قدبلند و خوش‌صورت بود و قسم می‌خورد که او گناهی ندارد. به او گفتم اگر رضایت من کافی برای نجات او باشد، حاضرم این رضایت را بدهم.

جمعه ۳ اسفند ۵۸ (۶۵ روز بازداشت ـ اوین ـ انفرادی)

به‌دلیل بستن در سلولم دیشب نتوانستم به دستشویی بروم، درنتیجه خوابم نبرد. صبح دومرتبه ناراحتی کلیه‌ام شدت پیدا کرد به‌طوری که راه‌رفتن را بسیار مشکل می‌کرد. به‌دلیل اظهار همدردی و محبت تقریباً کلیه پاسداران، گویا قراراست که محل کار آنها را عوض کنند. خدایا تو کمک کن. امروز که هنوز نوبت گروه پاسداران انسان‌صفت است. اجازه دادند بیشتر راه بروم.

بعدازظهر حالم بدتر شد و تقاضا کردم به دکتر مراجعه کنم. موافقت کردند به قسمت بهداری رفتم. دکتر شیخ‌الاسلام‌زاده بود و بعد هم متخصص کلیه آمد مرا معاینه کرد و دارو داد. حالم دگرگون شد. پس از بازگشت به سلولم تقریباً تمام روز را خوابیده بودم. هنوز که هنوز است نه جوابی برای دیدن آقای قدوسی داده‌اند و نه اجازهٔ تلفن به خانواده‌ام را.

شنبه ۴ اسفند ۵۸ (۶۶ روز بازداشت ـ اوین ـ انفرادی)

با خوردن داروهای جدید کمی حالم بهتر شد و دیشب را بهتر خوابیدم. به‌دلیل بارش برف دیشب و آب‌شدن آنها و ریزش قطرات برف آب شده از روی شاخه‌های درختان امروز صبح نتوانستم به هواخوری بروم و قدم بزنم. امروز بعد از پنج روز بالاخره آقای قدوسی به آقای کچویی رئیس زندان دستور داده‌اند که مرا به بند عمومی ببرند. البته فعلاً نبرده‌اند ولی قرار است که فردا این کار را بکنند. در بند عمومی هفته‌ای یک روز ملاقات هست.

یکی از مسائل دردآور این است که اکثراً افراد متأثر هستند و حتی گریه می‌کنند و درد بیشتر

تمسخر و خنده بعضی افراد است که خردکننده است. امشب جوانی به‌دلیل تأثرات فراوان، شدیداً گریه می‌کرد و چندنفری از افراد او را در حال گریه‌کردن مسخره می‌کردند و ادای او را درمی‌آوردند. الهی شکر به آنچه که در این دوران مرا ناظر آن کرده‌ای.

یکشنبه ۵ اسفند ۵۸ (۶۷ روز بازداشت ـ اوین ـ انفرادی)

با وجودی که دو روز است آقای قدوسی دستور داده‌اند مرا به قسمت عمومی منتقل سازند، هنوز این امر انجام نشده است و هر روز چندین بار از همهٔ مسئولان دادستانی که در بند هستند این تقاضا را تکرار می‌کنم ولی هیچ تأثیری ندارد. دیشب طبق دستور رئیس‌جمهوری، پاسداران ساعت ۱۲ شب همه از زندان اوین رفتند تا ساعت نزدیک ۲ صبح دو نفری که از دادستانی بودند با بلند صحبت‌کردن و با ایجاد سروصدا اجازه ندادند که بخوابم. صبح هم از ساعت پنج و نیم سایر زندانی‌ها به خیال اینکه پاسداران هستند بلندبلند فریاد می‌زدند: برادر پاسدار در را باز کن. نتیجتاً چندساعتی بیشتر نشد که بخوابم.

علی‌رغم دستور آقای قدوسی هنوز هیچ اقدامی برای انتقال من به قسمت عمومی داده نشده است به هرکسی که می‌گویم، می‌گوید: چشم، همین الان. ولی هیچ اقدامی صورت نمی‌گیرد. الهی به داد ما مردم بی‌پناه برس. هیچ پناهگاهی نیست. هیچ دادرسی نیست. با هیچ‌کس نمی‌شود تماس گرفت، باید سوخت و ساخت.

در حدود ساعت هشت بعدازظهر که به اتاق نگهبانی دادسرا در بند رفته بودم که قرص خوابم را بگیرم، گفتند حاضر شوم که به قسمت عمومی بروم. وسایلم را جمع کردم. نگهبان ساختمان و دکتر بهداری و یک نفر از پاسداران هم همراه دکتر آمده بودند. من نمی‌دانستم مرا به کجا خواهند برد، ولی به‌دلیل ناراحتی‌های قلب و معده و سرگیجه مرا به بهداری بردند و در آنجا بستری کردند. خوشبختانه توانستم حمام کنم و لباس‌هایم را که بسیار کثیف شده بود بشویم. اگر اجازه دهند مدتی در بهداری بمانم احتمالاً بهتر خواهم شد.

دوشنبه ۶ اسفند ۵۸ (۶۸ روز بازداشت ـ اوین ـ بهداری)

خدایا نمی‌دانم که چگونه شکر تو را بجا آورم که از سلول ۱/۸×۳ متر بسیار کثیف و بدون هوای آزاد که اگر مدت دیگری ادامه پیدا می‌کرد حتماً مسلول هم می‌شدم به بهداری منتقل شدم که لااقل هوایی سالم و سلولی تمیز و امکان استراحت و معالجه را دارم. دکتر بهداری هم دیشب و هم امروز صبح از حالم جویا شد و دواها را تأکید کرد و برای ناراحتی کلیه قرار است متخصص کلیه که هفته قبل مرا دیده بود دوباره مرا ببیند.

ظهر امروز آقای قدوسی به‌اتفاق آقای آیت‌الله جنتی (عضو شورای نگهبان) به‌دیدنم آمدند و چندبار آقای قدوسی در حضور آقای جنتی گفت: «شما که حالتان خوب است اینجا راحت

هستید. آقای صادق طباطبایی دیشب تلفن کرد که حال شما خوب نیست و من گفتم شما را اینجا بیاورند» و بعد اضافه کرد که به‌زودی تا هشت روز آینده محاکمه شما انجام می‌شود. گفتم می‌خواهم وکیل بگیرم. گفت شما که احتیاج ندارید. گفتم احتیاج به احضار شهود دارم. پاسخ داد: حتماً. بعد درباره ارسال حقوقم برای خانواده‌ام در سوئد پرسیدم. گفت: طبق مدارکی که در اینجا هست، شما دارای شرکت‌های متفاوت هستید و آقای دکتر کمال خرازی گفته که احتیاج ندارید. گفتم که آنها مربوط به گذشته است نه حال. پاسخ داد که به آقای خرازی دستور خواهد داد.

بلافاصله پس از رفتن ایشان نامه زیر را برای ایشان نوشتم:

دوشنبه ۶ اسفند ۵۸

جناب آقای قدوسی دادستان کل انقلاب

احتراماً از اینکه اجازه دادید به‌دلیل کسالت پس از ۶ روز اقامت در زندان انفرادی واحد ۳۲۵ پائین، به بهداری زندان منتقل شوم بسیار سپاسگزارم. چون فرمودید که به‌زودی محاکمه اینجانب شروع خواهد شد، استدعا دارم دستور فرمایید ترتیبی داده شود که آقایان مهندس مهدی بازرگان و احمد صدر حاج سیدجوادی در روز پنجشنبه ۹ اسفند بنا به تقاضا و دعوت اینجانب به بهداری زندان بیایند.

با تقدیم احترام

عباس امیرانتظام

سه‌شنبه ۷ اسفند ۵۸ (۶۹ روز بازداشت ـ اوین ـ بهداری)

امروز حالم کمی بهتر شده، البته هنوز چندساعتی دچار ضعف جسمی می‌شوم. ناراحتی معده و قلب و کلیه هنوز هست ولی رویهم‌رفته محیط بهداری زندان به‌دلیل نظافت و بزرگی اتاق قابل مقایسه با سلول انفرادی واحد ۳۲۵ پایین نیست.

۵شنبه ۹ اسفند ۵۸ (۷۱ روز بازداشت ـ اوین ـ بهداری)

امروز هم با وجود انتظار اجازه ندادند دکتر بنی‌جمالی، مهندس بازرگان و احمد صدر حاج سیدجوادی که کتباً تقاضا کرده بودم؛ به‌دیدنم بیایند. آقای قدوسی گفت حق ملاقات دارم ولی معهذا اجازه به کسی ندادند.

امروز آقای قدوسی یک مصاحبه طولانی با روزنامه‌ها داشت که در **اطلاعات** با تیتر درشت «امیرانتظام مشاعر خودش را از دست داده است» چاپ شده بود.[1]

---

۱. قدوسی در یک مصاحبهٔ مفصل مطبوعاتی شرکت کرده و در پاسخ به سؤالی پیرامون شایعهٔ آزادی ←

شنبه ۱۱ اسفند ۵۸ (۷۳ روز بازداشت ـ اوین ـ بهداری)

نامه زیر را امروز برای آقای قدوسی نوشتم:

بسمه تعالی

جناب آقای قدوسی دادستان کل انقلاب **شنبه ۱۱ اسفند ۵۸**

احتراماً پیرو نامه ۵۸/۱۲/۶ بدینوسیله به استحضار جنابعالی می‌رسانم که چون وابسته درجه یکُ ندارم، در آن نامه تقاضا کردم اجازه داده شود آقایان مهندس بازرگان و احمد صدر حاج سیدجوادی به‌دیدنم بیایند که پس از ۵ روز هنوز خبری از آمدن آقایان نیست. ضمناً همان‌طور که حضوراً نیز گفتم خانواده‌ام در سوئد از نظر مالی در مضیقه هستند و حقوق ریالی اینجانب از ۲۱ تیرماه ۱۳۵۸ پرداخت نشده. فکر نمی‌کنم جنابعالی چه به صفت شخصی و چه در سمت دادستانی کل انقلاب اسلامی اجازه دهید خانواده‌ای بی‌سرپرست و بدون داشتن امکانات مالی در یک کشور بیگانه سرگردان باشند. بنابراین تقاضایم را به‌شرح زیر خلاصه می‌کنم:

۱. به وزارت امور خارجه دستور فرمایید حقوق ریالی عقب‌افتاده اینجانب را از تیرماه ۵۸ برای خانواده‌ام بفرستند.

۲. اجازه فرمایید تلفنی همان‌طور که در مدت اقامت در سفارت امریکا اجازه داده بودید بتوانم با خانواده صحبت کنم که باعث آرامش آنها شود.

۳. اجازه فرمایید آقایان مهندس بازرگان و احمد صدر حاج سیدجوادی طبق تقاضای اینجانب به‌دیدنم بیایند.

۴. اجازه فرمایید دوستانم بتوانند مرا ملاقات کنند و نیز دستور فرمایید آقای دکتر بنی‌جمالی و خانم ایشان در روز ملاقات به‌دیدنم بیایند.

۵. چون وعده دادید محاکمه اینجانب به‌زودی شروع خواهد شد اجازه فرمایید بتوانم دونفر را به‌عنوان وکیل انتخاب کنم.

۶. اجازه فرمایید که شهود موردنظر را به دادگاه دعوت کنند. منتظر موافقت جنابعالی برای دادن لیست شهود هستم.

با تقدیم احترام
عباس امیرانتظام

امیرانتظام گفته بود: «به‌هیچ‌وجه مسئله آزادی وی مطرح نیست، بلکه او را به بهداری زندان اوین انتقال داده‌ایم، چون پاسداران به ما گفتند که وی دچار اختلال مشاعر شده است. طبیب وی را معاینه کرد و چون فشار خونش پایین بود، او را از بازداشتگاه دانشجویان پیرو خط امام در نزدیکی لانهٔ جاسوسی تحویل گرفته و به بهداری زندان اوین منتقل کرده‌ایم و اکنون تحت معالجه قرار دارد.» این مصاحبه در روزنامهٔ **اطلاعات** با تیتر درشت «امیرانتظام مشاعر خود را از دست داده است» به چاپ رسید. (**اطلاعات**، ۹ اسفند ۵۸).

نامهٔ زیر را برای آقای مهندس بازرگان نوشتم:

شنبه ۱۱ اسفند ۵۸ **بسمه تعالی**

جناب آقای مهندس بازرگان

پس از سلام و امید سلامت شما. همان‌طور که استحضار پیدا کرده‌اید پس از شش روز اقامت در سلول انفرادی زندان اوین به‌دلیل کسالت، به‌دستور آقای قدوسی به بهداری زندان اوین منتقل شده‌ام. کسالتم، سرگیجه و ضعف جسمی، ناراحتی شدید معده و قلب است که امیدوارم با انتقال به بهداری به‌تدریج بهتر شود. چند تقاضا به‌شرح زیر دارم که امیدوارم بذل توجه فرموده و با کمک جنابعالی انجام شود.

۱. طبق گفته جناب آقای قدوسی هنوز پولی از طریق وزارت امور خارجه برای خانواده‌ام فرستاده نشده، چون آقای دکتر خرازی فکر کرده‌اند که من آدم ثروتمندی هستم. همان‌طور که می‌دانید مقدار ارزی که از اینجا به ما دادند و یا مازاد دریافتی من در سوئد در حساب شخصی من است که خانواده‌ام متأسفانه نمی‌توانند از آن استفاده کنند.

۲. بدون شک قطع رابطه تلفنی و خبر کسالت من باعث ناراحتی شدید خانواده خواهد شد، محبت فرمایید از طریق دکتر بنی‌جمالی به آنها اطلاع دهند. ضمناً به ایشان تأکید شود. تا آخر خرداد که مدارس تعطیل خواهد شد حتماً در سوئد بمانند و به مدرسه بچه‌ها لطمه‌ای وارد نشود.

۳. تقاضا دارم جنابعالی و آقای صدر حاج سیدجوادی برای ملاقاتم در بهداری زندان اوین بذل محبت فرمایید.

۴. چون محاکمه من به‌زودی شروع خواهد شد از آقای قدوسی تقاضا کرده‌ام که اجازه دهند دو نفر وکیل انتخاب کنم.

۵. برای شهادت شهود نیز از آقای قدوسی تقاضا کرده‌ام موافقت نمایند تا لیست آنها را برای دعوت در جلسه دادگاه به دادستانی تقدیم کنم.

۶. آقای قدوسی وعده فرمودند که دادگاه علنی و با حضور شهود و رادیو و تلویزیون و روزنامه‌نگاران خواهد بود.

مخلص شما

عباس امیرانتظام

بهداری زندان اوین

چهارشنبه ۱۵ اسفند ۵۸ (۷۷ روز بازداشت ـ زندان اوین ـ بهداری)

امروز یکی از زندانیان بیمار (حمید صانعی آزاد) که دچار انفارکتوس شده بود، به بیمارستان

فیروزگر بردند. هنوز از ملاقات‌کردن و محاکمه و حق داشتن وکیل و اصولاً نامه‌هایی که به آقای قدوسی نوشتم، خبری نیست. امروز حاج احمدخمینی در مصاحبه‌ای که در تمام روزنامه‌ها منتشر شد، تأییدات امام را از خدمات مهندس بازرگان تکرار کرد.

شنبه ۱۸ اسفند ۵۸ (۸۰ روز بازداشت ـ زندان اوین ـ بهداری)

هنوز هیچ اجازه‌ای برای ملاقات و تلفن نداده‌اند و کاملاً از همه چیز و همه کس جدا شده‌ام.

جمعه ۲۴ اسفند ۵۸ (۸۶ روز بازداشت ـ زندان اوین ـ بهداری)

امروز روز اخذ رأی برای انتخابات مجلس شورا است و قرار است که صندوق رأی را به بهداری بیاورند که ما هم بتوانیم رأی بدهیم. خداکند که نتیجه این انتخابات همان‌طور که امام و بنی‌صدر هم گفتند و خواستند انتخاب وکلایی باشد که در جهت تقویت انقلاب و دولت و یکپارچگی باشد.

یکشنبه ۲۶ اسفند ۵۸ (۸۸ روز بازداشت ـ زندان اوین ـ بهداری)

امروز آقای آل احمد (جواد) عضو شورای اداره‌کننده زندان اوین و آقای قدیریان معاون دادستان کل برای صحبت با آقای دکتر علیزاده آمده بودند که تصادفاً من هم با آنها صحبت کردم قرار شد نامه‌ای برای ایشان بنویسم. نامه زیر را نوشتم:

بسمه‌تعالی **۵۸/۱۲/۲۶**

جناب آقای قدیریان معاون محترم دادستان کل انقلاب

خوشحالم که امروز به‌طور تصادفی چند دقیقه‌ای با شما و سایر آقایان صحبت کردم. چند تقاضا دارم که امیدوارم در انجام آنها از بذل توجه دریغ نفرمایید:

۱. تعیین تکلیف اینجانب، به‌دلیل سرگردانی خانواده‌ام در یک کشور بیگانه.

۲. اجازه مذاکره تلفنی با آنان در هر هفته.

۳. اجازه ملاقات با آقای مهندس بازرگان و احمد صدر حاج سیدجوادی.

۴. چون متأسفانه از داشتن بستگان درجه اول محروم هستم و خانواده‌ام در سوئد به‌سر می‌برند، اجازه فرمایید هفته‌ای یک‌بار دوستانم در بهداری به‌دیدنم بیایند، تا لااقل درباره کارهای بلاتکلیف اینجانب مانند پرداخت قسط آپارتمان و غیره، بتوانم با آنها صحبت کنم که انجام دهند. پیشنهاد دیدن آقای دکتر بنی‌جمالی را دارم.

۵. چون حقوق ریالی اینجانب از ۲۱ تیرماه ۵۸ تاکنون پرداخت نشده و حساب بانکی من در سوئد به‌نام خود من است و خانواده‌ام نمی‌تواند از آن استفاده نماید، به آقای قطب‌زاده،

وزیر امور خارجه اطلاع داده شود که این حقوق پرداخت‌نشده را به‌نام خانواده‌ام به سفارت ایران در سوئد حواله نمایند.

از بذل توجهی که دراین‌باره مبذول خواهید فرمود تشکر می‌کنم.

چون آقای ناصر آلادپوش در تمام جزئیات پرونده اینجانب دخالت داشته‌اند، پیشنهاد و خواهش می‌کنم با ایشان تماس بگیرید تا با وضع من کاملاً آشنا شوید.

با تقدیم احترام

عباس امیرانتظام

چهارشنبه ۲۹ اسفند ۵۸ (۹۱ روز بازداشت ـ بهداری زندان اوین)

پس از ارسال نامه به آقای قدیریان، بلافاصله ایشان تلفنی با من تماس گرفتند و با محبت و احترام خاصی اظهار داشتند آنچه راکه بتوانند از خواسته‌های من انجام خواهند داد. ابتدا ترتیب آمدن آقای دکتر بنی‌جمالی داده شد و امروز ساعت ۲/۵ بعدازظهر برای اولین بار ایشان به‌دیدنم آمد و آقای کچویی نیز حضور داشت. از حرف‌های بنی‌جمالی مشخص شد که در عید هم برای من کاری انجام نخواهد شد و با وجود این‌که همه کارهای من مورد تأیید دولت بازرگان و همه کارهای دولت مورد تأیید امام بوده من هنوز در اینجا می‌مانم و هیچ‌کس دراین‌باره تصمیمی نخواهد گرفت. و خانوادهٔ من همچنان بدون سرپرست باقی خواهند بود و فقط خدا می‌داند که این داستان به کجا خواهد انجامید. دکتر بنی‌جمالی با کمال محبت مرا دلداری می‌داد که چند هفته‌ای تحمل کنم. این جمله‌ای است که از ابتدا دائماً همه به من می‌گفتند. دکتر بنی‌جمالی مقداری شیرینی و کمپوت برایم آورده بود و در این دوران سخت زندگی، صمیمانه به من و خانواده‌ام کمک می‌کند.

پنجشنبه اول فروردین ۱۳۵۹ (۹۲ روز بازداشت ـ بهداری زندان اوین)

در روز عید که درهای سلول‌ها را قفل نکرده بودند و می‌توانستیم از در سلول وارد راهرو شویم پاسداری آمد و صدا کرد. وقتی بیرون آمدم، خانم فرخ روپارسا را دیدم که قبل از اعدام برای حمام‌کردن به حمام بهداری آورده شده بود، ایشان آرامش خودش را حفظ کرده بود، چون حق صحبت‌کردن نداشتیم با سر به ایشان سلام کردم و پس از حمام ایشان را برای اعدام بردند. در تمام مراحل آرام بود و تغییری در رفتارش دیده نمی‌شد.

دوشنبه ۱۱ فروردین ۵۹ (۱۰۳ روز بازداشت ـ بهداری زندان اوین)

اجتماع امراض: وضعیت نابسامان جسمی، معده، قلب، سرخوردگی از انتظار نامحدود برای تعیین تکلیف، رغبتی برای یادداشت روزهای دردآور توقیف ظالمانه‌ام باقی نگذاشته. در مدت

۴۲ روزی که در زندان اوین هستم از حق تماس تلفنی با خانواده‌ام و هرکسی محروم بوده‌ام و فقط در روز پنج‌شنبهٔ تحویل سال نو اجازه ملاقات با دکتر بنی‌جمالی، با محبت آقای قدیریان معاون دادستانی داده شد.

چند روز قبل نامه‌ای به آقای قدیریان نوشتم و از ایشان تقاضا کردم که چند دقیقه به دیدنم بیاید. ایشان هم آمد و ابراز امیدواری کرد و گفت نامه‌ای به آقای قدوسی و نامه‌ای به آقای بازرگان بنویسم.

شنبه ۱۶ فروردین ۵۹ (۱۰۸ روز بازداشت ـ بهداری زندان اوین)

دقایق و روزها و ساعات به‌کندی یک قرن می‌گذرد و هیچ گونه آثاری از روشن‌شدن وضعم به‌وجود نمی‌آید. فشارهای مختلف روحی به‌طور سنگینی وجود دارد و به‌سادگی تخفیف پیدا نمی‌کند. خداوندا این ظلم آن هم در حکومتی که با نام تو شروع می‌شود تا کی ادامه خواهد داشت؟

از امروز ظهر مختصر آزادی که در بهداری زندان وجود داشت یعنی بازبودن در اتاق‌ها و دیدن و گفت‌وگو را نیز قدغن کردند و باید در سلول قفل‌شده خود بسر ببرم.

یکشنبه ۱۷ فروردین ۵۹ (۱۰۹ روز بازداشت ـ بهداری زندان اوین)

امروز نامه‌های زیر را نوشتم:

بسمه‌تعالی **۵۹/۱/۱۷**

جناب آقای مهندس بازرگان

پس از عرض سلام وامید سلامت شما، تبریکات صمیمانه خود را به مناسبت پیروزی در انتخابات تهران، عید نوروز و سالروز جمهوری اسلامی تقدیم می‌دارم و توفیق هرچه بیشتر جنابعالی را در خدمت به انقلاب اسلامی ایران آرزو می‌کنم.

همان‌طور که استحضار دارید طبق اظهارات آیت‌الله محمدی گیلانی حاکم شرع دادگاه انقلاب اسلامی محاکمه اینجانب تا آخر فروردین شروع خواهد شد (**کیهان** و **اطلاعات** شنبه ۵۹/۱/۱۶) و ایشان هم در بیاناتشان حق داشتن وکیل را تأیید و تأکید کرده‌اند، بنابراین از جنابعالی تقاضا دارم به نیابت از طرف اینجانب با آقایان دکتر ناصر میناچی و احمد صدر حاج سیدجوادی برای قبول وکالت اینجانب مذاکره فرمایید. ضمناً تقاضا دارم جنابعالی و آقایان نامبرده فوق را قبل از محاکمه ملاقات نمایم.

با تقدیم احترام

عباس امیرانتظام

بسمه تعالی

حضرت آیت‌الله قدوسی **۵۹/۱/۱۷**

دادستان محترم کل انقلاب اسلامی

احتراماً پیرو نامه مورخ ۵۸/۱۲/۱۱ چون طبق اخبار روزنامه‌های عصر تهران روز شنبه ۵۹/۱/۱۶ محاکمه اینجانب تا آخر این ماه شروع خواهد شد، بدین‌وسیله تقاضای خود را مبنی بر انتخاب آقایان دکتر ناصر میناچی و احمد صدر حاج سیدجوادی به‌عنوان وکیل به استحضار آن جناب می‌رسانم و تقاضا دارم ضمن موافقت اجازه فرمایند آقایان نامبرده فوق و آقای مهندس بازرگان را قبل از شروع محاکمه ملاقات نمایم.

با تقدیم احترام

عباس امیرانتظام

بسمه‌تعالی

برادر عزیز جناب آقای دکتر ناصر میناچی **۵۹/۱/۱۷**

پس از عرض سلام و امید سلامت شما. ضمن عرض تبریک عید نوروز و سالروز جمهوری اسلامی ایران. همان‌طور که استحضار دارید طبق اخبار منتشره در روزنامه‌های عصر شنبه ۵۹/۱/۱۶ محاکمه اینجانب تا آخر فروردین شروع خواهد شد. بدین‌وسیله از آن برادر عزیز تقاضا می‌کنم وکالت اینجانب را قبول فرمایید.

با تقدیم احترام

عباس امیرانتظام

بسمه تعالی

برادر عزیز جناب آقای احمد صدر حاج سیدجوادی **۵۹/۱/۱۷**

پس از عرض سلام و امید سلامت شما. تبریکات صمیمانه خود را به مناسبت پیروزی در انتخابات مجلس شورای اسلامی، عید نوروز و سالروز جمهوری اسلامی تقدیم می‌دارم و توفیق هرچه بیشتر جنابعالی را در خدمت به انقلاب اسلامی ایران آرزو می‌کنم. همان‌طور که استحضار دارید طبق اخبار منتشره در روزنامه‌های عصر شنبه ۵۹/۱/۱۶ محاکمه اینجانب تا آخر فروردین شروع خواهد شد. بدین‌وسیله از آن برادر عزیز تقاضا می‌کنم وکالت اینجانب را قبول فرمایید.

با تقدیم احترام

عباس امیرانتظام

بسمه تعالی

جناب آقای قدیریان **۵۹/۱/۱۷**

معاون محترم دادستان کل انقلاب

همان‌طور که استحضار دارید طبق اخبار منتشره در روزنامه‌های عصر شنبه ۵۹/۱/۱۶ محاکمه اینجانب تا آخر فروردین‌ماه جاری شروع خواهد شد. با ارسال نامه‌های ضمیمه تقاضا دارم دستور فرمایید به آقای دکتر بنی‌جمالی تلفن کنید تا ایشان ترتیب ارسال نامه‌های آقایان مهندس بازرگان، دکتر میناچی، صدر حاج سیدجوادی را بدهد. مقصود از این پیشنهاد ارسال سریع نامه‌هاست. ضمناً اجازه فرمایید آقای دکتر بنی‌جمالی را ملاقات کنم. از محبتی که مبذول خواهید فرمود، سپاسگزارم.

با تقدیم احترام

عباس امیرانتظام

سه‌شنبه ۱۹ فروردین ۵۹ (۱۱۱ روز بازداشت ـ بهداری زندان اوین)

نامه‌های روز یکشنبه هنوز به‌دست معاون دادستانی و دادستان و دیگران نرسیده و دلیلش هم این است که دفتر زندان آنها را نگهداشته. با مقامات دادستانی نمی‌شود تماس گرفت. دلیل این اعمال را نمی‌دانم و نمی‌فهمم.

دکتر بنی‌جمالی به‌دیدنم آمد. هنوز پولی برای خانواده‌ام پس از نزدیک چهارماه فرستاده نشده. نامه‌ای را هم که می‌بایستی امضا می‌کردم تا به خانواده اجازه دهد از حساب من برداشت نماید، مأمور زندان اجازه نداد که امضا کنم. قرار شد دکتر نامه را به نزد آقای قدیریان ببرد و بعد برای گرفتن امضا بازگردانند که هیچ‌کدام آن انجام نشد و اجازه هم ندادند که من با آقای قدیریان تماس بگیرم.

یکشنبه ۵۹/۲/۲۹ (۱۵۲ روز بازداشت ـ بهداری زندان اوین)

نامه زیر را امروز برای دادستان کل نوشتم:

بسمه تعالی

حضرت آیت‌الله قدوسی **۵۹/۲/۲۹**

دادستان کل انقلاب اسلامی ایران

احتراماً به استحضار می‌رساند که امروز ۱۵۲ روز است که در بازداشت به‌سر می‌برم، این درحالی است که وعده فرموده بودید خیلی زودتر از این مدت به‌کار اینجانب رسیدگی خواهد شد. در حال حاضر با عنایت خداوند هم انتخابات ریاست جمهوری و هم وکلای مجلس

شورای اسلامی به‌پایان رسیده است و کشور عزیزمان بیشتر از گذشته در جهت ثبات سیاسی به پیش رفته است و به‌همین‌دلیل تقاضا دارم دستور فرمایید در رسیدگی به کار اینجانب تسریع نمایند.

با تقدیم احترام

عباس امیرانتظام

۵ شنبه ۵۹/۳/۸ (۱۶۳ روز بازداشت ـ بهداری زندان اوین)

صبح در حدود ساعت ۱۱/۵ دکتر بنی‌جمالی به‌دیدنم آمد و گفت که حال خانواده‌ام خوب است. قرار شد مجدداً در ۱۵ روز آینده به‌دیدنم بیاید.

نزدیک ساعت یک بعدازظهر تعدادی خبرنگار و عکاس به اتفاق آقای کچویی به‌دیدنم آمدند. ابتدا نمی‌دانستم مقصود چیست ولی وقتی فهمیدم برای کسب خبر آمده‌اند مفصلاً درباره خدماتم و اشتباهی که در ارزیابی آن و اتهامی که به من زده‌اند صحبت کردم و از آنها خواهش کردم مطالبم را به‌عنوان نامه یا درخواست سرگشاده خطاب به امام‌خمینی رهبر انقلاب چاپ کنند و تقاضای مرا برای رسیدگی علنی و سریع در روزنامه‌ها منعکس نمایند. از طرح‌ها و پیشنهادات سازنده‌ام مانند طرح ملی‌کردن طرح کارهای عمرانی صحبت کردم و گفتم در شرایطی که کشور به‌وجود افراد خدمتگزار محتاج است من نزدیک ۶ ماه بلاتکلیف بازداشت شده‌ام. گفتم با توجه به تصرف لانه جاسوسی، می‌دانستم که حتماً پرونده‌ای از من در سفارت امریکا هست، هم‌چنان‌که در تمام سفارتخانه‌ها وجود دارد، معهذا به ایران آمدم، آن هم با شوق و علاقه که اگر احتیاج به توضیح هست بدهم، اما مرا بازداشت کردند. گفتم آنچه به من و دولت موقت نسبت داده‌اند یک وظیفه دولتی بوده و با اطلاع دولت و شورای انقلاب و امام انجام شده ولی متأسفانه به‌صورت غیرصحیح برعلیه ما و شخص من طرح شده است گفتم که آنها از دولت و مسئولان بخواهند هرچه سریع‌تر به وضع من رسیدگی نمایند و آنچه کرده‌ام باعث افتخار من و دولت موقت انقلاب است.

چهارشنبه ۱۴ خرداد ۵۹ (۱۶۹ روز بازداشت ـ بهداری اوین)

امروز صبح خبرنگار و عکاس روزنامۀ **آزادگان** به‌دیدنم آمدند که مصاحبه کنند، مدت یک‌ساعت و ۲۰ دقیقه صحبت کردیم. من از اتهامات غیرانسانی و اسلامی که چه از طریق دانشجویان و چه از طریق روزنامۀ **آزادگان** و **جمهوری اسلامی** به من زده بودند صحبت کردم و آنها را رد کردم و مفصلاً به آنها توضیح دادم و گفتم با وجودی که موضع آنها را نسبت به خودم می‌دانم، معهذا یادآوری می‌کنم به اسلامی که ادعای پیروی از آن را دارند بیندیشند و به خاطر گروه‌گرایی سعی نکنند برخلاف حق ما را و درنتیجه یک جناح با ارزش انقلاب را بکوبند چون این عمل هم

مخالف اسلام و اهداف آن است و خدا را باید در نظر داشت و هم اینکه به جای اتحاد ایجاد تفرقه در بین صفوف متحد مردم خواهد کرد.

در این گفت‌وگو متوجه شدم که عکاسی که به‌دیدنم آمده به‌قول خودش به اداره گذرنامه رفته و آن نامه سراپا دروغ و اتهام را به من زده است. به او گفتم وعده ما در قیامت در پیشگاه عدل الهی.

این مصاحبه در آزادگان منتشر نشد.

یکشنبه ۱۸ خرداد ۵۹ (۱۷۳ روز بازداشت ـ زندان اوین)

امشب آقای حاج احمد خمینی و عده‌ای دیگر به زندان اوین آمدند ولی به دیدن من نیامدند.

دوشنبه ۱۹ خرداد ۵۹ (۱۷۴ روز بازداشت ـ بهداری اوین)

امروز روزنامهٔ آزادگان مصاحبه مرا بسیار خلاصه چاپ کرده بود ولی درست خلاصه کرده بود و چیزی به آن اضافه نکرده بود.

۵شنبه ۲۲ خرداد ۵۹ (۱۷۷ روز بازداشت ـ بهداری اوین)

امشب رادیو در اخبار ساعت ۹ شب اعلام کرد که سفیر جدید ایران در اسکاندیناوی، عبدالرحیم گواهی منصوب شده است و استوارنامه خود را به پادشاه سوئد داده است. نمی‌دانم خانواده‌ام به چه سرنوشتی دچار شده‌اند و حالا در کجا زندگی می‌کنند؟ این‌همه ظلم آن‌هم در حکومت اسلامی دیوانه‌کننده است.

روز سه‌شنبه از آقای کچویی رئیس زندان که به داخل بهداری آمده بود، پرسیدم که درباره من چه خبر دارد؟ گفت: «ما همه می‌دانیم که تو گناهی نداری، حتی یک‌بار فکر کردیم ترا محاکمه کنیم و آزاد شوی و یک‌بار دیگر فکر کردیم از عفو امام استفاده کنیم، ولی آزادی تو باعث یأس و ناراحتی جوانان خواهد شد و اگر تو فدا شوی بهتر است تا جوانان ناراحت و مأیوس شوند». از استدلال او ناراحت شدم و گفتم پاسخ شما را در محکمه عدل الهی خواهم داد. آیا این است معنی عدالت اسلامی که به غلط کسی را متهم کنید و بعد نتوانید اشتباه خودتان را بیان کرده و مرا فدا کنید؟ این ننگ بزرگی است بر دامن نظام جمهوری اسلامی.

شنبه ۳۱ خرداد ۵۹ (۱۸۶ روز بازداشت ـ بهداری اوین ـ سلول انفرادی)

صبح موقعی که از دستشویی خارج می‌شدم با چند نفر از پاسداران مواجه شدم که مرا رو به دیوار نموده و تفتیش کردند، سپس گفتند با ایشان بروم. وسائل اصلاحم در دستشویی ماند، از بهداری خارج شدیم. به واحد ۲۰۹ جنب بهداری رفتیم. در آنجا تمام لباس مرا جستجو کردند و

بعد به سلول انفرادی بردند. اوایل شب آقای رئیس زندان آمد. دلیل این کار را پرسیدم. او گفت که دلیل آن نامه‌هایی است که به‌طور غیرمستقیم از زندان برای رئیس‌جمهور و مجلس و روحانیون فرستادی. تا سه‌شنبه ۱۰ تیر (جمعاً ۱۱ روز در سلول انفرادی بودم) با عنایت خدا و با صرف وقت بسیار برای مطالعه قرآن، حالت روحیم بسیار خوبست. در تمام این یازده روز، هر روز اسدالله لاجوردی می‌آید و با من صحبت می‌کند. در این مدت تمام کارهایی را که به دستور نهضت مقاومت ملی و نهضت آزادی و دولت موقت، انجام داده بودم برای او شرح دادم. روز سه‌شنبه ۳ تیر ۱۳۵۹ نامه سرگشاده من به رئیس‌جمهور در روزنامهٔ **انقلاب اسلامی** چاپ شد.

ضمناً از روز شنبه ۳۱ خرداد، هنگام انتقال من به سلول انفرادی، تمام وسایل مرا از جمله این دفتر خاطرات، با خود بردند و پس از یازده روز پس دادند.

دوشنبه ۹ تیر ۵۹ (۱۹۵ روز بازداشت ـ سلول انفرادی)

امروز آقای قدوسی طی مصاحبه‌ای اعلام داشتند که من می‌خواستم برعلیه جمهوری اسلامی اقدام کنم و حداقل مجازاتم ۱۵ سال زندان است.

سه‌شنبه ۱۰ تیر ۵۹ (۱۹۶ روز بازداشت ـ سلول انفرادی)

نامه‌ای برای آقای قدوسی نوشتم و ضمن تکذیب اتهام اقدام برعلیه جمهوری اسلامی تقاضا کردم نامه‌ام در روزنامه چاپ بشود. ضمناً تقاضا کردم آقایان مکارم شیرازی، دکتر گلزاده غفوری، شیخ علی آقا تهرانی و کالتم را بپذیرند، زیرا آقای قدوسی اعلام کرد که به‌زودی محاکمه من شروع خواهد شد. نامه را به آقای کچویی دادم که به دادستانی بدهند. امشب از سلول انفرادی به بهداری منتقل شدم.

شنبه ۱۴ تیر ۵۹ (۲۰۰ روز بازداشت ـ بهداری زندان اوین)

امروز مجدداً نامه‌ای برای آقای قدوسی دادستان کل انقلاب بشرح زیر نوشتم و تقاضا کردم وکلایی که انتخاب می‌کنم برای وکالتم دعوت نمایند.

به‌نام خدای عادل و حکیم

جناب آیت‌الله قدوسی **۵۹/۴/۱۴**

دادستان کل انقلاب اسلامی ایران

احتراماً پیرو نامه مورخ ۵۹/۴/۱۰ به استحضار می‌رسانم که آقایان زیر را برای وکالت انتخاب می‌کنم. خواهشمندم دستور فرمایید تقاضای اینجانب را به اطلاع ایشان برسانند و ترتیب

ملاقات اینجانب را با آقایان، قبل از شروع محاکمه بدهند.

۱. آیت‌الله مکارم شیرازی

۲. آیت‌الله گلزاده غفوری

۳. آیت‌الله شیخ علی آقا تهرانی

با تقدیم احترام

عباس امیرانتظام

دوشنبه ۲۳ تیرماه ۵۹ (۲۰۹ روز بازداشت ـ بهداری زندان اوین)

نامه مورخ ۱۰ تیرماه من درباره تکذیب اتهام «اقدام برعلیه جمهوری اسلامی» در تاریخ پنج‌شنبه ۱۹ تیر ۵۹ در روزنامه‌های **اطلاعات** و **کیهان** چاپ شد. آقای مکارم شیرازی در تاریخ شنبه ۲۱ تیر ۵۹ در روزنامهٔ **اطلاعات** اعلام کردند که به دلایلی وکالت مرا نخواهند پذیرفت و در همین متن همان‌طور که از خصوصیات انسانی ایشان است اعلام داشتند که قبل از محاکمه نباید کسی را در اجتماع محکوم و یا تبرئه کرد، چون قضاوت را مشکل خواهد ساخت.

امروز روزنامهٔ **آزادگان** متن مصاحبه‌ای را با عنوان «مصاحبه دانشجویان مسلمان خط امام با یکی از جاسوسان در رابطه با امیرانتظام، قشقایی، مدنی» منتشر کرد که طی یک نامه به دادستانی کل آن را تکذیب کردم.

سه‌شنبه ۲۴ تیرماه ۵۹ (۲۱۰ روز بازداشت ـ بهداری زندان اوین)

امروز در روزنامهٔ **جمهوری اسلامی**، قسمت مذاکرات مجلس شورای ملی، به نظریات آیت‌الله خلخالی برخورد کردم که ایشان در ضمن حمله به افراد ضدانقلابی که می‌خواستند در چند روز گذشته در ایران کودتا کنند، به من حمله کرده بود. نامه زیر را از طریق دادستانی برای ایشان فرستادم و تقاضا نمودم طبق قانون مطبوعات در روزنامه‌ها آن را چاپ کنند..

بسم‌الله الرّحمن الرّحیم **سه‌شنبه ۲۴ تیرماه ۵۹**

یا اَیُّها الَّذینَ آمَنُوا اِن جاءَکُم فاسِقٌ بِنَبأٍ فَتَبَیَّنُوا اَن تصیبوا قوماً بِجَهالَةٍ فَتُصْبِحُوا علیٰ ما فَعَلْتُم نادِمَین. (ای مؤمنان اگر دروغ‌زنی (فاسقی) به شما خبری داد، نیک تحقیق کنید که مبادا نادانی شما، گروهی را (به غلط) شامل شود و سرانجام از کاری که کردید پشیمان شوید).

جناب آیت‌الله خلخالی، وکیل محترم مجلس شورای اسلامی امروز نظریات جنابعالی را که در جلسه مجلس شورای اسلامی دوشنبه ۲۳ تیرماه مطرح کرده بودید در روزنامه خواندم، بنا به وظیفه شرعی و انسانی لازم دانستم مطالب زیر را به استحضارتان برسانم و به‌عنوان یک مسلمان بی‌پناه که جز خدا پناهگاهی را ندارد از شما تقاضا کنم به احترام ماه مبارک رمضان و

به‌خاطر رضای خدا، نامه‌ام را فارغ از هر پیش‌داوری که در ذهن خود دارید، مطالعه بفرمایید و اگر سؤالی و یا توضیحی را لازم می‌دانید من همیشه با کمال خوشوقتی آماده ملاقات و پاسخ‌گویی خواهم بود.

جناب آیت‌الله خلخالی، آنچه باعث این پیش‌داوری و قضاوت برای جنابعالی و عده‌ای از هموطنان مسلمانمان شده است به‌قرار زیر است:

۱. وجود احساس عدم اعتماد و بدبینی به هرکس و به هر چیز که یک امر طبیعی در هر انقلابی است!

۲. وجود اوراقی در لانه جاسوسی امریکا.

۳. وجود توطئه‌ها و دخالت‌ها و خرابکاری‌ها و فسادی که هرروزه از طرف دولت جنایتکار امریکا و عوامل سرسپرده آن به شکلی ظاهر می‌شود.

جناب آیت‌الله خلخالی من و شاید همه مسئولین دولت موقت در کلیه سفارتخانه‌های خارجی مستقر در تهران به‌دلیل مسئولیت‌هایی که داشته‌ایم و مکاتباتی که با ما انجام می‌شد، پرونده داریم و این تنها سفارت امریکا نیست. جناب خلخالی، بیایید یک لحظه تأمل کنید و بدون دخالت احساس، فقط با تکیه به خداوند درباره سؤالات زیر فکر کنید و پاسخ دهید.

۱. آیا به‌دلیل وجود حس عدم اعتماد و بدبینی می‌شود هرکسی را متهم کرد، و یا بنا به آیه شریفه فوق بایستی تحقیق و رسیدگی کرد و بعد در صورت اثبات، افراد را متهم کرد؟

۲. آیا تنها به‌خاطر وجود ورق‌پاره‌هایی که از طرف دشمنان خدا تهیه شده و هیچ محتوایی ندارد، می‌شود کسی را متهم و محکوم کرد؟ آیا احتیاج به تحقیق و حتی مذاکره با متهم و شنیدن دفاع او نیست؟

۳. آیا امکان ندارد که این اوراق موجود در سفارت امریکا که از طرف کارمندان سفارت قبل از اشغال از بین برده‌نشده و صحیح و سالم در اختیار دانشجویان قرار گرفته برای این باشد که یک گروه از افراد وطن‌پرست و شرافتمند را ضایع کنند؟

۴. آیا ممکن نیست که در نوشتن، ماشین‌کردن، ترجمه‌کردن، توضیح‌دادن محتوای این اوراق اشتباهی شده باشد؟

۵. آیا تنها به‌دلیل وجود توطئه از طرف دولت جنایتکار امریکا و یا هر گروه و دسته وابسته به آن و یا هر ابرقدرت دیگری! می‌شود عده‌ای دیگر را که هیچ ارتباطی با این توطئه‌ها ندارند نیز بدون تحقیق و رسیدگی به آنها منتسب کرد؟ آیا این عمل غیرمکتبی مسئولیتی در پیشگاه خداوند بزرگ به‌وجود نخواهد آورد؟

جناب آیت‌الله خلخالی، آیا با وجود دستور صریح قرآن و پیامبر بزرگ اسلام(ص) به‌دلیل وجود یکی از «سؤالات» فوق‌الذکر، می‌شود دور از هر اشتباهی، قاطعانه قضاوت کرد؟ آیا این قضاوت بار مسئولیت شما را برای پاسخ‌گویی در پیشگاه خدای بزرگ سنگین نخواهد کرد؟

جناب خلخالی، توجه شما و تمام قدرتمندان را به فرمایشات پیامبر بزرگ اسلام(ص) و حضرت علی(ع) جلب می‌کنم:

پیغمبر(ص) فرمود: رستگار کسی است که در روز رستاخیز چنگالش به خون مظلومی و زبانش به مال و آبروی مردم آلوده نباشد.

علی (ع) فرمود: ای مالک، بین حق و باطل چهار انگشت فاصله است و این مسافت کوتاه را همیشه در قضاوت‌ها رعایت کنید، آنچه راکه به چشم دیده‌اید باور کنید، ولی از قبول شنیده‌ها تا حدودی سرباز زنید.

ای مالک، آیا کدام پس‌انداز، از عدل و داد برای ملوک و حکمران‌ها بهادارتر تواند بود! دانی که نفس پرهیزگار کدام است؟ آنکه در تمام حوادث زندگی بر هوس خویش پا می‌گذارد و در داوری بی‌طرف و میانه‌رو باشد!

حضرت آیت‌الله خلخالی، به خدایی که بر هر پنهان و آشکاری آگاه است، من امروز بیش از هر لحظه از عمرم به او نزدیکترم و از همه چیز دست شسته‌ام و آماده بازگشت به‌سوی او هستم، و اگر این نامه را می‌نویسم نه به‌خاطر این است که خود را حفظ کنم، نه، هرگز؛ آنچه را که کرده‌ام به‌خاطر وظیفهٔ ملی و انسانی‌ام بوده و این اتهامات غیراسلامی و غیرانسانی هرگز نمی‌تواند لکه ننگی بر دامن شرافت سیاسی و اجتماعی و اخلاقی من باشد. بلکه اگر ننگی است بر دامن نظام جمهوری اسلامی است. به‌همین‌دلیل بودن و نبودن دیگر برایم مطرح نیست.

جناب خلخالی، دلیل نوشتن این نامه، فقط و فقط توجه‌دادن به شما و احتمالاً سایر کسانی است که بدون تحقیق اتهامات مرا پذیرفته‌اند و بار سنگینی را تا روز رستاخیز بر دوش خواهند کشید. من امید دارم حقایقی که در این نامه وجود دارد بتواند با عنایت پروردگار پرده ابهامی راکه بین وجدان شما و حقیقت اعمال من وجود دارد، به کنار زده و همهٔ شما را به‌خصوص آنهایی که در لباس مقدس روحانیت هستند و این وظیفه سنگین الهی را به‌عهده دارند، تشویق کند که قدم پیش گذارند و برای تحقق و رسیدن به حقیقت به دیدنم بیایند و با من صحبت کنند و دور از هر پیش‌داوری به حقایق اعمال و خدمات من دست یابند.

ملاحظه کنید، جو مسمومی که به‌دلیل پیش‌داوری‌های غیراسلامی و انسانی به وجود آمده تا چه حدی است که با وجود تقاضای دادخواهی از آقایان مکارم شیرازی، شیخ علی آقا تهرانی و گلزاده غفوری، همه به‌دلیل وحشت از آلوده‌شدن دامنشان و به‌هم‌خوردن وضع موجود زندگانیشان از پاسخ به درخواست من خودداری می‌کنند و با وجودی که حق با من است، باز سکوت را، به تلاش در راه رسیدن به حق ترجیح می‌دهند.

اما اجازه دهید در اینجا اضافه کنم که چون همهٔ این اتهامات کذب محض است من در منتهای آرامش وجدان آماده پذیرش سرنوشتی هستم که خدای متعال برایم مقدر ساخته است. نامه‌ام با آیه شریفه قرآن پایان می‌دهم. (آیه ۲۵، سوره سبا)

قُلْ يَجْمَعُ بَيْنَنٰا رَبُّنٰا ثُمَّ يَفْتَحُ بَيْنَنٰا بِالْحَقِّ و هُوالْفَتّٰاحُ الْعَلِيمُ.

(بگو پروردگار ما روز رستاخیز همه ماها را با هم جمع می‌کند، پس حکم می‌کند میان ما به حق و اوست حکم‌کننده دانا.)

با تقدیم احترام

عباس امیرانتظام

بهداری زندان اوین

دیشب در ساعت ۳ بعدازنیمه‌شب (سومین روز ماه مبارک رمضان) قبل از بیدارشدن برای سحری، خوابی دیدم. در خواب کسی به من گفت فَاسْتَعِينُوا بِالصَّبْرِ (پس از صبر کمک بجویید) تا ساعت سه و نیم صبح که از خواب بیدار شدم دائماً این کلام خدا را در خواب تکرار می‌کردم و پس از بیداری روح تازه‌ای پیدا کردم. ندای غیبی مژده داد که صبر کنم. خدایا تو را چگونه سپاسگزاری کنم. الهی تو می‌دانی که من بی‌گناهم و تو کمک خواهی کرد.

چهارشنبه ۸ مرداد ۵۹ (۲۲۵ روز بازداشت ـ بهداری زندان اوین)

امروز روزنامه‌ها در کیفرخواست احمدرضا کریمی[1] نوشتند: «مبادله اسنادی از امیرانتظام به‌خارج از زندان». نامه‌ای برای دادستانی کل انقلاب نوشتم:

بسم‌الله الرحمن الرحیم **چهارشنبه ۸ مرداد ۵۹**

وَ لاٰ تَلْبِسُوا الْحَقَّ بِالْبٰاطِلِ وَ تَكْتُمُوُا الْحَقَّ وَ اَنْتُم تَعْلَمُونَ. سوره بقره، آیه ۳۹

حق را به باطل مپوشانید، و پنهان مکنید حق را و شما می‌دانید.

جناب آیت‌الله قدوسی

دادستان محترم کل انقلاب اسلامی

احتراماً همان‌طور که استحضار دارید در ردیف ۱۱ کیفرخواست آقای احمدرضا کریمی آمده است که ایشان اسنادی را برای امیرانتظام به خارج زندان می‌فرستادند. طبق قانون مطبوعات

---

۱. احمدرضا کریمی، یکی از افراد تواب سازمان مجاهدین خلق بود که تحت نام مستعار «عباسی» که در ابتدا برای کسب خبر از من به بهداری زندان اوین که من در آنجا زندانی بودم، منتقل شده بود. به‌دلیل این‌که من هیچ مطلب نهانی نداشتم که از او و یا دیگران پنهان کنم، به شرح زندگی، مبارزات و خدمات خود پرداختم. او تحت تأثیر حقایق زندگی من قرار گرفت و نامه‌های مرا برای رئیس‌جمهور و افراد سرشناس روحانیت در جلد کتاب جاسازی کرد و به‌خارج از زندان فرستاد. این عمل انسانی او از طرف اسدالله لاجوردی به‌عنوان مبادله اسناد امیرانتظام در کیفرخواست او آورده شد. (امیرانتظام)

و قانون اساسی جمهوری اسلامی ایران خواهشمند است دستور فرمایید توضیحات زیر در اختیار روزنامه‌های: **کیهان، اطلاعات، انقلاب اسلامی، جمهوری اسلامی و آزادگان...** قرار داده شده و این توضیحات را با همان حروف و در همان صفحه چاپ نمایند.

در هفته اوّل تیرماه ۱۳۵۹ تعداد ۱۹ نامه برای افراد زیر فرستاده شد:

۱. جناب آقای دکتر ابوالحسن بنی‌صدر رئیس‌جمهور (این نامه در روزنامهٔ **انقلاب اسلامی** مورخ سه‌شنبه ۳ تیر ۵۹ چاپ شد) ۲. ریاست مجلس شورای اسلامی ۳. آیت‌الله مهدوی کنی ۴. آیت‌الله لاهوتی ۵. آیت‌الله محلاتی ۶. دکتر گلزاده غفوری ۷. آقای محمدجواد حجتی کرمانی ۸. آقای علی حجتی کرمانی ۹. آقای علامه یحیی نوری ۱۰. آیت‌الله استاد شیخ علی آقا تهرانی ۱۱. آیت‌الله شیخ‌حسین نوری ۱۲. آیت‌الله محمد مجتهد شبستری ۱۳. آقای مهندس بازرگان ۱۴. استاد محمدتقی شریعتی ۱۵. آقای علی بابایی ۱۶. آقای دکتر مصطفی چمران ۱۷. آقای قطب‌زاده ۱۸. آقای چهل‌تنی ۱۹. آیت‌الله مکارم شیرازی

در کلیه این نامه‌ها از آقایان تقاضا کرده بودم که از پیشگاه امام‌خمینی درخواست نمایند تا محاکمه علنی من هرچه زودتر شروع شود. کلیهٔ نامه‌های فوق جز نامهٔ ریاست جمهوری، از طرف دادستانی توقیف و در دادستانی موجود است و همین نامه‌هاست که به‌نام اسنادی از امیرانتظام در کیفرخواست آقای احمدرضا کریمی آمده است.

با تقدیم احترام

عباس امیرانتظام

بهداری زندان اوین

روزنامهٔ **جمهوری اسلامی** مورخ سه‌شنبه ۷ مردادماه پیرو نامهٔ آقای مهندس بازرگان به آیت‌الله مشکینی در قسمت توضیحات خود نسبت به انتقاد از دولت بازرگان نوشت:

«اعضای اصلی دولت قابل انتقاد و محاکمه هستند. در ماهیت دادگاه‌های انقلاب نمی‌توان شک کرد. این دادگاه خود را برای محاکمه امیرانتظام معاون نخست‌وزیر آماده می‌کند و جالب اینجاست که کسی هم وکالت او را نمی‌پذیرد چراکه او یک خائن است و خائن به ملت ایران و جمهوری اسلامی و اسلام عزیز.»

نامه زیر را به دادستانی کل انقلاب نوشتم:

بسم‌الله الرحمن الرحیم **۸ مرداد ۵۹**

قُل یَجْمَعُ بَیْنَنا رَبُّنا ثُمَّ یَفْتَحُ بَیْنَنا بِالْحَقِّ و هُوَ الْفَتّاحُ الْحَکیم. سوره سبا، آیه ۲۵

بگو پروردگار ما روز رستاخیز همه ماها را با هم خواهد آورد و میان ما به حق حکم می‌کند و اوست حکم‌کننده دانا.

جناب آیت‌الله قدوسی
دادستان محترم کل انقلاب اسلامی

همان‌طور که استحضار دارید نویسندهٔ بی‌نام این روزنامه ضمن توضیح درباره نامهٔ آقای مهندس بازرگان به حضرت آیت‌الله مشکینی با فراموش‌کردن خداوند، و دستورات مؤکد دین مبین اسلام درباره حفظ حیثیت و شرف اشخاص قبل از رسیدگی و تحقیق، قاطعانه به قضاوت نشسته و بار سنگینی را برای پاسخ‌گویی به پیشگاه خدای بزرگ تا روز رستاخیز به‌دوش خواهد داشت، جمله نویسنده به‌قرار زیر است:

«اعضای اصلی دولت موقت قابل انتقاد و محاکمه هستند. در ماهیت دادگاه‌های انقلاب نمی‌توان شک کرد. این دادگاه خود را برای محاکمه امیرانتظام معاون نخست‌وزیر آماده می‌کند و جالب اینجاست که کسی هم وکالت او را نمی‌پذیرد. چرا که او یک خائن است و خائن به ملت ایران و جمهوری اسلامی و اسلام عزیز».

خواهشمند است دستور فرمایید طبق قانون مطبوعات و قانون اساسی این نامه در اولین فرصت ممکن در همان صفحهٔ روزنامهٔ **جمهوری اسلامی** و سایر روزنامه‌ها درج شود:

نویسندهٔ محترم (بدون نام) مطالب فوق! بدون تردید خدای بزرگ نام شما را به‌خوبی می‌داند و مطمئن باشید که بایستی پاسخگوی قضاوت غیراسلامی و انسانی خود در پیشگاه عدل الهی باشید. من همه کسانی راکه مثل شما فکر و قضاوت میکنند و خدا واسلام را فراموش کرده‌اند به محاکمه و پاسخگویی در پیشگاه او دعوت می‌کنم. به خود آیید و از این خواب غرور و نخوت بیدار شوید و به‌یاد بیاورید که خدا ناظر همه اعمال و افکار شماست. من هشت ماه است که فریاد می‌زنم به اتهامات من در یک دادگاه علنی در حضور ۳۶ میلیون مردم مسلمان ایران رسیدگی شود. من با سربلندی در انجام وظایف شرعی و ملی خودم در چنین دادگاهی حضور به هم می‌رسانم و کسی که با افتخار از این دادگاه بیرون خواهد آمد باز من خواهم بود (بدون توجه به اینکه رأی دادگاه چه باشد). من در پیشگاه خدا و ملت ایران سربلندم و بازی سیاسی موجود که به‌ناحق اصرار به نابودکردن خدمات صادقانه دولت موقت و مرا دارد نمی‌تواند کوچک‌ترین تأثیری در صداقت و شرافت اعمال ما داشته باشد. حتی اگر به‌ظاهر، این بازی سیاسی موفق شود امثال ما را محکوم نماید.

آقای عزیز، پس از ۱۴۰۰ سال این اولین انقلاب اسلامی است که در دنیا به‌وقوع پیوسته و

با اعمال شما، محتوای خود را از دست نخواهد داد و به فرض اینکه در یک مدت زمان کوتاه وسیله بازی سیاسی امثال شما گردد و عده‌ای از ما را ظالمانه و به‌ناحق به زنجیر بکشد و یا حتی نابود سازد. معهذا به‌زودی چهره تابناک حقیقت ظهور خواهد کرد و آنهایی که باید پاسخگوی اعمال ظالمانه و غیراسلامی و غیرانسانی خود در پیشگاه خدا و ملت ایران می‌باشند، شمایید.

این اتهامات و قضاوت ظالمانه شما، افرادی را به وحشت می‌اندازد که کوچک‌ترین خطایی در اعمال خود دارند ولی من به شما اطمینان می‌دهم که این اعمال شما نه‌تنها آرامش مرا به هم نمی‌زند، بلکه با عنایت خداوند بزرگ چون کوه در مقابل این رفتار و قضاوت شما باقی خواهم ماند و هر سرنوشتی را که پروردگار برایم مقدر ساخته، با نهایت آرامش و با آغوش باز خواهم پذیرفت و در انتظار دادرسی روز رستاخیز خواهم بود.

شما ادعا کرده‌اید که هیچ‌کس وکالت مرا نپذیرفته درحالی‌که استاد علی تهرانی طبق اظهاراتشان که در تیرماه در روزنامهٔ انقلاب اسلامی منتشر شد سه‌بار پیشنهاد وکالت نموده‌اند. به‌هرصورت برای مزید اطلاع شما بدین‌وسیله از ایشان و آقای دکتر گلزاده غفوری و آیت‌الله نوری و جامعه روحانیت مبارز تهران تقاضا می‌کنم که اگر در این امر اسلامی برای خود وظیفه‌ای احساس می‌کنند، کتباً از طریق روزنامه موافقت خودشان را برای قبول وکالت اینجانب اعلام فرمایند. من با کمال خوشوقتی آماده دیدار آقایان هستم و چون امکان تماس از طرف من وجود ندارد، خود آقایان محبت فرموده برای ملاقات و مذاکره اقدام فرمایند.

ضمناً از هم‌اکنون به اطلاع شما می‌رسانم که چنانچه به قول شما، هیچ‌کس حاضر نشود وکالت مرا بپذیرد و برای احقاق حق به من کمک نماید، خدای بزرگ مرا یاری خواهد داد و من به‌تنهایی از شرف و حیثیتم دفاع خواهم کرد. به امید اینکه دادگاه واقعاً آزاد باشد و اجازه دهد من علناً از خودم دفاع کنم و تمام مدافعات من بدون کوچک‌ترین تغییری و یا اختصار به اطلاع ملت ایران برسد و همچنین مدارک و اسناد مورد احتیاج مرا در دفاع در اختیارم قرار دهند و اجازه دهند که آقایان فوق برای نظارت در دادگاه حضور داشته باشند.

عباس امیرانتظام

بهداری زندان اوین

۲۶ شهریور ۵۹ (۲۷۴ روز بازداشت ـ زندان بهداری اوین)

امروز عده‌ای خبرنگار به سلولم آمدند و مصاحبه‌ای دربارهٔ اتهامات مربوط انجام شد که همه را تکذیب کردم، همچنان‌که همهٔ آنها دروغ و کذب محض است.

عکس شمارهٔ ۶

۵شنبه ۲۷ شهریور ۵۹ (۲۷۵ روز بازداشت ـ بهداری اوین)

امروز کیهان مصاحبه مرا به اختصار چاپ کرد و تحریفی در آن نبود.

شنبه ۲۹ شهریور ۵۹ (۲۷۷ روز بازداشت ـ بهداری اوین)

امروز انقلاب اسلامی مصاحبه مرا چاپ کرد، کمی مفصل‌تر از **کیهان** ولی تحریفی نداشت.

دوشنبه ۳۱ شهریور ۵۹ (۲۷۹ روز بازداشت ـ بهداری زندان اوین)

امروز اطلاعات مصاحبه را چاپ کرد که سرتاسر تحریف کرده بود بنابراین نامه زیر را به دادستان انقلاب تهران نوشتم:

۳۱ شهریور ۵۹ **بسم‌الله الرحمن الرحیم**

جناب آقای اسدالله لاجوردی

دادستان محترم انقلاب تهران

احتراماً همان‌طور که استحضار دارید در روز چهارشنبه ۲۶ شهریورماه ۱۳۵۹ عده‌ای از خبرنگاران برای مصاحبه به‌دیدنم آمدند که این مصاحبه به اختصار در **کیهان** مورخ ۲۷ شهریور و **انقلاب اسلامی** مورخ ۲۹ شهریور ۵۹ درج گردید. اما روزنامهٔ **اطلاعات** برخلاف

حق در تاریخ ۳۱ شهریور ۵۹ تمام آن را تحریف نموده است که بدین‌وسیله تقاضا دارم طبق قانون مطبوعات و قانون اساسی جمهوری اسلامی دستور فرمایید متن زیر در اختیار کلیهٔ روزنامه‌ها قرار داده شود.

«تا هر زمان که می‌خواهی زندگی کن، چون خواهی مرد، هرکه را می‌خواهی دوست گیر، چون از او جدا خواهی شد. هرچه می‌خواهی بکن چون سزای آن را خواهی دید.»

از فرمایشات حضرت محمد(ص)

روزنامهٔ محترم اطلاعات

چون متن مصاحبه‌ای که در تاریخ چهارشنبه ۲۶ شهریور ۵۹ در حضور بیش از ده خبرنگار و عکاس انجام شد و در روزنامه‌های **کیهان** و **انقلاب اسلامی** نیز چاپ کردند برخلاف حق از طرف آن روزنامه تحریف شده است، بدین‌وسیله کلیهٔ مطالبی که در مورد مجلس خبرگان درج نموده‌اید شدیداً تکذیب می‌کنم. امیدوارم خدا شما را هدایت کند و از درج دروغ و اتهام بیشتر خودداری کنید. مطمئن هستم که خداوند سزای این دروغ‌ها و اتهامات را به شما خواهد داد.

با تقدیم احترام
عباس امیرانتظام
بهداری زندان اوین

شنبه ۵ مهر ۵۹ (۲۸۴ روز بازداشت ـ بهداری زندان اوین)

امروز در حدود یک هفته است که جنگ رسمی و تمام‌عیار بین ایران و عراق شروع شده است. تصمیم گرفتم نامهٔ زیر را برای رئیس مجلس شورای اسلامی بنویسم و قبل از شروع نامه با خدا مشورت کردم و استخاره کردم، آیه ۵۱ از سوره یوسف آمد:

«قٰالَ مٰا خَطْبُكُنَّ اِذْ رٰاوَدْتُنَّ يُوسُفَ عَنْ نَفْسِهِ قُلْنَ حٰاشَ لِلّٰهِ مٰا عَلِمْنا عَلَيْهِ مِنْ سُوءٍ قٰالَتِ امْرَاَتُ الْعَزيزِ الْاٰنَ حَصْحَصَ الْحَقُّ اَنَا رٰاوَدْتُهُ عَنْ نَفْسِهِ وَ اِنَّهُ لَمِنَ الصّٰادِقينَ»

پادشاه غلام را نزد زنان (مهمانان) فرستاد و آنان را با زلیخا گرد آورد و پرسید که کار و بار وصال شما چون بود وقتی که یوسف را از خود به خویشتن خواندید و چه جستید. گفتند پناه برخدا هرگز ما بر یوسف هیچ بدی ندیدیم. در آن حال زلیخا زن عزیز مصر گفت اکنون راستی پدیدار شد و حق آشکار گشت. این من بودم که جسم و تن او را از خود با خویشتن خواستم و یوسف از راست‌گویان است.

بسم‌الله الرحمن الرحیم

نامه سرگشاده **شنبه ۵۹/۷/۵**

جناب حجت‌الاسلام آقای هاشمی رفسنجانی

ریاست محترم مجلس شورای اسلامی

همان‌طور که استحضار دارید امروز ۲۸۴ روز از بازداشت غیرقانونی و غیراسلامی خود را در یک حکومت اسلامی می‌گذرانم. جناب هاشمی متحیرم که شما و همهٔ مسئولان این حکومت اسلامی جواب خدای بزرگ را نسبت به این ظلم چگونه خواهید داد؟ آیا زمان آن نرسیده که تکلیف من را روشن کنید و این لکهٔ ننگ را از دامن جمهوری اسلامی بشویید؟

آیا توضیحات آقای مهندس بازرگان در مصاحبه‌های مختلف ایشان درباره مذاکرات عادی من به‌عنوان یک دیپلمات و توضیحات آقای فتح‌الله بنی‌صدر دادستان سابق تهران (مندرج روزنامهٔ **انقلاب اسلامی**) دربارهٔ مجلس خبرگان و توضیحات خود من هنوز نتوانسته شما را وادارد تا از ادامهٔ این ظلم جلوگیری کنید و بار سنگین مسئولیتی که بنا به آیه شریفه «اِنَّ الَّذینَ جٰاؤُا بِالاِفْکِ عُصْبَةٌ مِنْکُمْ لاٰ تَحْسَبُوهُ شَراً لَکُمْ بَلْ هُوَ خَیْرٌ لَکُمْ لِکُلِّ امْرِیءٍ مِنْهُمْ مَااکْتَسَبَ مِنَ الاِثْمِ وَالَّذي تَوَلّیٰ کِبْرَهُ مِنْهُمْ لَهُ عَذابٌ عَظیمٌ. کسانی که آن دروغ بزرگ را آوردند، گروهی از شما بودند و شما گمان نکنید که برای شما بدتر شد، بلکه برای شما بهتر شد، هریک از آنها که دروغ بستند، کیفر آنها را دادند و آن کسی که این دروغ را پذیرفت و آن را بزرگ کرد، او را عذاب بزرگی است. سوره نور، آیه ۱۱»، به‌عهده دارید از دوش خود بردارید.

جناب هاشمی من مجبورم برای اطلاع بیشتر جنابعالی و همهٔ وکلای محترم مجلس شورای اسلامی به‌طور اختصار توضیحاتی در رد اتهاماتم بدهم و امیدوارم در این کشور که نظام اسلامی بعد از ۱۴۰۰ سال می‌خواهد جانشین حکومت علی(ع) شود، کسی یا کسانی پیدا شوند که به‌عنوان وظیفه الهی خود دربارهٔ وضع من اظهارنظر کنند و در این برهه از زمان از این حالت بلاتکلیفی که به‌هیچ‌وجه قابل توجیه در حکومت اسلامی نیست نجات بخشند. توضیحات زیر را در رد اتهامات به عرض می‌رساند:

در مورد اتهام رابطه با امریکا:

همان‌طور که مکرر در مکرر نوشته‌ام و آقای مهندس بازرگان هم در مصاحبه دوشنبه چهارم دی‌ماه ۱۳۵۸ توضیح دادند:

۱. تماس من قبل از پیروزی انقلاب با اطلاع و معرفی آقای مهندس بازرگان و شورای انقلاب بوده آن هم در جهت خواسته‌ها و دستورات شورای انقلاب از طریق آقای مهندس بازرگان.

۲. در دوران معاونت نخست‌وزیری کلیهٔ دیپلمات‌های خارجی به دیدن من می‌آمدند از جمله دیپلمات‌های امریکایی و هیچیک از ملاقات‌های آنها بدون اطلاع آقای نخست‌وزیر انجام نگرفته است.

۳. در دوران سفارت نیز با توافق قبلی آقای مهندس بازرگان، دیپلمات‌های امریکایی دومرتبه برای دادن گزارش به دولت ایران از طریق من اقدام کردند.

مطالب منتشرشده از طرف دانشجویان

من به‌دلیل بازداشت و عدم دسترسی به جراید، هیچکدام از روزنامه‌ها را به‌خصوص روزنامه‌های هفته اول توقیفم را تا چند هفته قبل ندیده بودم و تاکنون هم دادستانی نسخه‌ای از مفاد این اتهامات را به من نداده است، اکنون پس از رؤیت چند روزنامهٔ منتشر شده در هفته اول بازداشت دربارهٔ اتهاماتی که به‌عنوان سند افشاگری منتشر کردند و این چند نسخه را که من دیده‌ام، برای روشن‌شدن ذهن جنابعالی و وکلای امت مسلمان توضیح می‌دهم.

الف. درباره آمدن دیپلمات‌های امریکایی به سوئد و مذاکره آزادانه با آنها:

آقای استمپل در زمان خداحافظی از آقای نخست‌وزیر ومن در تهران سؤال کرد: «چون گرفتاری‌های دولت انقلاب در تهران سنگین است آیا می‌تواند به سوئد بیاید و پیشنهادات خود را با من که فرصت بیشتری دارم مطرح کند و از طریق من آنها را به اطلاع دولت ایران برساند.» من از آقای نخست‌وزیر اجازه گرفتم و ایشان موافقت کردند. و آقای استمپل دوباره از واشنگتن قبل از آمدن تلفن کرده و اجازهٔ آمدن خواست. من به اطلاع آقای نخست‌وزیر رساندم. موافقت کردند و بعد به آنها اطلاع دادم و آمدند.

یک‌بار درباره اوضاع نظامی و وضع همسایه‌ها و یک‌بار دیگر درباره آینده نفت برای دولت ایران، می‌خواستند پیشنهاد و گزارش بیاورند که در هر دوبار به‌طور اختصار آن را به اطلاع من رسانیدند و من هم به اطلاع آقای نخست‌وزیر رسانیدم و آنها گزارش خودشان را به تهران آوردند و در هر ملاقات علاوه بر طرح مسائل فوق درباره اینکه چه باید بکنند تا روابط آنها با دولت ایران به‌صورت عادی برگردد، نیز سؤالاتی را مطرح کردند و چون این سؤال تکراری بود و بارها با آقای نخست‌وزیر هم صحبت شده بود، همه با جواب‌های مشابه به آنها می‌دادیم که رئوس آن عبارت بودند از:

ـ قبول انقلاب اسلامی ایران و احترام به آن.

ـ قبول استقلال و حق حاکمیت ما و احترام به آن.

ـ عدم مداخله در امور داخلی ایران.

ـ عدم کمک به ضدانقلاب در ایران.

ـ پس‌دادن ثروت شاه.

ـ عدم دریافت غرامت درباره قراردادهای ظالمانه‌ای که با ایران داشتند.

ـ تسریع در تحویل لوازم یدکی مورد احتیاج ایران.

ـ ایجاد تسهیلات در امور دانشجویان ایرانی در امریکا.

ب. دربارهٔ آمدن آنها به تهران بعد از ۱۰ سپتامبر ۷۹ و مبادلهٔ اطلاعات:

همان‌طور که در بالا ذکر کردم در هر دو ملاقات قرار بود که اطلاعات کتبی برای دولت ایران تهیه کنند. دفعه دوم پس از اینکه از سوئد به امریکا رفتند به من تلفن کردند که گزارش آنها برای تاریخی که قبلاً فکر کرده بودند آماده نخواهد شد. بنابراین تقاضا کردند که بعد از ۱۰ سپتامبر گزارش خودشان را آماده کنند و به تهران بیاورند.

من به آقای نخست‌وزیر تلفن کردم و ایشان گفتند عیبی ندارد و در آن تاریخ به تهران آمدند و گزارش خودشان را که به‌صورت کتاب چاپ شده بود، حضوراً به وزیر امور خارجه تقدیم کردند و این گزارش در وزارت امور خارجه موجود است.

پ. مسئله انتخاب من به‌عنوان سفیر ایران در امریکا

در دورانی که من به‌عنوان معاون نخست‌وزیر خدمت می‌کردم، آقای کاتلر کاندیدای سفارت امریکا در ایران بود که همهٔ آقایان در جریان هستند، آقای دکتر یزدی وزیر امور خارجه از من خواسته بود که کاردار وقت امریکا را احضار کنم و به‌طور غیررسمی از او بخواهم که به‌دلیل سوابق کثیف کاتلر در آفریقا او را به وزارت خارجه ایران معرفی نکنند، بلکه کسی را به‌عنوان سفیر آینده امریکا در ایران (به‌خاطر دارید که جو آن زمان در جهت تعیین و مبادله سفیر بین دو کشور بسیار تعیین کننده بود) معرفی نمایند که هیچ نقطه ضعفی نداشته باشد. من بنا به خواسته وزیر خارجه آقای دکتر یزدی این کار را کردم و امریکا هم قبول کرد. بنابراین ملاحظه می‌فرمایید که من در جریان مبادله سفیر بین دو کشور قرار داشتم. بعد در سفری که به تهران آمده بودم، در جلسه‌ای که فقط آقای مهندس بازرگان و دکتر یزدی بودند. آقای مهندس بازرگان از وزیر خارجه سؤال کردند که انتخاب سفیر ایران در امریکا چه شد؟ آقای دکتر یزدی گفت مشغول مطالعه هستند. آقای مهندس بازرگان گفتند یا آقای امیرانتظام یا آقای مهندس بنی‌اسدی را انتخاب کنید و قرار شد آقای دکتر یزدی مطالعه کنند. بنابراین من که از قبل در مسئله مبادله سفیر شرکت داشتم در زمانی که آقایان به سوئد آمده بودند و درباره مسئله سفیر هم صحبت کردند و گفتند که دارند دنبال کسی می‌گردند که مورد تأیید دولت ایران قرار بگیرد. ضمناً پرسیدند که انتخاب سفیر آینده ایران در امریکا به کجا کشید؟ من عین اظهارنظر آقای مهندس بازرگان را منعکس کردم و گفتم احتمال دارد که من به این سمت انتخاب شوم.

ت. اجازه خروج لوازم افراد دیپلمات امریکا

این اجازه برمبنای قوانین بین‌المللی و با اجازه آقای نخست‌وزیر برای امریکا، انگلستان و سایر کشورهایی که تقاضا کرده بودند، انجام گرفت و مدارک آن در نخست‌وزیری موجود است.

ث. در مورد گرفتن استعفا از بختیار

خوشبختانه شخص جنابعالی و شورای انقلاب در جریان قرار داشتید و همان‌طور که

استحضار دارید چون امام در پاریس گفته بودند که بختیار بایستی استعفا دهد، من از طرف آقای مهندس بازرگان (با اطلاع شورای انقلاب) مأمور شدم که او را وادار به استعفا کنم و پس از چندین بار ملاقات، بختیار موافقت کرد و با خط خودش متن استعفا را تهیه کرد که من به اتفاق دکتر مدنی آن را به مدرسه رفاه آوردیم و در جلسه شورای انقلاب با حضور حضرت آیت‌الله طالقانی مطرح شد و طبق راهنمایی ایشان، جنابعالی و آیت‌الله مطهری و آیت‌الله ربانی شیرازی که شما او را می‌شناسید، به اتفاق دکتر مدنی و شخص من به طبقهٔ بالای مدرسه رفاه رفتیم و جنابعالی پس از مشورت با سایر آقایان متنی را تهیه کردید و به من دادید، که به بختیار دادم.

ج. مجلس خبرگان

در دومین سفری که به تهران آمدم (مهرماه ۵۸) نگرانی شدیدی وجود داشت که عبارت بود از اقدامات ضدانقلاب در نقاط مختلف کشور. مشکلات دولت موقت و عدم امکانات کافی برای حل مسائل و همه در انتظار این بودند که هرچه زودتر دولت دائمی به سرکار آید و کشور از ثبات بیشتری برخوردار شود. به‌همین‌دلیل در جلسه‌ای که به دعوت من با حضور دوستان سابق نهضت مقاومت ملی در منزل یکی از آنها تشکیل شده بود درباره همین مسائل صحبت شد و در این جلسه که آقای فتح‌الله بنی‌صدر و احمد صدر حاج سیدجوادی هم حضور داشتند، بنا به پیشنهاد من قرار شد طرحی به هیئت دولت داده شود که چنانچه هیئت دولت آن را تصویب کرد، به مرحله اجرا گذاشته شود و آن هم فکری بود که در سطح اجتماع وجود داشت: یعنی طولانی‌شدن دوره مجلس خبرگان.

به‌همین‌دلیل بنا به پیشنهاد من، آقایان فتح‌الله بنی‌صدر و احمد صدر حاج سیدجوادی که حقوق‌دان بودند مأموریت پیدا کردند مطالعه کنند و طرحی قانونی تهیه نمایند و قرار شد من نتیجه مذاکرات آن شب را به اطلاع آقای نخست‌وزیر برسانم. طرح تهیه شد و من پس از مذاکره اولیه با آقای مهندس بازرگان طرح تهیه‌شده را به اطلاع ایشان رسانیدم و قرار شد که برای طرح در جلسه هیئت دولت آقایان وزیران آن را امضا کنند که ۱۷ نفر امضا کردند. قبل از شروع جلسه من از آقای مهندس بازرگان سؤال کردم، آیا خبرنگاران را دعوت می‌کنند؟ ایشان با تکان‌دادن سر تأیید کردند که رئیس دفتر ایشان خبرنگاران را دعوت کردند. بعد که جلسه هیئت دولت تمام شد و ایشان به دفترشان آمدند، من پرسیدم آیا مطلبی برای خبرنگاران دارید؟ ایشان گفتند: مگر هنوز هستند؟ گفتم بله. ایشان گفتند: خیر. رئیس دفترشان خبرنگاران را مرخص کردند و آقای مهندس بازرگان به من گفتند که به منزلی که دوستان در آن جمع بودند تا از تصمیم دولت آگاهی پیدا کنند بروم و به ایشان بگویم که مسئله را با ذکر سوگند فراموش کنند تا امام‌خمینی اظهارنظر نمایند و من هم به منزل دوستمان که دوستان شب قبل در آنجا جمع بودند، رفتم و عین گفته‌های آقای نخست‌وزیر را به آنها ابلاغ کردم. با ذکر سوگند همهٔ آنها قول دادند مسئله را فراموش نمایند. من در راه بازگشت در هواپیما ماوقع آنچه را که اتفاق

افتاده بود، نوشتم تا در کتابی که در ذهن داشتم آن را چاپ کنم. این نوشته شامل نظریات سیاسی و تفکراتم در آن دوران، درباره وطنم بود. کسی از ماجرا خبر نداشت تا روزی که مدارک خصوصی زندگی مرا از سوئد به تهران آوردند و برخلاف حق ما را متهم به توطئه برعلیه خودمان (دولت موقت انقلاب اسلامی) کردند. هیچ‌کس دیگری از آن اطلاعی نداشت. بنابراین ملاحظه می‌فرمایید که این اتهامات تا چه اندازه ظالمانه و توقیف غیر قانونی من و از هم پاشیدگی زندگی‌ام چه گناه بزرگی است.

من امیدوارم، امروز که ملت ما در مقابل جنگ تحمیلی دشمنان انقلاب اسلامی ما قرار گرفته و محتاج به همبستگی و استفاده از تمام نیروهای اصیل مذهبی و ملی است، شما با طرح این نامه و رسیدگی به اتهامات غلطی که به من و یاران مهندس بازرگان وارد شده است و رفع آنها از ما، در جهت اجرای احکام دین مبین اسلام و عدالت اسلامی باعث دلگرمی همهٔ اقشار مسلمان و وطن‌پرست شوید و پیش از این اجازه ندهید، دشمنان ملت از تفرقه ما شاد شوند و برعلیه امت ما اقدام کنند.

ضمناً با رفع این ظلم، خدای بزرگ و پیامبر عدالت‌پرور اسلام را راضی و امت مسلمان ایران و جهان را نسبت به اجرای عدالت اسلامی امیدوار سازید.

جناب هاشمی این سومین نامه‌ای است که برای جنابعالی می‌فرستم (دونامه قبلی در دی‌ماه ۵۸ در زمان بازداشت در سفارت امریکا توسط آقای ناصر آلادپوش برای شما ارسال شده است) و با ارسال این نامه می‌توانم خدا را گواه بگیرم:

ــ خدایا تو شاهد و گواه باش که تا به امروز فریاد حق‌طلبانهٔ خود را برای قطع ظلمی که به ناحق بر من و خدمتگزاران اسلام در دولت موقت وارد شده، به گوش همه مسئولان کشور رسانیدم و هیچ فردی از مسئولان کشور در پیشگاه عدل تو نمی‌تواند متعذر به عدم اطلاع از این ظلم باشد.

ــ الهی، تو شاهد و گواه باش که برای شنیدن توضیحات حضوری من و روشن‌شدن این اتهامات غیراسلامی و انسانی فقط و فقط احتیاج به یک ساعت وقت بود. درحالی‌که من نزدیک به ۷۰۰۰ ساعت است که در اسارت بسر می‌برم.

ــ بارالهاٰ تو شاهد باش، که من وجود مرگ و روز رستاخیز را به خود و همه یادآوری می‌کنم. اگرچه عده‌ای مرگ و روز رسیدگی به اعمال را فقط برای اسرا و زندانیان قائل هستند و خود را ابدی و بی‌حضور در آن روز به‌حساب می‌آورند.

ــ الهی تو شاهد و گواه باش، در این برههٔ حساس از زمان که احتیاج به کمک و خدمت فردفرد ملت مسلمان ایرانی برای جنگ برعلیه دشمن مهاجم است و تو می‌دانی وجود ناقابل من که نه‌تنها منشا اثر و خدمت بوده و هست، بلکه هزاران هزار افراد مسلمان و معتقد به انقلاب اسلامی نگران سرنوشت امثال من هستند، در یک حالت بی‌تفاوتی و اضطراب به سر

می‌برند و تأخیر در اجرای عدالت اسلامی در مورد من و اعاده حیثیت و شرفم و آزادیم، قشری از افراد این مملکت را از حالت فعال به حالت منفعل و ناظر درآورده است. خدایا تو شاهد باش که من به‌همین‌دلیل در چنین لحظات حساس تاریخ کشورمان از مسئولان مملکت می‌خواهم که با اجرای عدالت اسلامی و رفع اتهامات بی‌اساس، باعث وحدت و یکپارچگی همهٔ اقشارملت مسلمان ایران شوند.

ـ خدایا تو شاهد و گواه باش که من با تمام توان خود و با محدودیتی که دارم و تو گواهی، تمام حقایق را به اطلاع نمایندگان مجلس شورای اسلامی و ملت ایران رسانیدم و تو مسئولان را با عنایت خودت هدایت فرما تا ترتیبی برای متوقف‌کردن این ظلم اتخاذ نمایند و از کشیدن باری که تا روز رستاخیز به‌همین‌دلیل بر دوش دارند، آنها را برحذر فرما.

جناب آقای هاشمی من امیدوارم که شما با طرح این نامه در مجلس شورای اسلامی و احضار من برای دادن توضیحات و اعادهٔ حیثیت من و آزادیم به ندای حق پاسخ دهید و با این اقدام که موجب رضای خداست، خون تازه در شریان این ملت ستمدیده جاری سازید.

چون هیچ گونه امکان اطلاعی دال بر رسیدن نامه به دست جنابعالی ندارم، استدعا می‌کنم آن را در جلسه علنی مجلس مطرح سازید تا از طریق روزنامه و یا رادیو اطلاع حاصل نمایم. لطفاً دستور فرمایید متن این نامه سرگشاده را در اختیار کلیه جراید کشور قرار دهند.

با تقدیم احترام

عباس امیرانتظام

بهداری زندان اوین

یکشنبه ۱۳ مهرماه ۵۹ (۲۹۲ روز بازداشت ـ بهداری زندان اوین)

نامه‌های زیر را برای دادستان انقلاب تهران و بانک ایرانیان نوشتم:

بسم‌الله الرحمن الرحیم

جناب آقای اسدالله لاجوردی

دادستان محترم انقلاب تهران

احتراماً خواهشمند است دستور فرمایید نامه ضمیمه را برای پرداخت مبلغ یکصدهزار ریال برای کمک به آسیب‌دیدگان مناطق جنگی (به حساب جاری ۷۷۷۷۷ جمعیت هلال احمر) از حساب جاری ارزی اینجانب در بانک ایرانیان ـ شعبه مرکز خیابان آیتا... طالقانی ارسال دارند (شماره حساب جاری خود را به‌خاطر ندارم)

با تقدیم احترام

عباس امیرانتظام

بانک ایرانیان ــ شعبه مرکز

بدین وسیله خواهشمند است دستور فرمایید مبلغ یکصدهزار ریال از حساب جاری ارزی اینجانب عباس امیرانتظام برای کمک به آسیب‌دیدگان مناطق جنگی به حساب شمارهٔ ۷۷۷۷۷ جمعیت هلال احمر ایران واریز نمایند.

با تقدیم احترام

عباس امیرانتظام

جمعه ۱۶ آبان ۵۹ (۳۲۵ روز بازداشت ـ بهداری زندان اوین)

صادق قطب‌زاده به‌دلیل مصاحبهٔ تلویزیونی شب قبل، امروز بازداشت شد.

دوشنبه ۱۹ آبان ۵۹ (۳۲۸ روز بازداشت ـ بهداری زندان اوین)

به‌دلیل اعتراض شدید مردم در قم، در بازار تهران و عده‌ای از افراد روحانی و سیاسی امشب ساعت ۱۰ شب قطب‌زاده آزاد شد. قبل از خروج از زندان به اتفاق آقای لاجوردی به دیدن من آمد. طبق اظهار آقای لاجوردی حداکثر تا یک‌ماه دیگر به کار من به‌صورت علنی رسیدگی خواهد شد.

شنبه ۶ دی ۵۹ (۳۷۳ روز بازداشت ـ بهداری زندان اوین)

امروز آقای عبدالمجید معادیخواه در جواب سؤال من مبنی بر این‌که ادامهٔ ظلم به من باعث ننگ حکومت اسلامی است، به من توهین کرد.

۵شنبه ۱۱ دی ۵۹ (۳۷۸ روز بازداشت ـ بهداری زندان اوین)

امروز گروه منتخب دربارهٔ وضع زندانیان (آقایان محمد منتظری، علی‌محمد بشارتی، دادگر و دو نفر دیگر که نامشان را نمی‌دانم) به‌دیدنم آمدند و بیش از یک‌ساعت پیرامون وضعیت خود به آنها توضیح دادم و گفتم آنچه را که بر من روا داشته‌اند، اعم از اتهامات، توقیف و بلاتکلیفی در زندان به مدت بیش از یک سال بدون برگزاری محاکمه و جلوگیری از ادامهٔ خدماتی که در مدت مسئولیت‌هایم برای ایران و انقلاب انجام می‌دادم، ظلم مسلّمی است به این انقلاب. آقای منتظری و بقیهٔ گروه قول دادند که این حقایق را به اطلاع امام برسانند.

۵شنبه ۳۰ بهمن ۵۹ (۴۲۶ روز بازداشت ـ بهداری زندان اوین)

امروز روز بسیار سردی است. هوا خیلی زود تاریک شده و چراغ‌ها به‌دلیل جنگ ایران و عراق روشن نشده و تاریکی همهٔ ساختمان‌ها را در خود فرو برده است. نزدیک ساعت ۷ بعدازظهر در

راهروی اصلی بهداری و راهروی جلوی اتاق‌های بهداری صدای همهمه‌ای می‌آید. از صداها پیدا است که عده‌ای در حال نقل و انتقال یک بیمار هستند. بیمار را به سلول جنب سلول من آورده‌اند. از حرف‌هایی که در راهرو شنیده می‌شود به‌نظر می‌آید که بیمار یکی از دختران مبارز سیاسی است که خودکشی کرده و او را درحالی‌که به تخت بسته‌اند تا پس از بی‌هوشی نتواند دست‌هایش را تکان دهد و در همین حالت مشغول معالجهٔ وی هستند. پس از مدتی صدای دختر بلند شده و فریاد می‌زند که چرا مرا به‌هوش آورده‌اید من خودکشی کردم تا راحت شوم. صدای اعتراض او دائماً افزایش می‌یابد. صدای قدم‌ها در راهرو و صدای کچویی رئیس زندان اوین می‌آید و آن‌قدر بلند در راهرو حرف می‌زند که به‌راحتی در داخل سلول، من قادرم آن را بشنوم. کچویی بلندبلند می‌گوید: «[...]» دختر کاملاً به هوش آمده و از مرگ با سیانور نجات یافته و دائماً مشغول اعتراض‌کردن است و می‌گوید: خودکشی کردم تا نجات پیداکنم و از دست شماها خلاص شوم. کچویی نیز در حال توهین به اوست و به‌تدریج صدای دختر و صداهای دیگر خاموش می‌شود.

جمعه اول اسفند ۵۹ (۴۲۷ روز بازداشت ـ بهداری زندان اوین)

روز بسیار سردی است و پهلوی راست من که به‌طرف پنجره است سرما خورده و درد می‌کند. یازده روز است که برای زندان سوخت نیاورده‌اند. سرمای شدیدی در ساختمان حکم‌فرما است و به‌شدت آزاردهنده است.

دختر مبارز سیاسی که دیشب آورده بودند برده‌اند تا بازجویی از او تمام و به جوخه اعدام سپرده شود. یکی از پاسداران به‌نام محمد که به من علاقه‌مند است به سلولم آمده و از اعدام‌های دیشب صحبت می‌کند. او فقط نام فامیل یک نفر از ده‌نفر را می‌داند. و او... اشکوری است که روحانی بود.

سه‌شنبه ۵ اسفند ۵۹ (۴۳۲ روز بازداشت ـ بهداری زندان اوین)

مدت چندماهی است که سه دختر از گروه تروریستی فرقان را به بهداری آورده و در اتاق شمارهٔ ۷ جا داده‌اند، گروه فرقان که تاکنون بیش از ده‌نفر را ترور کرده‌اند و قرار بود مرا هم ترور کنند. در زمان تیراندازی به من در اواخر تیرماه ۱۳۵۸ سرپرست گروه محافظ من چند گلوله خورد چون در اتومبیل جلو قرار داشت. به‌دلیل تیراندازی محافظان من دو نفر از افراد فرقان فرار کردند و یک نفر از آنها به‌نام علی‌محمد شیرین‌لو دستگیر شد که در یکی از سلول‌های انفرادی که من ۷ روز اوّل ورود به اوین را در آنجا گذراندم زندانی است. چند نفر از بچه‌های پاسدار که در زمان ورود من به زندان اوین یعنی در اوایل اسفند ۵۸ پاسدار آن واحد بودند و مرا دوست داشتند و احترام می‌گذاشتند، به من گفته بودند که ضارب من که یک پسر جوان گیلانی است، در سلول شمارهٔ ۷

در انتهای راهرو است، می‌خواهد مرا ببیند. من با کمک پاسدارها در زمان رفتن به دستشویی، پنجرهٔ سلول او را باز کردم و او را دیدم. جوان نسبتاً قدبلند وخوش‌سیمایی بود. از من عذرخواهی کرد و من به او گفتم که او را بخشیده‌ام و در اولین روز ورود به دادگاه، گذشت خودم را به اطلاع دادگاه خواهم رساند. خوشحال شد.

نام دو نفر از این سه دختر را یاد گرفته‌ام. در بهداری، سلول من جنب دستشویی و توالت است. این دخترها در زمان رفتن به دستشویی از پنجرهٔ کوچک در سلولم به من سلام می‌کنند و هفته‌ای یکی دوبار از غذایی که برای آنها از خانه می‌آورند برای من هم می‌آورند و از زیر در بشقاب را به داخل سلول من هُل می‌دهند. چندبار هم برایم میوه آورده‌اند زیرا می‌دانند که من ممنوع‌الملاقات هستم. رفتار آنها با من طوری است که انگار نمی‌دانند که گروه آنها مرا محکوم به مرگ و به طرفم تیراندازی کرده بود.

نکاتی چند از خاطرات

در دوران بازداشت نامه مفصلی به روزنامه‌ها نوشتم و ضمن دفاع از خودم ماجرای خدمات خود را در دولت موقت در سمت معاون نخست‌وزیر و سفیر در کشورهای اسکاندیناوی شرح دادم. از جمله نوشتم در زمانی که در سوئد بودم، دولت سوئد ۳ دقیقه وقت به من داد تا در تلویزیون صحبت کنم، ولی به آقای دکتر رضا براهنی اجازه داده شد تا ایشان نیم‌ساعت از آن تلویزیون استفاده کند. آقای براهنی بلافاصله مقاله‌ای نوشت و مرا به جاسوسی برای امریکا متهم کرد.[۱]

پس از دستگیری من و انتشار قسمت‌هایی از نامه‌های رسمی مبادله‌شده بین دولت ایران به امضای من و دولت امریکا در روزنامه‌ها توسط دانشجویان پیرو خط امام، کلیه سازمان‌های سیاسی کشور بدون هیچ تحقیق و مطالعه و برخلاف کلیه اصول انسانی و اخلاقی مرا و دولت موقت را امریکایی نامیدند و از اصطلاحاتی چون لیبرال، بورژوا، مدافع سرمایه‌داران، عامل «سیا» و پیرو سیاست گام به گام علیه ما استفاده و از عدم آگاهی مردم ساده‌دل ایران بهره‌برداری‌های بزرگی کردند. کار به آنجا کشید که حزب توده در روزنامهٔ **مردم**، ارگان خود نوشت که پس از تحقیق، کلیه مطالب منتشرشده از طرف دانشجویان را تأیید می‌کند و دکتر حبیب‌الله پیمان در مقالات متعدد در روزنامهٔ **اطلاعات** نوشت که هر مصیبتی که بر سر ایران آمده توسط همین لیبرال‌ها بوده است.[۲]

جالب و وحشتناک این بود که در اجتماع عظیم ملت ایران، گروه‌هایی که داعیه رهبری داشتند، از مدعیان خداپرستی تا منکران خدا، همگی غیر منصفانه و ناجوانمردانه، مردمان شرافتمند و خدمتگزاران ایران را این‌چنین مورد اتهام قرار می‌دادند.

دانشجویان پیرو خط امام دو عکس مرا به‌عنوان سند خیانت من منتشر کردند، این دو عکس یکی از مراسم میهمانی یک شرکت دریانوردی حمل کالا بود و در یکی از آنها من در کنار مدیر بین‌المللی آن شرکت که در حال نوشیدن نوشابه بود، بودم و من آب پرتقال می‌نوشیدم. در زیر

---

۱. این مقاله با عنوان «ساخت و پاخت با سولیوان مشت‌ها را بازکرده است» در روزنامهٔ **اطلاعات** به چاپ رسید. (نگاه کنید به ضمیمهٔ ۲۱)

آیت‌الله ربانی شیرازی نیز برای امیرانتظام پاسخ فرستاد. (نگاه کنید به ضمیمهٔ ۲۲)

۲. نگاه کنید به ضمیمهٔ ۲۳.

عکس شمارهٔ ۷ با زیرنویس «امیرانتظام همراه یک صهیونیست اسرائیلی» و عکس شمارهٔ ۸ با زیرنویس «امیرانتظام در میهمانی یدالله شهبازی (معاون هویدا)» در روزنامهٔ اطلاعات، ۲۲ اسفند ۱۳۵۸ به چاپ رسید.

در ذیل این دو عکس دانشجویان پیرو خط امام ضمن چاپ نامه‌ای امیرانتظام را مورد توهین و افترا قرار داده بودند.

عکس شمارهٔ ۷

عکس شمارهٔ ۸

این عکس نوشته بودند که امیرانتظام با یک عامل صهیونیسم مشغول میگساری است. در عکس دوّم من و آقای یدالله شهبازی معاون نخست‌وزیر وقت (هویدا) و همسرش و عده‌ای دیگر سر میز ناهارخوری در هتل اینترکنتیننانتال نشسته بودیم. آقای شهبازی پس از کناره‌گیری از سمتی که در نخست‌وزیری داشت به ریاست هیئت مدیرهٔ شرکت استارلاین که یک شرکت خصوصی بود انتخاب شده بود و در آن میهمانی، ایشان میهماندار بود و دیگران میهمان. این عکس‌ها در روزنامهٔ **اطلاعات** به چاپ رسید.

زندان اوین از ۵۸/۱۲/۲ تا ۱۳۶۰/۴/۷

در دوّم اسفند ۱۳۵۸ از بازداشتگاه دانشجویان پیرو خط امام به زندان اوین منتقل شدم. انتقال من به اوین توسط دو جوان ۱۸ و ۱۹ ساله با یک پیکان انجام شد و هردو نفر مسلح بودند.

زندان اوین در شمال غربی تهران در روی تپه‌ماهورهای دهکده‌ای به همین نام قرار دارد. وسعت آن بیش از یک میلیون متر مربع است که با دیوارهای مرتفع محصور شده است. در این محوطه با چندین ساختمان اختصاص به زندان‌های مختلف دارد که عبارتند از واحد ۳۲۵ پایین، واحد ۳۲۵ بالا، واحد ۲۰۹، واحد آموزشگاه و واحد آسایشگاه.

ساختمان‌های مربوط به تشکیلات زندان عبارت بودند از: ساختمان‌های اداری و حفاظتی، ساختمان دفتر مرکزی، ساختمان بهداری، ساختمان دادستانی.

پس از رسیدن به اوین، نخست مرا به ساختمان ۳۲۵ پایین بردند و در یکی از سلول‌های انفرادی ساختمان مرکزی جای دادند. ساختمان ۳۲۵ پایین محوطه‌ای است با دیوارهای بلند به مساحت تقریبی ده‌هزار مترمربع، در این محوطه سه ردیف ساختمان دربسته و محصور وجود دارد: یکی در ضلع شرقی که شامل دو ساختمان شمارهٔ ۵ و ۶ که هردو ساختمان دارای ۷ تا ۸ اتاق است. ساختمان مرکزی دارای ۱۶ سلول انفرادی است که معمولاً ۶ تا ۸ نفر را در هر سلول جا می‌دهند. ساختمان غربی شامل ده سلول انفرادی است که در آنها نیز ۶ تا ۸ نفر بسر می‌برند. دفتر رئیس واحد در ساختمان مرکزی این واحد قرار دارد.

صبح یک عدد نان و در حدود ۲۰ گرم پنیر و یک لیوان چای که در لیوان پلاستیکی ریخته شده بود به من دادند. به حکم اجبار قسمتی از آنها را خوردم. ساعت در حدود ۹ صبح پاسدار از دریچهٔ اتاق اعلام کرد که برای هواخوری آماده شوم. با همان لباس کفش‌هایم را پوشیدم. پاسدار مرا به داخل حیاط برد و گفت حق ندارم با کسی صحبت کنم. من هم یک مسیر را در طول حیاط انتخاب کردم و به‌سرعت مشغول راه‌رفتن شدم. پس از ده دقیقه پاسدار اعلام کرد که هواخوری پایان یافته است، وقتی از او سؤال کردم که چرا مدت هواخوری این‌قدر کوتاه است؟ پاسخ داد: تو شانس آوردی که روز اوّل به تو هواخوری داده‌اند. خدا را شکر کن که همین اندازه را می‌توانی استفاده کنی، بسیاری از زندانیان حق هواخوری ندارند.

دومرتبه به سلولم برگردانده شدم. برای رفتن به توالت و دستشویی باید پاسدار را صدا می‌کردیم، وقتی نوبت من شد پاسدار در سلولم را باز کرد و توالت را که در انتهای راهرو قرار داشت به من نشان داد و گفت بدون نگاه به اطراف داخل شوم. قبل از ورود لیوان پلاستیکی را برداشتم، با خود بردم و با شیر آب توالت آن را شستم. نزدیک ظهر یک بشقاب فلزی و یک قاشق رویی به من دادند، قبل از نهار موفق شدم آنها را با شیر آب توالت بشویم.

ظهر یک دیگ غذا برای زندانیان آوردند و آن را در زیر هشت[۱] قرار دادند و یکی از زندانیان که کار تقسیم غذا را به‌عهده داشت، غذا را تقسیم کرد و به هرنفر یک کفگیر و نیم غذا داد. بعد از ناهار یک لیوان چای دریافت کردیم. کیفیت غذا و چای بد بود.

یک هفته به‌همین‌ترتیب گذشت تا روز بهداری بند ما رسید و دکتر بهداری که خود زندانی بود به بند ما آمد و مرا نیز معاینه کرد. من هنوز سرگیجه و ضعف جسمانی داشتم. دکتر پس از ترک بند ما وضع جسمی مرا به رئیس زندان گزارش کرد و اجازه گرفت تا به بهداری اوین منتقل شوم. تفاوت سلول بهداری با سلول بند در این بود که تمیزتر بود. من از همان لباس‌ها که داشتم پس از استحمام استفاده کردم.

خانواده‌ام در سوئد بودند، پدر و مادر و برادرم در تهران فوت کرده بودند و سال‌ها بود که با اقوام پدر و مادرم به‌دلیل مسافرت‌های طولانی به‌خارج رابطه نداشتم، بنابراین در انتظار برای ملاقات نبودم. دوست بسیار عزیزی توانست اجازه ملاقات بگیرد و به دیدنم بیاید و برایم پول، لباس و حوله بیاورد. در آن ملاقات که با حضور یک پاسدار صورت گرفت از دوستم درخواست کردم که در اولین فرصت زن و فرزندان خود را بردارد و از ایران برود. چون هیچ‌گونه امنیت و تضمینی برای زندگی در ایران وجود ندارد و هرکسی می‌تواند مورد اتهام قرار گیرد و زندگیش برباد رود.

بعد از رفتن او تا نزدیک دوسال کسی به دیدنم نیامد. در تمامی طول سال ۱۳۵۹ نه ملاقات داشتم نه هواخوری. برای زنده و سالم‌بودن روزانه ۸۰۰ بار طول ۶ متری سلول را راه می‌رفتم و یک‌ساعت درجا می‌دویدم و از سلامت جسمی و روحی خوبی برخوردار بودم. چون در سلول در تمام مدت شبانه‌روز تنها بودم، به‌طور طبیعی مشغولیات فکری خوبی داشتم و آن هم این اندیشه بود. در دوران انقلاب سال ۱۳۵۷ از ۱۷ شهریور به‌بعد دائماً در این فکر بودم که حرکت انقلابی مردم ایران به‌دلیل نارضایتی‌های آنان از سال‌های پس از کودتای ۲۸ مرداد ۱۳۳۲ در چه شرایطی اوج گرفت و چگونه با اتحاد همه سازمان‌های سیاسی، ملی و مذهبی شاه مجبور به ترک کشور شد. چگونه ارتش متلاشی شد و سرانجام انقلاب به پیروزی رسید. به سال‌های گذشته زندگی خودم از نوجوانی، مبارزات آزادیخواهانه در دانشگاه، نهضت مقاومت ملی و

---

۱. به مکانی در زندان اطلاق می‌شود با وسعتی برابر ۶×۴ متر مربع که درب‌های ورود و خروج در آن قرار دارد.

سال‌های بعد از آن، تلاش‌های سال ۱۳۵۷، به‌خصوص همکاری با مهندس بازرگان و شورای انقلاب، وادارساختن دکتر بختیار به کناره‌گیری، رویدادهای پس از پیروزی انقلاب و مشکلات خدمت در دولت موقت و توطئه‌هایی که کار را بدینجا رسانید و.... سرنوشت خودم فکر می‌کردم.

پس از ۳۱ شهریور ۱۳۵۹ که عراق به ایران حمله کرد، شب‌ها برای جلوگیری از بمباران هواپیماهای عراقی از غروب آفتاب تا صبح هیچ چراغی روشن نبود و زندگی در تنهایی و تاریکی مشکل بود. مشکل دیگری که پیش آمد خاموش‌کردن دستگاه گرمایش مرکزی ساختمان بهداری بود که تحمل سرما از سویی و تاریکی و تنهایی از سویی زندگی را دشوارتر کرده بود.

در چند روز اول ورودم به بهداری با دکتر علی‌زاده دبیرکل حزب خلق مسلمان آشنا شدم، او مرد ضعیفی بود و با وجودی که به مرگ محکوم نشده بود بارها با صدای بلند می‌گریست و سجادهٔ نماز خود را در راهروی بهداری می‌انداخت و در آنجا به فرایض دینی می‌پرداخت و پس از هر نماز به‌شدت گریه می‌کرد واین شعر را به ترکی می‌خواند:

کِچْدی بَهارْ عُمرُمُوزْ ایتْ کُورِدَن گِچَرْکی مینْ[1]

در روز عید سال ۱۳۵۹ رادیو ایران نامه‌ای را به‌عنوان نامهٔ کارتر به آیت‌الله خمینی با صدای پرطنینی می‌خواند. گوینده با چنان لحنی نامه را می‌خواند که گویی کارتر توسط انقلاب ایران از اریکهٔ قدرت به زیر کشیده شده است. پس از چندبار قرائت نامهٔ فرضی کارتر در رادیو، کاشف به‌عمل آمد که نامه از طرف کارتر نبوده بلکه سازمانی آن را تهیه و برای گمراهی ایران به ایران فرستاده بود.

برنامهٔ ترور افراد از روزهای اوّل انقلاب توسط گروهی به‌نام «شاهین» که گفته می‌شد به یکی از گروه‌های سیاسی چپِ فعال در انقلاب وابسته بود، انجام می‌گرفت. افراد این گروه چند زن را که در مشروب‌فروشی‌های زمان شاه کار می‌کردند، دزدیدند و در بیابان‌های اطراف تهران کشتند. افراد دیگری نیز که ابتدا زندانی شده بودند و بعد آزاد شدند بلافاصله به‌دست گروه شاهین کشته شدند که عبارت بودند از: تقی روحانی گویندهٔ سرشناس رادیو و تلویزیون و سیدجواد ذبیحی مداح معروف. جسد ذبیحی در بیابان‌های تهرانپارس پیدا شد و جسد بی‌جان تقی روحانی در بیابان‌های غرب تهران. گفته می‌شد که تقی روحانی در آن ترور کشته نشد و سالیان درازی در حال اغما به‌سر بُرد.

در مدت ۵۵۰ روز که در بهداری زندان اوین به‌طور انفرادی در اطاقی دربسته بودم، مدت زمان خارج‌شدن از سلول برای استحمام و توالت برحسب خصوصیات پاسداران متفاوت بود، آنهایی که به من علاقه‌مند بودند چنددقیقه فرصت بیشتری می‌دادند و اخبار زندان را نیز به من

---

۱. بهار عمر من آنچنان گذشت مانند سگی که از تنبوشه تنگ عبور می‌کند و پوستش کنده می‌شود.

می‌گفتند و گاه‌گاهی نیز روزنامه در اختیارم قرار می‌دادند که برخی به‌دلیل درج مقالاتی دربارهٔ من، در زمان محاکمه و مدافعات بسیار برایم مفید بودند.

ـ [....] م

در بهار سال ۱۳۵۹ گروهی از صلیب سرخ جهانی از زندان اوین دیدن کردند. وقتی به سلول من رسیدند، رئیس گروه صلیب سرخ به دیدنم آمد و مدت ۲ ساعت بدون حضور پاسدار با من صحبت کرد و در بارهٔ خانواده و سرنوشت آنها پرسید. به او گفتم که همسر و فرزندانم در استکهلم هستند و هیچ تماسی با آنها ندارم و ممنوع‌الملاقات هستم. او به من گفت که به‌زودی به اروپا برخواهد گشت و در موقع بازگشت به ایران مرا از حال همسر و فرزندانم مطلع خواهد کرد. وی پس از دوماه بازگشت و باز هم در حدود ۲ ساعت با من به گفت‌وگو نشست و نامه‌ای را به من داد که در آن سازمان صلیب سرخ جهانی، سرپرستی خانواده‌ام را به‌عهده گرفته بود. پس از اطمینان‌یافتن از حال همسر و فرزندانم دربارهٔ آینده ایران با او صحبت کردم. جمله جالبی به من گفت که در اینجا عیناً ذکر می‌کنم. او گفت: «می‌دانی که تا آخرین روز عمر این رژیم در زندان خواهی بود؟» گفتم: «نه، نمی‌دانستم.» از آن پس تصمیم گرفتم تا پای جان مقاومت کنم و هرگز تسلیم نشوم.

روزی آیت‌الله قدوسی دادستان انقلاب وقت همراه با آیت‌الله جنتی از سلولم بازدید کردند و من بی‌توجه به آنها دراز کشیده بودم، آنها پیروزمندانه به من و سلولم نگاه می‌کردند و من با بی‌تفاوتی به آنها می‌نگریستم.

برای جاسوسی و کسب اطلاع از من، یکی از توابین مجاهدین خلق را به نام احمدرضا کریمی و تحت نام مستعار «عباسی» به بهداری منتقل کردند. من ساعتی پس از ورود او از نام واقعی و هدف از انتقالش به بهداری توسط یک پاسدار جوانمرد و وفادار آگاه شدم. عباسی برای شروع آشنایی با من، هنگام رفتن به توالت دریچهٔ کوچک سلولم را باز می‌کرد. چند روز را صرف این موضوع نمود و هربار که به دستشویی می‌رفت، سلامی می‌کرد و سپس به احوال‌پرسی می‌پرداخت. یک روز به‌دلیل اینکه در سلولم پس از بازگشت از دستشویی عمداً باز گذاشته شده بود و پاسدار آن را قفل نکرده بود، به آرامی به داخل اتاق خزید و خودش را یک زندانی سیاسی به‌نام عباسی معرفی کرد. او از حافظه و هوش سرشاری برخوردار بود، حوادث سال‌های گذشته را مانند اینکه هم‌اکنون اتفاق افتاده برایم نقل می‌کرد. خوشبختانه هیچ اسرار نهانی نداشتم که از او پنهان کنم و به‌همین‌دلیل نیز صادقانه آنچه را که به‌عنوان انجام وظیفهٔ رسمی در دولت موقت به‌عهده داشتم، برایش تعریف کردم. در طول مدت بیش از سه‌ماهی که او را به بهداری آورده بودند، همهٔ اتفاقات و وقایع سال‌های همکاری با نهضت مقاومت، نهضت آزادی و دولت موقت را برایش شرح دادم. «عباسی» آن‌چنان تحت تأثیر گفتار من قرار گرفت که من به او اطمینان کردم و نامه‌ای سرگشاده برای ابوالحسن بنی‌صدر رئیس‌جمهور نوشتم، وی آن را در

جلد کتاب جاسازی کرد و در ملاقات حضوری به‌دست همسرش داد تا آن را برای بنی‌صدر ببرد. همراه نامه دستورالعمل چگونگی تماس با بنی‌صدر را شرح دادم و همسر او کتاب را جمعه برد و شنبه به بنی‌صدر داد و نامهٔ سرگشاده‌ام در روز یکشنبه در صفحهٔ سوّم روزنامهٔ **انقلاب اسلامی** چاپ شد. هفته بعد از آن ۴۰ نامه برای مسئولان و روحانیان نوشتم و از آنان خواستم تا برای دفاع از حقیقت مسئلهٔ بازداشت غیرقانونی و ظالمانهٔ مرا منعکس کنند. چون نامه‌ها در حضور عباسی نوشته شده بود از او خواستم تا نامه‌ها را در جلد کتاب جاسازی کند. او این کار را با ظرافت و مهارت غیرقابل تصوری انجام داد. وی دستورالعمل تماس با بنی‌صدر را لای جلد کتاب نگذاشت و در حین ملاقات آن را به دست همسرش داد. در این هنگام یک پاسدار این نوشته را دید و مراتب را به مقامات زندان اطلاع داد و همسر عباسی دستگیر شد. من قبلاً از او پرسیده بودم که نامهٔ راهنمایی را به چه وسیله‌ای خواهد داد؟ گفته بود حضوراً به دست همسرش می‌دهد و من خطر این کار را به او گوشزد کرده بودم، لیکن او اصرار داشت حضوراً بدهد و گفته بود که هیچ خطری ندارد و بالاخره هم همین کار را کرد. شاید هم عمداً این کار را کرد. پس از توقیف همسرش او را هم از سلول بهداری بردند.

صبح زود هنگام خارج‌شدن از دستشویی با دو نفر از پاسداران مواجه شدم. آنها مرا رو به دیوار کردند و گفتند دست‌هایم را به دیوار تکیه دهم و بعد لباس مرا گشتند. من به‌شدت به آنها اعتراض کردم، زیرا نمی‌دانستم که دلیل این کار چه بود. آنها پس از وارسی لباس من، یک مخروط برزنتی را بر سرم گذاشتند که قادر نبودم جایی را ببینم، یکی از آنها که نامش «نظری» بود را شناختم. آنها پس از مدتی مرا داخل سلولی کردند و مخروط برزنتی را از روی سرم برداشتند. سلولی بود به ابعاد ۲/۶۰×۱/۵ متر که یک دستشویی و یک توالت فرنگی داشت. پنجره‌ای به ابعاد ۷۰×۶۰ سانتی‌متر در زیر سقف قرار داشت و از دسترس زندانی دور بود، به‌طوری که حتی با بالاپریدن هم دسترسی به پنجره امکان نداشت. این سلول از دو نقطه قابل کنترل بود. یکی از پنجره زیر سقف که از پشت‌بام کنترل می‌شد و دیگری از دریچهٔ کوچک روی درب سلول. یک پتوی سربازی در کف آن قرار داشت و سلول کثیف بود. پس از انتقال به محل جدید به پاسداران اعتراض کردم و خواستم که کچویی رئیس زندان را ببینم. پاسداران در سلول را بستند و رفتند. من به نظافت سلول پرداختم. پس از فارغ‌شدن از این‌کار، مشغول راه‌رفتن در آن فضای کوچک شدم. اولین بار بود که به یک چنین سلولی که دارای توالت فرنگی بدون حفاظ بود رفته بودم و از اینکه در زمان استفاده از آن مرا زیر نظر داشته باشند ناراحت بودم، ولی بالاجبار به آن عادت کردم. ظرف غذای من یک بشقاب فلزی با یک لیوان دسته‌دار پلاستیکی و یک قاشق رویی بود. لیوان و قاشق را با آب شستم، چون صابون یا مواد شوینده وجود نداشت.

بعدازظهر، کچویی به دیدنم آمد و در مقابل اعتراض من گفت: نامه می‌نویسی و به‌طور محرمانه از زندان خارج می‌کنی و نامه‌ات در روزنامه چاپ می‌شود. او برای اثبات حرف‌های

خود یک نسخه از روزنامهٔ **انقلاب اسلامی** یکشنبه قبل را که نامهٔ من به بنی‌صدر رئیس‌جمهور در آن چاپ شده بود به من داد. این نامه در صفحهٔ سوّم روزنامهٔ **انقلاب اسلامی** چاپ شده بود. بعد از رفتن او شخصی در سلول را باز کرد و داخل سلول، روی پتو نشست و بدون آنکه خودش را معرفی کند شروع به سؤال کرد. عمدهٔ سؤالات او دربارهٔ رابطه دولت موقت با دولت امریکا بود. من رابطهٔ رسمی بین دولت موقت با دیپلمات‌های امریکایی در تهران را به تفصیل توضیح دادم. او را نمی‌شناختم، مهم نبود. او از زندانبانان بود، اقدامات دولت موقت و ملاقات‌ها و مکاتبات رسمی بین امریکاییان و دولت موضوعی نبود که مخفی نگهداشته شود. همان شخص چند روز پیاپی به ملاقات من آمد تا حرف‌های من تمام شد، بعداً فهمیدم که او همان اسدالله لاجوردی است.

هم‌زمان با اخراج من از بهداری، کچویی دفتری را که برای نوشتن خاطرات روزانه‌ام از آن استفاده می‌کردم برده بود و مطالب آن را مطالعه کرده بود. آن دفترچه سفید و قلم را یکی از پاسداران زندان برایم آورده بود.

در سلول واحد ۲۰۹، هر روز یک‌ساعت صبح و یک‌ساعت بعدازظهر ورزش می‌کردم و ۲ساعتی هم صبح و عصر در آن محوطهٔ کوچک راه می‌رفتم. در مورد انتقالم از بهداری به این سلول هر روز به زندانبانان و کچویی رئیس زندان اعتراض می‌کردم و می‌خواستم کتابی برای مطالعه در اختیارم قرار دهند. بالاخره یک قرآن به من دادند.

یکی از برنامه‌های زندان، قرائت قرآن در ساعات مختلف روز یا شب با صدای بسیار بلند بود که گوش را بسیار آزار می‌داد. من ابتدا دلیل آن را نمی‌دانستم بعدها شنیدم که در زمان شکنجهٔ افراد، بلندگوها را تا آخرین درجه بازکرده و قرآن پخش می‌کردند تا سایر افراد در سلول‌ها صدای ضجهٔ زندانی در حال شکنجه‌شدن را نشنوند.

در طول مدت ۵۵۰ روز اقامتم در بهداری زندان، همیشه از نداشتن کتاب و روزنامه، ملاقات و هواخوری به مسئولان زندان اعتراض می‌کردم و آنها توجهی به اعتراضات من نداشتند. تعدادی از پاسداران و محافظان بهداری زندان نسبت به من علاقه و توجه ابراز می‌داشتند و هروقت که می‌توانستند روزنامه برایم می‌آوردند، به‌خصوص زمانی که روزنامه‌ها دربارهٔ من مقالاتی داشتند و یا به من توهین کرده بودند. من روزنامه را می‌گرفتم و حریصانه می‌خواندم و مطالب را به حافظه‌ام می‌سپردم و حتی روزنامه‌ها را دور نمی‌ریختم. یکی از افرادی که هرگز مرا ندیده بود، ولی همیشه و در همه جا محض رضای خدا به من فحش می‌داد و به انواع اتهامات مرا متهم می‌کرد، محمد منتظری فرزند آیت‌الله حسینعلی منتظری بود. او در فحاشی و متهم‌کردن دیگران استاد بود [...]. در آن زمان روزنامه‌ای به‌نام **پیام شهید** منتشر می‌کرد و تمامی مطالب او فحش و تهمت و ناسزا به دیگران بود... یکی از پاسداران که به من علاقمند بود، روزی برایم تعریف کرد که حجت‌الاسلام محمد منتظری دقیقاً کیست و در روزنامه‌اش چه می‌نویسد.

من از او خواستم چند شماره از روزنامه‌های او را که دربارهٔ من مقاله دارد برایم بیاورد. دو سه روز بعد چند نسخه از روزنامهٔ **پیام شهید** را به من داد. در این چند شماره **پیام شهید** آن‌قدر مطالب فتنه‌برانگیز و اتهامات کذب درج شده بود که وقتی آنها را خواندم از هیجان و اعجابی که به من دست داد، برافروخته شدم؛ خدایا مگر می‌شود به‌نام تو و به‌نام دین تو و به‌نام رسول تو چنین دروغ گفت و آن‌قدر اعمال مغرضانه و دور از ادب و حقیقت و انسانیت نوشت و مردم را آزار داد؟!

محمد منتظری از بدو تأسیس دولت موقت با شخص بازرگان و من به‌شدت عناد می‌ورزید و مطالبی نادرست و دور از حقیقت می‌نوشت و در سخنرانی‌هایش ما را امریکایی و مزدور و جاسوس امریکا می‌دانست.

برای ضبط در تاریخ معاصر ایران چند نمونه از کارهای او را در این‌جا نقل می‌کنم: در اسفند سال ۱۳۵۷ جلّود نخست‌وزیر لیبی بدون کسب اجازه یا دعوت دولت ایران به تهران آمد و چون ویزای ورود نداشت از فرودگاه به من تلفن شد و کسب تکلیف کردند. مطلب را با مهندس بازرگان نخست‌وزیر در میان گذاشتم، از چگونگی ورود او به ایران، آن هم بدون اطلاع دولت تعجب کرده، به مسئولان فرودگاه دستور دادم تا از پیاده‌شدن جلود و همراهانش جلوگیری کنند. مدت ۲۴ ساعت هواپیما در فرودگاه منتظر دستور باقی ماند. مراتب ورود بدون اجازهٔ جلّود به اطلاع روحانیان در قم رسید و آنان بدون مشورت با نخست‌وزیر دستور دادند که جلّود و همراهانش وارد شوند. جلّود پس از پیاده‌شدن از هواپیما مستقیماً به قم رفت، همهٔ امکانات از قبل توسط گروه محمد منتظری برایش فراهم شده بود. او مدت ۱۱ روز در قم ماند و سپس بدون اطلاع قبلی و گرفتن وقت برای دیدن نخست‌وزیر به تهران آمد. آقای بازرگان ابتدا با ملاقات او مخالفت کرد و پس از مذاکراتی به لحاظ حفظ روابط ایران و لیبی که روحانیان قم فوق‌العاده طالب آن بودند اجازه ملاقات در محل نخست‌وزیری داده شد. جلّود به‌اتفاق ۲۰ نفر مرد مسلح که گارد او را تشکیل می‌دادند، برخلاف همهٔ اصول و موازین دیپلماسی جهان متمدن، وارد نخست‌وزیری شد و به دفتر نخست‌وزیر آمد. من و دکتر ابراهیم یزدی معاون امور انقلاب نخست‌وزیر در آن زمان و دکتر مصطفی چمران در دفتر نخست‌وزیر حضور داشتیم. آقای نخست‌وزیر تصمیم گرفت درباره هیچ موضوعی جز معمای ناپدیدشدن امام موسی‌صدر در لیبی صحبت نکند. بنابراین پس از یک مقدمهٔ بسیار کوتاه مسئلهٔ امام موسی‌صدر را مطرح کرد؛ جلود جواب داد که امام موسی صدر با یک هواپیمای آلیتالیا لیبی را ترک کرده است. البته این خبری بود که رژیم سرهنگ قذافی آن را قبلاً هم اعلام کرده بود و صحت نداشت، چون هرگز موسی صدر به ایتالیا وارد نشده بود و هواپیمای آلیتالیا در لیست مسافران خود چنین مسافری را ثبت نکرده بود. چندبار نخست‌وزیر این سؤال را توسط دکتر مصطفی چمران که زبان عربی می‌دانست، پرسید و جلود هم همان جواب را تکرار کرد. مدتی وقت به سکوت گذشت. بالاخره

جلود خداحافظی کرد و رفت. او بدون اینکه دولت بداند برای چه به قم و تهران آمد و در تهران درکجا اقامت داشت، روز بعد ایران را ترک کرد.

در بهار سال ۱۳۵۸ که من هنوز معاون نخست‌وزیر بودم، روزی از فرودگاه به من تلفن شد که محمد منتظری همراه با عده‌ای چریک مسلح می‌خواهد با هواپیما تهران را ترک کند و مقدار زیادی وسایل عتیقهٔ گران‌قیمت با خود دارد. مسئله را با آقای نخست‌وزیر در میان گذاشتم. ایشان هم متحیر مانده بود که چه باید کرد، چون طبق قانون نه کسی حق داشت کشور را بدون اجازهٔ خروج ترک کند و نه اشیای عتیقه را همراه ببرد. نخست‌وزیر دستور داد تا اطلاع ثانوی از خروج او و همراهانش جلوگیری شود. من نیز این دستور را به مسئولان فرودگاه ابلاغ کردم. منتظری و همراهانش مدت ۲۴ ساعت در فرودگاه ماندند و در این فرصت در و دیوار فرودگاه را از پارچه‌هایی که در آن به من فحاشی شده بود و مرا عامل سیا نامیده بودند، پر کردند. تنها نیرویی که در اختیار دولت موقت بود، گروه چریکی دکتر چمران بود. ۲۴ ساعت این گروه در مقابل خروج محمد منتظری و همراهانش مقاومت کردند. احتمال درگیری مسلحانه میان آنان هر لحظه افزایش می‌یافت. اما عده‌ای از روحانیان در قم به نخست‌وزیر توصیه کردند که مانع خروج محمد منتظری و عتیقه‌ها نشوند. احتمال درگیری و خونریزی از سویی و اعمال نفوذ روحانیان قم از سوی دیگر، منجر به اجازهٔ خروج محمد منتظری، همراهان و اشیاء عتیقه شد.

پس از مدتی محمد منتظری با همراهانش بدون اجازهٔ ورود به تهران بازگشتند. دادستان شجاع تهران آقای شمس‌الدین شهشهانی دستور توقیف او را داد و منتظری به‌مدت ۲۴ ساعت توقیف شد. پس از ۲۴ ساعت آقای احمد صدر حاج سیدجوادی وزیر دادگستری وقت در دولت موقت محل کار آقای شهشهانی را عوض کرد و دادستان جدید تهران دستور آزادی محمد منتظری را صادر کرد.

به گفتهٔ آیت‌الله حسینعلی منتظری که در روزنامه‌ها چاپ شد و روزنامهٔ **کیهان** که آن را در صفحهٔ اول خود درج کرده بود، محمد منتظری دچار بیماری روانی بود. آیت‌الله منتظری پس از اظهارنظر دربارهٔ بیماری فرزندش از دولت موقت خواسته بود که قانون را دربارهٔ پسرش محمد منتظری اعمال کنند و در آن مورد رعایت ایشان را نکنند.[1] این دو نمونه از کارهای محمد منتظری و روحانیانی بود که از او پشتیبانی می‌کردند. هرگز معلوم نشد چه قدرتی، چه در داخل و چه در خارج امکانات لازم را برای این برنامه‌ها در اختیار او می‌گذاشت و به دستور چه کسی هواپیما در اختیار وی گذاشته شده بود؟ خلبان و افراد مسلح از چه ملیتی بودند؟ هواپیما متعلق

---

۱. آیت‌الله منتظری پس از دستگیری امیرانتظام در یک مصاحبه با روزنامهٔ **اطلاعات** پیرامون فرزند خود و امیرانتظام تصریح می‌کند که تا اتهام کسی در دادگاه ثابت نشود، کسی حق ندارد آبروی افراد را ببرد. (نگاه کنید به ضمیمهٔ ۲۴)

به چه کشوری بود؟ تاریخ به این سؤالات و پرسش‌های بی‌شمار دیگر که در جریان انقلاب و سال‌های بعد از آن پاسخ خواهد داد؟ او به جز من نسبت به بسیاری دیگر نیز عناد می‌ورزید از جمله مهندس بازرگان، دکتر یزدی، دکتر چمران و آیت‌الله دکتر بهشتی را امریکایی می‌دانست و پیرامون آنان مطالبی را در روزنامهٔ **پیام شهید** می‌نوشت که من در جلسهٔ شانزدهم دادگاه به تفصیل به آن پرداختم.

البته تنها محمد منتظری نبود که دولت موقت و شخص مرا متهم کرد، بلکه عدهٔ بسیار دیگری بودند که چه در لباس روحانیت و چه غیر روحانی آزادانه به ما می‌تاختند و خدمات ما را خیانت جلوه می‌دادند. از جمله حجت‌الاسلام مسیح مهاجری مدیرمسئول روزنامهٔ **صبح آزادگان**[1] و آیت‌الله مشکینی و نیز گروه‌های چپ مانند مجاهدین خلق و سازمان مجاهدین انقلاب اسلامی و روزنامه‌هایی از قبیل **صبح آزادگان**، **مردم**، **کار**، **چلنگر** و... که در انتشار مطالب کذب هم‌ردیف **پیام شهید** بودند. در اینجا نمونه‌هایی از این مطالب تحریک‌آمیز و مسموم‌کننده را ذکر می‌کنم:

مسیح مهاجری در یکی از شماره‌های روزنامهٔ خود نوشته بود که مهندس مهدی بازرگان با قاشق و چنگال طلا غذا می‌خورد. او خوب می‌دانست که این اخبار دروغ تا چه اندازه برای روح معصوم جوانان مسلمان کشور ما مسموم‌کننده است. در شماره‌ای از روزنامهٔ **صبح آزادگان** نوشته بود که مهندس امیرانتظام در میدان ونک کاباره و رقاص‌خانه‌ای دارد که شب‌ها در آنجا تنبک می‌زند!

در یک مورد دیگر مسیح مهاجری نوشته بود که امیرانتظام شرکتی دارد که پنج‌درصد سهام آن متعلق به دریادار احمد مدنی است و پنج‌درصد سهام مدنی پانصدمیلیون تومان است. به‌این‌ترتیب، کل سرمایه شرکت مورد ادعای حجت‌الاسلام مسیح مهاجری بالغ بر میلیاردها تومان بوده است!

آیت‌الله مشکینی بدون هیچ تحقیقی و بدون هیچ سندی دولت موقت را عامل امریکا و مزدور آن معرفی کرد.

روزنامهٔ **مردم** و **کار** و **چلنگر** نیز هرچه توانستند اتهامات دروغ به دولت موقت و شخص من نسبت می‌دادند، نمونه‌ای از مقالهٔ روزنامهٔ **کار** را در اینجا می‌آورم. این روزنامه در یکی از شماره‌های خود نوشت: امیرانتظام شرکتی دارد که در مدت یک‌سال ۲۰۰ کارخانهٔ آسفالت به ارزش ۶۰۰ میلیون تومان در تهران فروخته است درحالی‌که تا آن زمان تعداد کل کارخانجات اسفالت در تهران به دویست کارخانه نرسیده بود!

---

۱. مسیح مهاجری در آن دوران سرپرستی روزنامهٔ **صبح آزادگان** را برعهده داشت و در سنوات بعد به روزنامهٔ **جمهوری اسلامی** آمد.

در یکی از روزهای تابستان سال ۱۳۵۹ عده‌ای تحت عنوان شورای مرکزی سپاه پاسداران در سلول بهداری اوین به‌دیدنم آمدند و با نگاه‌های تحقیرآمیز و لحنی سرزنش‌آمیز از روابط با امریکا صحبت می‌کردند و دربارهٔ اعمال مستقلانهٔ حکومت داد سخن می‌دادند و می‌گفتند که کشور ایران تا چه اندازه خودکفا شده است. از آنها خواستم «خودکفایی» را معنی کنند، هرکدام چیزی گفتند که بی‌معنی بود. من خودکفایی را تعریف کردم و به آنها گفتم که یکی از افراد گروه را در نظر بگیرید و از خود سؤال کنید که با چه وسایلی سروصورت خود را اصلاح می‌کند؟ آیا دارای قیچی و ماشین اصلاح و تیغ ساخت ایران است و یا باید آنها را از خارج وارد کند؟ جوابی نداشتند. بعد دربارهٔ ماشین‌آلات تهیه پارچه و نخ و دکمه پرسیدم باز جوابی نداشتند. دربارهٔ ناخن‌گیر سؤال کردم، جوابی نبود. بعد از آنها سؤال کردم کشوری که هنوز این‌گونه وسایل اولیه زندگی را از خارج وارد می‌کند، آیا حق دارد خود را خودکفا بنامد و آیا سرنوشت موجودی که نخواهد از این وسایل استفاده کند جز زندگی سخت و بدوی چیز دیگری می‌تواند باشد؟ آنها جوابی نداشتند و مرا ترک کردند.

در یکی از شب‌های پاییز سال ۱۳۵۹ اسدالله لاجوردی به سلولم آمد و گفت صادق قطب‌زاده می‌خواهد تو را ببیند آیا موافق هستی؟ گفتم بله، گفت فقط برای ده‌دقیقه. و مدتی بعد همراه صادق قطب‌زاده و کچویی رئیس زندان اوین بازگشت. خودش و کچویی در پاشنه در سلول ایستادند، ولی قطب‌زاده به درون سلول آمد. من اتهامات کذب وارده بر خودم را برای او توضیح دادم. مذاکرات ما در حدود نیم‌ساعت به‌طول انجامید. قطب‌زاده هنگام رفتن گفت که مسائل حل‌شده و من تا آخر آذر ۱۳۵۹ از زندان آزاد خواهم شد. قول او را باور نداشتم، چون شواهد و ظواهر امر مغایر و مخالف گفتهٔ او بود و زمان نیز آن را ثابت کرد. قطب‌زاده برایم توضیح داد که در زمان تصدی او در وزارت خارجه به سوئد رفته و خانواده‌ام را ملاقات کرده است.

یکی از روزهای سال ۱۳۵۹ مجید معادیخواه که در آن وقت از زندان اوین بازدید می‌کرد به راهروی توالت بهداری که من در آن‌جا مشغول اصلاح سر بودم آمد، توسط سلمانی از حضور او مطلع شدم و نسبت به رفتار مسئولان زندان اعتراض کردم. او در جواب گفت: «پدرسوخته خفه شو!» با نگاهی تنفرآمیز به او نگریستم.

در زمستان ۱۳۵۹ دو نفر به نام‌های «شکرریز» و «سهرابی» به سلولم آمدند و شروع به بازجویی کردند. جملاتی را که برای مکالمه به‌کار می‌بردند بسیار زشت و قیافهٔ اخم‌آلود و برخوردشان زشت‌تر از سؤالاتشان بود.

شب ۲۶ اسفند ۱۳۵۹ شکرریز و سهرابی به سلولم آمدند و متن «کیفرخواست ۱۷ ماده‌ای» را به من دادند و گفتند که محاکمه من در دادگاه انقلاب، فردا ساعت ۷ صبح آغاز خواهد شد. قبل از ساعت ۷ صبح روز بعد، آماده شده بودم تا به دادگاه بروم. پاسداری دنبالم آمد و مرا به ساختمان دادسرای زندان اوین و سالنی که محاکمه در آنجا انجام می‌گرفت، برد. سالن دادگاه،

اتاقی بود به ابعاد تقریبی ۱۶×۸ متر که در قسمت شمالی آن میزی برای رئیس دادگاه و نماینده دادستانی و یک نفر حقوقدان قرار داشت و صندلی من در قسمت غربی و با فاصله‌ای حدود ۲ متر از میز رئیس دادگاه، گذارده شده بود. در قسمت شرقی اتاق و درست در مقابل صندلی من جایی را برای دستگاه‌های عکسبرداری و ضبط تلویزیونی آماده کرده بودند. تعدادی هم صندلی مخصوص تماشاچیان، شرقی غربی در مقابل میز ریاست دادگاه و با فاصله از آن چیده شده بود و محلی را نیز برای عبور و مرور در قسمت غربی سالن و در کنار صندلی من خالی گذاشته بودند.

ساعتی پس از ورود من به سالن دادگاه، آقای مهندس بازرگان با کیف دستی‌اش وارد دادگاه شد. من به احترام ایشان از جای خود بلند شدم. ایشان به سمت اولین ردیف صندلی‌ها و نیز نزدیکترین صندلی به من، آمده و پس از سلام و احوال‌پرسی، نشست. پس از ایشان نیز تماشاچیان وارد دادگاه شده و در روی صندلی‌ها قرار گرفتند.

پس از رسمیت‌یافتن دادگاه و قرائت آیاتی از کلام‌الله مجید، مهندس بازرگان به مدت ۳ ساعت پیرامون سوابق آشنایی من با ایشان از سال ۱۳۳۰ در دانشکدهٔ فنی دانشگاه تهران، فعالیت‌های سیاسی من در چهارچوب نهضت ملی و مسئولیت در دانشگاه و نیز مبارزات نهضت مقاومت ملی ایران، همچنین همکاری در نهضت آزادی ایران، به تفصیل صحبت کردند.

ایشان با نهایت صداقت دربارهٔ خدماتم در طول سال ۱۳۵۷ و در دولت موقت توضیحاتی داده و در پایان افزودند که اگر کسی باید به‌خاطر این خدمات شرافتمندانه محاکمه شود، ایشان (مهندس بازرگان) بر من اولویت دارند.[1]

آقای محمد محمدی گیلانی، رئیس دادگاه، در آخر جلسه اعلام کرد که دادگاه تا هشتم فروردین‌ماه ۱۳۶۰ تعطیل خواهد بود. من نیز قبل از پایان دادگاه از ایشان خواستم متن نامه‌هایی که مرا به استناد آنها متهم کرده‌اند، به من نشان بدهند تا بتوانم در جلسه بعد از خود دفاع کنم.

دومین جلسه دادگاه در روز ۸ فروردین‌ماه ۱۳۶۰ و بعد از تعطیلات نوروزی به ریاست آیت‌الله محمدی گیلانی در همان محل سابق تشکیل شد. مجتبی میرمهدی نمایندهٔ دادستانی و حسن میرفندرسکی عضو حقوق‌دان دادگاه نیز مانند جلسهٔ قبل حضور داشتند. در فاصله ۲۶ اسفند تا ۸ فروردین بدون در اختیارداشتن اسناد و مدارک اتهامات کذب مورد استفاده در کیفرخواست ــ علی‌رغم اینکه در جلسه اول آنها را خواسته بودم ــ و صرفاً از روی متن

---

۱. بعدها اطلاع یافتم که قرار بوده است به جهت ارعاب و تضعیف دولت موقت، در جو بسیار آشفته و در جریان درگیری‌های شورای انقلاب با بنی‌صدر رئیس‌جمهور وقت، مرا در روز ۲۹ اسفند ۱۳۵۹ اعدام کنند که تقدیر الهی چنین نبود. و بنا به درخواست آقای مهندس بازرگان جهت تشکیل یک هیئت سه‌نفری شامل دکتر بهشتی، آیت‌الله اشراقی و آیت‌الله یزدی و بررسی وضعیت من، این اعدام منتفی شده و به تشکیل دادگاه انجامیده بود.

کیفرخواست و برمبنای حافظه‌ام، مدافعات خود را در چهل صفحه تهیه و در دادگاه قرائت کردم.

در کیفرخواست بدون ذکر هیچ گونه دلیلی و یا استناد به مدرکی، متهم شده بودم که رابط دولت امریکا و دولت موقت بوده‌ام. من در این مدافعات، ضمن توضیح وظایف قانونی خودم در سمت معاونت نخست‌وزیر، چگونگی تماس‌هایی را که به‌طور رسمی و قانونی در دفترم واقع در نخست‌وزیری و در حضور همیشگی مسئولان دفتر، داشته‌ام را تشریح کردم و افزودم که دولت ایران در رژیم گذشته نزدیک به هزار و دویست قرارداد با امریکا داشته و تعداد کارشناسان امریکایی در تهران به حدود ۶۰ هزار نفر می‌رسید.

بنابراین ما در دولت موقت به‌واسطهٔ مسئولیت خود موظف بودیم که به این مسائل رسیدگی کنیم و امور مطروحه را با دولت امریکا مورد بحث قرار دهیم. بدین جهت حجم مکاتبات و ملاقات‌ها بسیار بود و بنا به تصمیم نخست‌وزیر آقای مهندس بازرگان، اکثر این ملاقات‌ها در نخست‌وزیری توسط من انجام می‌گرفت. همچنین به نامه‌هایی که به نخست‌وزیری می‌رسید، من پس از مطالعه و کسب نظر مهندس بازرگان، پاسخ می‌دادم و از طرف ایشان امضا می‌کردم.

مطالبی راکه من برای روشن‌شدن اذهان عمومی در دادگاه توضیح می‌دادم، ضمن اینکه بیان وقایع و حوادث دوران خدمتم در نخست‌وزیری و در سفارت سوئد بود، توضیح شرح وظایف قانونی یک معاون نخست‌وزیر، یک سفیر و یک نماینده ویژه رئیس دولت نیز قلمداد می‌شد. چراکه رئیس دادگاه یک روحانی بود که با کار سیاسی و حتی الفبای مکاتبات رسمی سیاسی، آشنایی نداشت و چنان‌که بعداً خواهیم دید، او و نمایندهٔ دادستان استفادهٔ متعارف رسمی از کلمه Dear (به‌معنی عزیز) را به داشتن روابط خصوصی با سفیر امریکا تعبیر می‌نمودند.

زهی تأسف که این ناآگاهی در مسند قضاوت موجب پایمال‌شدن حرمت شرافتمندان و خدمتگزاران و سلب اعتماد خادمان به کشور شده و این گونه موارد به‌قدری در دوران انقلاب رخ داده که جامعه به‌سوی انحطاط اخلاقی سوق داده شده، مردم بی‌اعتماد به مسئولان شده و شرافت، صداقت و خدمتگزاری افسانه گشته است.

پس از اتمام مدافعات چهل صفحه‌ای که در طی جلسات دوم و سوم قرائت کردم، نسبت به در اختیارنداشتن اسناد و مدارک اتهامی، کماکان معترض شدم. تا آنکه رئیس دادگاه دستور داد که آن اوراق را به من بدهند و دادگاه را تا اطلاع ثانوی تعطیل اعلام کرد.

من از روز نهم فروردین‌ماه، روزی دو نامه برای رئیس دادگاه می‌نوشتم و در تقاضای خود پافشاری می‌کردم. مکاتبات من تاریخ و شماره داشت. تا اینکه بعد از نزدیک ۱۵ روز در سلولم باز شد و آقایان شکرریز و سهرابی با چهره‌های بسیار تلخ خود، مقداری کاغذهای فتوکپی‌شده را به طرفم پرت کردند و رفتند. بلافاصله اوراق را جمع کردم و دیدم که قابل خواندن نیستند. نامه‌ای به آقای گیلانی نوشتم و به این موضوع اعتراض کردم. پس از چند روز مجدداً آن دو نفر با

رفتاری بسیار ناشایست به سلولم آمدند و به‌صورت توهین‌آمیزی مرا با خود بردند.

ما پس از خروج از ساختمان بهداری زندان به ساختمان دادسرای انقلاب رفتیم و در آنجا وارد اطاقی شدیم که کف آن یک پتوی سربازی انداخته شده بود. از من خواستند که بنشینم و سپس صفحه به صفحه اصل نامه مکاتبات بین دولت ایران و امریکا را در اختیارم می‌گذاشتند تا متن آنها را روی اوراق فتوکپی ناخوانای قبلی رونویسی کنم. این کار برای ۱۴۰ نامه چندین روز طول کشید و من هربار پس از بازگشت به سلولم و بسته‌شدن در آن، رو به آسمان می‌کردم و می‌گفتم: خدایا تو شاهدی تمام اتهاماتی که اینان به من زده‌اند، دروغ است. به من آنقدر آرامش عطا کن تا بتوانم بی‌آنکه عصبی بشوم، نامه‌ها را بخوانم، آنها را بفهمم و از شرف و حیثیت خود دفاع کنم.

آنگاه به خواندن نامه‌های انگلیسی مشغول شدم. هنگام مطالعه متوجه شدم که بعضی از کلمات و جملات کوتاه در نامه‌ها به‌طور عجیب و غیرطبیعی تکرار شده است. نامه‌ها را دوباره خواندم. موضوع روشن‌تر شد. بار سوم کاغذ و قلم برداشتم و لغات و جملات مشترک را یادداشت کردم. صفحه‌ای که آن جمله یا لغت در آن بود را نیز مورد دقت قرار دادم و به‌همراه تاریخ نامه‌ها، یادداشت کردم. پس از اتمام یادداشت‌ها، به‌دقت به آن مطالب نگاه کرده و جملات تکراری را شمردم. باکمال حیرت متوجه شدم در حقیقت جمله «امیرانتظام، خدا، خمینی، مردم و انقلاب را قبول ندارد.» تکرار شده و این مطلب به طرزی عجیب و مغرضانه در لابه‌لای نامه‌ها گنجانده شده است.[1] تعداد تکرار جملات یا لغات، بین ۳۰ تا ۳۲۵ بار بود. خدا را شکر کردم که چنین روحیه و قدرتی را به من ارزانی داشت تا با اعصابی آرام نامه‌ها را بخوانم و نکات تکراری را یادداشت کنم. هنگامی‌که برای بار چهارم نامه‌ها را می‌خواندم، جدولی تهیه کردم و هریک از جملات را در یک سطر نوشتم و در ستون‌های مقابل، تاریخ و شمارهٔ نامه‌ها را درج کردم، در ستون آخر نیز کل تعداد تکرار را محاسبه و خودم را برای دفاع در جلسه بعدی دادگاه آماده کردم.

در جلسه چهارم از رئیس دادگاه خواستم تا به من اجازه دهد مدافعاتم را تمام کنم. آقای گیلانی پاسخ داد که نوبت شما تمام شده است و اکنون نوبت نمایندهٔ دادستان است. من بدون توجه به حرف‌های رئیس دادگاه آنچه را که از نامه‌ها به‌دست آورده بودم، با صدای بلند در دادگاه بیان کردم. رئیس دادگاه دائماً فریاد می‌زد که سکوت کنم و اجازه دهم نماینده دادستان حرفش را شروع کند. لیکن من با وجود تذکرات آقای گیلانی نزدیک نیم‌ساعت سخن گفتم و پس از پایان آن، بر روی صندلی خود نشستم.

تمام‌شدن حرف‌هایم مصادف بود با تهدید آقای گیلانی که اگر سخنم را قطع نکنم، دستور

---

۱. متن سخنرانی سید محمد موسوی خوئینی‌ها در اجتماع مردم در مقابل لانه جاسوسی مندرج در روزنامهٔ **اطلاعات** در تاریخ ۹ دی ۵۸ تداعی‌کنندهٔ این مطلب است. (نگاه کنید به ضمیمهٔ ۱۰)

خواهد داد مرا «حد» بزنند. ولی من که فکر می‌کردم دیگر اجازهٔ صحبت‌کردن ندارم، مصرانه سخنم را تمام‌کرده و سپس نشستم.

سپس مجتبی میرمهدی در نهایت گستاخی، اتهامات کذب تهیه‌شده را تشریح کرد. از جملهٔ اتهامات این بود که من با یک زن خارجی به‌نام مونیکا حقانی ازدواج کرده و این خانم در بانک سپه شعبه محمودیه، میلیون‌ها تومان حساب پس‌انداز دارد و ماهیانه رقم زیادی را به‌نام بهره یا سود بانکی (که در اسلام حرام است!) دریافت می‌کند. با فریاد اتهامات بی‌اساس میرمهدی را در مورد مونیکا حقانی و اینکه اصلاً چنین شخصی را نمی‌شناختم، رد کردم و مصرانه از رئیس دادگاه خواستم نامه‌ای را که میرمهدی می‌خواند به من بدهد تا آن را ببینم. پس از اتمام مطالب کذب میرمهدی، آن اوراق را به من دادند و من دیدم که اسم من در آن اوراق وجود ندارد! درحالی‌که فریاد می‌زدم از رئیس دادگاه خواستم که حکم شرعی را دربارهٔ نمایندهٔ دادستانی به‌خاطر مطالب کذبی که در محضر دادگاه بیان کرده، اجرا نماید.

آنگاه نمایندهٔ دادستان مطلب تازه‌ای را طرح کرد مبنی بر اینکه من در صندوق پس‌انداز مازندران، حسابی ندارم! متن نامه جوابیهٔ بانک مسکن مازندران را از آقای گیلانی خواستم. آن را به من دادند و در آن نوشته بود که آقایان ذیل در این بانک حسابی ندارند! پس چگونه چنین چیزی را به‌عنوان اتهام من در دادگاه مطرح کرده بودند؟! نام من در کنار نام آقای بهروز اهوبیم و آقای ابراهیم خاکویی مدیرعامل شرکت جنرال ورهاوس آمده بود.

نام نفر اول که یک هموطن یهودی بود، اتهام یهودی‌بودن من و نام نفر دوم به‌عنوان مدیرعامل یک شرکت معظم، ثروتمندبودن و یا به‌عبارت رایج آن دوران مستکبربودن مرا تداعی می‌کرد. از هر وسیله‌ای در تخریب شخصیت من در افکار عمومی استفاده می‌کردند و من هم تلاش می‌کردم تا مانع تحقق چنین مقصودی شوم.

یکی از اتهامات دیگر من این بود که تمام خواربار ایران را به امریکایی‌ها داده‌ام! این اتهام عطف به نامه‌ای بود که آقای سولیوان پس از پیروزی انقلاب به دولت موقت و خطاب به من نوشته بود. او در این نامه از دولت خواسته بود تا موجودی خواربار و داروی انبارهای امریکایی در ایران را به‌عنوان هدیه بپذیرد. نخست‌وزیر ضمن تشکر، این پیشنهاد را نپذیرفتند و در عوض از آنان خواسته بود تا در صورت موافقت، نماینده‌ای را به سفارت امریکا معرفی کند و این اجناس و مواد غذایی خریداری شود.

در اتهام دیگری مطرح شده بود که من کل دستگاه‌های مخابراتی ایران را به امریکا داده‌ام! می‌گویند هرچه دروغ بزرگ‌تر باشد راحت‌تر باور می‌شود. داستان واگذاری کل سیستم مخابراتی ایران به امریکا از این قرار بود، شبی در اواخر اسفند ۱۳۵۷ حدود ساعت ۱۱ آقای سولیوان به اتفاق آقای جان استمپل به دفتر من در نخست‌وزیری آمده و طی نامه‌ای از دولت ایران تقاضا کرده بود، یک نفر نگهبان امریکایی را که در کیوسک نگهبانی ورودی شرکت خلیج واقع در

خیابان ضرابخانه توسط افراد انقلابی توقیف و پاسپورت او به همراه یک دستگاه تلفن نیز ضبط شده بود، آزاد و پاسپورت و تلفن او را پس بدهند. من طی یک تماس تلفنی آقای مهندس بازرگان را از خواب بیدار کردم و ایشان را در جریان قرار دادم. ایشان نیز دستور دادند که به هرصورت برای آزادی نگهبان اقدام کنم. ابتدا به کمیته مرکزی که توسط آیت‌الله مهدوی کنی اداره می‌شد، تلفن زدم. کمیته از دادنِ افراد کمکی جهت آزادکردن نگهبان توقیف‌شده خودداری کرد. به ستاد نیروی هوایی تلفن کردم و موضوع را با تیمسار ایمانیان درمیان گذاشتم. ایشان سوگند یاد کرد که فقط ۶ نفر از افراد گارد نیروی هوایی را در اختیار دارد و ۴ نفر از آنها را در اختیار من خواهد گذاشت. من نیز آنها را برای پیداکردن نگهبان امریکایی فرستادم. نزدیک صبح بود که به من گزارش دادند او را یافته‌اند و به سفارت امریکا همراه با پاسپورتش و دستگاه تلفن تحویل داده‌اند.

فردای آن روز، آقای سولیوان طی نامه‌ای از اقدام من برای نجات نگهبان امریکایی و پس‌دادن پاسپورت و تلفن تشکر کرد. او در نامه‌اش مطابق عرف نامه‌نگاری سیاسی مرا با استفاده از لغت Dear خطاب کرده بود و دادگاه آن را دلیل دوستی و روابط خصوصی بین من و سولیوان دانسته، تشکر وی را مبنی بر دریافت دستگاه تلفن رومیزی خود، واگذاری کل سیستم مخابراتی ایران به امریکا توسط من قلمداد نموده بود!

دیگر اتهام من چنین بود که دستگاه‌های مخابراتی استراق سمع کبکان را به امریکا داده‌ام. داستان از این قرار بود: در زمستان سال ۱۳۵۷ سولیوان به دفترم در نخست‌وزیری آمد و نامه‌ای را به من داد تا به نخست‌وزیر بدهم. در آن نامه از نخست‌وزیر درخواست شده بود تا دستور آزادی کارشناسان امریکایی در ایستگاه استراق سمع کبکان را صادر نماید. رژیم سلطنتی در اواخر دهه ۳۰ به امریکا اجازه داده بود تا دو ایستگاه استراق سمع در شمال ایران ایجاد نموده و توسط آنها از نقل و انتقال نیروهای اتحاد جماهیر شوروی به طرف جنوب، آگاه شود. این دو دستگاه یکی در بهشهر و دیگری در کبکان خراسان قرار داشت. کارشناسان امریکایی با استفاده از پیمانکاران محلی ایرانی کار بنای ساختمانی این ایستگاه را انجام داده و در حدود یک میلیون و شش صدهزار تومان به افراد محلی بدهکار بودند. اینان نیز در زمان انقلاب در بهمن‌ماه کارشناسان امریکایی را برای دریافت طلب خود به گروگان گرفته بودند. آقای بازرگان با پرداخت پول توسط سفارت امریکا و آزادکردن کارشناسان موافقت کرده و به من دستور دادند تا ترتیب انجام این کار را بدهم. من هم یک نفر را از نخست‌وزیری و یک نفر دیگر از دفتر دادستان کل کشور همراه هیئت امریکایی و مقدار پول مورد طلب که توسط سفارت امریکا تهیه شده بود را به کبکان فرستادم و آنها پس از پرداخت پول به طلبکاران، کارشناسان امریکایی را آزاد و به تهران آوردند. این کارشناسان همراه با دیگر کارشناسان امریکایی ایران را ترک کردند.

اتهام دیگر من این بود که امکانات فرار کارشناسان امریکایی را فراهم و آنان را از ایران خارج

کرده‌ام. استناد آنها به نامه‌ای بود که در آن من به هواپیمایی کشوری دستور داده بودم تا تحت نظارت کارشناسان بانکی، گمرکی و....، اقدامات لازم را جهت خروج هرچه سریع‌تر کارشناسان امریکایی فراهم سازند. آقای بازرگان نیز نمایندهٔ مخصوص نخست‌وزیری را در فرودگاه مهرآباد منصوب کرده بودند.

نمایندهٔ نخست‌وزیری شخصی بود به‌نام مهندس مسموعی که در زمان طرح این اتهام در دادگاه حاضر شد. او کلیهٔ اوراق صورت‌مجلس تحویل اسناد، نقشه‌ها و لوازم فنی امریکایی‌ها را در فرودگاه مهرآباد به همراه آورده بود. لیکن در بیرون دادگاه مدارکش توسط اسدالله لاجوردی توقیف و خودش مدت کوتاهی بازداشت شد.

اتهام دیگر من خارج‌کردن افراد رژیم سلطنتی از ایران بود. در زمانی که در سمت معاونت نخست‌وزیر مشغول کار بودم مسئولیت دادن اجازه خروج از کشور بعد از طی مراحل قانونی با من بود. به‌این‌ترتیب که تقاضاهای خروج از کشور به دفتر من فرستاده می‌شد و من آنها را به دفتر آقای دکتر ابراهیم یزدی می‌فرستادم. ایشان با توجه به لیستی که در اختیار داشتند نام افراد را کنترل و در صورت ممنوع‌الخروج‌نبودن به آنها اجازهٔ خروج می‌داد. دفتر من آن اجازه را در روی سربرگ نخست‌وزیری در اختیار متقاضیان قرار می‌داد. دولت تصویب کرده بود، یا با توجه به لیستی که در اختیار آقای دکتر یزدی بود اجازه خروج داده شود یا یکی از وزرا و یا یکی از روحانیان چنانچه موجه‌بودن اعمال متقاضی راگواهی می‌کردند، به آن شخص اجازهٔ خروج داده می‌شد و از این طریق برطبق مصوبات دولت به عدهٔ زیادی در دورانی که من در تهران و در سمت معاون نخست‌وزیر انجام وظیفه می‌کردم، اجازهٔ خروج داده شد. این اقدام قانونی از طرف دادگاه فراری‌دادن عمال رژیم شاهنشاهی تلقی شد.

اتهام دیگری که از اساس کذب محض بود همکاری من با امریکایی‌ها و دادن اطلاعات به آنها بود. همه می‌دانند که یکی از وظایف بسیار مهم و قانونی معاون نخست‌وزیر مذاکره با دیپلمات‌های خارجی است و من این وظیفه قانونی را به بهترین وجهی انجام دادم. به این معنی که هرگز چه در ایران و چه در خارج به‌تنهایی با دیپلمات‌ها ملاقات نکرده بودم. همیشه در ملاقات‌هایم عده‌ای از همکارانم حضور داشتند، به‌طوری که در اسناد شمارهٔ ۱۰ لانه جاسوسی امریکا گفته شده کلیه ملاقات‌ها با حضور عده‌ای دیگر انجام شده است و همه ملاقات‌ها صورت‌جلسه داشت که بعداً به اطلاع آقای نخست‌وزیر رسانیده می‌شد و در بایگانی محرمانه نخست‌وزیر بایگانی می‌شد.

مجتبی میرمهدی چند جلسه وقت دادگاه را گرفت و با ذکر تعداد زیادی از همین نامه‌های رسمی مبادله‌شده بین دو کشور ایران و امریکا تلاش می‌کرد تا ثابت کند که من (نماینده قانونی

دولت ایران در مذاکرات) در زمان مذاکره «سفرهٔ دل!» را برای نمایندهٔ امریکا باز کرده[۱] و مطالبی را به‌طور خصوصی به اطلاع سفیر امریکا و دیپلمات‌های او رسانیده‌ام. من با استدلالات محکم خود آن اتهامات را رد می‌کردم.

اتهام دیگر من همکاری با حزب توده بود، درحالی‌که در تمام عمرم هرگز نه‌تنها علاقه‌ای به همکاری با حزب توده نداشتم، بلکه همواره به‌دلیل همکاری با جبهه ملی ایران و نهضت ملی به رهبری دکتر محمد مصدق در صف مخالفان این حزب قرار داشتم. در شهادت فردی مجهول که هرگز برای من و دادگاه توضیح داده نشد، این موضوع مطرح شده بود.

اتهام دیگر، آشنایی و مشارکت تجاری من با شهرام پهلوی پسر اشرف پهلوی بود، دلیل آن هم این بود که شماره تلفن او در دفتر تلفن من قرار داشت! شهرام شرکتی داشت که مواد شیمیایی برای بتن وارد می‌کرد. من هم شرکتی داشتم که ماشین‌های بتن‌سازی را در ایران عرضه می‌کرد، وجود تلفن شهرام در دفتر تلفن من برای استفاده از مواد افزودنی بتنی او بود و شرکت من حتی یک‌بار هم از مواد شیمیایی که او نمایندگی‌اش را داشت استفاده نکرده بود.

اتهام دیگر خراب‌کاری در روابط ایران با دولت‌های سوریه، لیبی و فلسطین بود. این امر از آنجا شروع شده بود که از روز ۲۲ بهمن ۵۷ عوامل دولت‌های فوق و ایادی آنها در ایران شروع به اعمال نظر و دخالت کرده بودند. به‌عنوان مثال هانی‌الحسن کاخ شمس پهلوی را اشغال و در آن سکونت می‌کرد، جرج حبش بدون اجازه و روادید وارد ایران شده بود و در استان خوزستان به اقداماتی از جمله اشغال مرکز پلیس در شهر اهواز دست زده بود. جلّود نخست‌وزیر وقت لیبی بدون رعایت مقررات بین‌المللی با یک گروه مسلح چند ده‌نفری با هواپیما وارد فرودگاه مهرآباد شده و سفیر و اعضای سفارت لیبی در ایران دائماً در حال دخالت در امور ایران بودند و در بین گروه‌های چماقدار طرفدار خود پول خرج می‌کردند.

در مقابل این دخالت‌های غیرقانونی، من به‌عنوان یک فرد ایرانی مسئول در سمت معاونت نخست‌وزیر چه می‌باید می‌کردم؟ بدون شک باید جلوی نفوذ و دخالت آنها را می‌گرفتم، من هم همین کار را کردم و از دخالت آنها در امور داخلی ایران جلوگیری و ساختمان‌های اشغال‌شده توسط آنها را تخلیه کردم. این اقدامات باعث نارضایتی دولت‌های فوق و عوامل و انصار آنها در ایران به‌خصوص بعضی اشخاص در قم شد و برای من پرونده‌های خرابکاری در روابط ایران با آن کشورها را ساختند.

اتهام دیگر من دخالت در تعقیب سپرده‌های نقدی ایران در امریکا بود که بالغ بر یک میلیارد و ۳۰۰ میلیون دلار بود. دولت ایران در رژیم سلطنتی قراردادهای بسیاری در باره خرید سلاح از

---

۱. اصطلاحی که محمدی گیلانی برای موجه‌ساختن اتهام جاسوسی وضع کرده بود تا شامل آیاتی از قرآن نیز که وی با استناد به آنها امیرانتظام را مجرم قلمداد می‌کرد، قرار گیرد.

امریکا امضا کرده بود. یکی از مواد قرارداد دولت ایران را ملزم به سپردن یک میلیارد و پانصد میلیون دلار در حساب جاری خود در بانک منهتن نیویورک کرده بود. این حساب همیشه تا این مبلغ پر می‌شد و حداقل سقف آن در زمان استفاده از موجودی آن تا ۵۰۰ میلیون دلار بود. و به‌طور اتوماتیک از حساب فروش نفت ایران پر می‌شد. در بهمن ۱۳۵۷ موجودی این حساب ۵۰۰ میلیون دلار و حساب سپرده نیروی دریایی ایران بالغ بر ۸۰۰ میلیون دلار بود که جمعاً یک میلیارد و ۳۰۰ میلیون دلار می‌شد. در ملاقات‌هایی با هیئت مستشاران امریکا به سرپرستی ژنرال گست (Gust) من این نکته را مطرح کردم و قرار شد ایشان اقداماتی را در امریکا به‌عمل آورد تا این مبلغ به بانک مرکزی ایران انتقال یابد. تعقیب این موضوع از طرف من باعث دریافت عنوان «خیانتکار بزرگ» از طرف دادگاه انقلاب اسلامی شد.

به‌کارگیری لغت Dear (عزیز) که جزء لاینفک مکاتبات دیپلماتیک جهانی است، در نامه‌های سفارت امریکا و یا وزارت‌خارجه امریکا خطاب به من این تصور را در مخیلهٔ حاکم شرع و مقامات دادستانی انقلاب اسلامی به‌وجود آورد که حتماً سوابقی در آشنایی آقای سولیوان با من وجود داشته که او از این لغت در مکاتبات خود استفاده کرده است!

طرح انحلال مجلس خبرگان، اتهامی بود که در اصل حقیقت داشت لیکن هیچ‌گونه مدرک قانونی از من در اختیار دادگاه نبود. زیرا این پیشنهاد را من در جلسه‌ای به‌طور شفاهی مطرح کرده بودم و متن قانونی آن توسط دیگران نوشته شد و من صرفاً آن را در یادداشت‌های خود شرح داده بودم. تهیه این طرح باعث افتخار من بود و دلیل تهیه آن این بود که مردم در رفراندوم برای تدوین قانون اساسی به سه نکته رأی داده بودند: اوّل، بررسی قانون اساسی تهیه‌شده توسط دولت موقت و اصلاح و تأیید آن. دوم، بررسی و اصلاح آن در مدت یک‌ماه. سوم، بررسی و اصلاح آن می‌بایستی در مجلس مؤسسان مورد رسیدگی قرار گیرد نه مجلس خبرگان.

مجلس خبرگان برخلاف دستور کارِ قانونی آن ابتدا قانون اساسی تهیه‌شده توسط دولت موقت را کنار گذاردند و قانون اساسی جدیدی را خود تهیه کردند. دوّم در زمان تهیهٔ پیشنهاد انحلال مجلس خبرگان بیش از دو ماه از تشکیل آن می‌گذشت و هنوز مدتی وقت لازم بود تا تکمیل شود بنابراین دوره انجام آن را در مدت یک ماه نادیده گرفته بودند. سوم، مجلس خبرگان که تعداد ۶۰ نماینده داشت و بیشتر روحانی بودند انتخاب شد و مجلس مؤسسان که شامل نمایندگان مردم بود[1] کنار گذاشته شد.

کشور وضع نابسامانی به‌خود گرفته بود و روحانیان هیچ عجله‌ای برای اتمام کار خود

---

۱. مجلس مؤسسان که تعداد نمایندگان آن برابر تعداد نمایندگان مجلس شورا و مجلس سنا است و بنا بر تجربیات دوران رژیم سلطنتی تعداد نمایندگان آن بالغ بر حدود ۳۵۰ نفر می‌شد و طبق مقررات خاصی انتخاب می‌شدند. (امیرانتظام)

نداشتند. به‌همین‌دلیل من برای نجات از بلاتکلیفی و به‌دلیل تخطی و تجاوز از اختیارات تفویض‌شدهٔ ملت به مجلس و اعمال حاکمیت صددرصد روحانیون تصمیم گرفتم با پیشنهاد و تصویب این طرح به آن نابسامانی خاتمه دهم و کشور را [...] نجات دهم. این احساس من در آن تاریخ بود و با کمال تأسف گذشت زمان صحت نظریهٔ مرا تأیید کرد. کشور به روزی افتاد که همه شاهد آن هستیم.

اتهام دیگر من این بود که «به‌خدا، خمینی، انقلاب و مردم اعتقادی ندارم.» من یک فرد مسلمان و خداپرست هستم و به مردم کشورمان ایمان و اعتقاد دارم و حرکت طبیعی و ملی آنان را در جنبش و حرکت سیاسی سال‌های ۱۳۵۶ و ۱۳۵۷ تأیید و ستایش می‌کنم. من خود جزیی از مردم در حرکت‌های سیاسی سال ۱۳۵۷ بودم ولی اعتقاد راسخ دارم که کشورهای صنعتی جهان به رهبری امریکا ابتدا خود را در کنار انقلاب ایران قرار دادند، بعد سعی کردند با سوارشدن بر موج انقلاب و کانالیزه‌کردن آن هدایت آن را به‌دست بگیرند و در جهت اهداف خود سوق دهند.

من به دانش سیاسی و خرد کشورداری هیئت حاکمه اعتقادی نداشتم [...]، اما از دست افرادی چون من کاری ساخته نبود و امکان‌پذیر نبود در مقابل هرج و مرج و هیجانات ابتدای انقلاب راه منطق و بینش صحیح سیاسی را پیش گرفت و در مقابل قدرت بی‌حد و حصر عده‌ای، در جایگاه قانونی اما ضعیف دولت موقت ایستاد و به چاره‌جویی برای مشکلات گریبانگیر آن روز ایران پرداخت. من [...] هیچ اقدامی غیرقانونی به‌عمل نیاوردم و همیشه در چهارچوب قانون برای مسائل به‌دنبال راه‌حل بوده و هستم.

اتهام دیگر من عضویت و همکاری با ساواک بود. تنظیم‌کنندگان ظالم و خدانشناس [...] فقط درصدد بی‌حیثیت‌کردن من بودند و برای انتقام‌گرفتن از من که تهیه‌کنندهٔ طرح انحلال مجلس خبرگان بودم از هیچ اتهامی نسبت به من رویگردان نبودند. اما هیچ دلیلی را نیز نتوانستند ارایه کنند.

اتهام دیگر حیف و میل اموال عمومی بود که در دادگاه جداگانه سه‌بار در سال‌های متفاوت محاکمه و بالاخره از این اتهام تبرئه شدم.

من در چند جلسه تمام اتهامات دادستانی را رد کردم و ثابت کردم که در اسناد رسمی و نامه‌های مبادله بین دو کشور ایران و امریکا دست برده شده و جملاتی نامأنوس با متن اصلی نامه‌ها به آنها اضافه شده است تا دولت موقت و مرا متهم سازند. پس از اتمام مدافعات من، محمد منتظری اولین کسی بود که برعلیه من شهادت داد و به دادگاه گفت که مرا از روز ۲۲ بهمن ۵۷ افشا کرده و گفته است که من عضو «سیا» و رابط دولت موقت و دولت امریکا بوده‌ام. جالب بود که نوع اتهامات محمد منتظری در ابتدای انقلاب با مطالبی که ۹ ماه بعد و پس از اشغال

سفارت امریکا توسط دانشجویان پیرو خط امام مطرح شد، یکی بود! منتظری مرا یهودیی که سال‌ها قبل بهایی شده‌ام معرفی کرد. او گفت که پدر من به تبرک نام «عباس افندی» یکی از پیشوایان بهایی، نام مرا عباس گذاشته است و من بهایی هستم. او اضافه کرد که من «دشمن خدا، خمینی، انقلاب و مردم ایران» هستم. اینها همان اتهامات ساختگی و مضحکی بودند که در نامه‌های موجود در سفارت امریکا آورده شده بود و گیلانی هم با توجه به همین اتهامات ساختگی، ابتدا مرا به مرگ محکوم کرده بود و سپس با یک درجه تخفیف به حبس ابد غیرقابل تغییر محکوم شدم.

من در مدافعاتم در جواب به محمد منتظری از روزنامهٔ **پیام شهید** او که تعدادی از آنها را پاسداران بند به من داده بودند استفاده کردم. منتظری در این نشریه چنین نوشته بود:

«من (محمد منتظری) در تابستان سال ۱۳۵۸ که هواپیماهای عراقی به کردستان ایران تجاوز کردند به سفیر عراق در تهران تلفن کردم و از حملهٔ عراق به ایران و دولت موقت تشکر کردم و به سفیر عراق اطمینان دادم که چریک‌های تحت فرماندهی من آماده کمک به نیروهای عراقی برای سرنگونی دولت موقت امریکایی هستیم.»

من پس از قرائت متن فوق در دادگاه به‌طرف رئیس دادگاه برگشتم و درحالی‌که با دست منتظری را نشان می‌دادم فریاد زدم: آقای رئیس دادگاه و حاکم شرع، این است جاسوس و وطن‌فروش، حکم شرعی را درباره او اجراکنید. با فریاد من و مطالبی که گفتم دادگاه به‌هم ریخت و مدتی طول کشید تا آرامش برقرار شد.

پس از آرامش دادگاه ابتدا شمارهٔ روزنامهٔ **پیام شهید** را که با دست بلند کرده بودم به جمعیت حاضر در دادگاه نشان دادم و دوباره قسمتی از آن را خواندم. محمد منتظری در مقاله‌ای نوشته بود که:

«محمدحسین بهشتی» جاسوس «سیا» و «موساد» است چرا باید متولی انقلاب باشد» دومرتبه دادگاه متشنج شد و من بقیهٔ شماره‌های روزنامهٔ **پیام شهید** را به دادگاه دادم.

پس از شهادت محمد منتظری، مجید معادیخواه در جایگاه شهادت قرار گرفت و عیناً اتهامات محمد منتظری را درباره من در دادگاه تکرار کرد. او گفت: «تک‌تک کارهای امیرانتظام خوب است ولی مرده‌شوی ترکیب او را ببرد...» معادیخواه از این امکان استفاده کرده و بیشتر به توهین و منازعه با مهندس بازرگان پرداخت.

جلال‌الدین فارسی هم مقاله خود به نام «امیرانتظام و کاتم» را به‌عنوان شهادت‌نامه تسلیم دادگاه کرد که من نیز آن را به‌صورت مکتوب پاسخ گفته و در دادگاه خواندم. او کار افتخارآمیز مرا در سپردن نامهٔ سرگشادهٔ اعتراض نهضت مقاومت ملی به ریچارد کاتم، دربارهٔ کودتای ۲۸ مرداد خدمت به امریکا و ارتباط با آنها دانسته بود.

در ادامه مدافعاتم تمامی اتهامات منتسبه از طرف نمایندهٔ دادستان مجتبی میرمهدی را رد

کردم و پس از اتمام دفاع در هر موضوع مورد اتهام فریاد می‌زدم که این اتهام نیز به زباله‌دانی تاریخ ریخته شد. بدین‌ترتیب کلیهٔ اتهامات را رد کردم و با وجود اینکه هر روز گیلانی و سایر اعضای دادگاه مرا به مرگ تهدید می‌کردند، من همچنان آرام و خونسرد بودم و مرگ را به مسخره می‌گرفتم.

مجتبی میرمهدی نمایندهٔ دادستان پس از این‌که من کلیهٔ اتهامات را رد کردم مرا با دلایل زیر به خیانت به کشور و جاسوسی متهم کرد. او گفت: «در سفارت امریکا اسنادی پیدا شده است که طی آنها سیمون فرزامی جاسوس امریکا بوده است.»

«در سفارت امریکا اسنادی پیدا شده است که طبق آن اسناد حمید جرائدی جاسوس امریکا بوده‌است.»

«در سفارت اسنادی پیدا شده است که طبق آنها شهردار منتصب دریادار مدنی برای پسرعمهٔ خود تقاضای ویزای امریکا را کرده، پس دریادار مدنی جاسوس امریکا است.»

«پس بنابراین عباس امیرانتظام نیز جاسوس امریکا است.»

من پس از شنیدن آخرین دلیل مجتبی میرمهدی نماینده دادستان انقلاب به‌شدت روی دسته صندلی کوبیدم و فریاد زدم:

گنه کرد در بلخ آهنگری　　　به شوشتر زدند گردن مسگری

گفتم چشم فقهای اسلام روشن که پس از ۱۴ قرن چنین کیفرخواستی آن هم از طرف رژیم اسلامی صادر شده است و بعد ادامه دادم که خمینی تو زنده‌ای و در زمان حیات و رهبری تو دادستانی انقلاب رژیم مذهبی چنین گستاخانه اتهاماتی را برعلیه من که یک شهروند ایرانی و مسلمان هستم، وارد کرده است.

سپس به تفضیل به بحث درباره چهار مورد اتهام فوق پرداختم و ثابت کردم چنین دلایلی برای واردکردن اتهامی به این بزرگی، بی‌محتواست و باعث واردشدن ضربات سخت به حیثیت اسلامی رژیم خواهد شد.

در جلسهٔ بعدی هادی غفاری برعلیه من شهادت داد و همان موارد از اتهامات کذب دادستانی انقلاب راکه من قبلاً آنها را رد کرده بودم دومرتبه تکرار و محمدی گیلانی حق آخرین دفاع را از من سلب کرد، بنابراین من نتوانستم اظهارات مغرضانهٔ هادی غفاری را دومرتبه رد کنم.

در طول جلسات دادگاه دکتر ابراهیم یزدی و مهندس محمد توسلی حجتی نیز در دفاع از من شهادت دادند. البته شهادت این دو نفر از آقایان قبل از شهادت مغرضانه هادی غفاری انجام شد.

پس از اتمام جریان دادگاه، دادگاهی که حق داشتن وکیل، حضور هیئت منصفه و انجام آخرین دفاع پس از اتهامات ظالمانهٔ هادی غفاری را از من سلب کرده بود، وارد شور شد.

گیلانی قبل از اعلام اتمام دادگاه برای [...] مردم ایران گفت: «امیرانتظام از حالا تا آخر عمرش در زندان حق دارد هرچه را که لازم می‌داند دربارهٔ اتهامات وارده بر خودش برای من بنویسد و

من رسیدگی خواهم کرد. من [...] پی بردم و بلافاصله تقاضای یک دقیقه وقت کردم و گفتم: «من تمام مطالب خود را در مورد دفاع از اتهامات کذب در دادگاه بیان کردم و دیگر چیزی به دادگاه نخواهم نوشت.»

من بر این باور بودم که گیلانی می‌خواهد پس از اتمام دادگاه اعلام کند که امیرانتظام اعتراف کرده و اتهامات را پذیرفته است به‌همین‌دلیل من اضافه کردم که: «هم‌اکنون هر نوشته‌ای راکه به نام من بعدها منتشر شود، تکذیب می‌کنم.»

چند روز پس از اتمام جلسات دادگاه در ساعت ۷ بعدازظهر روز چهارشنبه ۲۰ خرداد ۱۳۵۹ چندنفر به دفتر بهداری اوین آمدند و من را با دادن رسید قرمز تحویل گرفتند. بعدها فهمیدم که آنها اعضای جوخه اعدام بودند و من با کت و شلواری که در دادگاه می‌پوشیدم و با کیف‌دستی «سامسونایت» خودم همراه آنها رفتم. آنها مرا به ساختمان دادستانی انقلاب در شمال ساختمان سالن ملاقات اوین بردند. سپس به طبقه سوّم که دفتر اسدالله لاجوردی در آن قرار داشت برده و در روی نیمکت خارج از دفتر اسدالله لاجوردی نشاندند و چشمهایم را باز کردند. پس از مدتی مرا به سالن محاکمات که در آن محاکمه شده بودم بردند و در روی صندلی متهمان نشاندند. پس از نشستن به سالن نگاه کردم چند نفری حضور داشتند و پس از من عده‌ای از کارمندان زندان اوین در سالن حاضر شدند.

اسدالله لاجوردی در طرف راست من به دیواری تکیه داده بود و تماشا می‌کرد. مرد جوانی که تا آن تاریخ او را ندیده بودم به‌عنوان مسئول روابط عمومی زندان اوین در پشت میز ریاست دادگاه جای گرفت و دستگاه تلویزیونی که در تمام مدت در دادگاه فیلم تهیه می‌کرد دومرتبه به‌کار افتاد و از من تصویر گرفت.

من هنوز نمی‌دانستم که چرا به آنجا برده شده‌ام. مسئول روابط عمومی اعلام کرد که می‌خواهد رأی دادگاه را در بارهٔ من بخواند. سالن ساکت بود. او پس از انجام تشریفات و ذکر یاد خدا متن حکم را قرائت کرد. در اولین سطر گفته شده که این حکم پس از اعترافات صریح متهم صادر شده است. من بلافاصله فریاد زدم: «دروغ می‌گویید، متهم می‌کنید» رئیس روابط عمومی به من گفت که سکوت کنم و در آخر جلسه به من هم وقت خواهند داد حرف بزنم. من اطمینان داشتم که دروغ می‌گوید و پس از اتمام قرائت حکم به من مجالی برای صحبت نخواهند داد، به‌همین‌دلیل پس از هر جمله‌ای که حاکی از «اعترافات صریح متهم» بود، فریاد می‌زدم «دروغ می‌گویید، متهم می‌کنید».

در طول قرائت ۱۸ صفحه حکم صادره، من بارها عبارت فوق را با صدای بلند تکرار کردم. پس از اتمام قرائت حکم از آن جایی که با توجه به قراین مختلف، تصور می‌کردم که برایم حکم اعدام صادر شده به هیجان آمده و آخرین جمله را مبنی بر حبس ابد نشنیدم، بنابراین صورتم را به‌طرف اسدالله لاجوردی دادستان انقلاب برگرداندم و با صدای بلند فریاد زدم: «من امشب به

عالم ملکوت پرواز خواهم کرد ولی تو [....].». البته به من فرصت داده نشد که صحبت کنم، بلکه حکم در جلوی من گذاشته شد تا آن را امضا کنم.

من حکم را امضا نکردم بلکه به آن اعتراض کردم و جمله زیر را در ذیل حکم نوشته و آن را امضا کردم. در زیر حکم نوشتم: «من کلیه کسانی راکه در جریان دادگاه ظالمانه شرکت داشتند و در نوشتن رأی غیراسلامی و انسانی شرکت داشتند به محاکمه در پیشگاه الهی دعوت می‌کنم.»

در اینجا جلسات دادگاه من به‌پایان رسید.

پس از اتمام قرائت حکم و محکوم‌کردن من به حبس ابد غیرقابل تغییر جلسه پایان گرفت و به همراه محافظانی که مرا از بهداری اوین آورده بودند دومرتبه به آنجا هدایت شدم. پس از انجام مراسم تحویل و تحول، مسئول گروه محافظان بهداری مرا بغل کرد و زارزار گریست. دلیل گریستنش را پرسیدم، گفت تو نمی‌دانستی که چه کسانی تو را تحویل گرفتند، آنها گروه «جوخه اعدام» بودند وخدا را شکر که تو سلامت بازگشتی. از احساسات صادقانه‌اش تشکر کرده و جریان قرائت حکم و مراسم آن را برایش تعریف کردم.

چند روز پس از مراسم قرائت حکم پاسداری به سلولم در بهداری آمد و گفت با کلیه وسایل همراه او بروم. می‌خواستند مرا به بند عمومی منتقل کنند. من که به زندگی در سلول انفرادی خو گرفته بودم، مقاومت می‌کردم که نروم. مسئول بهداری که پزشک بود به سلولم آمد و به من اصرار و تأکید کرد که سلول انفرادی را ترک کنم و به میان سایر زندانیان بروم. بالاخره با اصرار او از بهداری رفتم و به بند عمومی منتقل شدم.

ضمائم

ضمیمهٔ ۱

دلایل ارتباط امیرانتظام با «سیا»

عباس امیرانتظام، به اتهام همکاری با سازمان جاسوسی امریکا «سیا» و ارتباط با امریکا دیروز، از سوی دادستان کل انقلاب بازداشت شد.

به‌دنبال افشاگری دانشجویان پیرو خط امام، دربارهٔ «عباس امیرانتظام» معاون سابق نخست‌وزیر دولت موقت و سفیر جمهوری اسلامی ایران در سوئد و نقش وی در ایفای رابطه بین ایران و امریکا که در اخبار سراسری صداوسیمای جمهوری نیز پخش شد، خبرگزاری پارس در تماس با یکی از دانشجویان پیرو خط امام کسب اطلاع کرد: انتظام از همان اوایل انقلاب، نقش رابط بین ایران و امریکا را برعهده داشته و اسنادی که به‌وسیلهٔ دانشجویان پیرو خط امام به‌دست آمد حاکی است که وی با توجه به داشتن چنین نقشی اظهار تمایل کرده است که در کشور سوئد ظاهراً با عنوان سفیر ادامه خدمت دهد و در حقیقت راحت‌تر بتواند نقش خود را در ارتباط با امریکا ایفاء کند.

دانشجویان پیرو خط امام همچنین به خبرگزاری پارس گفتند: که اسناد و مدارک زیادی حاکی از ارتباط دائم عباس امیرانتظام با امریکا به دست آمده است که به‌زودی در اختیار مطبوعات و رسانه‌های گروهی قرار خواهد گرفت.

عباس امیرانتظام پریروز به تهران آمده بود و به‌قرار اطلاع، هم‌اکنون در بازداشت به‌سر می‌برد.

همکاری با «سیا»

دوتن از دانشجویان مسلمان پیرو خط امام دیشب در یک برنامهٔ تلویزیونی با ارائهٔ اسناد و مدارکی اعلام کردند عباس امیرانتظام سخنگوی دولت موقت سابق و سفیر ایران در سوئد با سفارت اشغالی امریکا و «سیا» همکاری داشته و مقدمات مبادله اطلاعات بین دو کشور را فراهم می‌آورده است. یکی از دانشجویان در این مورد اعلام کرد:

با انقلاب ایران و نابودی رژیم منفور محمدرضای خائن همیشه برای متوقف‌ساختن انقلاب ما سعی می‌شده است. به‌خصوص از طرف امریکا، چون در جریان انقلاب ایران بزرگ‌ترین ضربات به این کشور وارد شده و بزرگ‌ترین پایگاه خود را از دست داده بود و از آن بیم داشت که ملت‌های محروم و مستضعف به حکومت برسند.

وی افزود: امریکا به فکر جبران افتاده و برای تضعیف انقلاب ایران سعی داشت به هر طریقی که میسر است سیل خروشان انقلاب ما را متوقف سازد.

امریکا برای تحقق این هدف شوم خود به هر وسیله‌ای متوسل می‌شود، به‌هرنقشی دست

می‌زند و سعی برآن دارد که با وسیله‌ای یا طریقی وضع را به جایی بکشاند که صهیونیزم رابطه دوجانبه داشته باشد.

رابطه‌ای که «برگردند به زمانی که گذشت یعنی زمان شاه خائن»، زمانی که یک قانون در ایران وجود داشت و دست به هر جنایتی می‌زد. ایران این مملکت غنی را به قبرستانی تبدیل کردند و در طول حاکمیتش قبرستان‌ها را آباد کرده و روستاها و دشتستان‌های ما نابود شد. امریکا در این میان هیچ قانون بین‌المللی را رعایت نکرد. امریکا از سفارت خودش برای اهداف شوم خود استفاده کرد و محل سفارت تبدیل به پایگاه توطئه‌ای برعلیه انقلاب ایران شده بود. و تحت لوای فعالیت‌های دیپلماتیک به جاسوسی می‌پرداخت. زمانی که این مسئله برای ملت ما روشن شد و مشخص گردید که هرگونه توطئه از جانب امریکاست و امام نیز بارها فریاد زد و دانشجویان پیرو خط امام توانستند با تکیه به اراده ملت و نیروی اراده و ایمان این جاسوسخانه را تصرف کنند، سعی ما برآن بوده است که به نحوی جنایات و توطئه‌های امریکا در ایران را نشان دهیم نشان دهیم که امریکا به چه طریق توطئه می‌کرده است و اسناد همه‌جایی[1] از چگونگی انجام توطئه‌هاست.

اسناد مربوط به امیرانتظام

اسناد به‌دست‌آمده نشان می‌دهد که امریکا به چه طریق و توسط چه‌کسانی موفق به انجام توطئه می‌شده است و سندهای به‌دست‌آمده نشان‌دهنده واقعیات به ملت است.

سندهایی که اخیراً به دست آمده است مربوط به فردی است به‌نام «عباس امیرانتظام». شخصی که معاون نخست‌وزیر دولت موقت جمهوری اسلامی بود و در مردادماه گذشته به‌عنوان سفیر دولت در سوئد منصوب گردید. اسناد به‌دست‌آمده همه مربوط به رابطه ایشان با این سفارت و به عبارتی با امریکا بود که براساس احساس مسئولیتی که ما داشتیم و دینی که نسبت به ملت خود احساس می‌کنیم باید افشاء کنیم. همان‌طوری که بارها گفتیم امریکا برای انجام توطئه‌هایش از دو پایگاه سرمایه‌داران و روشنفکران استفاده می‌کرد. این دو پایگاه رکن اساسی حاکمیت امریکا در ایران بود و اسناد منتشرشده همه حاکی از این واقعیت است. روغنی‌ها، مراغه‌ای‌ها و درخشش‌ها همه افرادی هستند که در یکی از این دو خط قرار می‌گیرند.

در شرایطی که امام بارها هشدار داده بودند، گفته بودند که ما رابطه با امریکا را برای چه می‌خواهیم، باید این رابطه قطع بشود و از طرفی گفته بودند همه توطئه‌ها زیر سر امریکاست و به دانشجویان طلاب و علوم دینیه و دانش‌آموزان گفته بودند که حملات خود را نسبت به امریکا بیشتر کنید، در شرائطی که موضع امام نسبت به امریکا چنین است، ما دیدیم که عناصری سعی

---

۱. اشتباه چاپی از روزنامهٔ **اطلاعات** است. بخوانید حاکی

دارند که با امریکا رابطه برقرار کنند. سعی دارند که هدف شوم امریکا تحقق یابد و شاید امریکا بتواند موجب شود که دوباره وضع مانند زمان شاه گردد، ولی ارادهٔ ملت، هدایت امام و مکتب راستین و روشن اسلام مانع این کار است. ما امیدواریم که در برنامه‌های آینده نیز بتوانیم به‌طور روشنی اسناد را ارائه دهیم. پس از آن یکی دیگر از دانشجویان پیرو خط امام به افشاگری پرونده‌های به‌دست‌آمده پرداخت و گفت:

در جاسوس‌خانه امریکا مدارکی درباره آقای عباس امیرانتظام به‌دست آمده که امشب مقداری از مفاد این اسناد را به اطلاع ملت ایران می‌رسانیم و در برنامه‌های آیندهٔ نزدیک انشاءالله اسناد مشروح‌تری را توضیح خواهیم داد.

در یکی از اسناد، تفسیری در مورد آقای عباس امیرانتظام به چشم می‌خورد که متن آن به شرح زیر است:

«توصیف کاردار بروسن از امیرانتظام به‌عنوان یک شخص باهوش و نمایندهٔ بسیار ماهر دولت ایران در سخن‌گفتن کاملاً صحیح است. انتظام در حقیقت علاقه به ادامه تماس با امریکا را دارد و به‌نظر می‌رسد خالصانه می‌کوشد تا دوباره روابط دوجانبه خوبی بین ایران و امریکا برقرار کند. سفارت گفت‌وگو با امیرانتظام را در حد امکان ادامه خواهد داد.»

این نشان‌دهنده آن است که امیرانتظام علاقه به ادامه تماس با امریکا را دارد و تلاش او این است که روابط دوجانبه مجددی بین ایران و امریکا برقرار شود.

در سند دوم نقش «سیا» ظاهر می‌شود. «سیا» از کاردار امریکا در استکهلم می‌خواهد که به انتظام اطلاع دهد که ما حاضریم تبادل اطلاعات بعد از دهم سپتامبر انجام بشود. این سند نشان‌دهنده آن است که امیرانتظام قبلاً تقاضای چنین کاری یعنی تبادل اطلاعات را کرده که از طرف «سیا» اطلاع داده می‌شود حاضرند این تبادل اطلاعات پس از دهم سپتامبر انجام گیرد.

در سند سوم هدف امریکا و هدف‌هایی را که امریکا عمدتاً با ارتباط با این افراد دنبال می‌کرده است دقیقاً مشخص می‌کند.

در این سند آمده است ما فکر می‌کنیم که در ملاقات‌های اولیه تا جایی‌که ممکن است طوری وانمود کنیم که ما را از آشوب‌های داخلی دولتی و کشوری ایران مبرا سازند. البته این کار مشکل خواهد بود ولی باید با یک تلاش مداوم پی‌گیری شود.

این عبارت کوچک باز نشان می‌دهد که امریکا در حوادث داخلی ایران دست داشته و تلاشی برآن داشته از طریق ارتباط این‌طور وانمود کند که امریکا در این حوادث نقشی نداشته و اضافه می‌کند که این کار مشکل خواهد بود.

در استکهلم خیلی راحت‌تر می‌توانند مسائل را دنبال کنند، چون نه چشمی و نه گوشی از ملت ایران مواظب آنها نخواهد بود و خیلی هم خوشبین بودند که بتوانند این قضایا را در مدت چندماه حل کنند.

سند دیگر به این عبارت است انتظام خوشبین بود که سفرش به سوئد باعث آن نخواهد بود که وظیفه‌اش به‌عنوان کانال ارتباطی بین ایران و امریکا قطع شود. او می‌گفت: ارتباط نیز ساده‌تر خواهد شد و در آنجا بهتر از واشنگتن و تهران می‌توانیم حرف‌ها را بزنیم. به‌علاوه او به‌طور منظم ماهی یکبار، به ایران خواهد آمد. وقتی از او در مورد تعیین سفیر برای امریکا سؤال شد گفت: که ممکن است یکی دوماه طول بکشد و خوشبین بود که خودش نامزد این مقام خواهد شد. باز مشخص است که هدف آنها این بوده که در استکهلم می‌توانند بهتر و راحت‌تر صحبت کنند و هدفشان را دنبال نمایند و می‌کوشیده است که به‌عنوان سفیر ایران به امریکا برود.

سند دیگر با متن عبارت به این شرح است: امیرانتظام یادداشت کرد و گفت: که در ملاقات آینده‌اش در تهران در هفته آینده مسئله را فقط به‌خاطر جلب رضایت خاطر ما حل خواهد کرد. «اشبنل»[1] به او توصیه کرد که در مورد بازگشتش به تهران با کاردار «بیل‌دین» تماس بگیرد.

در اینجا امیرانتظام به این موضوع نیز اشاره می‌کند که «صحبت‌هایی که هفته آینده در تهران خواهیم کرد صرفاً در جهت جلب رضایت شما خواهد بود.» این خود میزان وابستگی و سرپرستی را می‌رساند.

«اشبنل» که در این سند به نامش اشاره می‌شود یکی از مأموران سازمان (سیا) است که در دوران بعد از انقلاب در یکی از پست‌های سفارت امریکا در تهران مشغول خدمت بوده و ضمناً از آن به بعد تماس با امیرانتظام را برقرار کرده است. مسئله دیگر اینکه اشبنل به او توصیه می‌کند که در مورد بازگشت خود به تهران با کاردار، بیل دین، تماس بگیرد. بیل‌دین در حال حاضر در گروگان ملت ایران است و امیرانتظام هنگام سفرش به ایران به او توصیه می‌شود که با بیل‌دین برای بهبود روابط تماس گرفته شود.

دانشجویان پیرو خط امام در خاتمه افشاگری خود اعلام داشتند که عباس امیرانتظام که اکنون در ایران به‌سر می‌برد بنا به حکم دادستان کل انقلاب بازداشت شده است.

اطلاعات، ۲۹ آذر ۵۸

---

۱. احتمالاً منظور استمپل است که یا به علت مغلوط بودن ترجمهٔ اسناد و یا اشتباه چاپی روزنامهٔ **اطلاعات** اشبنل درج شده است.

ضمیمهٔ ۲

طوطی «سیاست» و استاد «سیا»!

حریف مجلس ما خود همیشه دل می‌برد   علی‌الخصوص که پیرایه‌ای بر او بستند

فراموش نکرده‌ایم اظهارات نخست‌وزیر سابق را در پاسخ به انتقاداتی که از «طوطی سخنگوی» دولت می‌شد: «از امیرانتظام پاک‌تر پیدا نکردم»! و امروز هم واقعاً می‌توان گفت در میان «اهل سفارت» از امیرانتظام پاک‌تر پیدا نمی‌شود! ای آقا، چهار عدد نامه که چیزی نیست. آن هم در رابطه با «سیا». در عالم سیاست به‌هرحال سرنخ همه رشته‌ها دست «سیا»ست! و اصلاً سیاست همان «سیا»است. خوب! یک امر طبیعی است که سخنگوی دولت بازرگان را در پس آینه «سیاست» طوطی‌صفت نگهدارند، تا هرچه استاد «سیا» گفت: بگو، ایشان هم بگوید. بازرگان هم در عالم سادگی و پاکی مشهورش، پاک‌تر از ایشان نمی‌یابد.

الحمدالله دیروز رادیو امریکا هم اسم سه کاندیدای ریاست جمهوری ایران را اعلام کرد. و البته چهارمی را یادش رفت، که لابد همان «امیرانتظام» است! شاید هم می‌خواست امروز اعلام کند، که دانشجویان پیرو خط امام پیش‌دستی نمودند و کاندیداتوری ایشان را زودتر اعلام کردند!

باش تا صبح «دولت»ت بدمد   کاین هنوز از نتایج سحر است

من نمی‌دانم صبح دولت سابق چه در آستین دارد، اما از نتایج سحر آن هنوز بر خود می‌لرزم. و هنوز باب این پرسش مفتوح است که چطور ایشان سخنگو شد و چگونه برکنار شد و چرا سپس به مقام سفارت رسید و آخر کار هم که البته باز سر از سفارت درآورد! و جای شکرش باقی است که سر از وزارت خارجه درنیاورد که با توجه به مصاحبهٔ آن‌وقت‌های ایشان که فرموده بودند: «اگر مردم بخواهند حقیر حاضرم ریاست جمهوری را بپذیرم» بعید نبود.

به‌راستی اگر امام نبود، خیلی پیشترها فاتحهٔ انقلاب را خوانده بودند، هروقت مأیوس می‌شویم و سرخوردگی تا عمق جان نفوذ می‌کند، امام با یک حرکت غافلگیرانه و یک موضع‌گیری قاطع، حلاوت امید را به دل‌ها می‌ریزد و بار دیگر به پاهایمان توان راه می‌دهد و به بازوانمان، نشاط کار. حق همین است که امام خمینی ریاست جمهوری را بپذیرد که تجربه این چندماه بعد از انقلاب ثابت کرد که اگر مقام ولایت، شخصاً مجری نباشد باز این امکان خواهد بود که سخنگوی «سیاست» دولت سر از «سیا» درآورد. و معاون وزارت بازرگانی دولت بازرگان هم سر از «ساواک»!

و اخراجی‌های وزارت خارجه هم سر از ویلاهای «نیوکاسل» با مستمری دولت!

و این بار قضیه فقط سر لحاف ملانصرالدین نیست، بلکه این بیماری حکیمی لازم دارد که بگوید: «امروز، همه تنقیه»!

کیهان، ۲۹ آذر ۵۸

ضمیمهٔ ۳

اصل برائت و اعدام قبل از محاکمه امیرانتظام

این هم از دردناک‌ترین واقعیت‌های تلخ جامعه آشفته ما است که شخص مسئولی را به جرم بالاتر از قتل، یعنی جاسوسی برای دشمن دستگیر و دراز می‌کنند و وقتی که خوب او را به شلاق افشاگری مفتضح و بی‌آبرو ساختند به‌دست بازپرس می‌سپارند.

هنوز مرکب توشیح امام پای قانون اساسی مصوب ملت خشک نشده است که در اصل سی‌وهفتم آن قید شده:

«اصل برائت است و هیچکس از نظر قانون مجرم شناخته نمی‌شود مگر اینکه جرم او در دادگاه صالح ثابت گردد»

ولی نگاهی به روزنامه بیفکنید تا حلم انقلابی مسئولان مسلمان را بفهمید.

کیهان پنجشنبه ۲۹ آذر ــ تیتر درشت صفحهٔ اول «امیرانتظام از روز اول انقلاب رابط امریکا بود»

و در صفحهٔ اول و دوم همان شماره:

... دیشب در یک افشاگری رادیوتلویزیون پرده از چهره کریه عباس امیرانتظام جاسوس سیا برداشتند. عباس امیرانتظام یکی از سرمایه‌داران و روشنفکران خودفروخته‌ای بود که در دولت انقلابی رسوخ کرده بود.»

و در مقاله طوطی «سیاست» و استاد «سیا» او را طوطی‌صفت خوانده‌اند تا هرچه استاد «سیا» گفت بگو ایشان هم بگوید.

حتی در یکی از روزنامه‌های صبح برای امیرانتظام تقاضای اعدام شده بود!

من کاری به امیرانتظام ندارم، نه او را درست می‌شناسم و نه می‌خواهم دفاع شخصی کرده باشم، سرنوشت فرد در برابر جامعه و انقلاب ارزش ندارد، اما بحث بر سر شرف انسانی و معیارهای والای اخلاق اسلامی است. آیا این توقع بی‌جایی است که قضاوت دربارهٔ افراد تنها از طریق دادگاه‌های صالح عدل اسلامی انجام گیرد؟ یا قرار است احساسات غیرمسئول و شتاب‌زدگی‌های چپ روانه حاکم شود؟

دیروز که در تمام روزنامه‌ها شخصیت انتظام را اعدام‌شده می‌خواندم یاد داستان صالح پیغمبر و ناقه خدا افتادم، گرچه تنها یک نفر شتر را پی کرد ولی خداوند عذاب را بر تمام قوم تعمیم داد و فرمود: «فکذبوه فعقروها فدمدم علیهم ربهم بذنبهم فسویها» چراکه با سکوت و رضایت و عدم اعتراض خود بر عمل پی‌کنندگان شتر صحه گذارده بودند؟

برادران مسلمان حتماً ضوابط و دستورات انضباطی راکه قرآن در سورهٔ حجرات به مؤمنین انقلابی گوشزد می‌کند، خوانده‌اید.

یا ایهاالذین آمنوا اذا جاءکم فاسق بنباء فتبینوا تصیبوا قوماً بجهالة فتصبحوا علی ما فعلتم نادمین. ای گروه مؤمنین، هرگاه خبر اجتماعی خطیری راکسی که از ضوابط خدایی خارج شده برای شما نقل کرد حتماً رسیدگی دقیق کنید تا مباداگروهی را (به‌ناحق) مورد حمله قرار دهید و بر آنچه کرده‌اید نادم و پشیمان گردید.

اباذر مظاهری

کیهان، ۴ دی ۵۸

ضمیمهٔ ۴

«امیر» رفت و «امیرانتظام» باقی ماند!

مدت‌ها در نوشته‌ها، دفاعیه‌ها، سخنرانی‌ها و حتی چشم در چشم شکنجه‌گران ساواک ادعا کردیم که بگذارید نظام طاغوتی سرنگون شود و جامعه توحیدی استقرار یابد آن‌وقت خواهید دید که آفتاب چگونه می‌تابد، گل‌ها چگونه شکفته می‌شود و زمین چگونه به وراثت و امامت مستضعفین و بندگان صالح خدا درخواهد آمد. خواهید دید آنکه سوز ایمان در دل، زخم شکنجه برپا، شناخت جوهر اسلام در سر و داغ سال‌ها مبارزه را بر پشت و پهلو دارد به حکومت می‌رسد و زنجیرهای استعمار و استثمار و به تعبیر قرآن «اصر»ها و «اغلال» سیاسی و اقتصادی و فرهنگی یکی پس از دیگری درهم می‌شکنند.

بازرگان که انتخاب شد گفتیم: وعده خدا نزدیک است. بازرگان است، اما چهره‌ای است شناخته‌شده، معتقد و متفکر. صداقت مصدق را ارث برده است و آزادگی نهضت آزادی را. روزی درکنار طالقانی زیارتش کرده‌ایم و روزی دیگر کتاب‌هایش را در کتابخانه رزمندگان خلق یافته‌ایم. گرچه این اواخر از صحنه غایب بوده است اما بالاخره پس از آن‌همه چپ‌روی‌ها و راست‌روی‌ها که بر مکتب ما رفت، این خود تعدیلی است و تعادلی. ضمناً پلی است میان ملیون، سیاسیون و روحانیون، میان دانشگاه و حوزه علمیه، میان متقدمین و متجددین. فعلاً ارتش هم از «سلطه کاخ سرخ» وحشت نخواهد کرد! و دست به اقدامات جنون‌آمیز نخواهد زد.

اما روزها گذشت و کار به‌جایی رسید که امروز همه از «سلطه کاخ سفید» وحشت کرده‌اند. برای آنها که سال‌ها در نوشته‌ها، سخنرانی‌ها و دفاعیه‌ها از جامعه توحیدی سخن گفته بودند، بسیار ناگوار و دردآور بود که ببینند «امیر رفت» و «امیرانتظام» باقی ماند! دردآور بود که ببینند، کسی که سال‌های سال او را ایدئولوگ و مذهب‌شناس می‌دانسته‌اند، اکنون با بی‌تفاوتی تمام از برابر صف‌های طویل مبارزین و معتقدین و شکنجه‌شده‌ها می‌گذرد و از این میان امیرانتظام‌ها را گلچین می‌کند و رسالت سنگین بسیج و هدایت توده‌ها را برای پی‌ریزی جامعه موعود اسلامی برعهده او می‌گذارد.

مضحک است. کوله‌بار امانتی که تا اینجای راه جز بر دوش‌های پرتوان مصدق‌ها، نواب‌ها، طالقانی‌ها، حنیف‌ها، سعیدی‌ها، غفاری‌ها، شریف‌ها و سرانجام امام‌خمینی، حمل نشده است از این پس باید بر دوش‌های ناتوان یا «توانا برای خیانت» امیرانتظام‌ها، مراغه‌ای‌ها، نیک خلق‌ها و حداکثر شیر پاک‌خورده‌هایی مثل نزیه‌ها و ایزدی‌ها حمل شود!

این‌جا است که باید به یک نکته اساسی عمیقاً توجه کرد و آن نکته این است که هرگز نباید ماجرای افشاگری امیرانتظام را فقط به‌شکل یک خبرکه پرده از «رابطه محرمانه یک فرد با بیگانه» برمی‌دارد و در قالب مشتی اسناد و مدارک ارائه کرد و قضیه را تمام‌شده دانست. آنچه مهم است

«تحلیل» خبر است نه افشای آن. پدیده «امیرانتظام» نباید چنان طرح شود که انگار یک حادثه است و یک فرد. باید این پدیده را به‌صورت یک «جریان» در بستر جامعه شناسایی کرد و به مردم نشان داد.

دانشجویان پیرو خط امام بهتر می‌دانند که باید «خبر تحلیلی» ارائه کنند و از حضور یک «جریان» خبر دهند، چنان‌که هرکسی بر اثر کشف و افشای روابط جاسوسی امیرانتظام به مسائل ذیل بیندیشد:

ــ نخست اینکه آیا این «امیرانتظام»، تنها امیرانتظام دنیا است یا «امیر»هایی دیگر نظیر او هستند که می‌کوشند رشته انتظام امور را به‌دست گیرند؟

ــ باید دید سوابق زندگی، مسیر حرکت، مراحل مختلف فکری و عملی، موضع‌گیری‌ها، اعتقادات، حرف‌ها، اظهارنظرها و بالاخره خط‌مشی و عملکرد این طوطی سخنگو چیست و چه بوده است؟ مجموعه صفات او را باید جمع‌بندی کرد، ارزیابی کرد و آنگاه «خط» او را کشف کرد. در حال حاضر میان این‌همه خطوط، خط امیرانتظام هم خطی است! ویژگی‌های این خط را باید برای عموم تشریح کرد و برشمرد. باید نشان داد که امیرانتظام‌ها محصول چه جریانی است، جزء کدام کل است و نقطه کدام خط؟

ــ پدیده امیرانتظام، یعنی کنارگذاشتن معیار «تقوی و خودسازی»، «ایمان و اعتقاد عمیق به ایدئولوژی رهایی‌بخش اسلامی»، «شناخت مکتبی» و «میزان سرمایه‌ای که در راه مبارزه و جهاد شکنجه باید از دست داد» در انتخاب و واگذاری مسئولیت‌های پس از انقلاب. راستی اگر معیارهای مکتبی به‌کار گرفته می‌شد، انصاف دهید، سخنگوی نخستین دولت انقلاب چه کسی باید می‌بود؟ عباس امیرانتظام یا فی‌المثل یکی از همین دانشجویان پیرو خط امام؟ اکنون سخن علی(ع) را باید گفت که اگر کسی «از این ننگ بزرگ بمیرد سزاوار است». آخر امیرانتظام را مسئولیتی داده بودید که در صدر اسلام برعهده بلال حبشی بود. بلال حبشی سخنگو و مؤذن اسلام.

ــ پدیده امیرانتظام، یعنی عدم اعتقاد به مشی قاطع انقلابی و پافشاری بر «سیاست گام به‌گام» آن هم در درون انقلاب، انقلابی چنین نیرومند و مقتدر. وقتی صریحاً بگوییم «چرا نام بنیاد پهلوی را به بنیاد علوی تغییر داده‌اید؟ این مرض اسم عوض‌کردن‌ها چیست؟!» و هنگامی‌که اعلام کنیم: باید «بازگردد به اصل خود همه چیز» و همان‌جا بماند که بوده است، طبیعی است که کارکنان نخست‌وزیری و سخنگوی دولت و همکاران و معاونانش همان‌ها باشند که نباید باشند و هستند!

ــ از ما و شما چه پنهان از این امیرانتظام‌ها بحمدالله بسیار است! بسیارند که با عمل خویش می‌گویند: «امیرانتظام، راهت ادامه دارد» هرجا، هرکس راه او را می‌رود یک امیرانتظام است. برای ضربه‌زدن به انقلاب لازم نیست که نام آدم حتماً در لیست ساواک و سیا باشد. این بدبخت‌ها فقط

بدشانسی آوردند که مخفی‌کاری کردند. فراموش کردید که بعضی‌ها روز روشن همراه سپهبد مقدم به کاخ شاه برده شدند و بعضی در برابر دوربین‌های خبرنگاران به گفت‌وگو با برژینسکی نشستند؟

هر فئودال چکمه‌پوش، هر سرمایه‌دار استثمارگر، هر فرصت‌طلب سوار شده بر خر مراد، هر لذت‌طلب جستجوگر نان و مقام، هر سازشکار مرتجع امریکاگرا، و بالاخره هر امیرانتظام صفتی عملاً یک ضدانقلاب، یک «سیایی» و یک هم‌پیمان امپریالیست است. باید به توده‌ها نشان داد که امیرانتظام کرم درخت لیبرالیسم است. به‌همین‌دلیل است که حتی رهروان نسبتاً مقاوم و مطمئن نیز اگر روی این خط حرکت کنند بالاخره خواهند لغزید. و اینجا است که وقتی می‌گوییم مسئولین امور باید بر خط امام باشند، یعنی مثل امام قاطع و آشتی‌ناپذیر و در برابر امپریالیسم صریح و خشن و بی‌پرده، مثل امام معتاد فقر و زندگی در شرایط سخت و همسان با زندگی رنجدیده‌ترین اقشار و طبقات، مثل امام خودساخته و عاشق تقوی، مثل امام اتکاء صددرصد فکری و عملی به نیروی الهی و ایمان شگفت به اسلام، مثل امام مؤمن به توده‌ها و مستضعفین، مثل امام دشمن مترفین و مستکبرین.

در غیر این‌صورت همین است که می‌بینیم و خواهیم دید. وقتی سر کیسه چندان گشاد باشد که جاسوس سیا هم بتواند سخنگوی دولت از آب درآید، چرا جمعی نوجوان نیز هوس نکنند و به این خوش نباشند که آنها هم آمیرزا ابراهیم پرفسور[1] راکاندیدای ریاست جمهوری کنند؟! آنها فکر می‌کنند وقتی رابط سیا بتواند سخنگو شود، لابد کسی هم که مدال از اعلیحضرت قدرقدرت گرفته و پس از انقلاب تعقیب و زندانی شده به‌طریق اولی می‌تواند رئیس‌جمهور شود. بنابراین کلام آخر اینکه وقتی روی خط لیبرالیسم، سیاست گام‌به‌گام، عدم قاطعیت در برابر فئودال‌ها و سرمایه‌داران وابسته، رفاقت با سازشکاران، مروت با دوستان وابسته و مدارا با دشمنان غارتگر حرکت کنیم، محصولش نیز همین خواهد بود که بود: خط ضدامام. خط امیرانتظام!

والسلام

کیهان، ۲ دی ۵۸

---

۱. منظور ابراهیم میرزایی قهرمان ورزش‌های رزمی در آن روزگار است.

ضمیمهٔ ۵

افشاگری در مورد ارتباط نماینده نهضت آزادی با امریکا

دانشجویان مسلمان پیرو خط امام دیشب در یک برنامه تلویزیونی اسناد تازه‌ای از ارتباط و همکاری عباس امیرانتظام سخنگوی سابق دولت، با امریکا و اسنادی درباره نهضت آزادی و نقشه امریکا از روی کارآوردن «شاپور بختیار» فاش ساختند.

دو دانشجوی مسلمان پیرو خط امام در ابتدای این برنامه با اشاره به توطئه‌های امریکا برای واردکردن صدمه و خدشه به انقلاب اسلامی ایران و به انحراف‌کشاندن آن درباره نقش و رسالت رسانه‌های گروهی و مطبوعات گفتند:

به‌نظر ما در این مرحله حساس، مطبوعات و رسانه‌های گروهی نقش ویژه‌ای دارند. در مبارزه ملت ما علیه امریکای خونخوار، رسالت مطبوعات و رسانه‌های گروهی در این است که در خط امام و در موضع مکتبی و انقلابی عمل کنند و هیچگاه مبارزه ملت را با امریکا به‌عنوان دشمن اصلی از یاد نبرند. و در این راه دست به کارهایی که دارای گرایشات خاص و خدای نکرده باعث انحراف ذهنی باشد نزنند. حقیقت را بگویند، حقیقت را بنویسند و راه آنها راه ملت و راه انقلاب باشد و به‌عنوان مثال درباره امیرانتظام که توسط ما افشاگری شده بود، رسانه‌های گروهی و مطبوعات بسیار کوتاهی کردند. امیرانتظام به‌عنوان یک شخص مطرح نبود بلکه به‌عنوان یک جریان مطرح بود. به‌عنوان یک انحراف بزرگ علیه انقلاب اسلامی ایران مطرح بود. ولی متأسفانه روزنامه‌ها و رسانه‌های گروهی رسالت خود را در این جریان انجام ندادند و گاهی اوقات آن را بسیار مجرد طرح کردند. روشن‌نشدن این مسئله، امیرانتظام به‌عنوان یک جریان، وظیفه همه انقلابیون و همه مسلمانان است. ما در افشاگری این برنامه که گوشه‌ای از انقلاب بزرگ ایران است و نقشه‌های خائنانه و توطئه‌آمیز امریکا را برملا می‌کند. سعی می‌کنیم تا این جریان را نشان دهیم. همانند این روزها در سال پیش قبل از ورود امام صحنه‌ای است که ملت ایران هر روز به خاک و خون کشیده می‌شد، رژیم خائن بختیار ملت ما را چه شب‌ها و چه روزها، چه در شهرها و چه در روستاها به خاک و خون می‌کشید. کودکان و بزرگان و زنان و مردان و همه و همه‌جا را خون گرفته بود. امریکا که از شرایط انقلابی جامعه ایران به ستوه آمده بود و نمی‌توانست کاری از پیش ببرد و به موقعیتی دست یابد، سخت نیازمند اطلاعات بود و هر دقیقه محتاج بود تا به او اطلاعات برسد. از جبهه داخلی ایران از تصمیمات و نظریات امام و به‌طورکلی آنچه که انقلاب ایران را موفق می‌ساخت اطلاعات به‌دست آورد. در این زمان امام، رهبر امت در پاریس جریان انقلاب را هدایت می‌کردند. موضع امام موضع کاملاً مکتبی و سازش‌ناپذیر بود. موضع امام موضع پیروزی خون بر شمشیر بود. در داخل ایران ملت موضعی جز موضع امام و چیزی جز خط امام نمی‌شناخت. ملت شعارش بازگشت امام بود. امام باید به

ایران برگردد. جمهوری اسلامی باید حکومت ایران گردد. ولی حکومت ایـران تـوسط بـختیار خائن، بختیار امریکایی، بختیار جاسوس هرلحظه در حال سرکوبی انقلاب و در حال قتل عام مردم بی‌دفاع ایران بود.

دانشجویان سپس به توطئه‌هایی که قرار بود در حکومت بختیار صورت بگیرد اشاره کردند. از جمله مسئله تشکیل شورای سلطنت را مورد بحث قرار دادند که امریکا مـی‌خواست بـا بـه راه‌انداختن این شورا مردم را ساکت کنند.

نقش نهضت آزادی

دانشجویان در اینجا به نقش نهضت آزادی، ارتباط امیرانتظام با امریکا و موضع بختیار اشـاره کردند، و افزودند:

نخست‌وزیری بختیار و تداوم شاهنشاهی مسئله سوم ایـن ارتـباط جـریان از طـریق لانـه جاسوسی در ایران با امریکاست. در آن لحظه‌ای که مردم براساس رهنمودهای امام‌خمینی در تلاطم انقلاب بودند و هرلحظه شهید می‌دادند و گام به گام جلو می‌آمدند و براساس قهر انقلابی ملت ایران شاه هرلحظه در تنگنا قرار می‌گرفت و به یک زمانی رسیده بود که چاره‌ای جز فرار نداشت. امریکا دست به شیوه‌های مختلف می‌زد تا بتواند حاکـمیت خـود را بـر مـلت ایـران همچنان ابقا کند. از مهره‌های مورد نظر امریکا یکی «شاپور بختیار» بود که سال‌ها آنها رویش کار کرده بودند و امریکا در نظر داشت برای چنین زمانی از او استفاده کند و دست بـه بـازی‌های مسخره‌ای می‌زند از جمله تشکیل شورای سلطنت و یک سری مانورهایی از جمله طرح قانون اساسی نظام شاهنشاهی، نظامی که براساس رهنمودهای امام‌خمینی و انقلاب عظیم ملت ایران درهم فرو می‌ریزد.

بدین‌منظور امریکا پناه می‌برد به یک سری نیروهایی که در ظاهر نیروهای سیاسی و انقلابی هستند، ولی در باطن و براساس عملکردشان می‌بینیم که یک سری نیروهای سازشکار خـائن هستند که براساس عملکردشان درست در جهت نظام شاه جلاد قدم برمی‌دارند. در همان جهتی قدم برمی‌دارند که سرانجام به یک سری خواست‌های خـودشان مـی‌رسند و هـمچنان مـنافع امریکا را بر سر ملت ایران ابقا می‌کنند.

در این رابطه ما از جریانی به نام جریان نهضت آزادی می‌توانیم مثال بزنیم که یک‌سری از افرادش در ارتباط با لانه جاسوسی فعالیت می‌کردند و همان‌طور که الان برایتان می‌خوانیم و شرح می‌دهیم همچنان می‌خواهند که حاکمیت امریکا را بر سر ملت ایران ابقا کنند. در این سند که الان برایتان می‌خوانم نشان می‌دهد که «نهضت آزادی» چگونه خود را سرسپرده حکـومت جنایتکار امریکا محسوب می‌کند و تعهد می‌دهد که با یک سری شیوه‌های ضدانسانی سعی در جهت منافع امریکا بکند و به منافع خودش هم برسد، اینجا آقای امیرانتظام از طرف نـهضت

آزادی تعهد همکاری کرده و قول داد که خمینی را وادار کند که تظاهرات عظیم ایرانی را کنترل کند که مأمور سفارت امریکا گفت: این مسئله می‌تواند کمکی حتمی باشد برای نگهداشتن اوضاع.

در کانال قانون اساسی

این یکی از کارهای جاسوس‌بودن است. چند نکته دارد که ما شرح می‌دهیم. اولاً اینجا مأمور سفارت که آقای «استنتر»[1] باشد («استنتر» همان فردی است که قبلاً با آقای امیرانتظام تماس گرفت).

اینجا آقای امیرانتظام از طرف نهضت آزادی با استنتر تماس می‌گیرد و قول همکاری می‌دهد. برای اینکه امام‌خمینی را وادار کند که تظاهرات عظیم خیابانی را کنترل کند. اینجا امریکا از این مسئله خیلی خشنود می‌شود که فردی از طرف جریانی به نام نهضت آزادی می‌آید و قول همکاری می‌دهد که تظاهراتی را که از طرف خمینی می‌خواهد مطرح شود بر مردم و می‌خواهد مردم را بسیج کند علیه نظام شاهنشاهی، این را در یک کانال به نام قانون اساسی پیاده‌اش کنند، کانالی که باز باعث ابقاء نظام شاهنشاهی می‌شود، کانالی که باعث می‌شود که امریکا براساس آن همچنین بر حاکمیت خود بر ملت ایران تداوم دهد. در اینجا ما می‌خواهیم بپرسیم از این جریان نهضت آزادی که آقای امیرانتظام نماینده‌اش هست، در ارتباط با این جاسوسان امریکایی به چه مجوزی می‌خواهند اینجا به اصطلاح قائم‌مقام مردم شوند و خمینی را که رهبر ملت ایران است وادار کنند تظاهراتی را که ملت، می‌خواهد آن تظاهرات را علیه نظام شاهنشاهی و درهم‌کوبیدن نظام شاهنشاهی انجام دهند در یک کانالی به نام کانال قانون اساسی بیندازند و این بازمی‌گردد به همان چیزی که گفتیم آن عملی که این جناح سازشکار خائن برای رسیدن به منافع پست خودش سعی می‌کند در دام امریکا قرار بگیرد و براساس خواست‌های امریکا عمل کند. بعداً در سندهای بعدی نشان خواهیم داد که چگونه اینها برای رسیدن به منافع پست خودشان در دامن امریکا غلتیدند تا به نفع آن عمل کنند.

ملاقات با امریکایی‌ها

در همین رابطه امریکا برای اینکه بتواند حاکمیت خودش را بر سر ملت ایران ابقا کند گویا روی چند ارگان و عامل نظر خاص دارد: ۱. مسئله قانون اساسی ۲. مسئله شورای سلطنت همان چیزی که به‌عنوان یک بازی مسخره می‌خواهند به‌جای شاه بر ملت ایران تحمیل کنند و علی‌الظاهر شاه چند روز از ایران خارج بشود و آن شورا برای سلطنت جای شاه را بگیرد و بعد

---

۱. استنتر همان استمپل است (اشتباه نوشتاری مربوط به روزنامهٔ **اطلاعات** است).

براساس یک سری اعمال جنایتکارانه بتوانند شاه را برگردانند و شورای سلطنت برود پی کارش. در تاریخ ۵۷/۱۰/۲۴ یعنی دو روز قبل از این که شاه خائن از ایران فرار کند در ۱۳ ژانویه شورای سلطنت انتخاب و معرفی می‌گردد. این آقای امیرانتظام یک تماس می‌گیرند با «استنتر» راجع به اینکه صحبت کنند که پیشرفت‌های اخیر که بر اثر مانورهای امریکا که در ایران در ارتباط تظاهراتی به نفع قانون اساسی رژیم برقرار شود با تشکیل شورای سلطنت چگونه است؟ آیا براساس وفق و مراد آنها پیش می‌رود و یا به ضرر آنهاست. در این رابطه اینها صحبت می‌کنند، راجع به شورای سلطنت. «استنتر» نظر نهضت آزادی را راجع به شورای سلطنت می‌خواهد امیرانتظام می‌گوید که شورای سلطنت در ۱۳ ژانویه تشکیل شده است هیچ مشکلی برای نهضت آزادی وجود ندارد ــ در اینجا همان‌طور که می‌دانید شورای سلطنت یک چیزی است که دست‌پرورده شاه است، شاه آن را ابقاء می‌کند تا علی‌الظاهر چند روز از ایران خارج شود و امریکا بتواند براساس یک‌سری بازی‌های سیاسی شاید شاه را به ایران بازگرداند ــ در این رابطه این جناح نهضت آزادی طرح می‌کند که وجود شورای سلطنت هیچ مشکلی برای آنها ندارد. خط امام‌خمینی با خط مردم دارد می‌رود در جهتی که این نظام شاهنشاهی را درهم بپیچد و به‌کلی نابود کند ولی این جناح برای اینکه منافع خود را حفظ کند اینجا طرح می‌دهد که شورای سلطنت برای آنها هیچ مشکلی را به‌وجود نمی‌آورد.

دانشجویان پیرو خط امام افزودند: باز یک روز بعد از فرار شاه خائن نماینده نهضت، عباس امیرانتظام با «استنتر» جاسوس سازمان «سیا» تماس می‌گیرد و اطلاعات در اختیار این سازمان «سیا» قرار می‌دهد، اطلاعاتی که علیه ملت ایران و به نفع امریکاست.

امیرانتظام برای پیاده‌کردن توطئه‌هایش در تماس با مأمور سیاسی امریکا «استنتر» گفت: خمینی قبل از یک فرصت بزرگ تظاهرات پرتحرک در ۱۹ ژانویه به ایران نخواهد آمد این دقیقاً همان چیزی است که امریکا درصدد به‌دست‌آوردن همین اطلاعات است. این اطلاعاتی است که امریکا در تلاش است که این اطلاعات را باز کند. بعدها می‌بینیم که یک مهره، یک جریان ضدمردمی و خائن چه راحت می‌آید و این اطلاعاتی راکه امریکا از طرق گوناگون تلاش می‌کند که به‌دست بیاورد، خیلی راحت در اختیار آن می‌گذارد و بعد در ادامه‌اش می‌گوید که: «در رابطه با شورای سلطنت و مجلسین انتظام گفت که خمینی از آنها می‌خواهد که کناره کنند و اگر نشد به‌زور متوسل خواهد شد. این برای ما قابل توجه و جالب است که این جناح نهضت آزادی با این جناح سازشکار وابسته به امریکا چه خوب طرز تفکر و شیوه‌های امام خمینی را درک کرده است. اینها هم خیلی خوب می‌دانند که امام خمینی با مانورهای خیلی مضحکانه امریکا مثل طرح شورای سلطنت یا قانون اساسی یا مجلسین گول نخواهد خورد و به نفع توده‌ها عمل می‌کند. اظهارات آقای انتظام در این سند نشان می‌دهد دکه اینها دقیقاً به‌نفع امریکا حرکت می‌کنند و امریکا می‌خواهد که با ابقاء شورای سلطنت بتواند حکومت خودش را هرچه بیشتر

اعمال کند. این همان درست در جهت امریکا حرکت می‌کند یا می‌گوید که ابقاء شورای سلطنت برای ما مشکلی را به‌وجود نمی‌آورد ولی درست می‌بینیم که جبهه مردم که امام خمینی رهبر آن است به ادعا و اعتراف خودشان برای شورای سلطنت و مجلسین به‌شدت مخالفت خواهند کرد و تا محو کامل اینها از پای نخواهند نشست.

این اعتراف خودشان است درهمان‌حال که اینها دست به یک توطئه‌هایی می‌خواهند بزنند که واقعاً در جهت عکس منافع امریکاست یک فرد دیگر از آنها می‌آید و می‌گوید که نمایندگان همه گروه‌های مخالف در ظرف ۲۴ ساعت آینده باید با هم ملاقات کنند و در زمینه دوتایی حکومت یعنی شورای سلطنت و شورای انقلاب تصمیم بگیرند.

ادغام شورای انقلاب و شورای سلطنت

دانشجویان اعلام کردند فرد دیگری که اسم او در آینده اعلام خواهد شد پیشنهاد کرده بود که شورای انقلاب و شورای سلطنت را با هم ترکیب کنند که دراین‌صورت از حمایت قوی برخوردار خواهد بود. براساس بینش‌های خاصی که دارند اینها نمی‌توانند جبهه مردم و جبهه انقلاب را لمس کنند، اینها احساس می‌کنند که جبهه مردم یک جبهه ضعیفی است که حتماً بایستی یک جناحی که وابسته به امریکا است این جبهه مردم را تقویت کند تا این از حمایت قوی برخوردار شود.

دانشجویان آنگاه به قاطعیت امام و ملت در مبارزه با امریکا و درهم‌پیچیدن طومار شاهنشاهی و خواست این گروه دیگر که خواستار سازش با امریکا بود اشاره کردند و گفتند: اینها مطرح می‌کنند که این دو گروه درکنار هم قرار بگیرند و یک خط را تشکیل بدهند. قبل از انقلاب به خوبی می‌دانید دو جناح تشکیل شده بود جبهه حق یا مردم، انقلاب که تحت رهبری امام بود و دائم به پیشرفت‌های چشمگیری نائل می‌شد و مرتباً پایگاه‌های رژیم را یکی پس از دیگری درهم می‌کوبید و خط دیگر، خط ضدانقلاب و خط ضدمردم بود خطی که به‌طورکلی بگوییم صدای امریکا بود و به یک طریقی متصل می‌شد به امریکا، حالا این جناح لیبرال سازشکار که در اینجا نهضت آزادی است تلاش می‌کند در جهت درهم‌شکستن خط انقلاب و مردم، به انحراف‌کشیدن آن خط و می‌کوشد خط جدیدی ایجاد کند که منافع امریکا را حفظ کند، که نهایتاً این یک سری منافع پستی دارند که از طرف دیگر ملت را زیر یوغ بردگی نگاه دارند. اینها می‌خواهند در مقابل خط مردم خط جدیدی بیاورند مدتی خوب باشد و بعد بدتر از رژیم قبل که مردم را سرکوب می‌کرد، سرکوب کند و باز هم امریکا با همان شیوه‌های قبلی چپاول خودش را ادامه دهد.

دانشجویان گفتند جریان نهضت آزادی اگرچه جریانی است غیر خط امام و جریانی است غیر خط انقلاب و جریانی غیر انقلابی و غیرخط مردم است. لزوماً یک جریان متشکل از تمام عناصر

خائن و غیرانقلابی نخواهد بود. جریان نهضت آزادی عناصر صادق و فداکاری برای این انقلاب داشته است، اما آنچه که خط جریان نهضت آزادی را مشخص می‌کند آن است که بر این انقلاب سوار شده و نگذارد که خط انقلابی و خط مردمی حاکم بر حاکمیت ملت و حاکم بر مقدرات ملت گردد.

سند روز خروج شاه

دانشجویان آنگاه سندی را که در تاریخ ۵۷/۱۰/۲۶ یعنی روز خروج شاه نوشته شده بود افشا کردند. در این سند آمده است:

شمارهٔ یک: امیرانتظام عضو کمیته مرکزی نهضت آزادی ایران و مسئول سیاسی حدود یک ساعت و نیم بعد از رفتن هواپیمای شاه تلفن زد که سفارت را مطلع کند که آیت‌الله خمینی در آینده نزدیک برنمی‌گردد، علت این تصمیم را مسائل امنیتی ذکر کرد.

در توضیح این قسمت دانشجویان پرسیدند چرا در این زمان که سفارت امریکا برای منحرف‌کردن انقلاب ما به اطلاعات نیاز دارد آقای امیرانتظام به این سرعت و در فاصله یک ساعت و نیم به سفارت امریکا تلفن می‌کند و گزارش می‌دهد.

دادن این اطلاع که چنین عملی انجام پذیرفته است، آیا چیزی جز خوش‌رقصی و خیانت هست؟

در قسمت دوم این سند می‌آید که مطلب بالا بهترین اطلاعات نهضت آزادی است ولی مخاطب‌ها درنظر بگیرند که:

الف: محدودهٔ زمانی مشخص نیست.

ب: نهضت آزادی در روزهای اخیر در مورد برگشت فوری خمینی کمی بی‌تفاوت شده است. البته اطرافیان خمینی در پاریس عقاید دیگری دارند که ممکن است خیلی زود تصمیم خمینی را عوض کنند. امضا سولیوان.

دانشجویان گفتند در این سند آمده است نهضت آزادی در روزهای اخیر در مورد برگشت خمینی کمی بی‌تفاوت شده، می‌دانید در روزهای اخیر یعنی چه؟ یعنی به حکومت‌رسیدن بختیار خائن و جاسوس، یعنی وقتی که بختیار روی کار می‌آید نهضت آزادی در مورد برگشت خمینی بی‌تفاوت می‌شود، دیگر لزومی نمی‌بیند که شعار خمینی باید به ایران بازگردد را تکرار کند، بلکه احساس نزدیکی و همسایگی بیشتری با بختیار می‌کند.

در ادامه آن البته اطرافیان خمینی در پاریس عقیده دیگری دارند. آقای سولیوان اطلاع دارد که نظر اطرافیان امام چیست! او این اطلاعات را از کجا آورده است و اینکه نظر نهضت آزادی و اطرافیان آقا در پاریس متفاوت است این اطلاعات را از کجا آورده‌اند؟

دانشجویان گفتند البته این سند نشانه کوردلی حکومت امریکا است که نمی‌توانند تشخیص دهند امام‌خمینی رهبر انقلاب ایران تحت نفوذ اطرافیان خودش نیست و خیال می‌کند که اطرافیان امام در نظریات امام و تصمیمات امام تأثیر دارند.

یک سند دیگر

سند دیگری که شب گذشته در تلویزیون به نمایش گذارده شده به شرح زیر است:

۱. متن کاملاً محرمانه است.

۲. خلاصه اعلان بختیار مبنی بر اینکه او به پاریس می‌رود، ملاقات‌ها و مذاکراتی در تهران و بین تهران-پاریس به‌راه انداخته است نهضت آزادی ظاهراً بیشتر خواهان یک سازش سیاسی کامل است، جمعیت از چند استان اجتماع کرده‌اند برای استقبال از آیت‌الله خمینی و قاطع هستند. علمای تهران تقاضای ۴۸ ساعت آرامش کرده‌اندولی احتمال خشونت خیلی قابل‌توجه است. پایان خلاصه.

دانشجویان در این قسمت گفتند: مسئله‌ای که ملاقات‌ها و مذاکراتی در تهران و بین تهران و پاریس به‌راه انداخته‌اند یعنی چه؟ مذاکرات در تهران چه معنی دارد بین بختیار و چه کسی است؟ بختیار و امام؟ مگر امام در تهران است؟ یا اگر امام در تهران باشد مگر اصلاً بختیار را خواهد پذیرفت و مذاکرات بین بختیار و گروه‌های دیگر چه معنی دارد و آن گروه‌ها چه کسانی هستند و مذاکرات تهران و پاریس چیست؟ مگر بختیار در پاریس بوده است؟ چه نیروهایی می‌خواهند تشکیل کانالی بین تهران و پاریس بدهند؟ کدام نیروها و عناصر خائنی می‌خواهند این ارتباط را برقرار کنند؟

دانشجویان سپس با اشاره به جمله بعد که آمده است نهضت آزادی خواهان یک سازش سیاسی کامل است، قسمت دیگری از سند را افشا ساختند. در این قسمت آمده است: «انتظام عضو نهضت آزادی معتقد است که بختیار باید یک معامله کامل سیاسی در پاریس انجام دهد؟ چون در غیر اینصورت وقتی که موقع توافق در تهران برسد او گروگان ارتش خواهد شد. یک سناریو بختیار را نشان می‌دهد که به نوعی از خمینی حرف‌شنوی دارد و رضایت آیت‌الله را مبنی بر اینکه تا زمان انتخاب نخست‌وزیر دیگر، نخست‌وزیر باشد جلب کرده است سه تا چهارماه دیگر و با آیت‌الله به یک سطح برگشته و در سناریوی بعدی بختیار توافق را جور می‌کند و برای آرام‌کردن ارتش و استقبال از امام برمی‌گردد.

دانشجویان گفتند: عضو نهضت آزادی معتقد است که بختیار باید یک معامله کاملاً سیاسی در پاریس انجام دهد، معامله بر سر چی؟ معامله بر سر خون شهیدان؟ بر سر انقلاب؟ یا معامله با امریکا؟ آن هم در پاریس؟

دانشجویان در پایان گفتند: تأکیدی که نهضت آزادی دارد آن است که بختیار به پاریس برود، چون آنها معتقدند که در تهران بختیار در گرو ارتش درخواهد آمد بنابراین این فاجعه است برای نهضت آزادی که مایل نیست بختیار به گروگان ارتش دربیاید.

آنها با بازی دیگری می‌خواهند بختیار تا زمان انتخاب نخست‌وزیر جدید در سمت نخست‌وزیری باقی بماند و آنها نیز می‌خواهند که بختیار خائن و جاسوس با امام در یک سطح قرار گیرد البته از نظر اعتبار سیاسی و در سناریوی دیگر بختیار توافق را جور می‌کند و برای آرام‌کردن ارتش و استقبال از امام برمی‌گردد.

اطلاعات، ۵ دی ۵۸

ضمیمهٔ ۶

بیان‌نامه شدیداللحن نهضت آزادی

نهضت آزادی ایران در ارتباط با افشاگری دوتن از دانشجویان پیرو خط امام علیه این نهضت بیان‌نامه‌ای انتشار داد.

در این بیان‌نامه، نهضت آزادی ضمن اعتراض به اتهاماتی که بر آنان وارد آمده است، واردکردن اتهامات به شخصیت‌ها و سازمان‌های مبارز و پرسابقه را به‌شدت محکوم کرد.

متن بیان‌نامه به‌شرح زیر است:

بسمه‌تعالی. ربنا افتح بیننا و بین قومنا بالحق

در ساعت ۱۰/۵ بعدازظهر سه‌شنبه ۴ دی‌ماه در برنامهٔ رادیو و تلویزیون، صحنه‌ای به معرض دید و شنود مردم گذارده شد که موجی از سؤال همراه با تأثر در بین طبقات مردم برانگیخت و افراد و وابستگان نهضت از گوشه و کنار کشور به‌خاطر سکوت مورد اعتراض قرار گرفتند. ما را سر آن نیست که در این حساس‌ترین لحظات انقلاب اسلامی ایران دست به تحلیل سیاسی-اجتماعی زده، از حقیقت اوضاع و روند حوادث پرده برداریم چراکه معتقد به کار و خدمت بی‌صدا و بی‌منت هستیم تا حرف و شعار. ولی در برابر اوج‌گرفتن این نوع اقدامات، سکوت را جایز نمی‌دانیم.

می‌گویند انقلاب فرزندان خود را می‌خورد ولی ما راگمان نبوده و نیست که انقلاب اسلامی ایران هم از همان ارزش‌ها و معیارها برخوردار باشد که سایر انقلاب‌ها. عمل دو نفر جوانان گوینده صحنه دیشب، با هیچ معیار سیاسی، حقوقی، اخلاقی و اسلامی و اصول قانون جمهوری اسلامی تطبیق نمی‌کند. درحالی‌که آنها از تریبون برخوردارند و طرف مورد اتهامشان محروم، هرچه را در اندیشه دارند بی‌پروا و بی‌مسئولیت به خورد مردم دادن، نه یک عمل سیاسی حاکی از بینش و وسعت دید و با مسئولیت انقلابی است و نه یک رفتار منطبق بر موازین اسلامی.

ما آماده هرگونه مناظره و مبارزه سیاسی هستیم و اگر تاکنون را به سکوت و تحمل گذرانده‌ایم به‌خاطر احساس مسئولیت عمیق و دقیق‌مان نسبت به سرنوشت انقلاب اسلامی ایران است.

گویندگان برنامهٔ دیشب و گردانندگان رادیو تلویزیون نیز، با این عملیات چه چیز را می‌خواهند ثابت کنند و به مردم چه آموزشی می‌دهند؟

آیا می‌توان جمعیتی راکه به لحاظ سابقه مبارزاتی و اسلامی صادق‌ترین و سابقه‌دارترین گروه سیاسی موجود است تنها با یک خبر نسنجیده و تفسیرهای غیرمرتبط لجن‌مال کرد؟

آیا افکار و وجدان‌های آگاه این سرزمین را خفتگی دست داده است؟ به‌فرض توفیق در این

برنامه خدمت به کدام دستگاه صورت می‌گیرد؟ آیا امپریالیسم امریکا در این ماجرا کوبیده می‌شود یا خط صداقت و خدمت بی‌تظاهرات و منت به انقلاب ایران؟ آیا با این تبلیغات فرزندان راستین انقلاب ایران یک به یک از صحنه بیرون می‌روند یا ضد انقلاب و فرصت‌طلبان راست و چپ؟

جمعیتی را که در روزگار مهجوری اسلام و دیانت ندای مبارزه مکتبی را در این سرزمین سرداد، جمعیتی را که پس از کودتای ۲۸ مرداد پرچمدار مبارزه ضدرژیمی که آمیزه‌ای از استبداد و استعمار بود به‌صورت مخفی و علنی گردید. جمعیتی را که در روزگار تاریک آغاز انقلاب سفید کذائی محمدرضا، رشیدانه خط آن را مشخص و آشکارا بیان کرد (اعلامیهٔ بهمن ۱۳۴۱) آیندهٔ اسارت‌آمیز و استعمار، آن را پیش‌بینی نمود و برسر آن تجلیل صادقانه ایستاد تا به زندان و محکومیت و ممنوعیت محکوم شد و پس از ۱۵ خرداد نخستین گروهی بود که به شهادت اعلامیه‌هایش، به انقلاب مسلحانه سال‌های ۵۰ به‌بعد گردید. جمعیتی که آزادمردانی چون طالقانی پایه‌گذار و معلم آن بودند و به‌نام و همراه با آن سال‌ها زندان را تحمل کردند. جمعیتی که شریعتی‌ها و حنیف‌نژادها را در خود پرورش داد. جمعیتی که تا آخرین لحظات قبل از انقلاب زندان و محرومیت را بر سازش و بهره‌وری از نظام موجود ترجیح داد. جمعیتی را که از آغاز پیروزی انقلاب تا این تاریخ سنگین‌ترین بخش مسئولیت اجرایی کشور را بردوش خود کشیده و در همه جا منادی و مبارز در راه وحدت امت اسلامی و بقای جامعه انقلابی ایران بوده براین سبب از فعالیت‌های سیاسی و تبلیغاتی محروم مانده است. جمعیتی را که از پایه‌گذاران حرکت‌های انقلابی سال‌های ۵۶ و ۵۷ بود همه‌جا از نخستین راه‌پیمایی عیدفطر تا راه‌پیمایی‌های تاریخی تاسوعا و عاشورا از مؤثرترین و فعال‌ترین گروه‌ها ولی بی سروصدا و شعار بود. و بالاخره جمعیتی را که مصداق بیان امام متقیان «الیمین والشمال مضلة و طریق‌الوسطی هی‌الجادة» را شعار خود قرار داد و از افراطی‌گری و شعارهای غیرعملی وغیرمنطبق بر شرایط عینی جامعه خودداری می‌کند، یکباره و به‌طور دسته‌جمعی و کلی و تنها با تعبیر و تفسیرهای ساده‌اندیش واسط و رابط با امریکای امپریالیستی نسبت‌دادن کاری است که نه فقط وحدتی برنمی‌انگیزد بلکه تخم یأس و ناامیدی و پراکندگی را در وابستگان به انقلاب اسلامی و راه امام خمینی می‌کارد و به‌این‌ترتیب راه را برای پیشرفت انقلاب از راست و چپ باز می‌کند.

ما مصالح انقلاب اسلامی ایران را برتر از آن می‌دانیم و به ارزش‌های والای اسلامی پایبندتر از آنیم که در این شرایط تاریخی نیروی انقلاب را صرف درگیری‌های شخصی کنیم، ولی اگر امام و رهبر عالیقدر انقلاب اسلامی مجازمان بدارند به‌زودی به تشریح جریانات قبل از انقلاب و تفسیر و تحلیل آنچه که در این سرزمین می‌گذرد و خطوطی که دنبال می‌شود پرداخته و نتیجه را به عرض امت اسلامی و همهٔ پویندگان حقیقت خواهیم رساند و در آنجا مسائل مربوط به

عضویت افراد و ارتباط و نحوهٔ آن را روشن خواهیم کرد.

ما به ملت عزیز و مسلمان انقلابی ایران پیام می‌دهیم در این صبحدم رژیم جمهوری اسلامی با بیداری و هوشیاری از تفرقه و تشتت و حملات گروهی پرهیز کرده، آهنگ وحدت به‌گرد امام امت نموده و یک‌دل و یک‌جهت علیه هرگونه استعمار و استیلای خارجی، فردی، گروهی و طبقاتی مبارزه کنند. ما به دانشجویان عزیز خط امام مستقر در لانهٔ جاسوسی امریکا هشدار می‌دهیم که به مقتضای آیهٔ شریفهٔ (لاتقف ما لیس لک به علم انالسمع والبصر والفؤاد کل اولئک کان عنه مسئولاً) در انتشارات و بیانات خود احساس مسئولیت اسلامی و انقلابی کنند که راه انتقام بی‌دلیل پیمودن جز تفرقه در صفوف ملت و گرم‌شدن بازار افترا و تهمت‌ها حاصلی ندارد که نتیجه آن دلسردی خدمتگزاران راستین انقلاب و خالی‌ماندن صحنه برای انقلابی‌نمایان بی‌تعهد و فرصت‌طلبان از ره‌رسیده و سرانجام اوج‌گرفتن دامنهٔ انحراف انقلاب و پیش‌آمدن و پیروزی ضدانقلاب خواهد بود. (واتقوا فتنه لا تصیبین الذین ظلموا منکم) خاصه شما با اقدام ضدامپریالیستی خود راهی پرتوان و جدید در روند انقلاب اسلامی ایران گشودید و آوازه و دامنهٔ آن را به ماوراء مرزها رساندید. لازم است به رسالت عظیم خود پی برده از بیراهه‌رفتن‌ها و تجاوز از خط مستقیم امام سخت برحذر باشید.

و بالاخره به اطلاع دشمنان و مخالفین نهضت آزادی ایران که گمان نداریم دوستان آگاه و صدیقی نسبت به انقلاب اسلامی ایران باشند می‌رسانیم که:

بودم آن روز من از طایفهٔ دردکشان   که نه از تاک نشان بود و نه از تاک‌نشان

نهضت آزادی ایران، ۱۳۵۸/۱۰/۵

اعلام جرم نهضت آزادی علیه دو دانشجوی پیرو خط امام

مهندس مهدی بازرگان، دکتر یدالله سحابی و احمد صدر حاج سیدجوادی سه‌تن از مؤسسین و رهبران نهضت آزادی ایران علیه دوتن از دانشجویان پیرو خط امام که پریشب مطالبی درباره نهضت آزادی عنوان کرده بودند، اعلام جرمی تسلیم دادستان کل دادگاه‌های انقلاب اسلامی ایران کردند.

متن اعلام جرم به این شرح است:

جناب آقای علی قدوسی دادستان محترم کل دادگاه‌های انقلاب اسلامی ایران

در ساعات آخر سه‌شنبه شب ۱۳۵۸/۱۰/۴ دو نفر آقایان جوان که ادعای وابستگی به دانشجویان مسلمان پیرو خط امام می‌کردند و نام خود را نگفتند در صفحهٔ تلویزیون ظاهر شده و به قصد افشاگری سیاسی با ورق‌زدن و نگاه‌کردن به اوراق بی‌اساس یک سلسله اظهارات و استدلال‌های نادرست بیان داشته و به نهضت آزادی ایران (که سوابق مبارزات اسلامی و ملی آن بر ملت ایران روشن است) اتهام و انتساب سازشکاری با بیگانگان و خیانت و نفع‌طلبی دادند.

این‌جانبان که از مؤسسین و رهبران نهضت آزادی ایران می‌باشیم، ضمن اعتراض به مؤسسه رادیو و تلویزیون نسبت به عمل این آقایان که خلاف اسلام و قانون اساسی بوده و در جهت مخدوش‌کردن و تضعیف انقلاب اسلامی ایران و رهبری عالیقدر آن می‌باشد اعلام جرم می‌نماییم و محاکمه و تعقیب آنان را همراه با رسیدگی سریع و دقیق جریان، تقاضا داریم.

احمد صدر حاج سیدجوادی، دکتر یدالله سحابی، مهدی بازرگان

اطلاعات، ۶ دی ۵۸

ضمیمهٔ ۷

دانشجویان مسلمان پیرو خط امام: شیوه ارائه اسناد مربوط به نهضت آزادی اشتباه بود

دانشجویان مسلمان پیرو خط امام در اطلاعیهٔ شمارهٔ ۸۰ خود اعلام کردند شیوهٔ ارائهٔ اسناد که روز سه‌شنبه چهارم دی‌ماه در تلویزیون انجام شد، اشتباه بوده و از این پس فقط با اجازهٔ ملت ایران افشای اسناد را ادامه خواهند داد. از طرفی دو دانشجوی مجری برنامه افشاگری نیز آمادگی خود را برای حضور در دادگاه و جوابگویی اعلام کردند.

متن اطلاعیه، به شرح زیر است:

بسم‌الله الرحمن الرحیم

خدمت ملت معظم و رشید ایران

در منطق اسلام راستین که همان اسلام محمد و اسلام امام است و غایت[1] تمامی اصولی اخلاقی و موازین فردی واجتماعی و برای هر فرد و در هر شرایط فرض و لازم است و عدول از آن اصول و موازین جایز و قابل قبول نیست. در مورد افشاگری شمارهٔ ۲۵ که روز سه‌شنبه چهارم دی‌ماه ۵۸ ساعت ۱۰/۳۰ دقیقه شب از شبکه سراسری صداو سیمای جمهوری اسلامی ایران توسط دوتن از برادران دانشجو پخش شد، ذکر چند نکته ضروری به‌نظر می‌رسد. دو برادر دانشجو در جریان افشاگری دیشب برخلاف اصول مورد قبول همه برادران و خواهران داخل لانهٔ جاسوسی که در افشاگری‌ها باید صرفاً به افشای اصل سند و توضیح آن اکتفا شود چون قضاوت به‌عهدهٔ خود ملت عزیز ایران است از این اصل عدول کرده و به قضاوت نشسته‌اند. در توضیح و تحلیل این اسناد از تغییرات، حدود شرعی رعایت نشده و سخن به خارج از مرزهای مجاز کشیده شده است، این دو برادر در برابر سایر برادران و خواهران دانشجوی داخل لانه جاسوسی به اشتباه خود اعتراف کرده و آمادگی خود را برای هرگونه تنبیه شرعی اعلام کرده‌اند. هدف از ارائهٔ اسناد افشاشده در تاریخ فوق برخلاف آنچه که بعضی از مطبوعات از این اسناد استفاده کرده‌اند و موضوع اسناد را به‌عنوان عمل جاسوسی یک فرد تلقی کرده‌اند و به‌این‌ترتیب عمق فاجعه راکم جلوه داده‌اند، این بود که نشان دهیم این اسناد حکایت از وجود یک جریان انحرافی در درون انقلاب اسلامی ایران می‌کند که این جریان برخلاف خط امام بوده است. ما دانشجویان ضمن عذرخواهی از پیشگاه ملت ایران و مقام رهبری از این اشتباه که در شیوهٔ ارائهٔ اسناد انجام شده است اعلام می‌داریم که از این پس اسناد بعدی و چه در رابطه با جریان افشاشده و چه در رابطه با سایر اشخاص و جریانات انحرافی دیگر تنها به اجازه ملت بیدار ایران انجام می‌شود و موافقت مجدد ملت مبارز ایران در مورد افشاء اسناد را نشانهٔ قبول عذرخواهی خود تلقی می‌کنیم.

---

۱. اشتباه چاپی مربوط به روزنامهٔ **اطلاعات** است. بخوانید: رعایت

پاسخ دانشجویان

دوتن از دانشجویان مسلمان پیرو خط امام مجریان برنامه افشاگری، در نامه‌ای به آیت‌الله قدوسی دادستان کل انقلاب اسلامی اعلام کردند حاضر هستند در دادگاه حاضر شوند در این اطلاعیه آمده است:

پیرو اجرای برنامه افشاگری سه‌شنبه شب ساعت ۱۰/۳۰ شب که از شبکه سراسری صدا و سیمای جمهوری اسلامی توسط ما دو نفر انجام گردید قاطعانه اعلام می‌کنیم که آمادگی داریم هرچه زودتر همراه کلیه اسناد و مدارک موجود جهت جوابگویی به اعلام جرم مطرح‌شده علیه اینجانبان و پیرامون ارتباط نهضت آزادی و لانه جاسوسی امریکا در دادگاه عدل اسلامی حضور یافته و شخصاً در مورد برنامه گذشته جوابگو باشیم.

اطلاعات، ۶ دی ۵۸

ضمیمهٔ ۸

تأیید افشاگری‌های دانشجویان مسلمان پیرو خط امام

در رابطه با افشاگری دانشجویان پیرو خط امام از سوی جامعهٔ مدرسین حوزهٔ علمیهٔ قم بیانیه‌ای بدین شرح انتشار یافت:

بسم‌الله الرحمن الرحیم

در شرایط حساس کنونی که انقلاب اسلامی ایران در برابر یکی از ابرقدرت‌های جهان‌خوار یعنی دولت امریکا قرار دارد فرزندان قهرمان انقلاب، دانشجویان پیرو خط امام لانه جاسوسی را تصرف نمودند و توطئه‌های بیگانه را یکی پس از دیگری نقش برآب ساخته‌اند و بسیاری از گروه‌های فریبکار را از معرکه بیرون راندند و به وحدت و انسجام ملت روحی تازه دمیدند و با این عمل انقلابی و افشاگری‌ها و بیان حقایق دنیا را متوجه عمق و عظمت انقلاب اسلامی ایران ساخته و در این عمل ارزشمند صداقت را رعایت نموده تا آنجاکه در شیوهٔ افشاگری نه در اصل سند پیش از آنکه دیگران نقطه‌ضعفی را نشان دهند خود شجاعانه بیان کردند که تیزهوش گاهی اشتباه می‌کند در هر صورت مورد حمایت رهبر انقلاب اسلامی مرجع عالیقدر حضرت آیت‌الله العظمی امام خمینی دامه ظله‌العالی و مردم سراسر مملکت بوده و هستند.

جامعهٔ مدرسین حوزهٔ علمیهٔ قم لازم می‌داند بار دیگر ضمن تشکر از خدمات گذشته آنان اقدامات آینده راکه طبق موازین شرعی و در خط امام انجام خواهد گرفت مورد تأیید و حمایت خود قرار دهد.

جامعه مدرسین حوزه علمیهٔ قم

در رابطه با افشاگری دانشجویان پیرو خط امام از سوی حوزهٔ علمیهٔ قم نیز بیانیه‌ای به این شرح منتشر شد:

بسم‌الله الرحمن الرحیم

به‌دنبال افشاگری سه‌شنبه شب ۵۸/۱۰/۴ دانشجویان پیرو خط امام اطلاعیه‌ای از طرف نهضت آزادی ایران و اعلام جرمی از طرف حضرات آقایان احمد صدر حاج سیدجوادی، دکتر یدالله سحابی و مهندس مهدی بازرگان علیه دو دانشجوی افشاگر صادر گردید. با توجه به اعلامیه‌ای که از طرف دانشجویان پیرو خط امام مبنی بر تعطیل افشاگری‌ها صادر گردید، لازم دانستیم تا از برادران دانشجو بخواهیم به افشاگری‌هایشان ادامه دهند. تذکر این نکته به جاست که اساس اختلاف نهضت آزادی خارج ازکشور با نهضت آزادی داخل کشور موضع‌گیری‌های غیرانقلابی و نادرست نهضت آزادی داخل کشور در مقابل امریکا و رژیم شاهنشاهی بود که منتهی شد به اعلامیه‌ای از طرف نهضت آزادی خارج از کشور که در آن اعلامیه از مرحوم آیت‌الله طالقانی رحمت‌الله علیه و برادر مبارز آقای مهندس عزت‌الله سحابی که تازه از زندان رژیم آزاد شده بودند

درخواست شده بود تا طرح نهضت آزادی داخل کشور را در جهت انقلاب به‌حرکت درآورد. انتشار مجدد آن اعلامیه بسیاری از حقایق را روشن خواهد نمود، ما نیز معتقدیم که افشاگری‌ها باید صرفاً جنبهٔ افشاگری داشته و از هرگونه قضاوت پرهیز گردد ولی از آنجا که تنها در خلال عمل است که انسان به خطاهای خویش پی می‌برد ما نوع برخورد برادران دانشجو را با متن سند امری عادی می‌دانیم و از شورای هماهنگی دانشجویان مستقر در لانهٔ جاسوسی امریکا متواضعانه می‌خواهیم تا در تصمیم خود مبنی بر تنبیه این دو برادر عزیز تجدیدنظر نمایند.

حوزهٔ علمیه قم

همچنین فدائیان اسلام در اطلاعیه‌ای ضمن تأیید افشاگری‌های دانشجویان پیرو خط امام مستقر در لانهٔ جاسوسی امریکا اعلام کردند که تمام اقشار ملت مسلمان ایران این اقدام دانشجویان پیرو خط امام را که اساسی‌ترین و مؤثرترین وسیله تصفیه انقلابی جامعه ایرانی از کثافات ننگین طاغوتی است نسبت به هر فرد و جمعیت و حزب که باشد با جان و دل تأیید می‌کنند و با مشت‌های گره‌کرده از اقدام دانشجویان تا آخرین قطره خون خود دفاع خواهند کرد.

اطلاعات، ۸ دی ۵۸

حزب جمهوری اسلامی

حزب جمهوری اسلامی با انتشار اعلامیه‌ای خواستار ادامهٔ افشاگری‌های دانشجویان مسلمان پیرو خط امام شده و این اقدام را بزرگ‌ترین گام در راه پیروزی انقلاب و محافظت آن از سیل توطئه‌ها دانسته است.

در ادامهٔ اعلامیه آمده است که: با توجه به این واقعیت ما از دانشجویان پیرو خط امام خواستاریم که افشاگری‌های خود را ادامه دهند و کلیهٔ اسناد به‌دست‌آمده را (خواه له و خواه علیه افراد و گروه‌ها) بدون کم‌وکاست و تفسیر و تعبیر در اختیار ملت قرار دهند.

در ادامهٔ اعلامیه به پنج نکته در این رابطه اشاره شده است که طی آن هر نوع وابستگی به اردوگاه‌های غیراسلامی و ضداسلامی محکوم شده، تأکید شده که انقلاب و امت انقلابی ایران باید در مقابل همه نیروهایی که به نحوی با نیروهای کفر و شرک و الحاد وابستگی دارند موضع‌گیری خود را دقیقاً تعیین کند، باید تمام اصول انقلابی اخلاقی اسلام از نو در سطح همه حرکات سیاسی اجتماعی ما مطرح شود، هر نوع وابستگی به شرق و غرب محکوم شده و در آخرین مورد اعلام شده که ما برای تمام نیروها و گروه‌هایی که مخلصانه برای محو تسلط شوم امپریالیزم بر ایران مبارزه کرده‌اند شدیداً احترام قائل بوده و اطمینان داریم که تمام مردم ایران نیز برای مبارزین راه خدا ارزش ویژه‌ای قائلند.

چریک‌های فدایی خلق

سازمان چریک‌های فدایی خلق در اعلامیه‌ای تحت عنوان «توطئه سرمایه‌داران لیبرال را علیه افشاگری دانشجویان پیرو خط امام نابود کنیم» ضمن دعوت به راهپیمایی به منظور پشتیبانی از مبارزات افشاگرانه علیه امپریالیسم امریکا و مزدورانش (که دیروز انجام شد) خاطرنشان کرده است: اوج‌گیری مبارزات ضدامپریالیستی خلق‌های ایران، احزاب و محافل سرمایه‌داری لیبرال را سراسیمه ساخته است. آنها با عوام‌فریبی می‌کوشند به هر قیمت نگذارند ماهیت دوستان و جاسوسان امپریالیسم فاش و افشاء شود. احزاب محافل سرمایه‌داری که با افشاگری‌های نیروها و سازمان‌های ضدامپریالیستی و مترقی، چهره و ماهیت وابسته‌شان برای توده‌های مردم بیش از پیش فاش و افشاء می‌شود، اکنون به‌طور آشکار در برابر مبارزات ضدامپریالیستی و دمکراتیک مردم ایران قرار گرفته و به حمایت از دوستان خود و جاسوسان امپریالیسم امریکا برخاستند.

پشتیبانی کامل مجاهدین خلق از افشاگری دانشجویان پیرو خط امام

مجاهدین خلق ایران طی اطلاعیه‌ای از افشاگری‌های دانشجویان مسلمان پیرو خط امام پشتیبانی کرده و خواستار ادامهٔ این افشاگری‌ها شدند. اطلاعیه به شرح زیر است:

به‌نام خدا

سازمان مجاهدین خلق ایران پشتیبانی کامل خود را از ادامهٔ افشاگری‌های انقلابی دانشجویان قهرمان پیرو خط امام اعلام نموده و خواستار گسترش هرچه بیشتر این جریان حیاتی و تعیین‌کنندهٔ افشاگری‌های ضدامپریالیستی است. به اعتقاد ما، خلق قهرمان ایران که در دوران سلطهٔ ننگین شاه، هزاران شهید زندانی داده است، حق دارد که از تمامی اسرار پشت پردهٔ رژیم پهلوی و اربابان امریکایی‌اش اطلاع حاصل کند. علیهذا بدون چنین افشاگری‌هایی هرگز نمی‌توان به ریشه‌کن‌شدن نفوذ «سیا» و ساواک و ایادی و مرتبطین داخلی آنها امید بست. به‌همین‌دلیل لزوم افشاگری هرچه بیشتر همیشه در صدر خواسته‌های انقلابی جمیع گروه‌هایی قرار داشته است که از آغاز به حمایت از دانشجویان قهرمان پیرو خط امام قیام کرده‌اند، ما به‌خاطر استمرار، در خطوط انقلابی ضدامپریالیستی صمیمانه‌ترین درود و تهنیت انقلابی را به این قهرمانان تقدیم می‌کنیم.

اطلاعات، ۹ دی ۵۸

ضمیمهٔ ۹

متن زیر بخشی از گزارش سخنرانی و پرسش و پاسخ آیت‌الله بهشتی در جمع بازاریان تهران است که دربارهٔ افشاگری‌های دانشجویان پیرو خط امام اظهارنظر کرده است:

ده‌ها سؤال از دکتر بهشتی

بعدازظهر دیروز آیت‌الله دکتر بهشتی عضو شورای انقلاب در اجتماع گروهی از بازاریان تهران شرکت کرد و پس از سخنرانی کوتاهی به سؤالات حضار پاسخ گفت که اهم این سؤال و جواب‌ها را خبرگزاری پارس مخابره کرده است:

افشاگری دانشجویان

● **نظر شما و حزب راجع به افشاگری‌های دانشجویان پیرو خط امام چیست و خط مشی شورای انقلاب چه خواهد بود؟**

○ نظر ما این است که مدارک سیاسی در یک کشور به اطلاع ملت برسد، منتهی آن شیوه‌ای که تا حالا عمل شده بود، سه‌تا عیب داشت: یک عیبش این بود که همه اوراق و اسناد مربوط به یک فرد یا یک مؤسسه باید ارائه بشود، تا مردم بتوانند جمع‌بندی کامل کنند. در برخی موارد، گفته می‌شود که همهٔ اوراق یک‌جا ارائه نمی‌شود. خوب اگر قرار است مردم دربارهٔ یک فرد یا مؤسسه چیزی بدانند باید همهٔ اوراق آنجا را بخوانند تا بتوانند جمع‌بندی کنند. نقص دوم این بود که باید همان‌شب که این اوراق از رادیو تلویزیون و روزنامه‌ها پخش می‌شود آن فرد یا گروه هم بتوانند بیایند توضیح بدهند. تنها به قاضی‌رفتن درست نیست و ملت قاضی است، فرمولی را هم که برای این کار در نظر گرفته و پیشنهاد کرده و انشاءالله امیدواریم که به‌زودی مطرح بشود و رویش بحث بشود این است دانشجویان کلیهٔ اسناد مربوط به فرد یا گروه را فتوکپی‌اش را در اختیار او بگذارند (اگر هم می‌ترسند که فرار کند، قبلاً بگویند تا یک ترتیبی داده شود که فرار نکند) تا او مطالعه کند و توضیحات خود را بدهد و از توضیحاتش نوار صدا و تصویر برداشته شود و از افشای دانشجویان هم نوار، اسلاید و صدا و فیلم گرفته شود و بعد هر شبی که اینها می‌خواهند نشان بدهند، قبلاً اعلام کنند که افشاگری می‌شود، با طرف مقابل که مردم وقتی افشاگری تمام می‌شود، تلویزیون خود را خاموش نکنند و بدانند که طرف مقابل هم بعد صحبت خواهد کرد، تا همه را یک جا گوش کنند، ببینند و قضاوت کنند و از نظر ما این با عدل اسلامی سازگار است. عیب سومی که در کار دانشجویان وجود دارد، این است که تا حالا جز در یک مورد که در رابطه با روزنامهٔ **جمهوری اسلامی** بوده در بقیهٔ موارد، همه اسناد مأیوس‌کننده و منفی پخش شده است.

اگر راجع به افراد، گروه‌ها و مؤسسات دیگر، اسناد مثبت وجود دارد، اینها را هم نشان دهند که مردم به سمت بدبینی و یأس کشانده نشوند. سوق‌دادن به بدبینی خطر بزرگی است برای جامعه با وجودی که برادران دانشجو معایبی هم در کارشان بوده، ولی اگر این سه اصل را رعایت کنند و کلیهٔ اسناد را هم یکجا جمع کنند و در عرض یکی، دو هفته افشاء کنند چون مردم را در انتظارگذاشتن تزلزلی در روحیه‌شان به‌وجود می‌آورد و این به نفع انقلاب نیست.

اطلاعات، ۱۲ اسفند ۵۸

ضمیمهٔ ۱۰

حجت‌الاسلام خوئینی: سیاست گام به گام جریان انحرافی امریکا در انقلاب ایران بود

حجت‌الاسلام موسوی خوئینی دیروز در اجتماع طبقات مختلف مردم، در برابر لانه جاسوسی امریکا با اشاره به افشاگری‌های دانشجویان مسلمان پیرو خط امام اعلام کرد که ملت ایران همواره پشتیبان افشاگری‌های انقلابی این دانشجویان بوده و خواهد بود. وی افزود:

ما همچنان در مبارزه و جنگ با امریکا هستیم و نباید طرح مسائلی جز مسئله نبرد با امریکا، ما را از این خط اصلی و از فریاد علیه امریکا بازبدارد که این مسلماً خواست خود امریکاست.

حجت‌الاسلام خوئینی، در آغاز سخنان خود گفت: پیش از سقوط رژیم شاهنشاهی در مبارزات ایران دو خط وجود داشت: یکی خط امام و خط انقلاب و دیگر خط سیاست گام به‌گام. خط امام خطی انقلابی بود و اعلام می‌کرد که خواست ملت ایران این است که شاه باید برود و نظام شاهنشاهی باید برچیده شود و هرگونه استعمار و سلطه خارجی نیز باید از ایران ریشه‌کن شود. در این خط، قانون اساسی شاهنشاهی کمترین ارزشی از نظر امام نداشت. امام بارها و بارها اعلام کردند که ما قانون اساسی شاهنشاهی راکه حافظ سلطنت است، قبول نداریم. در این خط، بختیار از نظر امام، نوکر امریکا و رابطه امریکا با ما رابطه گرگ با میش و رابطه ظالم با مظلوم است. در خط امام که خط مردم و ملت ایران است، هیچ‌گونه ابهامی وجود ندارد. در خط امام، تصفیه و پاکسازی در تمامی ارگان‌ها و سازمان‌های دولتی، باید انجام شود. در خط امام چه پیش از انقلاب و چه بعد از سقوط رژیم، همواره حمایت از فلسطین وجود داشت. از سال ۴۲ و پیش از ۴۲ امام فریاد می‌زند که اسرائیل، دشمن ملت اسلام است و همه ما در صف فلسطینیان و برادران فلسطین علیه اسرائیل می جنگیم، اما در برابر خط امام، خطی بود و هست که سیاست گام به‌گام را مطرح می‌کرد و می‌کند. در سیاست گام به‌گام، شاه باید سلطنت کند نه حکومت. قانون اساسی مورد قبول است و فقط باید شاه موافقت کند که انتخابات آزاد انجام بشود.

در این خط، مبارزات ایران فقط مبارزه ضد استبداد است نه ضد استعمار. در سیاست گام به‌گام، بختیار نوکر امریکا نیست که آقای بختیار است. حجت‌الاسلام موسوی افزود: در افشاگری‌ها، با اشخاص سر جنگ ندارند و این چه سخن بیهوده‌ای است که بعضی از نویسندگان گفته‌اند باید ابتدا اسناد به مراجع صلاحیت‌دار تحویل داده شود و آنها بررسی کنند تا اگر مصلحت بود، افشا گردد. کدام مصلحت؟ سؤال ملت ایران امروز این است این همه اسنادی که در مرکز اسناد ساواک ایران وجود داشت کدامیک برای ملت ایران افشا شد؟ از سوی دیگر، آیا افشای جریانات انحرافی سیاسی مبارزاتی در دادگاه انقلاب رسیدگی می‌شود؟ مگر اشخاص را می‌خواستند محاکمه کنند که به دادگاه ارجاع شود؟ مگر بحث محاکمه اشخاص است که دادستان انقلاب رسیدگی بکند؟ حجت‌الاسلام موسوی خوئینی‌ها افزود: سیاست گام به‌گام،

حکومت بختیار را حاضر است بپذیرد و به بختیار پیشنهاد می‌کند که برود پاریس تا می‌تواند تلاش کند و تا مذاکراتی در پاریس با دست پر بازگردد و سپس در ایران خود را آماده استقبال از امام بکند.

سؤال از امریکا

در سیاست گام‌به گام از سفارت امریکا سؤال می‌شود: چرا در کردستان درگیری پیش آمده و چرا هر روز در یک نقطه ایران جنجالی به پا می‌شود؟

از سفارت امریکا سؤال می‌شود: به‌نظر شما علت این درگیری‌ها چه چیز است؟

امام فریاد می‌زند، تمامی این توطئه‌ها از امریکاست. امام فریاد می‌زند، تمام گرفتاری‌های ما از امریکا است. امروز کشورهای اسلامی همه در چنگال امریکا گرفتارند. این عمال امریکا هستند که در ایران توطئه به‌پا می‌کنند، ولی در سیاست گام‌به‌گام، از امریکا سؤال می‌شود: به‌نظر شما علت این توطئه‌ها چه چیز است؟ آیا به‌نظر شما ملت ایران، اگر از سفارت امریکا سؤال شود علت حوادث کردستان و آذربایجان و خوزستان و علت این توطئه‌ها چیست؟ سفارت امریکا حقیقت را خواهد گفت؟ جز اینکه سفارت امریکا توطئه به‌پا می‌کند و اطلاعات غلط به ما می‌دهد و براساس این اطلاعات غلط، دولت را وادار به موضع‌گیری‌های غلط می‌کند؟ آیا جز این است؟ آیا این انحراف سیاست گام به‌گام نیست که از دشمن راه چاره بخواهیم؟ بحث بر سر اشخاص نیست، چرا مسئله را منحرف می‌کنید؟

دانشجویان به بعضی از روزنامه‌ها حمله کردند، اعتراض کردند، چرا مسئله را برخلاف آنچه هست مطرح می‌کنید؟ چرا عنوان جاسوسی یک فرد، روی مسئله می‌گذارند. مسئله جاسوسی یک فرد نیست، اگر جاسوسی یک فرد بود، چندان فاجعه دردناک نبود، فاجعه این است که یک جریان انحرافی می‌رفته است تا همه چیز انقلاب را قبضه کند و چه‌بسا در این جریان انحرافی، عناصر صادقی را هم به درون خود جذب کرده باشد.

اساساً در افشاگری‌ها، بحث بر سر اشخاص نیست تا ما چهره‌های نورانی شخصیت‌های برجسته بزرگ و انقلابی این ملت همچون مرحوم آیت‌الله طالقانی را بخواهیم مطرح کنیم. در پناه این چهره، حقیقتی را مکتوم و مخفی کنیم. چه کسی است که نداند مرحوم آیت‌الله طالقانی، از چهره‌های بزرگ تاریخ مبارزات این ملت است. چرا ما نمی‌خواهیم حقایق تلخ را ملت بدانند و برای ندانستن و آگاه‌نشدن ملت از چنین چهره‌هایی سوءاستفاده می‌کنیم. در سیاست گام‌به‌گام، به‌جای این که علت ناموفق‌بودن حکومت را در ادارهٔ امور داخلی مملکت برعهدهٔ نادرست‌بودن موضع‌گیری‌های سیاسی بگذاریم، حمله می‌کنیم به نهادهای انقلابی. مگر در این سیاست گام‌به‌گام کمیته‌های انقلاب هر روز کوبیده نشدند؟

تفاوت‌های آشکار

امام از کمیته‌های انقلاب دائماً حمایت می‌کند. اما سیاست گام به‌گام مرتب کمیته‌های انقلاب را می‌کوبد که این کمیته‌ها هستند که نمی‌گذارند کارها انجام شود. خط امام، دادگاه‌های انقلاب را به‌وجود می‌آورد، اما سیاست گام به‌گام، دادگاه‌های انقلاب را محکوم می‌کند، چرا؟ چون دادگاه انقلاب، نهادی است انقلابی و طبیعی است که سیاست گام‌به‌گام با دادگاه انقلاب نمی‌تواند هماوردی کند. این سیاست گام‌به‌گام است که به امریکای خائن آنقدر مجال دخالت و فضولی در امور مملکت می‌دهد که وقتی چهار عنصر پلید اعدام می‌شوند، امریکا جرأت می‌کند که به مقام رسمی مملکت اعتراض کند که چرا اعدامش کردی؟ دادگاه انقلاب این ملت حکم صادر کرده است و به امریکا چه ربطی دارد که اعتراض بکند؟ اما سیاست گام‌به‌گام توی دهن این مأمور امریکایی نمی‌زند. در افشاگری‌های دانشجویان پیرو خط امام، دادستان انقلاب کدام مسئله را می‌خواهد بررسی بکند؟

در این‌جا اسنادی هست که همان جریان انحرافی را نشان می‌دهد که این جریان انحرافی در ارتباط با این‌جا بوده است. بحث این نیست که یک فرد خاص جاسوس امریکا بوده، چرا روزنامه‌ها این‌طور مسئله را مطرح کردند؟ بحث جاسوسی یک فرد، نیست. بحث یک جریان انحرافی است و این مسئله امروز نیست، بلکه مسئله‌ای بود از پیش از انقلاب و حالا هم اسناد افشاشده نشان می‌دهد که امریکا از سیاست گام‌به‌گام حمایت می‌کرده است و تاکنون هم درپی استقرار و تحکیم این سیاست گام‌به‌گام بوده است. شاید مهم‌ترین اسناد را نابود کرده باشند، ولی همین مقدار اسنادی که باقی مانده نشان می‌دهد که دو نفر از جاسوسان بنام و مشخص سازمان جاسوسی سیا که وارد ایران شده‌اند، به‌نام دبیر اول و دبیر دوم سفارت بودند و وقتی این سند افشا شد، آن سناتور امریکایی گفت: این سند درست بوده و ما نمی‌دانیم چه مقدار از این اسناد در دست دانشجویان وجود دارد، ولی این آقا اینجا می‌گوید که یک مشت کاغذهاکه هیچ معلوم نیست واقعیت داشته باشد...

چقدر پرده‌پوشی؟ چقدر مخفی‌کردن حقایق؟ تا چقدر ملت را بی‌خبر از این واقعیت‌ها نگهداشتن؟ دانشجویان، صادقانه تصور می‌کردند و تصور می‌کنند که باید این اسناد را در معرض دید و نگاه ملت قرار داد، تا ملت قضاوت کند، حال اگر ملت ایران معتقد است این اسناد نباید افشا بشود، افشا نمی‌کنند، ولی این مردمند که فریاد می‌زنند «باید افشا گردد، باید افشا گردد.»

بنابراین، اولاً این نویسندگان مطلب را نفهمیدند که اصلاً اسنادی که باید به دادستان انقلاب تحویل شود، کدام است و اسنادی که باید بدون دادستان انقلاب افشا شود، کدام است. به‌نظر سیاست گام‌به‌گام، تصرف لانه جاسوسی امریکا، عمل صحیحی نیست. اما درنظر ملت و در نظر امام و در خط امام، تصرف یک لانه جاسوسی، صددرصد عملی انقلابی است. پس همچنان‌که اشغال سفارت جاسوسی، طبق معیارهای انقلاب است و طبق میزان خط امام است، نه سیاست

گام به گام، افشای اسناد این لانه جاسوسی هم بر موازین خط امام است، نه بر موازین سیاست گام‌به‌گام. اگر چنانچه افشای این اسناد تاکنون برخلاف موازین انقلاب بود، پیش از هرکس و جلوتر از همه، شخص امام بود که می‌بایست جلوی این افشاگری‌ها را بگیرد و می‌بینیم که امام، به استناد همین اسناد در سخنرانی‌های خودشان مطلب را تکرار می‌کنند و شما دیدید و شنیدید که وقتی از این‌جا سندی افشا شد که بعضی از این چهره‌های انقلابی‌نما، معلوم شد که با سفارت امریکا سروسری داشته‌اند، امام در سخنانشان تکرار می‌کنند که این‌ها همان کسانی بودند که ادعای انقلابی داشتند و امروز روشن شد که با امریکا ارتباط داشته‌اند.

هدف از افشاگری‌ها

حجت‌الاسلام موسوی خوئینی سپس گفت: هدف از افشاگری‌ها این است که جریانات انحرافی در متن این مبارزه جاگرفته را ملت ایران بشناسد و بداند این چهره انقلابی‌نمایی که در اسناد اینجا نامش برده شده، اگر از امام ناراضی هست، مسئله‌ای نیست، بلکه سخن ما با ملت ایران این است که آیا اگر یک روشنفکر، اگر یک انقلابی بر فرض از امام ناراضی بود، اگر از امام خوشش نیامد، باید این درددل را با مأمور سیاسی لانه جاسوسی امریکا یا جاسوس سیا درمیان بگذارد؟! آقای روشنفکرنمایی که آمده پیش امریکا درددل می‌کند که من از رهبر انقلاب بدم می‌آید، آیا افشای این سند نیازی به دادستان انقلاب دارد؟ دادستان انقلاب این سند را ببیند که چه بگوید؟ حکم صادر کند؟

ما نمی‌خواهیم کسی را زندانی کنیم که چرا تو از امام بدت آمده، ما می‌خواهیم به ملت بگوییم که این آقای روشنفکرنما که از رهبر شما بدش می‌آمده، آمده پیش کاردار و پیش جاسوس سیا و درددل کرده است. این دیگر دادستان انقلاب نمی‌خواهد.

اگر ملت درباره یک چیزی قضاوت کرد، کدام دادگاه حق دارد برخلاف قضاوت او قضاوت کند؟ گاهی گفته‌اند که مأمور سیاسی امریکا به واشنگتن دروغ گزارش کرده است. آیا مأمور «سیا» به واشنگتن گزارش غلط می‌دهد؟ گزارش کرده است که آقای فلان، عضو شورای مرکزی فلان گروه این‌گونه گزارش داد و به ما اطلاع داد اگر این فرد عضو جمعیت شما نیست، رسماً اعلام کنید که از ما نیست. چرا نه عضویت او را تکذیب می‌کنید و نه حقیقت را می‌پذیرید و گذشته از همه اینها چرا همه‌چیز را می‌خواهید انکار کنید؟ به‌هرحال تمام مسئله این بود که دو خط در برابر هم، یکی خط امام و دیگری سیاست گام‌به‌گام، و این دو حقیقت و این دو خط و این دو نوع تفکر را ملت ایران از قبل شناخته بود و می‌شناسد. تنها کاری که در افشاگری‌ها، انجام شده، این بوده است که امریکا، سیاست گام‌به‌گام را همواره پیش از سقوط رژیم و بعد از سقوط رژیم، حمایت می‌کرده است و به‌عقیدهٔ شخص من، ضربه‌ای که امریکا در این افشاگری‌ها خورده است از سخت‌ترین ضربه‌هایی بوده که در این دو ماهه تصرف لانه جاسوسی به او وارد شده است،

زیرا امریکا پایگاهی را در داخل کشور از دست داده است که در این پایگاه، چهره‌هایی صادق، چهره‌هایی پاک، چهره‌هایی مورد قبول این ملت وجود داشته است که امریکا در سایه این چهره‌های درخشان، این جریان انحرافی را همچنان تقویت می‌کرده است و امروز امریکا می‌بیند این جریان انحرافی و ارتباط این جریان با سفارت امریکا برملا شده و افشا شده است. لذا بیشترین امید خود را برای تحکیم موقعیت خود در آینده ایران از دست داده است، بنابراین دانشجویان مسلمان پیرو خط امام، همچنان بر سر این عقیده‌اند که این اسناد باید برای ملت افشا بشود.

اطلاعات، ۹ دی ۱۳۵۸

ضمیمۀ ۱۱

برنامه‌های آینده دانشجویان پیرو خط امام

● بعد از حرکت دانشجویان در تسخیر سفارت امریکا یک موج مبارزه ضدامپریالیستی در میان مردم آغاز شد. چه برداشتی از مبارزه ضدامپریالیستی دارید و انتظارات شما برای از قوه به فعل درآوردن این مبارزه چیست؟ وتداوم آن را حتی بعد از محاکمه گروگان‌ها چگونه می‌بینید؟

○ مبارزه ضدامپریالیستی از نظر ما یک مبارزه خاص نیست، بلکه از دیدگاه مکتب ما اسلام هر فرد و انسان موظف است که یک مسیری را طی بکند. آن مسیر «برای خدا» و در جهت رشد و تکامل او است. در جهت رشد جامعه است، به‌خاطر نیل به آرمان‌های انسانی است و به‌طور مسلم ارتقاء فکر روح و فرهنگ بشر در آن مبارزه نهفته است.

در این مسیر رشد «برای خدا» که هر بشری موظف است داشته باشد، مسلماً خارهایی وجود دارد، مسلماً سدهایی وجود دارد که مانع از این طی طریق هستند.

به‌طورکلی آن سدهایی که در مقابل این راه هستند و موانعی که به اشکال مختلف و گوناگون وجود دارند، باید از میان بروند. امپریالیسم، به مفهوم کلمه بزرگ‌ترین سد در قرن اخیر، در مقابل تعالی انسان‌ها است. به‌خاطر اینکه، این پدیده هدفش غارتگری است. هدفش منافع بیشتر است و به‌خاطر این هدف هم هیچ‌چیز دیگری را نمی‌شناسد، نه انسانی را می‌شناسد و نه حقوق بشری را و نه انسان‌ها برای او در مقابل منافعش ارزش دارند، لهذا به‌راحتی دست به قتل‌عام می‌زند، غارتگری برایش کاملاً توجیه شده است و انسان‌ها را اصلاً مانند انسان، و کسی که حقی دارد، می‌فهمد و حداقل زندگی در این جامعه را دارد نگاه نمی‌کند، بلکه آنها را به مثابه اشیایی می‌بیند که باید در جهت منافع او به کار رفتند لذا این سد و این مانع باید از مقابل بشر برداشته شود تا انسان بتواند به‌راحتی مسیر «برای خدای» خودش را، آن مسیر تکاملی و رشد و تعالی خودش را طی کند. و ما الان بزرگ‌ترین مانعی راکه می‌بینیم در مقابل بشر هست، همین پدیده امپریالیسم است، که در ایران در شکل امریکاییش ظهور می‌کند، در جای دیگر به اشکال گوناگون دیگر، اما به‌هرحال این پدیده امپریالیسم جهانی، بزرگ‌ترین مانع در راه رشد «برای خدا» است.

و اما مسئله اینکه چگونه مبارزه ضدامپریالیستی را از قوه به فعل دربیاوریم. مبارزه را از قوه به فعل‌کشاندن، یک چیزی است که به‌صورت تدریجی حاصل می‌شود، یعنی در طول مبارزه می‌بینیم که به مفاهیم تازه‌ای دست یافتیم یا نه؟ به مسائل تازه‌ای برخورد کردیم که آن مسائل ما را به شناخت بیشتری از آن پدیده می‌کشاند دعوت می‌کند.

به‌عنوان مثال وقتی که ما درگیر با امریکا بودیم نمی‌دانستیم امریکا از مسئله اسناد آن‌قدر

وحشت دارد، یا نمی‌دانستیم از مسئله افشاشدن طرح‌ها و برنامه‌هایی که در منطقه داشته وحشت دارد، وقتی جلوتر رفتیم، دیدیم شاید مهم‌ترین مسئله برای امریکا همین باشد، بنابراین مسئله، کیفیت جدیدتری، پیدا می‌کند. محاکمه گروگان هم در همین جهت است یعنی اینکه امریکا می‌بیند در جهان رسوا می‌شود و برای این نیست که ۵۰ گروگان برای امریکا اصلاً مهم باشد، اینطور نیست، پس این یک مطلب.

مطلب دیگر اینکه چون مبارزه به مرور و به‌تدریج ابعاد گسترده‌ای به خودش می‌گیرد و این ابعاد گسترده هم باز با عمیق‌ترشدن مبارزه هست، در رابطه با این است که ما تمام عوامل داخلی و خارجی امپریالیسم را بشناسیم و با آن مبارزه کنیم، پس با توجه به این شناخت، مبارزه ما کیفیتش عمیق‌تر و گسترده‌تر می‌شود و خودبه‌خود از قوه به فعل درمی‌آید. این جمله به این معنی نیست که اول این مبارزه ذهنی باشد، در حد شعار و بعد آن را به جنبه عملی بیاوریم، مبارزه از قوه به فعل درمی‌آید، یعنی ابعاد عملیش روشن‌تر و گسترده‌تر می‌شود، این‌هم در رابطه با همان شناختی است که مردم به‌تدریج از امپریالیسم به‌دست می‌آورند.

بعد از محاکمه گروگان‌ها

● **فرض کنید یک‌ماه دیگر گروگان‌ها را محاکمه کنید و دولت امریکا را هم در انظار جهانی محکوم کنید، پس از آن چه می‌شود و چگونه این مبارزه ادامه پیدا می‌کند؟**

○ این مسئله که محاکمه گروگان‌ها را انتهای مبارزه ضدامپریالیستی ما می‌دانند، مطلب اشتباهی است. اگر قرار بر این بود که مبارزه ضدامپریالیستی ما، با گروگان‌ها شروع بشود و با گروگان‌ها هم ختم شود، در حقیقت این یک مبارزه گروگان‌گیری می‌شد، ولی این افراد، گروگان هستند در مقابل آن هدف یا اهدافی که ما داریم و مادامی که ما به آن اهداف نرسیم این گروگان‌ها در دست ما خواهند بود. این به معنای آن نیست که اگر ما گروگان‌ها را محاکمه کردیم آن اهداف تمام شده است. یا آن اهداف و انگیزه‌هایی که به‌خاطرش مبارزه می‌کنیم دیگر زایل‌شدنی هستند، بلکه این یک مبارزه مقابل و رویارویی با دشمن برای رسیدن به آن اهداف و انگیزه‌هایی که به خاطرش مبارزه می‌کنیم است. بنابراین محاکمه گروگان‌ها و اصولاً مسئله گروگان‌ها در حد این است که سریع‌تر به خواسته‌هایمان برسیم.

جزو کدام گروه هستید؟

● **از آغاز تسخیر سفارت امریکا هرچندگاه با انجام تحلیل‌هایی، دانشجویان را به یک گروه منتسب می‌ساختند، شما خود را جزو کدام گروه می‌دانید؟**

○ ما تا حالا خیلی این مسئله را تکرار کرده‌ایم که به هیچ گروهی وابستگی نداریم و از تنها کسی که پیروی می‌کنیم امام هستند و رهنمودهای ایشان برای ما لازم‌الاجراست.

حد مطلوب چیست؟

● **حد مطلوب شما برای پایان‌دادن به ماجرای سفارت چیست و خود شما سرانجام را چگونه می‌بینید؟**

○ آن حدی که خیلی عینی است و برای ما مشروعیت دارد همان است که شاه را بگیریم و او را محاکمه بکنیم. در این محاکمه امریکا مجرم اصلی شناخته می‌شود، خود شاه هم قبلاً اعلام کرده و ما به‌دنبال این حد، راهمان را ادامه می‌دهیم.

روابط خارجی

● **در ادامه این راه روابط خارجی ما ــ که یک واقعیت است ــ به چه صورتی درمی‌آید؟**

○ روابط خارجی با امریکا تا وقتی که حاضر نشود شاه را بدهد قطع است، ولی با کشورهای دیگر سر جنگ نداریم. اگر آنها مصالح ما را رعایت کردند ما هم موظفیم به مصالح آنها احترام بگذاریم.

● **پس از آنکه گروگان‌ها محاکمه شدند و امریکا محکوم شد چه می‌شود؟**

○ محاکمه گروگان‌ها وقتی است که مطمئن شدیم شاه را نمی‌خواهند بدهند، وقتی مطمئن شدیم شاه را پس نمی‌دهند، آنگاه باید به این مسئله برسیم که محاکمه گروگان‌ها به چه شیوه‌ای و به چه شکلی انجام می‌گیرد که باز به خواست اصلی برسیم.

الان نمی‌شود در مورد این مسئله تصمیم گرفت محاکمه آنها به‌عنوان یک اصل صددرصد است، ولی شکل و شیوه‌اش بستگی به شرایط دارد.

تحلیل تسخیر سفارت

● **تحلیل‌های مختلفی از دلیل تسخیر سفارت امریکا می‌شود درباره این تحلیل‌ها چگونه می‌اندیشید؟**

○ برداشت‌ها می‌تواند متفاوت باشد خیلی از برداشت‌ها مغرضانه است، خیلی از آنها سازشکارانه است و بسیاری هم چپ‌روانه است، چپ‌تر از آن چیزی که می‌تواند در جامعه ما واقعیت داشته باشد. اصلاً مبارزه با امریکا به‌خاطر چیست؟ آیا به‌خاطر این است که ما شاه را بگیریم و محاکمه و اعدامش کنیم؟ خوب، این چه دردی را دوا میکند؟ مبارزه با امریکا درست در این رابطه است که ما علیه پایگاه‌های امریکا در داخل، علیه نفوذش در داخل و علیه وابستگی که ایجاد کرده در ملت، ما داریم می‌جنگیم. این مشکلات ماست. به‌غیر از مشکلات فرهنگ وابسته، اقتصاد وابسته چه مشکلاتی ما داریم و ما علیه همین‌ها مبارزه می‌کنیم.

برداشت اولیه

● **در یکی از مصاحبه‌هایتان گفته بودید که در آغاز این حرکت برداشت این چنینی از آن نداشتید و برداشت ساده‌تری داشتید، ممکن است بگویید که در آغاز فکر می‌کردید این حرکت به کجا ختم می‌شود و بعد برایتان به چه صورتی درآمده؟**

○ در ابتدا هم گفتم که هر مبارزه‌ای در شروعش مسلماً از پیچیدگی لازم و از آن گستردگی و عمقی که در نهایت به آن می‌رسند برخوردار نیست. همین‌طور که مبارزه پیش می‌رود ماهیت دشمن بیشتر مشخص می‌شود و گستردگی و عمق فاجعه بیشتر مشخص می‌شود. با توجه به اراده و تصمیم و عزم ملت این را می‌شود فهمید. لذا طبیعی است که هرکس که در آغاز مبارزه نمی‌توانست نه آن صورت راه را ببیند و آینده‌نگری کند که ما حالا در کجا هستیم و چگونه می‌توانیم با امپریالیزم مقابله کنیم.

این مسائل روشن نبود، ولی الان تا یک حدودی راه روشن‌تر شده و مسلماً هرچه جلوتر برود، مبارزه ما با امپریالیزم امریکا پیچیده‌تر می‌شود و این کاملاً طبیعی است.

واژه تازه

● **با تسخیر سفارت امریکا، یک واژه تازه به‌نام «پیرو خط امام» نیز وارد فرهنگ سیاسی ایران شد و می‌بینیم که علاوه بر گروه‌ها و احزاب مذهبی و غیرمذهبی که خود را پیرو خط امام می‌نامند در سازمان‌ها و مؤسسات نیز گروه‌هایی به این اسم تشکیل شده‌اند. برداشت شما از خط امام چیست و درباره پیروی احزابی که در بالا ذکر کردیم چه نظری دارید؟**

○ مبارزه با امپریالیزم یک بعد خط امام است. خط امام فقط خط مبارزه با امریکا نیست. خط امام، خطی است که جامعه و انسان‌ها را می‌خواهد به سوی نزدیکی به خدا بکشاند و می‌خواهد به جامعه رشد بدهد. می‌خواهد در روحیه و افراد جامعه یک حرکتی ایجاد بکند. لذا از آنجا که انسان پیچیده‌ترین موجود است، این خط هم خیلی پیچیده است، درست خط اسلام است. کلیه قوانین اسلام باید در این خط تفسیر و تبیین بشود. مبارزه با امریکا و به‌طورکلی مبارزه با دشمن یک بعد خط امام است. به‌خاطر اینکه تمام عوامل سدکننده و خارهای موجود در سر راه باید برداشته شوند. بنابراین وقتی ما از «خط امام» نام می‌بریم برداشتمان از آن این است که در همه ابعاد، نه فقط مبارزه با امریکا در خط امام باشند. در بعد سازندگی، در بعد جهاد با نفس، در بعد اخلاق، در فرهنگ، در همه چیز و در مبارزه با دشمن، سرسختی با دشمن. همه اینها، پیرو خط امام باید باشند.

حفظ وحدت

● **با وجود تکیه بسیار شما بر حفظ وحدت، چند روز پیش با راه‌پیمایی یکی از گروه‌ها که**

برای پشتیبانی از افشاگری‌های شما انجام گرفته بود، مخالفت کردید. دلیل شما برای این مخالفت چه بود؟

○ آن راه‌پیمایی که گذاشته شده بود، به‌نظر ما یک فرصت‌طلبی و یک جریان اعزامی بود. وقتی ما می‌گوییم خط امام برای ما ملاک است، یعنی هرگونه انحراف از این خط برای ما مطرود است. اگر سازشکاری باشد مطرود است، چون خط امام یعنی قاطعیت و سازش‌ناپذیری. اگر انحراف مکتبی باشد باز هم مطرود است، چون هدف خط امام و انتهای خط امام رسیدن به یک زندگی مادی نیست که در آنجا آدم‌ها از نظر مادی در رفاه باشند و هدف زندگی به آن ختم بشود. حیات جاودان و حیات راستین را خط امام در زندگی مادی جستجو نمی‌کند. اما در مورد راه‌پیمایی قضیه از این قرار است که در کار آن گروهی که راه‌پیمایی را گذاشته بود سوءاستفاده به چشم می‌خورد. فرصت‌طلبی به چشم می‌خورد، علی‌رغم اینکه ما در تحلیلمان، در صحبت‌هایمان می‌گوییم روزنامه‌ها باید هشیار باشند و مسئله را به شخص برنگردانند، درست مسئله را به شخص برگردانده بودند به‌طور صریح و بعد هم راه‌پیمایی. در حقیقت علیه «او» بود. و مسلماً بعد از «او» می‌خواستند به این مسئله برسند که این فرد منتخب امام بوده و درنتیجه امام این‌چنین است و آن‌چنان. لذا این یک فرصت‌طلبی و انحراف از نظر ما بود و ما موظف بودیم در مقابل این انحراف در جامعه بایستیم. به‌خاطر اینکه کس دیگری نتواند از مطالبی که ما اینجا افشا می‌کنیم سوءاستفاده کند.

فرد مطرح نیست؟

● **ولی دلیل اعتراض شورای انقلاب به افشاگری دانشجویان برعکس این بود. آنها اعتقاد داشتند که باید فرد مورد اتهام قرار بگیرد تا بتواند از خودش دفاع کند ولی هنگام محکوم‌کردن یک جریان مشخص نیست چه کسی باید از خودش دفاع کند و چه کسی نکند.**

○ نه‌تنها شورای انقلاب، بلکه همه ارگان‌ها و همه افراد می‌توانند از این قضیه برداشت داشته باشند. برداشت ما این است که این یک «جریان» انحرافی بوده است و می‌توانیم آن را هم ثابت کنیم.

حقیقت چیست؟

● **در آخر امر چگونه باید حقیقت روشن شود؟**

○ ما افشاگری را انشاءالله ادامه می‌دهیم. مسلماً ادامه می‌دهیم. چون با این پشتیبانی بی‌دریغی که ملت کرده‌اند دیگر این تبدیل به یک وظیفه شده است برای ما که افشاگری را ادامه بدهیم و در سیر این افشاگری این مسائل روشن می‌شود.

تکیه روی فرد نیست

● **آقای امیرانتظام به اتهام جاسوسی دستگیر شده است، آیا از دادگاه ایشان نیز برای افشاگری استفاده می‌کنید؟**

○ باز خط آن دادگاه هم همین خواهد بود که ما روی فرد تکیه نخواهیم کرد. مقامات آن دادگاه می‌توانند اگر این‌طور تشخیص دهند روی فرد تکیه کنند. ولی ما روی جریان تکیه خواهیم کرد، منهای فرد.

اسناد دیگر

● **آیا کلیه اسناد داخل سفارت به مجرد آماده‌شدن افشا می‌شود و یا اینکه طبقه‌بندی شده و به ترتیب در برنامه افشاگری شما قرار می‌گیرد.**

○ طبقه‌بندی نیست منتها به قسمت‌های نظامی، سیاسی و فرهنگی تقسیم می‌شود، به‌این‌صورت تقسیم‌بندی می‌شود و هیچ مانعی هم در راه افشای آنها وجود ندارد و به مرور هر سندی که کشف شود و بشود بر آن نام سند گذاشت افشا می‌شود.

متن کامل سند

● **در آخرین افشاگری خودتان، فقط قسمت‌هایی از سند را افشا کردید، چرا متن کامل سند را در اختیار مردم نگذاشتید؟**

○ در آینده به مرور در اختیار مردم گذاشته می‌شود.

● **آیا اسناد مهم دیگری در رابطه با افشاگری اخیر و یا مسائل دیگر اکنون برای افشاگری آمده است؟**

○ بله، اسناد دیگری هست.

نامزد ریاست جمهوری

● **با وجود آنکه بارها اعلام کرده‌اید که خود را یک گروه سیاسی نمی‌دانید ولی بیانیه‌های شما در موارد خاص بسیار بااهمیت تلقی می‌شود، آیا نامزد خود برای ریاست جمهوری را معرفی نمی‌کند؟**

○ آنچه مسلم است مسئله ریاست جمهوری مثل قانون اساسی نیست، قانون اساسی ارتباط با فرد نداشت، قانونی بود که آقا گفته بودند انحراف اسلامی ندارد و باید موضع خودمان را در مقابل آن مشخص می‌کردیم. اما رئیس جمهور این‌طور نیست، یعنی هرکسی موظف به تعیین موضع در مقابلش نیست، ممکن است حتی افراد رأی‌دهنده به نتیجه نرسند اما تا آنجایی که ممکن باشد می‌خواهیم بر این مطلب هم موضع بگیریم و یک کاندیدا معرفی کنیم، انشاءالله.

چهره‌های شناخته‌شده

● **آیا کاندیدای شما از بین چهره‌های شناخته‌شده معرفی می‌شوند یا چهره‌های ناشناخته؟**

○ در میان نامزدهای انتخاباتی یک‌سری چهره‌هایی هستند که اصلاً کسی نمی‌شناسد و یک‌سری چهره‌های شناخته‌شده وجود دارند و ما هم مسلماً به کسانی که می‌شناسیم و در جامعه خودشان را تاکنون معرفی کرده‌اند پشتیبانی خواهیم کرد.

● **آیا ممکن است پنج نفر از کسانی را که در مورد پشتیبانی خود از آن بررسی می‌کنید نام ببرید؟**

○ مطمئناً از میان چهره‌هایی خواهند بود که خود را شناسانده‌اند و نمی‌شود پنج تن از آنان را نام برد و من هرچه اظهار بکنم نظر شخصی خود من است نه نظر جمع، نظر شخصی من بیشتر روی کسانی چون فارسی و بنی‌صدر و از این تیپ‌ها است.

هماهنگی

● **از زمانی که آقای قطب‌زاده به‌عنوان رابط بین شورای انقلاب و دانشجویان مسلمان پیرو خط امام تعیین شده‌اند آیا هماهنگی بیشتری به‌وجود آمده است؟**

○ ما خودمان را در حقیقت در این حرکت خروشان مردم بیش از یک محافظ گروگان‌ها و افشاکننده اسنادی که اینجا وجود دارد، نمی‌دانیم و در این مسئله هم در محافظت گروگان‌هایمان باکسی مذاکره‌ای نداریم. اگر کسی می‌خواهد مذاکره کند، می‌رود با امام مذاکره می‌کند، در افشای اسناد هم مذاکره وجود ندارد، ما حتی افشای اسناد را متوقف کردیم. مردم اجازه دادند، مردم موافقت کردند، ما دوباره آغاز می‌کنیم. بنابراین ما باکسی که به‌عنوان مذاکره بخواهد وارد شود اصلاً حرفی نداریم و اصلاً مذاکره نداریم. ما هیچ اختیاری نداریم مگر آن اختیار و مسئولیتی که امام وامت به ما واگذار کنند. ما حس نمی‌کنیم که با ارگان اجرایی مملکت و یا یک ارگان تصمیم‌گیرنده مذاکره‌ای بکنیم و یا هماهنگ کنیم، چرا در مسائل اجرایی ساده مثل ملاقات از سفارت یا گروگان‌ها یک هماهنگی موجود است، ولی در غیر این موارد مسئله‌ای نداریم که بخواهیم باکسی هماهنگ کنیم.

درباره سفر والدهایم

● **دبیرکل سازمان ملل متحد به ایران می‌آید و گفته می‌شود که سفر وی جنبه ریشه‌یابی دارد و برای پی‌بردن به چگونگی دخالت‌های امریکا در ایران می‌باشد، نظر شما درباره این سفر چیست؟**

○ آقای والدهایم که در انقلاب ایران، زمانی که مردم در زیر رگبار مسلسل رژیم فریاد می‌کشیدند و خون تقریباً همه‌جا را فراگرفته بود، یک‌بار به ایران تشریف‌فرما شدند! آن‌وقت کشته‌های ما

برای ایشان هیچ ملاکی نبود. تظاهرات میلیونی مردم ما برای ایشان ملاک نشد رفتند و هیچ کاری نکردند. الان که دیگر از نظر او این‌طور نیست. مردم ایران آرامند و مملکت کشته‌ای نمی‌دهد و مصایبی ندارد، ایشان می‌آیند. الان هم مطمئناً ایشان هیچ ارمغانی برای ما نمی‌آورد. مگر خود آقای والدهایم شناختی از امریکا ندارد، مگر نمی‌داند که امریکا چه کار دارد می‌کند. در حقیقت او تأییدکننده سیاست‌های امپریالیستی امریکا است. مگر می‌شود این سیاست‌ها را نشناسد که بیاید ایران تحقیق کند؟ نه، این یک چیز ذهنی است و باز یک فریب است و ما مطمئنیم که این سفر کارساز نیست و به درد مردم ما نخواهد خورد.

پیام دانشجویان

دانشجویان مسلمان پیرو خط امام در پایان گفت‌وگوی اختصاصی دیروز خود با **اطلاعات** پیامی نیز به مناسبت اعلام آغاز دوباره افشای اسناد داخل سفارت از طریق روزنامهٔ **اطلاعات** فرستادند. این پیام به شرح زیر است: با توجه به اینکه افشاگری ما شروع می‌شود، مردم ایران در اسنادی که افشا می‌شود دقت کنند و جریان‌های انحرافی را که غیر از خط امام هستند بشناسند و چه‌بسا هنوز هم، در قسمت‌هایی مسئولیت‌هایی به‌عهده‌اشان باشد. به‌طورکلی اصلاً با شناخت انحراف‌های متعدد خط امام واضح‌تر می‌شود و ما اگر مصر باشیم در شناخت انحراف‌ها خط امام را بهتر شناخته‌ایم و به لطافت و قاطعیت و ظرافت این خط بیشتر واقف می‌شویم.

در این شرایط حساس، روی سندها دقت کافی شود و روی دنیا فکر کنید و تا آنجایی که می‌توانید در جامعه گسترش دهید و خط‌هایی که از این مطالب واضح می‌شود دنبال کنید و این مطالب را در حد فرد و اشخاص نگاه نکنند بلکه در خط جریان بروند و از آن دیدگاه نگاه کنند.

اطلاعات، ۱۱ دی ۵۸

ضمیمهٔ ۱۲

در کنار همهٔ احساسات تند و هیجانات انقلابی احتیاج به موازین و ضوابط اخلاق اسلامی داریم

حجت‌الاسلام سیدعلی خامنه‌ای روزهای دوشنبه هر هفته در مسجد دانشگاه تهران با دانشجویان به بحث و گفت‌وگو می‌نشیند. در برنامه دیروز ایشان به سؤالات دانشجویان پاسخ گفت:

● **چرا با وجود افراد مسلمان و مبارز و متعهدی همچون جلال‌الدین فارسی و دکتر عباس شیبانی و خود جناب‌عالی در شورای مرکزی حزب جمهوری اسلامی کسی چون دکتر بهشتی را دبیر حزب جمهوری اسلامی کرده‌اید؟ بهتر نبود تجدیدنظری بکنید تا حزب بتواند خودش را انقلابی بکند؟**

○ در جلسهٔ انتخاب دبیرکل حزب ۲۷ یا ۲۸ نفر از ۳۰ عضو شورای مرکزی حزب حضور داشتند و درنتیجه ایشان با رأی یک نفر به دبیرکلی انتخاب نشد، بلکه همه به اتفاق آراء من‌جمله خود من و آقایان فارسی و شیبانی هم به ایشان رأی دادیم و تنها خود ایشان رأی سفید دادند. اگر شما واقعاً سه نفری را که در سؤالتان آورده‌اید (خامنه‌ای، فارسی و شیبانی) چهره‌های موجه و مقبولی می‌دانید و به قول خودتان آنها را به انقلابی‌گری و امانت و صداقت می‌شناسید، چرا شما تشخیص ما را که آقای دکتر بهشتی از ما شایسته‌تر هستند قبول نمی‌کنید؟ چرا شما تشخیص خودتان را در مورد شخصیتی مثل آقای بهشتی بر تشخیص برادرانتان (که شما آنها را قبول دارید) ترجیح می‌دهید؟ شما این تشخیص دسته‌جمعی خواهران و برادرانی که در آن جلسه حضور داشتند را به تشخیص فردی خودتان ترجیح بدهید.

● **با توجه به ماهیت رفرمیستی و سیاست گام به گام آقای بازرگان و در خط انقلابی امام‌نبودن ایشان و با توجه به اینکه سخنگوی دولت ایشان عامل سیا از کار درآمد، چرا باز این‌گونه اشخاص در شورای انقلاب شرکت دارند و شرکت ایشان آیا به گفتهٔ امام بوده و یا غیر؟**

○ البته ادعاهای فوق عقیدهٔ سؤال‌کننده است. خود آقای بازرگان براین عقیده‌اند که هم انقلابی و هم در خط امام می‌باشند. ایشان را امام به ریاست دولت برگزید، شما اگر چنانچه اعتراض دارید که چرا ایشان در شورای انقلاب هستند، ناگزیر باید اعتراض داشته باشید که چرا برای دولت به‌وسیله امام برگزیده شدند. هر جوابی آنجا دارید اینجا هم همان جواب را داشته باشید. ما معتقدیم که آقای بازرگان با همهٔ صداقت و امانت و دیانت و پاکی و مبرا از اتهامات گوناگون، فردی نبوده‌اند که در پایهٔ یک رئیس دولت، برای انقلابی باشند که امام‌خمینی رهبر آن انقلاب

هستند. آن‌کس که در رأس دولتی که امام با آن منش و خط کوبندهٔ انقلابی بی‌نظر به‌وجود می‌آورد، قرار می‌گرفت، از نظر ما هم بایستی انقلابی و قاطع‌تر از آقای مهندس بازرگان باشد، اما با این حال امام که خودشان هم در شناخت اشخاص و افراد سابقه‌دار کمتر از ما به‌هرحال شناخت نداشتند و به احتمال فراوان خیلی بیشتر از ما شناخت داشتند و خود امام هم ایشان را برگزیدند. آقای مهندس بازرگان در خط انقلابی قاطعانه قرار ندارند، اما دارای نقاط قوت و امتیاز بسیاری هستند که شاید یکی از عوامل و انگیزه‌های کسانی که ایشان را به نخست‌وزیری پیشنهاد کردند و امام برگزیدند، همین بود. ادعای دیگری که امیرانتظام عامل سیا بود، این ادعا هنوز در مرحلهٔ اتهام است و ثابت نشده است. اسناد به‌دست‌آمده توسط برادران ما اسنادی است که باید در محاکم صالحه مورد بررسی قرار گیرند به‌صورتی که ما بتوانیم روی آن به‌طور قاطع ادعا بکنیم. ما امروز در کنار همه احساسات تند و هیجانات انقلابی‌مان احتیاج به موازین و ضوابط اخلاق اسلامی داریم و تا تشکیل‌نشدن یک دادگاه صالح نباید قاطعانه حکم کنیم...»

جمهوری اسلامی، ۱۱ دی ۵۸

ضمیمهٔ ۱۳

افشاگری دانشجویان پیرو خط امام: طرح انحلال مجلس خبرگان افشا شد

چگونگی خروج لوازم جاسوسی امریکا از فرودگاه مهرآباد

دانشجویان مسلمان پیرو خط امام شب گذشته در افشاگری شمارهٔ ۲۶ خود متن کامل اسنادی که در ارتباط با جریان‌های انحرافی در رابطه با مقامات سفارت امریکا، قبلاً نیز گوشه‌هایی از آن فاش شده بود را از طریق تلویزیون منتشر ساختند.

سخنگوی دانشجویان در آغاز، جریان‌هایی که در ایران وجود دارد را به دو جریان کلی تقسیم کرد و گفت: «یکی جریانی که در ادامه حیات این ملت معتقد است که ما برای ادامه حیاتمان باید به یکی از دو قطب قدرت در جهان متمایل بشویم و بدون نزدیکی به قدرت‌ها نمی‌توانیم به حیاتمان ادامه بدهیم». وی سپس ضمن اشاره به سخنان امام درباره ممکن‌نبودن رابطه ما با امریکا از شعار مردم ایران «نه شرقی، نه غربی، جمهوری اسلامی» یاد کرد.

این دانشجو سپس اضافه کرد اسنادی در سفارت ایران در سوئد به‌دست آمده که روشنگر مسائل جدیدی است و در این اسناد فاش می‌شود این جریان که مخالف خط امام بوده درنظر داشته است با یک برنامه حساب‌شده مجلس خبرگان را منحل سازد و در این برنامه آقای امیرانتظام یا افراد دیگری که بودند، چنان طرحی داشتند.

سخنگوی دانشجویان سپس ضمن یادآوری حمایت امام از مجلس خبرگان گفت: در مجلس خبرگان همان‌طور که امام فرمودند ممکن است اشکالاتی وجود داشته باشد، ولی این اشکالات در متمم قانون اساسی و در مراحل بعدی انقلاب کاملاً قابل رفع است و با یک برخورد اساسی و اصولی با مسئله می‌توانیم ضمن ادامهٔ انقلاب، اشکال‌ها را برطرف کنیم ولی با یک چنین برخوردی می‌توانیم سنگ جلوی انقلاب بیاندازیم.

متن اسناد افشاشده در برنامهٔ تلویزیونی دیشب به شرح زیر است:

بسم‌الله الرحمن الرحیم

اولین سند را می‌خوانیم ــ متن سند دنباله سند

من از انتظام به‌خصوص در مورد اقداماتش برای آسان‌نمودن حرکت به‌طرف عادی‌کردن روابط مفید دوجانبه در دورهٔ بعد از انقلاب تشکر کردم و متذکر شدم که به‌نظر ما مصاحبه‌اش در ۲۱ ژوئن در این مورد بسیار مفیده بوده است. همچنین از تلاش‌های انتظام در مورد استقرار ذخائر خواروبار ارتش امریکا در ایران و بازگشت‌دادن وسائل مخابراتی نظامی تشکر کردم و به او توجه دادم که ما همچنان به‌خاطر تعدد مراکز قدرت در کنترل وسایل و اموال مربوط با مشکلاتی مواجه شده‌ایم. انتظام گفت که: دولت موقت همچنان مشکلات فراوان دارد و بیشتر این مشکلات به‌وسیلهٔ افراد ایده‌آلیستی که می‌خواهند کمک کنند، ایجاد می‌شود.

او افزود که حل این مشکلات به زمان احتیاج دارد و ما و شما یعنی امریکا باید صبور باشیم، او در دنبالهٔ سخنانش خاطرنشان ساخت که دولت موقت در اعمال قدرت مشکلاتی دارد و مسئول نیست. مردم که در خارج از کادر دولتند حاضر نیستند که به آن اجازه دهند که خودش امور مملکتی را انجام دهد این مردم حتی دانش و یا تخصص اداره مملکت را ندارند. انتظام گفت که دولت موقت به دفعات سعی کرده است که این افراد را قانع کند که دست از مزاحمت بردارند. من به او متذکر شدم که بعضی افراد سیاسی مهم اظهاراتی می‌کنند که موجب دردسر برای ایران می‌شود و دیگران این را تحریک‌کننده تلقی می‌کنند.

انتظام آهی کشید و گفت: یکی از عواقب این انقلاب این بوده است که هرکسی خود را صدای ملت بپندارد.

دنباله سند

انتظام گفت: بلافاصله بعد از انقلاب دولت موقت به این نتیجه رسید که همه از امام گرفته تا کمیته‌ها و پاسداران انقلاب و دادگاه‌های انقلاب برضد دولت موقت کار می‌کنند. نخست‌وزیر و کابینه صدها بار با خمینی تماس گرفته‌اند، ولی تا دو هفته قبل که دولت موقت تصمیم به اتخاذ یک موضع قاطع گرفت نتیجهٔ مطلوبی حاصل نشد. او «امیرانتظام» بازرگان را شخص ایده‌آلی برای این کار توصیف کرد و گفت که او تنها کسی است که غیرعملی‌بودن برنامه‌ای که به‌وسیلهٔ عوامل مذهبی ارتجاعی پیشنهاد شده است تشخیص می‌دهد، چرا که آنها می‌خواهند زمان را هزارسال به عقب برگردانند. انتظام خوشبین بود که سفرش به سوئد باعث این نخواهد شد که وظیفه‌اش به‌عنوان کانال ارتباطی بین دولت ایران و امریکا قطع شود. او حتی گفت: ارتباط ساده‌تر نیز خواهد شد. در آنجا بهتر از واشنگتن و تهران می‌توانیم حرف‌های خود را بزنیم، به‌علاوه او به‌طور منظم دوماه یک‌بار به ایران خواهد آمد. وقتی از او در مورد تعیین سفیر برای امریکا سؤال شد گفت که ممکن است یکی دوماه طول بکشد و خوشبین بود که خودش نامزد این مقام خواهد شد. انتظام سپس از من جویای اطلاعاتی درباره کشورهای همسایهٔ ایران شد و من هم نظر کلی خود را در مورد برداشت عراق در مورد رابطه با ایران براساس مرجع «ب» بیان کردم.

امضا: کاردار لینگن

امریکا با تکیه بر این عوامل سعی می‌کرده که حتی‌الامکان بتواند که روابط عادی را که حفظ می‌کند خطراتی را که هم متوجه دولت امریکا و منافع امریکا هست بتواند دفع کند دو سند در اینجا وجود دارد که این را می‌خوانیم:

سندی هست که به امیرانتظام نوشته‌اند (نامه‌ای هست)

۲۲ فوریه ۱۹۷۹ سوم اسفندماه ۵۷

امیر عزیز ـ (مقصود امیرانتظام): با توجه به مشکل حمل اثاثیه اداری سفارت امریکا به خارج از ایران مقامات رسمی فرودگاه به ما اطلاع داده‌اند که ما احتیاج به نامه‌ای با امضای شما و یا نخست‌وزیر مشابه متن ضمیمه داریم ممکن است که شما لطفاً چنین نامه‌ای را همراه با سه کپی از آن آماده نموده تا من شخصی را روز ۲۴ فوریه برای گرفتن آن بفرستم. اگر نامه قبلی از آن تاریخ آماده شد لطفاً با من تماس تلفنی بگیرید و من آن را روز جمعه خواهم گرفت. با بهترین آرزوها.

جان دیو استمپل

سرپرست بخش سیاسی در پایین سند توضیح داده لطفاً اجازه بدهید که مکرر یک بار دیگر از کمک‌های شما و همکاران شما در مورد آزادی «کراس» تشکر نمایم.

توضیح سند: برطبق اسناد موجود و تحلیل‌هایی که از این اسناد شده دولت امریکا قبل از انقلاب منافع بسیاری را در ایران داشته، منافعی که شاید یکی از پایگاه‌های بزرگ امریکا در کشورها و در جهان بوده و از ایران بوده که بر منطقه حکمفرمایی می‌کرده، بالنتیجه در ایران و سفارتخانه‌ای که اینها داشته‌اند، مرکز کلیه وسایل جاسوسی، اسناد جاسوسی و وسایل از این قبیل بوده و موقعی که انقلاب به‌ثمر می‌رسد اینها تلاش می‌کردند که به روش‌های مختلف اسناد، مدارک یا وسایل جاسوسی را که امنیت اینها را به‌خطر می‌اندازد و دست امریکا را برای ملت ایران و ملت‌های دیگر رو می‌کند و مشخص می‌کند که امریکا چه شکل عمل می‌کرده، سعی می‌کرده اینها را خارج کند. و آن هم به‌عنوان وسایل شخصی افراد امریکایی که در این مورد نامه نوشته، جالب توجه این است که عین متنی را که اینها لازم داشتند برای اینکه اموالشان را راحت بتوانند به خارج از ایران و به امریکا منتقل بکنند این راه را پیشنهاد کردند به امیرانتظام که شما عین این متن را بنویسید.

عین سند:

نامه مورد نیاز ما از نخست‌وزیر و یا معاون نخست‌وزیر (انتظام)

محتوی کارتن‌ها و صندوق‌هایی که به‌وسیلهٔ هواپیمای باربری ۷۴۷ شرکت پان آمریکن که در تاریخ ۲۶ فوریه ۱۹۷۹ / ۱۷ اسفند ۵۷، از تهران حمل خواهند شد تماماً لوازم شخصی کادر دیپلماتیک سفارت ایالات متحده امریکا می‌باشند و بدین لحاظ جهت بازرسی باز نخواهند شد. لذا خواهشمند است مقرر فرمایند که کلیه مأموران در فرودگاه مهرآباد در امر انجام امور گمرکی و بارگیری محموله‌های فوق‌الذکر همکاری نمایند.

توضیح سند: این نامه قرار بوده در هفت اسفند یعنی هنوز یک‌ماه هم از انقلاب ایران نگذشته و اینها به حدی به هراس افتاده بودند که اسناد و لوازم جاسوسی را خارج کنند که به این تاریخ و به فوریت تقاضای چنین کاری را کردند، در این رابطه اینها از یک کانالی استفاده می‌کردند، در فرودگاه مهرآباد به نام کانل (مک) یا مک ترمینال که اجناسشان را بدون بازرسی از

آنجا خارج می‌کردند. و در یکی از روزهایی که مشغول خارج‌کردن جنس از ایران به‌طرف امریکا بودند مقداری از محتویات صندوق‌ها کشف می‌شود که عین گزارشی که یکی از افراد سفارت امریکا نوشته این است:

موضوع: کشف چند بسته از مدارک مهم ایالات متحده امریکا در فرودگاه مهرآباد، امروز مشخص شد که طی چند روز اخیر به هنگام کنترل عبور اجناس و ارزهای خارجی توسط ادارهٔ دادستانی در مهرآباد بیش از صدبسته از نقشه‌های نظامی و مدارک ایالات متحدهٔ امریکا که در شرف حمل به خارج از کشور بوده‌اند، کشف شده، اینها مدارک بسیار مهمی بوده‌اند، به‌طوری که اگر به‌دست افراد نادرستی بیفتد، امنیت کشور را جداً به مخاطره خواهد انداخت. ارزش حیاتی و اهمیت این مدارک بیشتر از اهمیت صدها میلیون تومان ارز خارجی که همراه با اوراقی کشف شده‌اند می‌باشد که از حمل غیرقانونی آنها ممانعت شده است. در میان اشیاء کشف‌شده چیزهایی هست از قبیل:

۱. هشت صندوق حاوی مدارکی متعلق به شرکت مخابرات ایران که قرار بود توسط شرکت تلفن‌بل به امریکا حمل گردند.

۲. هفتاد و دو صندوق حاوی وسایل نظامی که قرار بود از طریق ترمینال هوایی مک، که مخصوص پرسنل امریکایی می‌باشد، حمل گردند.

۳. وسایل خانه که به‌وسیلهٔ تأسیسات نظامی ایران به‌عنوان قرض در اختیار متخصصین هلی‌کوپتر بوده است.

۴. هفده کارتن نقشه‌های طبقه‌بندی شده و به‌طور خیلی سری به‌علاوه هفت جعبه از همین مدارک متعلق به نیروی هوایی ایران و قطعات و وسایل کامپیوتر و رادار.

۵. وسایل خانه که توسط نیروی هوایی ایران به‌عنوان قرض در اختیار کارمندان شرکت «کرون» گذاشته شده بود.

۶. نقشه‌هایی در رابطه با بیمارستان‌های ایران. اینها در بین وسایل شخصی کارمندان خارجی که کشور را ترک کرده‌اند کشف شده است.

۷. تعداد زیادی از مدارک که در رابطه با وسایل الکترونیکی متعلق به صنایع هلی‌کوپترسازی ایران می‌باشد.

۸. یک عدد ضبط صورت برای ارتباط برج مراقبت و خلبان‌ها. همچنین اسناد دیگری نیز کشف شده‌اند که در حال حاضر بررسی می‌شوند. معاون دادستان تهران هنوز در فرودگاه به‌کار خود ادامه می‌دهد.

با وجود مشکلاتی که برای او توسط بعضی از منابع ایجاد شده است وی به‌کار خود ادامه می‌دهد، ولی اگر مشکلات ادامه یابند ادارهٔ دادستانی چاره‌ای جز متوقف‌نمودن کار معاون دادستانی در فرودگاه و واگذارکردن کار او به کسانی که فعلاً در کار او کارشکنی می‌کنند ندارد.

توضیحی که کلاً در مورد این سند لازم است داده شود این است که اینها تحت پوشش بردن وسایل شخصی اتباع امریکایی در ایران اقدام به خارج‌کردن وسایل مهم جاسوسی وسائل نظامی، مدارک نیروی هوایی ایران که به صراحت در این سند ذکر کرده‌اند و همچنین اسنادی به‌طور خیلی سری چون اینها اسنادشان را در سه طبقه‌بندی خیلی سری و محرمانه طبقه‌بندی می‌کردند و این بند یک سند محرمانه است.

سند سری از این مهم‌تر خواهد و سند فوق سری از همه اینها مهم‌تر و اینها بیش از صد صندوق را که کشف شده از طریق فرودگاه مهرآباد بدون بازرسی به امریکا می‌فرستادند و در پایان توضیحاتی است که درباره برادران می‌دهند.

توضیح اینکه اسنادی که من ذکر کردم که قبلاً از سفارت ایران در سوئد به‌دست آمده در اختیار دادستان انقلاب هست، ولی سندی که در رابطه با این جریان کلی که مطرح کردیم جریانی که مخالف خط امام هست و این اسناد به‌خوبی این را نشان می‌دهد این هست که این جریان علی‌رغم اینکه می‌بینیم امام در همه گفته‌ها و کارهای خودشان همیشه تکیه بر مردم دارند و امام می‌فرمایند که ملت میزان است، این جریان برخوردش نسبت به مردم این است که مردم در کارها مزاحمت می‌کنند، یا مردم می‌خواهند در همهٔ کارها دخالت‌کنند و در کارهایی که نمی‌دانند یا تخصص ندارند، ولی آنچه که مسلم هست و باید توجه کرد این است که مردمی که انقلاب کردند و مردمی که این همه شهید دادند اینها حقشان هست و باید که آنها ناظر بر همه کارها باشند. باید که آنها دقیقاً مواظبت کنند و پاسدار انقلابشان باشند. این کار طبیعی است که آنها جریانی را که جریان دارد با خط امام، محک بزنند، ببینید آیا این جریان با خط امام که همان خط انقلاب و همان راه مردم است آیا انطباق دارد؟ آیا جریانی که در جامعه حاکم است می‌تواند انقلاب را پیش ببرد؟

اگر چنین کاری نکنند مسلماً امکان دارد که انقلابشان به انحراف کشیده بشود. این حق آنهاست که این کار را بکنند و امام در بسیاری از گفته‌های خودشان همیشه مردم را دعوت می‌کنند به اینکه افراد با صلاحیت را انتخاب بکنند یا ناظر باشند بر کارهای امور، یعنی با احساس مسئولیت نسبت به انقلاب برخورد بکنند که انقلاب بتواند به‌خوبی راه صحیح خودش که همان خط امام هست ادامه بدهد.

والسلام

■ در مورد کشف اسناد و مدارک جاسوسی در فرودگاه مهرآباد که دانشجویان پیرو خط امام، در افشاگری دیشب به آن اشاره کردند. در تاریخ ۵۸/۸/۳ خبری در روزنامهٔ **اطلاعات** چاپ شد، اما روز بعد که برای کسب دنبالهٔ خبر به منابع خبری مراجعه شد. خبرنگاران ما نتوانستند خبر تازه‌ای به‌دست آورند.

اطلاعات، ۳۰ دی ۵۸

ضمیمهٔ ۱۴

بازرگان: امیرانتظام را برای دفاع از خود به تلویزیون دعوت کنید

شورای محترم صدای و سیمای ایران ـ شنبه شب گذشته (۲۹ دی) مردم ایران شاهد یک «افشاگری» دیگر از اعمال آقای مهندس عباس امیرانتظام در دوران معاونت نخست‌وزیری ایشان بودند که به‌دستور یا اجازه آقایان از تلویزیون سراسری پخش شد.

البته همان‌طور که شورای انقلاب جمهوری و مقامات ایراد نمودند و عقل و عدل و قانون حکم می‌کند هرگونه اتهام و ادعای خیانت، پس از رسیدگی و قضاوت دادگاه‌های صالح و مراجع ذیربط می‌توانسته است از رسانه‌های گروهی اعلام شود و به این سادگی حیثیت و حقوق افراد خصوصاً کسانی که از طرف نخست‌وزیر منتخب و معتمد امام به خدمتگزاری آمده‌اند پایمال و بازیچه نشود.

حال که چنین خلاف حقی تکرار شده است آیا جا ندارد به اقتضای اسلام و انصاف، برای آبروی انقلاب و دلخوشی و تأمین خدمتگزاران مشغول به‌کار، از آقای امیرانتظام دعوت نمایید در صحنه تلویزیون حاضر شده نسبت به اسناد و اتهامات وارده به‌مردم توضیح بدهد واز خود دفاع کند؟ چه‌بسا که آنچه به‌عنوان جرم و خیانت و به‌صورت یک‌طرفه ارائه گردیده است سند برائت و خدمت باشد.

کیهان، ۴ بهمن ۵۸

ضمیمهٔ ۱۵

نامه استادعلی تهرانی به امام

استاد شیخ علی تهرانی نمایندهٔ مردم مشهد در مجلس خبرگان، نامه‌ای به امام نوشته و رونوشت آن را برای مطبوعات فرستاده است.

استاد علی تهرانی، در نامه خود، از روش حزب جمهوری و چند تن از گردانندگان سرشناس آن حزب انتقاد کرده است. متن این نامه، صبح امروز در روزنامهٔ **جمهوری اسلامی** ارگان حزب جمهوری اسلامی درج شد و در ارتباط با آن، هیئت تحریریه روزنامهٔ **جمهوری اسلامی**، بیانیه‌ای صادر کرد.

متن نامه استاد علی تهرانی و بیانیه روزنامهٔ **جمهوری اسلامی** به شرح زیر است:

بسم‌الله الرحمن الرحیم

محضر امام امت. شما دریافتید که با آنکه دوبار از اداره آمار مشهد به وزارت کشور، ایرانی‌الاصل‌نبودن آقای جلال‌الدین فارسی ابلاغ شد، اعتنایی نکردند و حزب جمهوری اسلامی برای تبلیغ از نامبرده میلیون‌ها تومان مصرف و حتی با ثابت‌شدن نزد شما و دستور شما در این مورد هنوز ابلاغ نکرده‌اند و به مصرف اموال این ملت فقیر در راه تبلیغ خلاف قانونی‌شان ادامه می‌دهند.

توده وسیعی به این کار و نیز به توطئه‌ای که معروف شده در زیر پوشش جلال فارسی، سه نفر آقایان بهشتی، رفسنجانی و خامنه‌ای می‌خواهند کارهای اجرایی را به‌دست بگیرند و قهراً در انتخابات مجلس شورا برنده شوند، اعتراض دارد و ملت از امام امت توقع دارد که برای این خیانت و حفظ افکار عمومی، وزیر کشور و بعضی دست‌اندرکاران در این امر از مقام خود ساقط شوند و نیز خوب است از اعضای شورای لانه جاسوسی بخواهند تا پرونده ۲ نفر از اینها راکه با امیرانتظام شریکند، ارائه دهند تا نگویند یکی از بدکاران را زندانی و بقیه را امیر نموده‌اند.

...

خدا می‌داند با آنکه جز کار علمی برای هیچ کار دیگر مهیا نیستم و ذره‌ای دلبستگی به دنیا و اهلش ندارم در این مرحله وظیفه شرعی خود می‌دانم به نادرستی که به فاجعه ختم می‌شود و تاریخ انقلاب اسلامی ایران را لکه‌دار می‌کند، توسط نوشتن و عرضه به مجتمع اسلامی مبارزه نمایم. اگر دستوری هست توسط حضرت مستطاب حجت‌الاسلام والمسلمین آقای توسلی عنایت فرمایید.

پیرو این نامه، که به امام ارسال شد نظر ملت مسلمان شریف و مبارز ایران را به نکاتی روشنگر جلب می‌نمایم.

۱. لااقل آقای جلال فارسی پدر و مادر خود را می‌شناسد و می‌داند که افغانی بوده‌اند و نیز می‌داند که خودش در سن ۱۸ سالگی تمام تابعیت ایران را پذیرفته و شناسنامه ایرانی گرفته و

نیز در مجلس خبرگان وکیل بوده و در اطراف اصل (۱۱۵) بحث کرده و مشاهده نموده که اکثریت لازم بدان رأی داده‌اند.

با توجه به این دو مطلب، خیانت او نسبت به عمل به قانون اساسی جمهوری اسلامی ایران (حتی در نزد خردسالان) مسلم است و از آن استنباط می‌شود که نه‌تنها در تعهد به وظایف و آداب اسلامی قدمی راسخ ندارد، بلکه از خیانت بدان هم در صورتی‌که پای منافع شخصی به میان آید، باکی ندارد. ...

۲. پس از سؤال تهرانی درباره شناسایی کاندیداها، از مرکز آمار مشهد، ایرانی‌الاصل‌نبودن آقای فارسی به وزارت کشور ابلاغ شده، دراین‌صورت رفسنجانی سرپرست وزارت کشور، یا این مطلب را دریافته، پس به قانون اساسی خیانت کرده، و یا درنیافته، پس در وظیفه اداریش کوتاهی کرده و در هر دو صورت شایستگی باقیماندن در آن مقام را (به‌ویژه در ایام فعلی که پای دو انتخابات در کار است) ندارد.

۳. اینها یعنی عده‌ای که در مقام توطئه علیه نظام اسلامی برآمده و می‌خواهند با هر حیله و وسیله‌ای خود را حاکم بر مقدرات کشور نمایند و علیه فکر دینی که به‌ظاهر خود را معتقد به آن می‌دانند هرگونه وسیله کثیف و پستی را در راه رسیدن به هدف برمی‌گزینند، از درجه اعتماد مردم و عدالت ساقط‌اند. و بر همه کسانی که ازگوشه و زوایا اطلاعاتی راجع به خلاف‌کاری‌های اینان دارند، به‌ویژه دانشجویان پیرو خط امام ساکن در لانه جاسوسی لازم است اطلاعات خود را به محضر مقدس امام امت عرضه دارند.

۴. از بعضی از علما و وکلای مجلس خبرگان نقل شده که معنای ایرانی‌الاصل‌بودن آن است که پس از قبول تابعیت ایران، از این تابعیت برنگشته باشد. ما به اینان می‌گوییم علاوه بر آنکه این عبارت در قانون اساسی گذشته نیز بوده و تفسیر شده که پدر و مادرش ایرانی باشند، و اضافه برآنکه هر فردی با اولین مرتبه درک از درکنارهم‌گذاردن این دو عبارت «ایرانی‌الاصل» «تابع ایران» معنای مذکور را درمی‌یابد، شما و امثالتان با این تفسیرهای دل بخواه خود، این قانون اساسی را با آن همه ندا دادن‌ها و صرف اموال عمومی و کوشش پیگیر عده‌ای و بلکه تمام ملت ایران، بی‌اعتبار می‌نمایید و وجهه مذهبی و ملی خود را در نزد ملت مبارز و شریف ایران خراب می‌کنید.

علی تهرانی ــ مشهد مقدس

۵۸/۱۰/۲۵

بیانیهٔ روزنامهٔ جمهوری اسلامی

بسم‌الله الرحمن الرحیم

با توجه به نامه استاد گرامی آقای شیخ علی تهرانی به امام، دربارهٔ چند تن از چهره‌های مشهور حزب جمهوری اسلامی باید اعلام کنیم که براساس اعتقاد ما، این نامه نشانگر حضور

یک کوشش نیرومند علیه حزب جمهوری اسلامی در سراسر ایران است که توسط پاره‌ای از رادیوهای خارجی نیز تقویت می‌گردد.

ما عقیده داریم که این فعالیت‌ها با آنچه در این مملکت در رابطه با منافع ابرقدرت‌ها می‌گذرد نمی‌تواند بی‌رابطه باشد.

ما تنها و تنها به‌خاطر خدا و به‌خاطر حفظ انقلاب اسلامی و به‌خاطر کمک به ایجاد یک تشکل سیاسی اسلامی نیرومند که با روحانیت پیوند اساسی و نزدیکی داشته باشد و به‌خاطر جلوگیری از خطر جدایی روشنفکران و روحانیت با تلاش و کوشش شبانه‌روزی این روزنامه ــ ارگان حزب جمهوری اسلامی ــ را به‌وجود آورده و در این راه تنها و تنها خدا، را در نظر می‌گرفته‌ایم.

و در این مسیر مقدس، تنها نقطه امیدمان این بود که در راه تقویت یک نهاد سیاسی اسلامی گام برمی‌داریم که صرفاً در جهت مصالح اسلام و در خط امام حرکت می‌کند و حافظ دستاوردهای این انقلاب خونین است، ولی دیگر امروز، تحمل ما در مقابل این همه تبلیغات و تهمت و افترا تمام شده است. تبلیغات گسترده‌ای که حتی ذهن پاره‌ای از پاکان را نیز مشوش نموده است. یکی، چهره‌های مشهور حزب را عامل امریکا قلمداد می‌کند (نامه فوق‌الذکر) و دیگری آنها را معروفه می‌خواند (سخنان بنی‌صدر در یک گفت‌وگوی انتخاباتی آنجا که می‌گوید: معروفات حزب بداخلاق ــ **اطلاعات**، دوشنبه ۱۷ دی، شمارهٔ ۱۶۰۴۵) و دست‌های نامرئی و پنهانی نیز هستند که هر روز به نحو جدیدی علیه این حزب تبلیغات راه می‌اندازند.

ما از دانشجویان مسلمان مستقر در لانه جاسوسی می‌خواهیم اگر چنانچه با بیطرفی کامل به قضایا نگاه می‌کنند، اگر چنانچه هیچگونه وابستگی و دلبستگی به هیچ مقامی و چهره و قدرتی نداشته و تنها خدا را درنظر می‌گیرند، اگر در کارهای خود صرفاً انقلاب اسلامی را مدنظر دارند، اگر در جهت منافع سیاسی گروه‌های ویژه‌ای گام برنمی‌دارند، اگر تحت تأثیر جو کاذب تبلیغاتی قرار ندارند، هرچه سندو مدرک درباره حزب جمهوری اسلامی وجود دارد و یا هرگونه سندی که به نحوی به این حزب مربوط می‌شود یا اصولاً هر نوع سندی که در آن نامی از حزب جمهوری اسلامی برده شده را منتشر کرده و در معرض افکار عمومی قرار دهند تا ما تکلیف شرعی و انقلابی خود را بفهمیم و ناخودآگاه در یک مسیر غیرخدایی گام برنداریم و یا افکار عمومی روشن شده و به این همه شایعه و تهمت و افترا خاتمه داده شود. در خاتمه باکمال ادب از رهبر کبیرمان امام امت، امام خمینی اِستدعا داریم که هرچه زودتر تکلیف شرعی ما را به‌هرنحو که صلاح می‌دانند تبیین فرموده و نظر خود را دراین‌باره اعلام فرمایند، زیرا با چنین جوی ادامه کار برای ما طاقت‌فرسا و غیرممکن خواهد بود.

هیئت تحریریه و کارکنان روزنامهٔ **جمهوری اسلامی**

اطلاعات، ۳۰ دی ۵۸

ضمیمهٔ ۱۶

آقای آقاشیخ علی آقا، شما هم بله؟

مهندس بازرگان در رابطه با اظهارات استاد علی تهرانی در مورد ایشان و دولت موقت پاسخی برای کیهان ارسال داشته است که ذیلاً می‌خوانید:

پس از عرض سلام و ارادت و دعای توفیق.

جنجالی را که به تبعیت از مد روز در «افشاگری» از سه نفر آقایان روحانی شورای انقلاب جمهوری اسلامی در مطبوعات به‌پا فرموده بودید بنده هم خواندم... و مبهوت شدم!

از جنابعالی که بیش از غالب دست‌اندرکاران و تدارک‌کنندگان این انقلاب با آقایان سابقه همفکری و همکاری داشته‌اید و چقدر مؤمن و حتی متعصب در انقلاب اسلامی و رهبر عالیقدر آن هستید چنین انتظاری نمی‌رفت. آیا نمی‌شد به نامه خصوصی خدمت امام اکتفا می‌فرمودید و مستقیماً به خود آقایان اعتراض و ارشاد می‌کردید؟ مسلماً اثر بیشتر و ضرر کمتر داشت.

در جمع موجودین آیا از این حضرات و نظائرشان روی‌هم‌رفته کسان سابقه‌دارتر و مخلص‌تری را سراغ دارید؟ بدیهی است که در عالم واقعیات همه چیز را باید به دیده نسبی و بشری نگاه کرد. انتظار عصمت و اعلام صلاحیت کامل و تقوای مطلق بسیار مشکل است. اما ضربه‌ای که به گردانندگان و خدمتکاران وارد می‌شود اثر و ضررش بیشتر روی نهضت و مملکت است تا روی شخص آنها.

روزی که قرار شود آقا شیخ علی آقای تهرانی، اهل درد و سوز، صاحب کتاب‌ها و نوشته‌ها و مرد ایمان و تقوی از خام‌صفتان انقلاب پیروی کند و پشت‌سر دستجاتی راه بیفتد که علم اول آن را دشمنان واقعی خلق و خدا در روزنامه‌هایی مانند **آیندگان** به‌دست گرفتند و بدعت‌گذار افشاگری و لجن‌پراکنی و شبهه‌اندازی علیه کارکنان دولت جمهوری و پایه‌گذاران انقلاب اسلامی شدند، با ادامه آن کار به جایی می‌رسد که فاتحه همه چیز را باید خواند!

روزنامهٔ **آیندگان** و مطبوعات دیگری که آشکار یا پنهان در اختیار مارکسیست‌ها و همکاران (به‌خدمت) طاغوت رفته آنها بودند، با نقشه منظم و سازمان‌های گسترده کار خود را بلافاصله بعد از پیروزی انقلاب ما شروع کردند. حمله اول به اولین کفیل شهربانی بود که در آن گیرودار وانفسا از میان شاغلین قبلی ولی ناآلوده و مسلمان پیدا کرده بودیم. سپس به‌جای او افسر شرافتمند خوش‌سابقه زندان کشیده خانه‌نشین شده و باقیمانده از دوران مصدق را گذاشتیم. باز تیرهای تهمت و بدگویی به پرواز درآمد. کماآنکه اولین رئیس ستادمان که مؤمن، شرافتمند، سابقه‌دار و مبارز بود و هر رئیس ستاد و هر فرمانده که در هر پست می‌گذاشتیم بی‌نصیب از افتراء و انتقاد آن روزنامه‌ها و بی‌التفاتی‌های مطبوعات انقلاب نمی‌گشت.

تیرهای دشمن حساب‌شده بود. چه اتهام و انهدام و چه توطئه و پرونده‌سازی برای اخراج و

افشاگری، دربارهٔ افراد از همه صنف، اعم از نظامی، سیاسی، روحانی، اداری و بازاری. اساس این بود و این است که منصوبین و مأمورین و مؤثرین دست اول از جا کنده شوند. هم امکان و اختیار و اقتدار را از دولت‌ها بگیرند و هم اعتبار و احترام وحیثیت را از انقلاب و رهبران و رهبری آن.

سرلشگر قرنی شهید هرسه تیر بلا می‌شود، استاد مطهری مغزش را متلاشی می‌کنند، امیرانتظام که از سوءقصد موتورسواران فرقان جان سلامت بدر می‌برد، باید جاسوس امریکا اعلام شود، خبیری‌ها و مدیرکل‌ها بدنام و مستأصل و مستعفی و بازداشت می‌گردند، عراقی‌ها و حاجی طرخانی‌ها و مهدیان‌ها مقتول یا مجروح می‌شوند، دکتر ایزدی‌های مبارز قدیمی و مخلص مطلع، پرکار فئودال امپریالیست از آب درمی‌آیند و قس علیهذالک تا برسیم به آقایانی از معممین شورای انقلاب.

لیستی اخیراً درآورده‌اند که کاشف فراماسون‌های شناخته‌نشده‌ای است! از جمله خود امام! سبحان‌الله!

نقشه نقشه شیطانی منظمی است که قدم به‌قدم تا دست و پا و قلب و مغز انقلاب باید پیش برود. برای آنها فرق نمی‌کند که به قلم و زبان و عمل خودشان انجام شود یا فهمیده و نفهمیده به‌وسیله خود ما. حتی پرشورترین جوانان بی‌تجربه و پرسوزترین مردان سرد و گرم‌چشیده.

حضرت سجاد درباره شیطان در دعایی از صحیفه که حتماً خوانده‌اید با خدا چنین مناجات می‌کند: و جعلت لنا عدواً یکیدنا سلطته علینا ما لم تسلطنا علیه منه اسکنته صدورنا و اجریته مجاری دمائنا.... یتعرض لنا بالشهوات و ینصب لنا بالشبهات...

البته ذره‌ای در حسن نیت و دلسوزیتان شک نیست. کماآنکه قسم روی عصمت و روی بی‌تقصیری و بی‌عیبی هیچ‌یک از همکاران و سروران نمی‌خورم. آنچه مسلم و مهم است نقشه‌داشتن دشمن است و اثر زیانبار این اتهام‌ها و افشاگری‌ها و سخت‌گیری‌ها در به‌ثمررساندن انقلاب و بقای مملکت.

خداوند همه ما و ملت انقلابمان را از شر شیطان حفظ کند.

مهدی بازرگان

کیهان، ۴ بهمن ۵۸

ضمیمهٔ ۱۷

بازرگان: شورای انقلاب در جریان کارهای امیرانتظام و میناچی بود

مهندس مهدی بازرگان عضو شورای انقلاب و یکی از رهبران نهضت آزادی صبح امروز در گفت‌وگویی اختصاصی با خبرنگار **کیهان** بار دیگر نقطه‌نظرهای خویش را در مورد افشاگری‌های دانشجویان پیرو خط امام مطرح کرد.

مهندس بازرگان در پاسخ این سؤال خبرنگار **کیهان** که دانشجویان در افشاگری اخیر خود بارها و بارها از ملاقات رهبران نهضت آزادی و ارتباط‌شان با سفارت امریکا یاد کردند و در این رابطه از امیرانتظام و اخیراً نیز از میناچی نام بردند. دراین‌باره چه می‌گویید؟ گفت: نظر من همان است که در مصاحبهٔ چندی قبل و هم در دو نامه‌ای که به **کیهان** داده بودم از جمله نامه «شیخ علی‌آقا» به آن اشاره کرده بودم.

مهندس بازرگان افزود: عمل این آقایان بسیار عمل ضد اسلام و ضدقانون است که یک‌طرفه بیایند و چیزهایی را به قول خودشان افشا کنند و تهمت‌های ناروایی بزنند. البته بر روی تعبیر و توجیه‌های خودشان و بدون اینکه طرف حضور داشته باشد که از خودش دفاع کند و یا همان‌طور که شورای انقلاب هم در اعلامیه‌ای متذکر شده بود این افشاگری‌ها اول باید تسلیم دادگاه شود تا چنانچه دادگاه تشخیص داد که این شخص مجرم است آن‌وقت او را احضار کنند از خودش دفاع بکند و بعد به مردم بگویند.

مهندس بازرگان در بخش دیگری از این گفت‌وگو خاطرنشان کرد:

این عمل بسیار عمل زشت و خلافی است که این دانشجویان انجام می‌دهند و همه با این عمل آنها مخالف هستند و عمل آنها ضدانقلاب، اسلام و امام و ضد همه چیز است.

و حالا آقای امیرانتظام هم با اجازه آقای دادستان دفاعیه‌ای فرستاده است که این را من به رادیوتلویزیون خواهم داد. و اگر اجازه داده شود در رادیو و تلویزیون خوانده خواهد شد و آقای امیرانتظام در تلویزیون حضور پیدا خواهد کرد تا از طریق تلویزیون ضمن صحبت، از خود دفاع کند و یا اینکه با صدای خودش دفاعیاتش را ضبط و از رادیو تلویزیون پخش کنند. مهندس بازرگان گفت در غیر این‌صورت چنانچه رادیو تلویزیون از خواندن دفاعیات امیرانتظام خودداری کنند متن کامل این دفاعیات را برای انتشار در اختیار مطبوعات قرار خواهیم داد.

مهندس مهدی بازرگان آنگاه بار دیگر افشاگری‌های دانشجویان پیرو خط امام را مورد اشاره قرار داد و گفت: من به‌طور خلاصه می‌خواهم بگویم که افشاگری‌های قبلی و حال و آینده دانشجویان مقداری از آنها دروغ است و دروغ‌گفتن هم خیلی آسان است و بعد هم ممکن است همین گزارش‌ها راکه امریکایی‌ها داده‌اند دروغ گفته باشند و معلوم نیست که این گزارشی که من دربارهٔ شما می‌دهم حتماً درست باشد، زیرا برای شما سندیت نخواهد داشت، همان‌طور که

اصلاً افشاگری‌های دانشجویان دربارهٔ امیرانتظام جاسوسی نبوده است و عین خدمت وانجام وظیفه بود. افشاگری دانشجویان دربارهٔ میناچی وزیر ارشاد ملی و سایرین هم به تعبیر و توجیه آنها کار غلطی بوده است، ولی به تعبیر و توجیه بسیاری دیگر، کار بسیار صحیحی بوده و کاری بوده که اولاً به‌تنهایی و در خفاء انجام نشده و با مشورت بوده و علما و اعضای شورای انقلاب هم در جریان این کارها بوده‌اند و مشارکت داشته‌اند. حالا اختیار مملکت افتاده است به‌دست چندتا بچه و این جای بسیار تأسف است و اعتراض به رادیو تلویزیون است که حق ندارد این کار را انجام دهد. اگر اینها حرفی دارند و سندی در دست دارند باید به یک دادگاه و یا شورای انقلاب و حتی خود امام ارائه کنند تا تکلیف را روشن کنند و این مراجع هستند که باید با بررسی اسناد، دستور جلب و بازداشت افراد را بدهند.

مهندس بازرگان افزود: ضربه و لطمه کار غلط دانشجویان متوجه انقلاب و امام خواهد شد و هیچ لطمه‌ای به دشمنان نخواهد خورد. کسانی که حاضر شده‌اند و آمدند خدمت کردند و فداکاری کردند و تمام اعمالشان با تصویب بوده آن‌وقت اینها باید از طرف عده‌ای افراد بی‌صلاحیت و بی‌اطلاع مورد اتهام قرار گیرند.

مهندس بازرگان در پاسخ پرسش خبرنگار **کیهان** که آیا پس از افشاگری دیشب دانشجویان با دکتر میناچی تماسی داشته‌اید گفت: بله تماس داشتم، ایشان را در ساعت ۲ بامداد در منزلشان جلب و بازداشت کرده‌اند. مهندس بازرگان در پایان، بار دیگر ضمن اعتراض به نحوهٔ انعکاس افشاگری‌های دانشجویان از طریق رادیو تلویزیون گفت: من قبلاً هم در نامه‌ای که به رادیو تلویزیون نوشتم ضمن اعتراضی گفته بودم که شما با این عمل‌تان برخلاف اصول قضایی، اسلامی، اداری و همه چیز گام برمی‌دارید و این درست نیست که صفحهٔ تلویزیون را اختصاص می‌دهید به ننگین‌ترین اتهامات علیه اشخاص، بدون آنکه آن‌طرف را خواسته باشید که حاضر شوند و از خود دفاع کنند. شما با این کارتان با حیثیت و شرف افراد بازی می‌کنید و متأسفانه رادیو تلویزیون هم به این کار ادامه می‌دهد.

● امروز اعلام شد که دکتر ناصر میناچی وزیر ارشاد ملی بازداشت شد.

مقام قضایی زندان اوین صبح امروز ضمن تأیید این مطلب گفت: جهت رسیدگی به اتهامات ناصر میناچی، حکم بازداشت او صادر شد. و پاسداران مستقر در اوین با این حکم او را بازداشت کرده‌اند.

مقام قضایی زندان اوین همچنین گفت: گروهی از قضات دادسرای انقلاب برای رسیدگی به اتهامات ناصر میناچی بسیج شدند و پس از رسیدگی به اتهامات او، در صورت ثبوت موارد اتهامی، چگونگی آن اعلام خواهد شد.

کیهان، ۱۷ بهمن ۵۸

ضمیمهٔ ۱۸

نامه امیرانتظام از زندان

بنام خدا

این اولین متن دفاعیه‌ای است که به‌صورت نوشته و نوار از طرف اینجانب احتمالاً به استحضار شما مردم ایران می‌رسد. در مدت ۴۰ روز گذشته بارها با نوشتن نامه نسبت به توقیف خود و اتهامات وارده اعتراض کرده‌ام ولی با وجود ادعای آزادی حتی برای دشمنان ملت ایران و گروه‌های چپ وابسته به خارج معهذا به من اجازه ندادند که اعتراضات و مدافعاتم به گوش ملت ایران برسد. امیدوارم این‌بار این عنایت را بنمایند.

قبل از شروع به سخن وظیفه خود می‌دانم که از جناب آقای مهندس بازرگان و حضرات آیات عظام تشکر کنم. قبل از شروع به مطالب چند تقاضا دارم که امیدوارم پذیرفته شود.

۱. از کلیه خواهران و برادران ایرانی خودم و به‌خصوص آنهایی که مسلمان هستند تقاضا دارم برای مدتی که به عرایض اینجانب توجه دارند، عینک سیاهی که به دلایل پیش‌داوری‌ها بر چشم و دل خود زده‌اند بردارند و صادقانه و منصفانه فقط برای همین مدت کوتاه به‌عنوان یک انسان و یک مسلمان به من به همان صورت نگاه و توجه کنند که قبل از شنیدن این اتهامات ننگین می‌کردند و پس از شنیدن عرایض من و مراجعه به عقل و تفکر طبق دستور خدا و پیامبر عالیقدر اسلام چنانچه احتیاج مجددی به داشتن آن عینک سیاه بدبینی داشتید دومرتبه از آن استفاده نمایید!

۲. قبل از شروع به عرایضم خدا را به شهادت می‌گیرم که در اینجا به‌هیچ‌وجه منظوری برای متهم‌کردن کسی ندارم بلکه آنچه راکه به استحضار ملت ایران می‌رسانم وقایع و اتفاقات به همان صورتی است که اتفاق افتاده، نه کم و نه بیش و هرگز به داوری نخواهم نشست چون خدای بزرگ و ملت قهرمان ایران داوری خواهند کرد.

من درباره اتفاقات و وقایعی که در مدت ۴۰ روز که در بازداشت دانشجویان پیرو خط امام بوده‌ام و آثاری چون ناراحتی شدید معده و قلب برایم به ارمغان آورده است حرفی نمی‌زنم و فقط به ذکر یک بیت شعر از سعدی قناعت می‌کنم.

سعدی رضای خود مطلب، چون رضای اوست — از دست دوست هرچه ستانی شکر بود

از مجموع مطالبی که خوانده‌ام و یا شنیده‌ام موارد اتهامات را به‌شرح زیر خلاصه می‌کنم.

الف. تماس و گفت‌وگو با مقامات امریکایی ب. حمایت از بختیار ج. مجلس خبرگان د. دادن اجازه خروج.

البته شما ملت ایران و شما رهبران مذهبی و سیاسی توجه دارید که قبل از محاکمه سند محکومیت اینجانب نه‌تنها در ایران بلکه به‌صورت نشریات افشاگرانه چاپ و به اقصی نقاط دنیا

فرستاده شد. و در این مدت به‌دلیل عظمت اتهام که شاید بالاترین و ننگین‌ترین اتهامی است که به انسانی می‌توان نسبت داد فقط چند مرد باخدا و شجاع به خود جرأت دفاع و سؤال دادند.

اتهام اول. تماس و گفت‌وگو با مقامات امریکایی

این اتهام را به چهار دوره تقسیم می‌کنم:

۱. دوره پس از ۲۸ مرداد ۲. دوره قبل از پیروزی انقلاب ۳. دوره معاونت نخست‌وزیری ۴. دوره سفارت در کشورهای اسکاندیناوی.

۱. دوره پس از ۲۸ مرداد ۱۳۳۲

اجازه دهید وقایع دوران پس از کودتای ننگین ۲۸ مرداد ۱۳۳۲ را به عرض شما برسانم. آنهایی که لااقل در سن من (۴۷ سال) هستند و خاطرات تلخ و شیرین دوران حکومت دکتر محمد مصدق رهبر بزرگ ضداستعماری ملت ایران را در آن تاریخ به‌خاطر دارند می‌دانند که دکتر مصدق رهبر جبهه ملی ایران پس از یک عمر مبارزه برعلیه استبداد و استعمار در سال ۱۳۲۹ موفق شد با حمایت همه‌جانبهٔ مردان و زنان از جان گذشته ایران سکان هدایت کشور را به‌دست بگیرد و با ملی‌کردن صنایع نفت دولت جابر استعماری انگلستان را از صحنه سیاست ایران خارج کرده عوامل دست‌نشانده او را که شاه جنایتکار در رأس همهٔ آنها قرار داشت مهار کند. من در آن دوران دانش‌آموز و بعد دانشجوی دانشگاه تهران در دانشکدهٔ فنی بودم و در این مبارزات بزرگ میهنی سهم کوچکی به‌عهده داشتم. شما به‌خاطر دارید که حکومت ملی دکتر مصدق پس از نزدیک یکسال و نیم با توطئه مشترک امریکا و انگلیس و موافقت دولت شوروی در ۲۸ مرداد سال ۱۳۳۲ ساقط شد (لطفاً به کتاب کودتای ۲۸ مرداد ۱۳۳۲ نوشته کرمیت روزولت مراجعه فرمایید.)

پس از کودتای ننگین امریکا در ۲۸ مرداد و سرکوبی ملت قهرمان ایران از طریق شاه و عوامل او ملت ایران ساکت ننشست و بلافاصله نهضتی زیرزمینی توسط آزادمردانی چون مهندس مهدی بازرگان، حضرت آیت‌الله طالقانی، حضرت آیت‌الله سید رضا زنجانی، دکتر یدالله سحابی، مرحوم رحیم عطائی و عده دیگری از مردم از جان گذشته ایران به‌وجود آورده شد. من که در دوران دانشکدهٔ فنی افتخار شاگردی مهندس بازرگان را داشتم و با افکار و فعالیت‌های سیاسی ایشان آشنا شده بودم، در سیر مبارزات سیاسی نیز جزو شاگردان ایشان درآمدم و از همان ابتدا و شروع فعالیت نهضت مقاومت ملی چون سربازی کوچک در مبارزاتی که مشارکت در آن جرم تا آستانهٔ مرگ بود شرکت داشتم. سطح فعالیت و کار من به حدی رسید که به عضویت هیئت اجرایی نهضت مقاومت ملی درآمدم و مسئول ادارهٔ دانشگاه تهران شدم و چون سازمان، یک سازمان مخفی بود و همه ما اسم مستعار داشتیم، من هم در آن دوران به‌دلیل مسئولیت در

دانشگاه با اسم مستعار «دانش» فعالیت می‌کردم. کسانی که در آن دوران در دانشگاه تهران بودند با فعالیت‌های من و سهم کوچکی که داشتم آشنا هستند و فقط به ذکر نام چند نفر از آنها می‌پردازم. آقای دکتر ابراهیم یزدی، آقای دکتر مصطفی چمران وزیر دفاع فعلی و آقای دکتر محمود احمدزاده وزیر صنایع فعلی و ده‌ها و صدها افراد دیگری که در آن زمان در دانشگاه تهران بودند.

در سفری که جانسون[۱] برای دیداری به ایران آمده بود کمیتهٔ مرکزی نهضت مقاومت ملی ایران تصمیم گرفت نامه اعتراضیه‌ای به جانسون بدهد و نسبت به دخالت امریکا در امور ایران و مسافرت جانسون اعتراض کند. این نامه تهیه شد و قرار شد کسی آن را در آن شرایط خفقان‌آور به جانسون بدهد. من داوطلب دادن نامه شدم و نامه را از طریق سفارت امریکا و شخصی به‌نام ریچارد کاتم به جانسون دادم. این همان نامه‌ای است که مهندس بازرگان به‌خاطر آن چندین سال از عمر خود را در کنج زندان گذراند.

در موقع دادن نامه آقای ریچارد کاتم اظهار داشت شخص او و عده زیادی از همکارانش در سفارت نسبت به دخالت امریکا در ایران اعتراض کرده و مخالف این دخالت بوده‌اند (لطفاً به کتاب **کودتای ۲۸مرداد** نوشتهٔ کرمیت روزولت مراجعه فرمایید) آقای کاتم پیشنهاد کرد چنانچه نهضت مقاومت ملی ایران اجازه دهد هرچند وقت یک‌بار من او را ببینم و مطالبی که دارم به او بدهم، پیشنهاد او را به اطلاع کمیته مرکزی نهضت مقاومت رسانیدم و کمیته تصویب کرد که در صورت ضرورت او را ببینم. درست به‌خاطر ندارم ولی مجموعاً شاید چندبار پس از دادن نامه جانسون، آقای کاتم را دیدم و اعتراضات مجدد نهضت مقاومت ملی ایران را از طریق او به‌دولت امریکا اطلاع دادم. آقای کاتم پس از مدتی از سفارت امریکا و وزارت امور خارجه امریکا استعفا داد و از ایران رفت (به کتاب **کودتای ۲۸مرداد** کرمیت روزولت مراجعه شود.)

۲. گفت‌وگو و تماس با مسئولین سیاسی امریکا قبل از پیروزی انقلاب

من تمنا می‌کنم صبر و بردباری بیشتری داشته باشید واجازه دهید من کمی بیشتر وقت شما را بگیرم. اما قبل از شروع به توضیح در این مورد مجبورم مطالبی را به استحضار ملت ایران برسانم و آن این است:

در هرکجای دنیا که جریان و یا حرکت و یا جنبشی علیه حکومتی به‌وجود می‌آید تمام مسئولین سیاسی عالم و نمایندگان رسانه‌های گروهی به آن جنبش و حرکت و گردانندگان آن توجه می‌کنند و تمام همت و توجه صرف آن می‌شود که بتوانند رهبران آن حرکت مخالف را پیدا کنند و درباره اهداف آن حرکت اطلاعاتی به‌دست بیاورند. مثال خیلی ساده می‌زنم. در حال حاضر عده‌ای درکشور ما با حکومت جمهوری اسلامی ایران مخالفت دارند و من چون پنج‌ماه

---

۱. منظور نیکسون معاون رئیس‌جمهور امریکاست که به اشتباه جانسون درج شده است.

در این برهه خاص از زمان را در اروپا بودم و هرشب و هر روز ناظر بر این جریانات بوده‌ام آن را برای شما بیان می‌کنم. در تمام دورانی که من در سوئد و یا سایر کشورهای اسکاندیناوی بودم شبی نبود که فیلم یا مصاحبهٔ تلویزیونی با مخالفین دولت جمهوری اسلامی ایران در صفحات تلویزیون و یا مطالب رادیو و یا به‌صورت مقالاتی در روزنامه‌های این کشور پخش نشود و باز به‌عنوان مثال در زمانی که تلویزیون سوئد به من که سفیر جمهوری اسلامی ایران در آن کشور بودم فقط ۳ دقیقه وقت آن هم در یک هفته داده بود به یکی از آقایان گروه مخالف، آقای رضا براهنی ۴۵ دقیقه وقت مصاحبه در یک شب داده بودند تا نظریات مخالف خودش را نسبت به حکومت جمهوری اسلامی ایران بیان کند.

این را به این دلیل ذکر کردم تا توجه داشته باشید که به‌عنوان یک واقعیت نمایندگان سیاسی تمام کشورهای خارجی مقیم در کشوری که جنبش یا حرکتی در آن وجود دارد با رهبران گروه مخالف تماس می‌گیرند و آن گروه مخالف را به‌عنوان دولتی در حال به‌وجودآمدن است تصویر و تعبیر می‌نمایند و همین کار را نیز رسانه‌های گروهی اعم از روزنامه یا رادیو و یا تلویزیون انجام می‌دهند که شناسایی افراد این رسانه‌های گروهی یا نمایندگی‌های سیاسی از نظر عضویت در سازمان‌های جاسوسی مختلف دنیا برای انقلابیون امکان‌پذیر نیست.

حال با توضیحاتی که دادم به استحضار می‌رسانم که در دوران قبل از پیروزی انقلاب یعنی عملاً از ابتدای سال ۱۳۵۷ که جنبش ضداستعماری ایران به رهبری حضرت آیت‌الله امام خمینی شکل تازه‌ای به‌خود گرفته بود، نمایندگان سیاسی کلیه سفارتخانه‌های خارجی در ایران و نمایندگان رسانه‌های گروهی خارجی با هر گروه و دسته و شخصی که فکر می‌کردند آنها در سرنوشت انقلاب اسلامی ایران مؤثرند تماس گرفته بودند.

تاریخ صحیح آمدن آقای ریچارد کاتم را به ایران به‌خاطر ندارم ولی فکر می‌کنم اواخر آذرماه یا اوایل دی‌ماه ۱۳۵۷ بود که آقای کاتم پس از رفتن به پاریس و احتمالاً ملاقات با حضرت آیت‌الله امام‌خمینی به تهران آمد[1] و من از طریق سازمان دفاع از حقوق بشر مطلع شدم که آقای ریچارد کاتم که قبلاً از او اسم برده بودم به ایران آمده و با اعضای سازمان دفاع از حقوق بشر جلسه خواهد داشت، مرا هم برای این جلسه دعوت کردند.

افرادی که در این جلسه حضور داشتند عبارت بودند از: آقای دکتر میناچی وزیر ارشاد ملی، آقای دکتر علی‌اصغر صدر حاج سیدجوادی، آقای مهندس بنافتی، آقای ریچارد کاتم و آقای استمپل و شخص من. موضوع مورد مذاکره عدم حمایت دولت امریکا از شاه و دولت وقت ایران بود. پس از ختم جلسه آقای کاتم آقای استمپل را به من معرفی کرد.

---

۱. در آن موقع از قطعیت این ملاقات مطلع نبودم، لیکن در حال حاضر برای آگاهی از چگونگی آن می‌توان به کتاب **تاریخ بیست وپنج‌سالهٔ ایران**، نوشتهٔ مرحوم سرهنگ غلامرضا نجاتی مراجعه نمود. (امیرانتظام)

در تمامی این مذاکرات همان‌طور که قبلاً هم توجه دادم تمام تلاش برای عدم دخالت امریکا در امور داخلی ایران و عدم حمایت از شاه و دولت‌های وقت بود.

در همین زمان یکی دیگر از چهره‌های معروف امریکا به‌نام آقای رمزی کلارک به ایران آمد و در یکی از جلسات که به‌حضور حضرت آیت‌الله طالقانی رفته بود من و عده دیگری از برادران و خواهران هم حضور داشتیم و تلاش حضرت آیت‌الله طالقانی هم همین تلاش همگانی ما بود.

مطلبی را که در اینجا لازم است توجه دهم این است که در تمام انقلابات عالم همیشه انقلابیون از دو راه عمل می‌کنند یکی از طریق جنگ مسلحانه و یکی از طریق مذاکره و همیشه این دو همراه و همزمان هم انجام می‌شود و توجه شما را به‌عنوان مثال به انقلاب الجزایر و کوبا جلب می‌کنم که همزمان با جنگ قهرمانانه هردو ملت کوبا و الجزایر مذاکراتی وجود داشته است و مذاکرات ما هم با طرف‌های درگیر در مسائل ایران همزمان نبرد مسلحانه یک روش و طریق تازه‌ای نیست.

۳. مذاکره با نمایندگان سیاسی امریکا

در اینجا نیز قبل از شروع به تشریح وقایع تمنا دارم صادقانه و خالصانه و جدا از هر تعصبی وضع دولت موقت انقلاب را در روزهای اول پس از پیروزی و پنج ماهی که من به‌عنوان معاون نخست‌وزیر افتخار خدمتگزاری به کشور را داشتم به‌خاطر بیاورید. کنار گودنشستن و با دیده خرده‌گیرانه و بدون توجه به امکانات و حجم مسائل و مشکلات نگریستن، کار یک مسلمان و یک انسان باانصاف نیست.

روز دوشنبه ۲۳ بهمن ۵۷ من از طرف آقای مهندس بازرگان نخست‌وزیر دولت موقت به اتفاق آیت‌الله شبستری و آقای رادنیا مأمور شدیم که برویم نخست‌وزیری را تحویل بگیریم. صبح دوشنبه ۲۳ بهمن را به‌خاطر بیاورید که تهران در چه حالی بود و در میان آتش هیجان می‌سوخت. ما به نخست‌وزیری رفتیم و وجود آیت‌الله شبستری برای ما بسیار مغتنم بود. خوشبختانه وقتی ما رسیدیم جنگی نبود چون برادران انقلابی ما قبلاً آنجا را فتح کرده بودند.

به‌هرصورت از ساعت ۸ یا ۹ صبح تا ۲ بعدازظهر ساختمان‌ها را تحویل گرفتیم و منظم کردیم و اطاقی را هم در ساختمان کارمندان نخست‌وزیری برای آقای مهندس بازرگان آماده کردیم. من خدمت ایشان تلفن کردم و ایشان آمدند. وقتی در پله‌های ساختمان نخست‌وزیری به ایشان خیرمقدم می‌گفتم، ایشان گفتند: من، تو و مهندس صباغیان و دکتر یزدی را به‌عنوان معاون انتخاب کرده‌ام. چه می‌گویی؟ گفتم سربازی هستم که در هرکجا مأمور باشم خدمت خواهم کرد و از آن لحظه به‌عنوان معاون سیاسی و روابط عمومی و اجرایی نخست‌وزیر و بعدها در سمت سخنگوی دولت کار خودم را شروع کردم. روز اول ما فقط ۴ نفر بودیم و با چندصد نفر کارمندان نخست‌وزیری که اصلاً آنها را نمی‌شناختیم، شروع به‌کار کردیم. من فکر

نمی‌کنم که پس از پنج ماه که من نخست‌وزیری را ترک کردم تعداد افراد مورد اعتمادی که ما از خارج برای همکاری به نخست‌وزیری آورده بودیم از ۳۰ نفر تجاوز کرده باشد.

شما امروز پس از ۱۰ ماه که آب‌ها از آسیاب ریخته و کارها نسبتاً روی غلطک افتاده و هر سازمانی را افراد زیادی اداره می‌کنند آمده‌اید، اسناد و کارهای ما را در آن دوران بیرون کشیده‌اید که چرا ما اجازه داده‌ایم دولت امریکا وسائل و لوازم شخصی افراد خودش را که جزئی از حقوق بین‌المللی اوست از ایران بیرون ببرد؟ ما این اجازه را تنها به دولت امریکا نداده‌ایم، بلکه به تمام دولت‌های خارجی که افرادی در ایران داشتند می‌دادیم، چرا به‌خاطر نمی‌آورید که حدود ۴۰ هزار امریکایی و بیش از یکصد هزار خارجی دیگر در ایران بودند و همه آنها به وحشت افتاده بودند و می‌خواستند از ایران خارج شوند و من با اطلاع و تأیید و تصویب نخست‌وزیر آنچه را که وظیفه‌ام بود انجام داده‌ام؟

امیرانتظام تنها در سفارت امریکا پرونده ندارد، بلکه در تمام سفارتخانه‌های خارجی پرونده‌ای به‌نام امیرانتظام وجود دارد، چون من معاون اجرایی نخست‌وزیر بودم و طبق دستور نخست‌وزیر وقت که حکومتش یک تکلیف شرعی او بود و من هم که معاون ایشان بودم شرعاً می‌بایستی وظیفه‌ای که به‌عهده‌ام گذاشته شده بود به زمین نگذارم، انجام وظیفه می‌کردم.

شما دانشجویی که به‌عنوان مسلمان پیرو خط امام، بدون اینکه حتی یک روز در عمرت کار اجرایی کرده باشی به قضاوت نشسته‌ای، چگونه امکان‌پذیر بود که با روزی ۱۸ تا ۲۰ ساعت کار و نبودن هیچ نوع امکانات اجرایی و کوهی از مشکلات، بیشتر و دقیق‌تر و صحیح‌تر از آنچه ما کرده‌ایم انجام داد. مگر یک انسان تا چه اندازه ظرفیت و امکان فکرکردن و کارکردن را دارد. با همه آن مشکلات و کمبودها امروز من نه‌تنها سرشکسته و سرافکنده نیستم بلکه افتخار می‌کنم که سهمی را که به‌عهده من گذاشته شده بود با کمال صداقت و شرافت و حفظ حقوق ملت ایران انجام داده‌ام. خواهران و برادران و شما رهبران و پیشوایان بزرگ ملت مسلمان ایران که به سخنان من گوش می‌دهید و یا متن مدافعات مرا می‌خوانید منصفانه و صادقانه و دور از هر تعصبی بنشینید و خدا را حاضر و ناظر برای قضاوت قرار دهید و در مورد اعمال من و دولت مهندس بازرگان قضاوت کنید.

خواهران و برادران، اگر از تاریخ ۱۳ آبان‌ماه ۱۳۵۸ سیاست جدیدی توسط دانشجویان پیرو خط امام تعریف و دیکته شده است اعمالی راکه به من نسبت داده‌اند متعلق به دورانی است که سیاست دولت بازرگان و اطاعت از او یک امر شرعی از طرف حضرت آیت‌الله خمینی برای ملت ایران تکلیف شده بود و رئیس دولت وقت از تمام ملاقات‌ها و مذاکرات من با اطلاع بودند. اما مذاکراتی که در این دوران من چه با حضور آقای مهندس بازرگان نخست‌وزیر و چه با حضور آقای دکتر یزدی وزیر امور خارجه و چه تنها انجام داده‌ام، برمبنای رسالت دولت برای حل مسائل از طریق مذاکره است و تمامی آنها با اطلاع و تصویب دولت انجام گرفته است.

۴. مذاکره با نمایندگان سیاسی امریکا در سوئد

باز اجازه دهید توضیحی قبل از تشریح وقایع این دوران بدهم.

به‌دلیل خدمات صادقانه‌ای که در دوران خدمت به‌عنوان معاون نخست‌وزیر در تهران کرده بودم، وقتی سفرای کشورهای خارجی متوجه شدند که به مأموریت خارج از کشور می‌روم، لااقل چهارنفر آنها که عبارت بودند از: سفیر هند، آلمان، فرانسه و انگلیس به آقای مهندس بازرگان در حضور من گفتند، پس از رفتن امیرانتظام چه خواهید کرد؟ و بلااستثناء کلیه سفرایی که تا قبل از رفتن من به دیدنم آمده بودند، صادقانه از رفتن من اظهار تأسف می‌کردند، چرا؟ دلیل آن این بود که ماه‌های اول پس از پیروزی انقلاب نیروی انتظامی نداشتیم و سپاه پاسداران و کمیته‌ها هنوز شکل امروز را نداشتند و هر زمان که منزل سفیری و یا سفارتخانه‌ای مورد تهاجم و یا تهدید قرار می‌گرفت، سفرای آن سفارتخانه چه شب و چه روز به دفتر من می‌آمدند و برای گرفتن کمک و حفظ جان خودشان التماس می‌کردند. به‌عنوان مثال حمله به سفارت دانمارک و انگلیس را فقط ذکر می‌کنم و خدا می‌داند که در آن دوران پیداکردن ۴ نفر چه از طریق شهربانی و چه از طریق کمیته‌ها و یا پاسداران با چه مشکلاتی روبه‌رو بود. آیت‌الله مهدوی کنی به کرات به‌خاطر دارند که بارها و بارها شب و روز من به ایشان متوسل می‌شدم و تقاضای کمک می‌کردم. و ایشان اسماً مسئولیت بزرگی را پذیرفته بودند، بدون اینکه سازمانی واقعاً وجود داشته باشد و در اختیار ایشان باشد. این خدمات و پی‌گیری‌ها و حفظ آبروی انقلاب اسلامی ایران باعث شده بود که کلیه سفرای خارجی از رفتن من اظهار تأسف کنند.

با توجه به مراتب فوق و با توجه به اینکه سیاست دولت این بود که مسائل و مشکلات را از طریق مذاکره حل نماید، در دورانی هم که من به سوئد می‌رفتم نمایندگان سفارت امریکا در تهران که تظاهر به داشتن علاقه برای حل مسائل فی‌مابین می‌کردند اظهار علاقه کردند که آیا می‌توانند مذاکرات برای حل مسائل فی‌مابین ایران و امریکا را در سوئد دنبال کنند. من از آقای نخست‌وزیر اجازه گرفتم، ایشان گفتند اشکالی ندارد و پس از دو ماهی که به سوئد رفته بودم از طریق سفارت امریکا در سوئد اطلاع دادند که آقای استمپل از واشنگتن تقاضا کرده که برای مذاکره درباره مسائل فی‌مابین به سوئد بیاید و شما را ببیند. گفتم اجازه دهید از تهران کسب اجازه کنم، به شخص آقای نخست‌وزیر و وزیر امور خارجه تلفن کردم، اجازه دادند بعد به سفارت امریکا در سوئد اطلاع دادم که بیاید. آقای استمپل و شخص دیگری بنام جرج کیو به‌سوئد آمدند. در اینجا یک توجه اصولی بدهم که شما خواهران و برادران وهموطنان توجه داشته باشید که اصولاً هیچ تصمیمی را من و دولت نمی‌توانستیم بگیریم مگر اینکه آن تصمیم به تصویب امام و شورای انقلاب برسد. بنابراین برمبنای سیاست حل مسائل از طریق مذاکره، آنها آمدند که راه‌حل‌هایی را عرضه کنند و آنچه مطرح کردند عبارت بود از:

ما چه کنیم که دولت ایران قبول داشته باشد که ما می‌خواهیم مسائل فی‌مابین را حل کنیم؟

این سؤالی بود که بارها و بارها در تهران از آقای نخست‌وزیر، وزیر خارجه و من و دیگران کرده بودند.

جواب همه با هم این بود که شما بایستی اولاً صادقانه در امور داخلی ایران دخالت نکنید و استقلال و حق حاکمیت ملی و انقلاب ما را به رسمیت بشناسید و به آن احترام بگذارید و از توطئه‌کردن و دخالت دست بردارید. ثانیاً پول‌های توقیف‌شده ما راکه در مورد قراردادها توقیف کرده‌اید آزاد کنید و لوازم یدکی مورد احتیاج نیروی هوایی ما را در اختیار ما بگذارید.

این جواب‌ها همه جواب‌هایی بود که با مشورت وزیر امور خارجه و آقای نخست‌وزیر تهیه کرده بودیم. در این سفر علاوه بر سؤال فوق که تکراری بود، گفتند که می‌خواهند برای اثبات حسن نیت خود اطلاعاتی راکه در مورد همسایه‌های ایران و دخالت‌های آنها دارند به دولت ایران بدهند. من نتیجهٔ مذاکرات را تلفنی به آقای نخست‌وزیر اطلاع دادم و ایشان پس از مشورت با دکتر یزدی وزیر امور خارجه گفتند عیبی ندارد، البته در این مدت که من در سوئد بودم سایر افراد سفارت امریکا در تهران با مسئولین وزارت امور خارجه و وزارت دفاع و نیروی هوایی طبق اظهارات آقای مهندس بازرگان جلسات متعددی داشتند و پیشرفت‌هایی هم در حل مسائل قراردادها و لوازم یدکی کرده بودند که البته من در جریان آنها نیستم.

دومین بار در اواخر شهریور دومرتبه از سفارت امریکا در سوئد اطلاع دادند که آقای جرج کیو می‌خواهد درباره مسائلی به دیدن من بیاید. باز به آقای نخست‌وزیر تلفن کردم. گویا آقای دکتر یزدی در آن وقت در تهران نبودند، ولی آقای نخست‌وزیر اجازه دادند به سفارت امریکا در سوئد اطلاع دادم که آقای جرج کیو می‌تواند بیاید. آقای جرج کیو آمد و درباره آینده نفت در جهان و استفاده از وسائل حفاظتی جنوب وشمال صحبت کرد و دومرتبه همان سؤال تکراری را برای عادی‌کردن روابط دو کشور مطرح کرد که جواب‌های من همان جواب‌های قبلی بود.
در چند روزی که در تهران بودم باز از سفارت امریکاکاردار سفارت تلفن کرد و گفت که متصدی میز ایران در واشنگتن به ایران آمده و می‌خواهد شما را ببیند. به آقای دکتر یزدی تلفن کردم و ایشان اجازه دادند و آقای کاردار و آن شخصی که نامش را به‌خاطر ندارم به‌دیدنم آمدند و گفتند که مسئله این‌ست که شاه مریض است و ما می‌خواهیم او را برای معالجه به امریکا ببریم. گفتم مردم ایران با این امر به‌شدت مخالف هستند، گفت به‌هرصورت این یک مسئله حیاتی است، می‌خواهیم آقایان نخست‌وزیر و وزیر امور خارجه را ببینیم. فردا ساعت ۱۱ صبح به دفتر آقای نخست‌وزیر آمدند و همین تقاضا را تکرار کردند. آقایان هم همین مطلب راگفتند که ملت ایران نمی‌تواند آن را بپذیرد. حتی آقای دکتر یزدی پیشنهاد کرد که او را به اروپا بفرستند، گفتند نمی‌شود. به‌هرصورت به آنها گفته شد خود شما و دولت امریکا مسئولیت عواقب این امر را به‌عهده خواهید داشت. من قبل از بازگشت به سوئد خدمت امام رسیدم و ضمن عرض گزارش کارهای سوئد، آمدن امریکایی‌ها را نیز خدمتشان گفتم، با ناراحتی فرمودند با امریکایی‌ها خیلی احتیاط کنید.

این آخرین جلسه‌ای بود که من با آنها داشتم. بعد که سفارت امریکا در تهران از طریق دانشجویان پیرو خط امام تصرف شد و امام دستور دادند که هیچ‌یک از مسئولین کشور حق تماس‌گرفتن با امریکایی‌ها را ندارد. آقای جرج کیو از آلمان تلفن کرد که برای مسئله گروگان‌ها می‌خواهد مرا ببیند. به او گفتم طبق دستور امام رهبر کشور، هیچ کس حق تماس و مذاکره را ندارد و تلفن را قطع کردم.

اتهام دوم. سعی در نگهداشتن بختیار

خواهران و برادران هموطن. امیدوارم باز هم حوصله به خرج داده به عرایض صادقانه من همچنان بدون تعصب و جهت‌گیری و منصفانه توجه فرمایید.

به‌خاطر دارید که حضرت آیت‌الله خمینی در زمانی که در پاریس بودند، یکی از دستورات ایشان دربارهٔ شخص بختیار که اصرار داشت خدمت امام برسد و به‌قول ایشان خودش موافقت امام را جلب نماید. این بود که اگر بختیار استعفاء بدهد احتمالاً او را به‌عنوان یک فرد ساده ایرانی خواهند پذیرفت. از طرف دیگر می‌دانید که بختیار قبل از اینکه ماسک از چهره کثیف خودش بردارد و فرمان نوکری از شاه جنایتکار بگیرد ظاهراً در صف ملیون و جبهه ملی قرار داشت. نتیجتاً با همه افراد مبارز از دوران دکتر مصدق آشنا بود. وقتی او به نخست‌وزیری رسید من به آقای مهندس بازرگان پیشنهاد کردم که اگر ایشان و سایر رهبران موافقت کنند من به دیدن بختیار بروم و او را راضی کنم که استعفا بدهد. یعنی همان دستوری که امام داده بودند. ضمناً اضافه کنم تا آن تاریخ هیچ‌گونه آشنایی با بختیار نداشتم. آقای مهندس بازرگان با سایر رهبران انقلاب در تهران که تا آن وقت به‌طور مشخص برای من شناخته‌شده نبودند صحبت کردند و گفتند برو. آقای دکتر احمد مدنی برادر مبارز و فداکار با بختیار به‌دلیل عضوبودن در جبهه ملی آشنا بودند و بختیار به ایشان اصرار داشت که سمت وزارت کشور را در کابینه بختیار بپذیرد و ایشان رد کرده بودند. مطلب را با دکتر مدنی در میان گذاشتم قول داد وسیلهٔ ملاقات را فراهم کند و فراهم کرد و من به‌دیدن بختیار رفتم و از او خواستم که از مقام خود کنار برود. این جلسات و مذاکرات با بختیار چه به‌تنهایی و چه در ملاقات خصوصی بین آقای مهندس بازرگان و بختیار بارها در مدت ۳۸ روز زمامداری او تکرار شد تا یک‌بار که فکر می‌کنم در حدود دهم بهمن‌ماه ۱۳۵۷ بود بختیار به استعفا رضایت داد و متن استعفانامه را با خط خودش نوشت و گفت تحت این شرایط من استعفا می‌دهم. در آن جلسه آقای دکتر مدنی هم حضور داشتند. متن را به اتفاق ایشان برای استحضار مهندس بازرگان به مدرسه رفاه بردیم.

باز اطلاع دارید که مدرسه رفاه محل اجتماع روحانیت مبارز تهران و شورای انقلاب و دفتر مهندس بازرگان بود، در مدرسه رفاه برای اولین بار با جناب آقای دکتر بهشتی که در جریان ملاقات‌های من با بختیار از قبل توسط مهندس بازرگان قرار گرفته بودند ملاقات کردم ایشان ما

را به اتاقی که فکر می‌کنم تمام اعضای مشترک جامعه روحانیت مبارز تهران و شورای انقلاب در آن حضور داشتند هدایت کردند، افرادی که در این اطاق بودند عبارتند از: حضرت آیت‌الله طالقانی، آیت‌الله دکتر بهشتی، آیت‌الله مطهری، آیت‌الله موسوی اردبیلی، آیت‌الله ربانی شیرازی، حجت‌الاسلام هاشمی رفسنجانی و دکتر باهنر. تا این تاریخ من فقط خدمت آیت‌الله طالقانی، دکتر باهنر، آیت‌الله موسوی اردبیلی و دکتر بهشتی رسیده بودم. البته عده دیگری هم از آیات عظام بودند که من نه هیچ وقت آنها را ملاقات کرده بودم و نه نام آنها را می‌دانستم. من و دکتر مدنی در سر میزی که آقایان نشسته بودند، نشستیم و گزارش ملاقات خودمان را با بختیار به استحضار جمع رسانیدم. البته واضح بود که آقایان قبلاً هم از طریق آقای مهندس بازرگان در جریان می‌بودند. پس از اتمام گزارش آیت‌الله طالقانی فرمودند اینجا در حضور جمع به نتیجه‌ای نخواهیم رسید. با انگشت به آیت‌الله مطهری[۱]، آیت‌الله ربانی شیرازی، حجت‌الاسلام هاشمی رفسنجانی و دکتر مدنی و من اشاره کردند که به اطاق دیگری برویم و آقای هاشمی رفسنجانی با مشورت با آیت‌الله مطهری و آیت‌الله ربانی شیرازی متن جدید را به خط خودشان تهیه کردند. البته دکتر مدنی و من هم نشسته بودیم و گوش می‌دادیم. پس از آنکه تمام شد به ما دادند و گفتند آن را به بختیار بدهید. چون نزدیک ساعت حکومت نظامی بود آن‌شب نتوانستیم ولی من فردا آن را به دفتر بختیار بردم. بختیار متن جدید را قبول کرد و دو اصلاح کوچک با خط خودش در متن کرد. متن را دومرتبه به مدرسه رفاه بردم و همه آقایان دیدند و قرار شد توسط آقای مهندس بازرگان با پاریس تماس گرفته شود و چنانچه امام موافقت فرمایند به مرحله اجرا گذاشته شود. آقای مهندس بازرگان شاید در حدود یک‌ساعت یا بیشتر تلفنی با پاریس با دکتر یزدی صحبت کردند و توضیح دادند و قرار شد متن به اطلاع امام رسانیده شود و جوابش را به تهران بدهند. من در مذاکرات تلفنی حضور نداشتم اما از آقای مهندس بازرگان شنیدم که ابتدا دکتر یزدی اطلاع داده بوده است که امام موافقت فرمودند ولی بعد تلفن کرده بوده است که نه این متن مورد موافقت امام نیست! نتیجتاً این موافقت‌نامهٔ اولیه که به انشاء و به خط حجت‌الاسلام هاشمی رفسنجانی و مشورت و تائید آیت‌الله مطهری و آیت‌الله ربانی شیرازی بود انجام نشد. معهذا ما دست از تعقیب مسئله برنمی‌داشتیم، چون هر روز ملتمان چند هزار قربانی می‌داد و ما معتقد بودیم که هرچه زودتر بختیار را بتوانیم از صندلی نخست‌وزیری به‌زیر بکشانیم، پیروزی ملت را سریع‌تر و از تعداد شهدا و قربانیان جلوگیری کنیم. در نتیجه باز به دستور و موافقت رهبران فوق‌الذکر من با بختیار تماس گرفتم و حتی بختیار برای اینکه از خودش سلب مسئولیت کند جلسه‌ای را با حضور آقای دکتر سحابی و خودش و تیمسار قره‌باغی و تیمسار مقدم و من تشکیل داد که جالب بود آن دو نفر ارتشی و امنیتی می‌خواستند بگویند همه‌چیز در اختیار

---

۱. منظور دکتر باهنر می‌باشد که به اشتباه آیت‌الله مطهری ذکر کرده‌ام. (امیرانتظام)

بختیار به‌عنوان نخست‌وزیر هست و بختیار اصرار داشت که بگوید نمی‌تواند ارتش را متوقف سازد. آن شب به‌جایی نرسیدم، اما در جلسه‌ای که ،شاید دوساعت، عصر جمعه ۲۰ بهمن در منزل او داشتم باز قانع شد که استعفاء بدهد.

اما روز بعد به‌جای شنبه جلسه را به یکشنبه موکول کرد و یک‌مرتبه ساعت حکومت نظامی را از ساعت ۱۰ شب به چهار بعدازظهر تقلیل داد و در مغز کوچک خودش فکر کرده بود که با کوتاه‌کردن مدت آزادی حرکت مردم در روز شنبه، در شنبه‌شب بتواند به محل اقامت امام و سایر رهبران حمله کرده و آنها را از بین ببرد. خوشبختانه تصمیم قاطع و به‌موقع امام که اعلام کرده بودند همه مردم به خیابان‌ها بریزند، این توطئه را خنثی کرد. البته این را هم بگویم که هیچ کسی جز امام توجه به این توطئه نکرده بودند. به‌همین‌دلیل فردا صبح یعنی یکشنبه ۲۲ بهمن بختیار به دفتر مهندس بازرگان به من تلفن کرد و گفت امروز ساعت ۴ بعدازظهر یعنی (یکشنبه ۲۲ بهمن ساعت ۴ بعدازظهر) همان جلسه تشکیل شود و او خواهد آمد و استعفاء خواهد داد. خوشبختانه پیروزی چشم‌گیر و غیرمنتظره ملت قهرمان ما در شنبه‌شب و صبح یکشنبه باعث شد که ارتش منهدم گردد در ساعت ۱۰ صبح تصمیم به بیطرفی بگیرد که این تصمیم در ساعت یک و ده دقیقه بعدازظهر اعلام شد.

حال طبق توضیحاتی که در بالا دادم و خوشبختانه شخص آقای مهندس بازرگان و آقای دکتر سحابی و سایر رهبران جز حضرت آیت‌الله طالقانی و آیت‌الله مطهری همه زنده و حاضرند چگونه تلاش ما برای وادارکردن بختیار به استعفاء طبق دستور امام حمل بر حمایت و نگهداری بختیار شده است، خدا می‌داند؟!

اتهام سوم. انحلال مجلس خبرگان

در سفری که در مهرماه سال جاری به تهران آمده بودم، متأسفانه مانند مسافرت قبل یک سؤال برای مردم مطرح بود و آن اینکه با وجود بیکاری فراوان و خرابکاری‌هایی که از طرف ضدانقلاب در سرتاسر مملکت انجام می‌شود و وحشت عدم امنیتی که با شایعات فراوان ضدانقلاب وجود داشت چه بایستی کرد تا دوران رسیدن به حکومت دائمی را کوتاه‌کرد واجازه نداد که ضدانقلاب ضربات سنگین‌تری را به انقلاب اسلامی ایران وارد سازد؟ این بحث همه‌جا وجود داشت و همه افراد علاقه‌مند به سرنوشت انقلاب درباره آن فکر می‌کردند.

یکی از شب‌ها که با عده‌ای از دوستان نهضت مقاومت دور هم جمع بودیم و مطابق معمول بحث شایعات رایج کشور مطرح بود و درباره راه‌گشایی آن فکر می‌شد این فکر که به‌دلیل طولانی‌شدن مدت مجلس خبرگان به‌وجود آمده بود انحلال آن مجلس بود.[1] قرار شد که آقایان

---

۱. جمله فوق به سبب تنظیم نامه در شرایط بازداشتگاه نارسا است. اینجانب به‌دلیل تغییر مجلس مؤسسان به

بنی‌صدر و صدر حاج سیدجوادی که قاضی و حقوقدان بودند مطالعه کنند و نتیجه را بگویند. ضمناً قرار شد خود فکر را من به اطلاع آقای نخست‌وزیر برسانم. فرداظهر خدمت آقای مهندس بازرگان رسیدم و ایشان را در جریان گذاشتم. ایشان گفتند ابتدا بایستی متن را ببینند. متن توسط آقای بنی‌صدر به خط و انشاء ایشان در روی کاغذ کوچکی تهیه شده بود که آن را برای اطلاع آقای نخست‌وزیر بردم. ایشان مدتی فکر کردند و گفتند وقتی طرحی قابل مطرح‌کردن در هیئت دولت هست که وزرا آن را امضا کنند.

بقیه آقایان وزرا که جمعاً ۱۷ نفر شدند قبل از شرکت در جلسه هیئت دولت این طرح را امضا کردند و دادند خدمت آقای مهندس بازرگان و ایشان در جلسه هیئت دولت مطرح کردند و قرار شد فردا خدمت امام برسند و آن را ارائه دهند که البته امام طرح را رد کردند.

من یک کپی از این پیشنهاد را با خود به سوئد بردم و در بین اسناد و مدارک خود نگهداشتم. وقتی دادستانی متن این نوشته را در بین اوراق و اسناد خصوصی من در سفارت ایران در سوئد که به تهران فرستاده شده بود پیدا کردند، فکر کرده بودند که شاید فکر آن‌هم از خارج ایران به من تلقین شده است وقتی توضیح دادم و تحقیق کردند مسئله برای دادستانی روشن شد و با وجودی که تماس دائمی بین دادسرای انقلاب و دانشجویان پیرو خط امام وجود دارد و بدون شک دانشجویان نیز از توضیحات من و تحقیقات دادسرای انقلاب و صحت توضیحات من مطلع شده‌اند معهذا با کمال تأسف دومرتبه آن را به‌عنوان یک توطئه که من عامل آن بوده‌ام و آن هم از طرف امریکا دیکته شده است برخلاف حق مطرح کردند.

اتهام چهارم. اجازه خروج

در مورد دادن اجازه خروج به افراد در دوران معاونت نخست‌وزیری بایستی به استحضار هموطنان عزیز برسانم که با موافقت آقای نخست‌وزیر، ما سیستمی را در نخست‌وزیری به‌وجود آورده بودیم و آن عبارت از این بود که کمیته امنیت نخست‌وزیر که زیر نظر معاون امور انقلاب نخست‌وزیر اداره می‌شد بایستی ابتدا نسبت به خروج افراد اظهارنظر کند و اگر کسی در لیست آنها وجود داشت می‌نوشتند که ممنوع‌الخروج است و اگر در لیست آنها وجود نداشت می‌نوشتند که در لیست ممنوع‌الخروج‌ها نیست و علاوه بر تأیید دفتر امنیت نخست‌وزیر ما یک محکم‌کاری دیگر هم می‌کردیم و آن این بود که یکی از اعضاء هیئت دولت یا دفتر کمیته انقلاب امام و یا یکی از افراد کادر رهبری کتباً نوشته باشند و مسئولیت

مجلس خبرگان و نادیده‌گرفتن قانون اساسی تهیه‌شده توسط دولت موقت و نیز طولانی‌شدن زمان آن از یک ماه به سه ماه که درحقیقت سه تخلف از خواسته‌های ملت ایران در رفراندوم ۱۲ فروردین ۱۳۵۸ محسوب می‌شد، پیشنهاد انحلال مجلس خبرگان را دادم. (امیرانتظام)

خروج افراد را پذیرفته باشند. در آن صورت اینجانب اجازه خروج صادر می‌کردم.

متأسفانه دو روزنامهٔ صبح تهران، روزنامهٔ صبح آزادگان و روزنامهٔ جمهوری اسلامی ایران بدون بررسی و مطالعه و یا لااقل سؤال از شخص من یا سایر مسئولین برای آشنایی به نحوه کار ما در نخست‌وزیری هرکدام سندی را به‌عنوان «این‌هم سند خیانت دیگری از امیرانتظام» منتشر ساختند که برخلاف اخلاق و هم اسلام و هم قانون اساسی است و امیدوارم این برادران نسبت به آنچه کرده و گفته‌اند تجدیدنظر کنند.

با وجود طولانی‌شدن سخن و عرض معذرت فراوان اجازه دهید یک نکته را به‌عرض شما ملت ایران و رهبران عالیقدر مذهبی و سیاسی برسانم.

در مدت ۵ ماهی که در کشورهای اسکاندیناوی بودم، بیش از ۵۰ مصاحبه و سخنرانی درباره شناساندن حقوق ملت ستم‌دیده ایران و اهداف انقلاب اسلامی و دخالت‌های دولت جنایتکار امریکا انجام داده‌ام که تمامی متن فارسی و انگلیسی آنها در دادسرای انقلاب اسلامی ایران وجود دارد و تعدادی از آنها را هم شما مردم ایران قبل از توقیف من شنیده‌اید. هیچ فرد علاقمند به انقلاب اسلامی و وضع سیاسی ایران در کشورهای اسکاندیناوی نیست که فریاد حق‌طلبانه ملت ایران را در سخنرانی‌ها و یا مصاحبه‌های اینجانب نخوانده و یا نشنیده باشد و جای تأسف بسیار است که به‌قول مهندس بازرگان به‌جای دست شما درد نکند مورد کثیف‌ترین و ننگین‌ترین اتهامات تاریخ بشری قرار گرفته‌ام.

من قبل از حرکت به ایران در روزنامه‌های تهران خوانده بودم که دانشجویان پیرو خط امام دست به افشاگری زده‌اند و افشاگری آنها را درباره مهندس مقدم مراغه‌ای نیز خوانده بودم و ضمناً می‌دانستم که با خدمات گذشته من پرونده‌ای هم به‌نام من در سفارت امریکا وجود دارد واما چرا به ایران آمدم به دو دلیل:

۱. اعتماد و تکیه به انجام خدمات شرافتمندانه و صادقانه خودم به ملت ایران و انقلاب اسلامی ایران.

۲. اعتماد به وجود عدالت اسلامی در حکومت انقلاب اسلامی که نه‌تنها میلیون‌ها مردم ایران در انتظار آن هستند بلکه همه چشم‌ها در جهان در انتظار این عدالت است.

من به محض ورود به ایران با آقای قطب‌زاده تماس گرفتم و با آقای کمال خرازی معاون وزارت امور خارجه صحبت کردم و چون کتاب کودتای ننگین ۲۸ مرداد ۱۳۳۲ راکه توسط آقای کرومیت روزولت که سمت رهبری کودتای ایران را داشته است ترجمه و به همراه آورده بودم تا از طریق امام خمینی به دانشجویان مسلمان پیرو خط امام به‌خاطر طرح در دادگاه جاسوسان امریکایی و دفاع از حقوق ملت ایران تقدیم کنم، در تماس تلفنی با آقای دکتر خرازی بنا به پیشنهاد خود ایشان برای ملاقات با دانشجویان پیرو خط امام تقاضای وقت ملاقات کردم. البته به‌جای تعیین وقت و قبول هدیه ناچیز من با مسلسل و گارد محافظ

به‌عنوان جاسوس به زندان دانشجویان پیرو خط امام هدایت شدم.

این کتاب که بزرگ‌ترین سند دخالت امریکا در امور داخلی ایران و کودتای ننگین ۲۸ مرداد ۱۳۳۲ می‌باشد و توسط کرمیت روزولت مأمور عالیرتبه CIA امریکا و مسئول اجراء کودتا نوشته شد بدون حضور من از طریق آقای مهندس بازرگان خدمت امام خمینی تقدیم شد.

با عرض معذرت از اطاله کلام تمنا دارم با درنظرگرفتن خدای بزرگ که ناظر بر اعمال همه ماست دربارهٔ من به قضاوت بنشینید و در خاتمه دو بیت شعر از شاعر بزرگ ایران مولوی ذکر می‌کنم.

گوهر قیمتی از کام نهنگان آرند | آنکه او را غم جان است به دریا نرود
در ته دریا کهربا سنگ‌هاست | فخرها اندر میان ننگ‌هاست

با عرض تشکر فراوان
بازداشتگاه دانشجویان پیرو خط امام
عباس امیرانتظام
اطلاعات، ۱۸ بهمن ۵۸

ضمیمهٔ ۱۹

مهندس بازرگان: اگر اسم این ارتباطات جاسوسی است، صاحب اختیارید

و اما تخافن من قوم خیانة فانبذ الهیم علی سواً عان‌الله لایحب الخائنین.[۱]

چندی قبل توضیحات و تفسیرهای ناروایی در مورد نهضت آزادی ایران از طریق رسانه‌های گروهی پخش گردید که موجب تحریک احساسات و مشوب‌شدن اذهان شده، اتهام‌های مغرضانه و استنتاج‌های شتاب‌زده‌ای را برانگیخت.

اعضای نهضت آزادی که از پایه‌گذاران نهضت اسلامی ایران بوده و خالص‌ترین و رادیکال‌ترین حرکت‌های ایدئولوژیک و سیاسی را علیه استبداد پهلوی و استیلای خارجی به‌وجود آورده بودند، علی‌رغم سوابق روشن خود در بستر مبارزات ضداستبدادی و ضداستعماری، برای حفظ وحدت ملت در برابر تهمت‌های وارده لب به شکوه نگشوده و پیام علی را به‌جان خریدند که در بحبوحه هیجانات ناشی از قتل عثمان و انقلاب حادث شده و قضاوت‌ها و درخواست‌های عجولانه فرمود:

اصبروا حتی یهدالناس و تقع‌القلوب مواقعها[۲]

و اکنون که بحمدالله جریانات انتخاب رئیس جمهور به اتمام رسیده و موجبات تحریک فروکش کرده، فرصتی است تا برای رفع هرگونه شبهه و سؤال مطرح‌شده در اذهان و نیز پاکسازی فضای آلوده سیاسی، به تشریح برخی ارتباطات سیاسی در ایام قبل از انقلاب و سال‌های تیره‌وتار ملت بپردازیم و زبان حال و گذشته را تکرار کنیم که

بودم آن روز من از طایفه دردکشان که نه از تاک نشان بود و نه از تاک‌نشان

هر حزب و جمعیت، اگر خواسته باشد فعالیت‌های عملی برای استقلال کشور و آزادی و آئین و شرف بنماید، نه می‌تواند وجود دولت‌های قدرتمند سلطه‌گر خارجی (اعم از امپریالیست و کمونیست) و دخالت‌های ریشه‌دار آنها را نادیده بگیرد و نه بدون شناخت روشن عوامل مؤثر خارجی از طریق بررسی و ارتباط با حریف به منظور تبلیغ و تأثیرگذاری (به‌عنوان مرحله‌ای از مبارزه)[۳] توفیقی به‌دست آورد. باید در ضمن توکل بر خدا و تکیه بر نیروهای خلق او حداکثر استفاده و بهره‌برداری را از افکار عمومی مساعد آزادیخواهان جهان

---

۱. انفال، ۶۰، و اگر نگران از خیانت قومی بودی، مأمورانی را مقابله به مثل به نزدشان بفرست و بدان که خداوند خیانتکاران را دوست ندارد.

۲. صبر و تحمل کنید تا مردم آرام گیرند (احساسات تحریک‌شده فرو نشیند) و دلها در موضع (متعادل و طبیعی) خود قرار گیرد.

۳. مذاکره و اتمام حجت برای تبلیغ حق، شیوه پیامبر(ص) و علی(ع) و حسن(ع) و... در آغاز جنگ‌ها بوده است.

و تضاد درونی و برونی ابرقدرت‌ها بنماید.

محکوم‌کردن دربست ارتباط‌های سیاسی با بیگانه و عوامل خودی او و عنوان جاسوسی و سازشکاری‌دادن، خصوصاً اگر این اعمال در دوران و شرایطی انجام شده باشد که کشف کوچک‌ترین ردپا منتهی به زندان و احیاناً اعدام می‌شده است، یا روی بی‌اطلاعی و بچگی است یا روی بی‌انصافی و غرض‌ورزی.

برای آنکه حقایق و وقایع گذشته برای تازه‌واردین در سیاست و انقلاب ایران و برای هموطنان روشن گردد، و تاریخ مبارزات هفتاد و چندساله ملت، از لکه‌های ابهام و اتهام پاک باشد، مبادرت به تشریح مختصر بعضی از ارتباط‌های نیمه‌مخفی نهضت مقاومت ملی [۱] و «نهضت آزادی ایران» تا آنجا که به‌خاطر مانده و قابل اعتماد باشد، می‌نماییم.

---

۱. نهضت مقاومت ملی ایران در اولین هفته بعد از کودتا در تهران به‌وجود آمد. کمیته مرکزی آن را مرحوم ضیاءالدین حاج سیدجوادی و آقایان حاجی سیدرضا زنجانی، حاجی سیدمحمدعلی انگجی و مرحوم موسوی جلالی، اینجانب، دکتر سحابی، مرحوم رحیم عطائی و همچنین افرادی از حزب ایران تشکیل می‌دادند. این جمعیت به پیشنهاد آقای عباس رادنیا و جمعی از آقایان بازاری‌ها تأسیس شد. افراد زیادی را از بازاری و دانشجو و کارمند و معدودی روحانی در تهران و چند شهر دیگر دربرمی‌گرفت. این جمعیت تا سال‌های ۳۵ و ۳۶ به حیات خود ادامه داد و فعالیت‌هایی از نوع تجمع و تشکل و تظاهرات، پخش اعلامیه و نامه، انتشار روزنامهٔ مخفی **راه مصدق** صدور نامه سرگشاده اعتراض به قرارداد کنسرسیوم نفت (به امضای هفتادنفر به ابتکار مرحوم دکتر معظمی که منجر به اخراج امضاکنندگان کارمند و استاد و در فشارگذاردن سایرین از جمله مرحوم دهخدا گردید) داشت.

با زندان‌افتادن اینجانب و آقای مهندس سحابی و گیتی‌بین در سال ۱۳۳۵ و پس از آنها بازداشت آیت‌الله حاجی سیدرضا زنجانی، مرحوم دکتر معظمی و مرحوم رحیم عطائی و آقایان عباس سمیعی، عباس رادنیا، استاد محمدتقی شریعتی، طاهر احمدزاده و عده‌ای از تجار مشهد و مرحوم آیت‌الله میلانی و بالارفتن کنترل فرمانداری نظامی توأم با کناررفتن حزب ایران و حزب مردم ایران، نهضت مقاومت ملی عملاً تعطیل گردید. حزب ایران از دکترین آیزنهاور استقبال کرد و بعضی از جوانان فعال برای برنامه‌های حادتر به خارج از کشور هجرت کردند.

پس از آن در اثر عدم امکان فعالیت‌های سیاسی و بنا به «احتیاج روز» رو به اقدامات آشکار اعتقادی، تعلیماتی و تربیت و تمرین‌های همکاری اجتماعی گذارده شد که نتیجه‌بخش و دامنه‌دار گردید. انجمن‌های اسلامی و مؤسسات آموزشی و انتشاراتی و امدادی عدیده در تهران و شهرستان‌ها و حتی در اروپا و امریکا به‌وجود آمد که نقش سازنده گسترده برای آینده ایفا نمودند. در امریکا دکتر مصطفی چمران و دکتر ابراهیم یزدی منشاء اقدامات و خدمات ارزنده‌ای شدند و در اروپا مرحوم دکتر شریعتی بعدها نهضت آزادی خارج کشور را پایه‌گذاری نمود.

شعار نهضت مقاومت به تبعیت از پیشوای ملت دکتر مصدق جمله «در رژیم مشروطیت شاه سلطنت می‌کند نه حکومت» بود و این کلام در آن زمان مترقی‌ترین و انقلابی‌ترین شعار بود. شعاری که مصدق را ساقط و نهضت آزادی را محکوم ساخت درحالی‌که در دوران جبهه ملی که مختصر آزادی داده شده بود گروه‌های دیگر تشکیل‌دهنده جبهه هنوز از ابراز آن استنکاف می‌ورزیدند.

بدیهی است که در این بحث معرفی‌کردن آن گروه‌ها و ارائه تمام فعالیت‌ها و نظریاتشان منظور نیست، بلکه صرفاً ارتباط‌های سیاسی آن هم با اختصار و به‌طور اشاره و اجمال بیان می‌گردد.

در این بررسی و سیر تاریخی خواننده لازم است پابه‌پای زمان حرکت کند و خود را در جو زمان و مکان‌های مربوطه بگذارد، زیرا شناخت هر پدیده و عملکرد اجتماعی تنها در چهارچوب و موقعیت زمان خود از نظر وضعیت نیروهای خودی و بیگانه، میزان رشد و آگاهی مردم، تشکل و رهبری آنها امکان‌پذیر است.

پایه‌گذاران و اعضاء و علاقمندان به نهضت آزادی ایران و نهضت مقاومت ملی، نه‌تنها با امریکا بلکه با بعضی از کشورهای اروپایی و نیز با دولت وقت ارتباط‌های کم‌وبیش پنهانی داشته‌اند، نه‌تنها از چندماه مانده به پیروزی درخشان انقلاب بلکه از ۲۶ سال پیش بعد از کودتای ۲۸ مرداد ۱۳۳۲ و نه‌تنها این گروه‌ها، بلکه گروه‌ها و شخصیت‌های ملی و مذهبی دیگری نیز چنین شیوه‌ای داشته‌اند.

بنابراین اگر ارتباطات سیاسی جرم و خیانت باشد همگی شریک‌اند و اگر خدمت و افتخار باشد انحصار به نهضت مقاومت و نهضت آزادی ندارد.

به‌مصداق «الاعمال بالنیات» اول باید دید این اقدامات روی چه نیت و برای چه هدفی انجام گردیده و سپس چه آثار (بد یا خوب) از آنها نتیجه شده است.

اهداف و برنامه‌ها

۱. هدف و برنامه «نهضت مقاومت ملی» در ارتباط با خارجی‌ها دو چیز بود:

اولاً رساندن ندای خفه‌شده ملت ایران به دنیا و اثبات اینکه دکتر مصدق پیشوای محبوب و منتخب ایران بوده، دولت او با کودتای امریکایی-انگلیسی زاهدی ساقط شده است.

ثانیاً شاه فراری که با دسیسه و دستور دولت‌های بیگانه غربی و شرقی به ایران برگشته، خائن و منفور است، قراردادهایی که با دولت‌های دست‌نشانده او منعقد شود فاقد اعتبار است و همکاری و پشتیبانی امریکا و اروپا در بلندمدت به سود خود آنها نیز نخواهد بود.

۲. دانشجویان خارج کشور با استفاده از محیط آزادتر و امکانات بیشتر تماس‌هایی چند با مطبوعات و با مقامات مؤثر پارلمانی و قضایی و سیاسی آن ممالک می‌گرفتند و نامه‌ها و مقالاتی می‌نوشتند و حتی با امثال کندی ملاقات می‌کردند. هدف آنها شناساندن اوضاع واقعی ایران و خنثی‌کردن تبلیغات فریبکارانه شاه و سفیرانش بود که بی‌دریغ از کیسه ملت خرج می‌کردند. علاوه بر آن، دانشجویان ما که ممنوع و محروم از مراجعت به وطن شده بودند، وسائل آشنایی و مکاتبه و ملاقات مبارزین داخل کشور را با نمایندگان سازمان ملل و کمیسیون‌های حقوقی و سیاسی فراهم می‌کردند.

۳. از یکی دو سال مانده به پیروزی انقلاب، هدف و برنامه فعالین سابق نهضت آزادی ایران در داخل و خارج کشور از برقراری ارتباطات دو منظور ذیل گردید:

اولاً: معرفی جهانی مبارزه و نهضت اسلامی ایران و زمینه‌سازی برای بازگشت آیت‌الله خمینی.

ثانیاً: برگرداندن افکار عمومی اروپا و امریکا از شاه و برداشتن حمایت همه‌جانبه نفع‌طلبانه‌ای که از او می‌نمودند.

ب. ترتیب کار و نتایج حاصله

۱. در دوران فعالیت نهضت مقاومت ملی به‌خاطر آنکه کنترل روی خارجی‌های مقیم یا مأمور به ایران زیاد بود ارتباط به‌طور غیرمستقیم و با تدابیر احتیاطی صورت می‌گرفت.

مثلاً کنگره‌ای از دانشمندان ایران‌شناس به‌دعوت دولت کودتا در باشگاه دانشگاه تهران تشکیل گردیده بود و برای ظاهرسازی از دانشجویان خواسته بودند به‌عنوان استقبال و تجلیل از میهمانان دسته‌گل‌هایی تقدیم نمایند. دانشجویان عضو نهضت مقاومت ملی در داخل دسته‌گل‌ها نامه پلی‌کپی شده افشاگرانه‌ای گذاردند که بعداً جواب‌هایی دریافت گردید.

همچنین زمانی که دولت وقت، نهرو نخست‌وزیر هندوستان را به ایران دعوت کرده و در برنامهٔ پذیرایی او سه جلسه سخنرانی در دانشگاه پیش‌بینی نموده بود، نهضت مقاومت ملی توانست نامه مفصلی به ایشان برساند.[۱] و فشارها و فسادهای نظام مسلط و غیرقانونی‌بودن آن را تشریح نمایند.

در اثر این نامه آقای نهرو در کنفرانس دوم خود به تفصیل از آزادی و حقوق مردم هندوستان و ممالک دموکراسی صحبت کرد و کنفرانس سوم و ادامه پذیرایی را از دست داد...

باز در همان سال‌های اول بود که نامه معترضانه‌ای برای کلیه امریکایی‌های مأمور در ایران تنظیم و به خانه‌هایشان ریخته یا رسانده شد. آنها نیز بعد از دو سه ماه جوابی بی‌امضا ولی پرمحتوی به آدرس آقای اللهیار صالح (رهبر حزب ایران و سفیرکبیر سابق دکتر مصدق در واشنگتن) فرستادند. در این نامه تا حدودی به مبارزین ایران حق داده و عذرخواهی خفیفی کرده بودند، ولی به‌هرحال حمایت خود را از شاه هم توجیه نموده بودند.

از اقدامات ارتباطی دیگر نهضت مقاومت در آن دوران و در این زمینه‌ها هدیه یک قالیچه نفیس به موزه قاهره به‌نام ایرانیان و برای تبریک به عبدالناصر به‌خاطر پیروزی در جنگ سوئز بود.

---

۱. این نامه بعداً در دادگاه نظامی به‌عنوان سند ارتباط با خارجی‌ها و اقدام علیه امنیت کشور در کیفرخواست ده‌نفر متهمین محکوم‌شده نهضت آزادی ایران وارد شده بود.

نهضت مقاومت ملی ایران به‌وسیله دو نفر از اعضاء خود (آقای امیرانتظام و مرحوم رحیم عطائی) با یک جوان دانشجوی امریکایی ارتباط منظم داشت که به بررسی و بحث روی مسائل سیاسی می‌پرداختند و هرکدام از موضع خود دفاع می‌نمودند. هرقدر تماس و تبادل‌نظر پیش می‌رفت جوان امریکایی تفاهم و تمایل بیشتر نسبت به حقوق پایمال‌شده مردم ایران پیدا می‌کرد و در پایان مأموریت خود نیز کتابی به‌نام **ناسیونالیسم در ایران** تألیف نمود که به فارسی ترجمه شده است، این شخص بعدها نیز مدافع همیشگی تظاهرات ایرانیان در سال‌های بعد گردید.

چندسال از کودتا نگذشته بود که آثار ارتباط‌ها و افشاگری‌ها در گوشه و کنار اروپا سردرآورد و پرتو امیدی در دل دانشجویان به‌وجود آمده مقدمه تشکیل و تظاهرات پرطنین سال‌های بعد گردید.

۲. ارتباط دانشجویان خارج کشور با مردم و محافل در ابتدای کار مستقیم و آسان بود و از طریق ملاقات‌ها و مکاتبه و سخنرانی و پخش تراکت انجام می‌گرفت.

اما بعدها که مراقبت و حضور جاسوسان ساواک در همه‌جا شدت یافت، مبارزه دشوار می‌گردید و در مراجعت به ایران مزاحمت و محرومیت‌های فراوان به استقبالشان می‌آمد، به‌طوری که عده‌ای ناچار به اقامت در غربت می‌شدند.

این افراد در امریکا اعضای کنگره و رؤسای احزاب و کاندیداهای ریاست جمهوری را می‌دیدند و مطلعین و مدافعین چندی نسبت به حقایق و مردم ایران جلب می‌کردند.

بعضی از شخصیت‌های انسان‌دوست و آزادی‌خواه اروپا و امریکا انجمن‌هایی برای شناساندن ملت ایران و دفاع از حقوق مردم ما تشکیل می‌دادند که اغلب با همکاری و گاهی پیش‌قدمی ایرانیان بود.

از پنج شش سال به انقلاب مانده خبرنگارانی به اقتضای حرفه یا به تشویق و معرفی دانشجویان به ایران آمدند و با احتیاط تمام با بعضی از سران ملی تماس گرفته کسب خبر و مصاحبه می‌کردند. از آن جمله بود ملاقات با اریک رولو، خبرنگار لوموند پاریس با آقای مهندس بازرگان در حوالی سال ۱۳۵۳ و خبرنگار نوول ابسرواتور در دوسال بعد (دو روزنامه‌ای که زودتر از مطبوعات دیگر اروپا مقالات تشریحی و تحلیلی از نهضت اسلامی ایران منتشر ساختند).

دوران بحران وانقلاب

در سال ۱۳۵۶ به‌دنبال گسترش مبارزات ضدامپریالیستی در اغلب کشورهای دست‌نشانده امریکا و اوج‌گیری مبارزات مسلحانه در ایران و همچنین فشاری که افکار عمومی مردم امریکا (پس از شکست ویتنام) برای قطع حمایت از رژیم‌های دیکتاتوری به دولت خود اعمال می‌کرد،

کارتر برای حفظ درازمدت منافع امریکا از سوپاپ اطمینان استفاده کرده و به‌خاطر جلوگیری از انفجار و انقلاب در ایران به شاه برای اعلام و اجرای آزادی‌های حقوق بشر فشار آورد (تکرار تجربه سال ۱۳۴۱ زمان نخست‌وزیری دکتر امینی) و به این وسیله امکان نفس‌کشیدنی (ولو ضعیف و با تردید) در صحنه کشور ما پدیدار گشت.

قلم‌هایی روی کاغذ رفت، در مساجد و باشگاه‌ها اجتماعات بی‌سابقه عظیم به سخنرانی و انتقاد و افشاگری پرداختند، نوارهای آیت‌الله العظمی خمینی در سطح وسیع و تقریباً بلامانع پخش شد، خبرنگاران با عکاس و فیلمبردار از کشورهای اروپای غربی و امریکا و بعداً از اروپای شرقی و آسیا به‌طرف ایران سرازیر شدند و صفحات مطبوعات دنیا انعکاس‌دهنده شور و هیجان و عظمت و احیاناً حقانیت انقلاب گردید.

تأسیس جمعیت ایرانی دفاع از آزادی و حقوق بشر از طرف آیت‌الله حاج سید ابوالفضل زنجانی و اعضایی از نهضت آزادی و احزاب و شخصیت‌های ملی دیگر و شناساندن و رسمی‌کردن آن نزد مقامات سازمان ملل متحد به‌وسیله برادران مقیم امریکا یکی دیگر از اقدامات برای برقراری ارتباط وسیله مؤثری برای افشاگری خفقان و آزار و جنایات شاهنشاهی در سطح بین‌المللی بود.

عکس‌العمل و تهدید فوری دولت بمب‌هایی بودند که در نیمه‌شب ۲۰ فروردین ۱۳۵۷ پشت در خانه بنده و چهارنفر دیگر از مؤسسین جمعیت به‌طور همزمان منفجر شد و با این عمل ناشیانه، شاه جنایتکار در دنیا رسواتر شد. چندی بعد آقای باتلر شخصیت معتبر حقوق بشر امریکا به ایران آمده از شاه اعتراف به جرم و اجازه گرفت با مؤسسین حقوق بشر ایران و بعضی از مبارزین بازاری و روشنفکر مصاحبه نماید.

دفتر جمعیت حقوق بشر هرچند مورد تهاجم و دستبرد ساواک قرار می‌گرفت، لیکن با مصونیت نسبی خود میعادگاه مناسبی برای آمدورفت خبرنگاران خارجی و داخلی و ملاقات با شخصیت‌های آزاد یا دولتی و دیپلماتیک گردید. از جمله با اعضای برجسته سفارت و وزارت خارجه امریکا که در رابطه با حقوق بشر بین‌المللی بودند ملاقات‌هایی انجام شد.

غیراز جمعیت حقوق بشر، با صلیب سرخ که مرکز آن در ژنو است و شعبه‌ای در تهران دارد و با سازمان عفو بین‌المللی که مرکز آن در لندن است، ارتباط برقرار گردید و مسافرت‌ها و ملاقات‌ها و دعوت‌هایی از نمایندگان یا رؤسای آنها به‌عمل آمد و هردو جمعیت قضایای ایران و کیفیت زندان‌ها را از نزدیک دیدند و گزارش واقعیت‌ها را درج کرده اقدام و اعتراض‌هایی در سطح بین‌المللی به حمایت از زندانیان و بهبود وضع آنان نمودند و در این رابطه یک‌بار نیز دولت ایران مجبور به قبول خواسته‌های زندانیان سیاسی که دست به اعتصاب غذای طولانی و بحرانی زده بودند شد و به‌این‌ترتیب اعتصاب غذای آنان با موفقیت پایان گرفت.

در شهریور ۱۳۵۷ از یک‌طرف قیام عمومی و افشاگری‌های ماه رمضان به‌دستور امام خمینی

رو به اوج و وسعت می‌رفت، و از طرف دیگر فشار و حملات دولت به مردم شدت می‌یافت، به‌طوری که در ۲۱ آذرماه تیراندازی گسترده‌ای رخ داد که هرگز نتوانست مردم را از مقاومت و حرارت و حرکت بازدارد، درضمن آثار تمرد در ارتش و تمایل سربازان و افسران به‌سوی مردم جسته و گریخته مشاهده می‌شد. این جریان‌ها باعث گردید که شاه و امریکایی‌ها مجبور شوند در برابر ملت عقب‌نشینی نمایند، ساواک و پلیس ناچار نرمش نشان دادند و مقامات دولتی که قبلاً قدرت مردم را به حساب نمی‌آوردند، علاقمند به تماس با مردم و رهبران شدند.

راه‌پیمایی تاریخی عظیم تاسوعای آذرماه ۱۳۵۷ در تهران که مصادف با روز حقوق بشر بود و به ابتکار جمعیت ایرانی حقوق بشر و با هماهنگی روحانیت و گروه‌های مذهبی، بدون درگیری و تلفات، با ابهت تمام برگزار شد و افکار داخل و خارج را تکان داده از علائم عقب‌نشینی و شکست دشمن و مدیون تماس و توافق‌ها بود.

در همین ایام و احوال بود که در مصاحبه‌هایی با خبرنگاران خارجی و ارتباط‌های جمعیت ایرانی حقوق بشر با مقامات سیاسی امریکایی صریحاً مسئله انصراف امریکا از پشتیبانی شاه و خروج قطعی او مطرح گردید. در ابتدا مقاومت آنها شدید بود و از جمله متعذر به سرپیچی ارتش و سرسختی شخص شاه می‌شدند.

پس از آن راه‌حل مقدماتی مسافرت ظاهراً استعلاجی شاه و جانشینی شورای سلطنتی موقتی متشکل از رجال مورد انتخاب مخالفین و مورد قبول امام (که یک دولت ملی را سرکار آورده و انتخابات آزادی انجام شود) مطرح گردید. راه‌حلی که در مصاحبه با روزنامهٔ **واشنگتن پست** عنوان شده بود این راه حل، هم در اعلامیه مورخ ۵۸/۱۰/۷ نهضت آزادی ایران اشاره شده بود و هم با بعضی از آقایان روحانی شورای انقلاب فعلی و مبارزان ملی در میان گذاشته و مورد توجه قرار گرفته و به‌عرض امام رسیده بود.

در محافل دولتی و نزدیک دربار که رفتن شاه را راه‌حل حتمی و به مصلحت خود او و مملکت می‌دانستند بهترین طرز فکر زمینه پیدا کرده بود. حتی به آقای دکتر سحابی پیشنهاد قبول عضویت در شورای موقت سلطنتی را کردند ولی ایشان نپذیرفتند.

یک مؤسسه تلویزیونی بلژیکی به راهنمایی و تشویق یکی از اعضای خارج از کشور نهضت آزادی (صادق قطب‌زاده) ظاهراً برای مصاحبه با شاه و وزرا به تهران آمد و مخفیانه با اینجانب مصاحبه یک‌ساعته‌ای کرد و از تظاهرات خیابان‌های تهران و بازار و بهشت‌زهرا و هم‌چنین از شهر قم به‌خصوص آثار حمله به خانه آیت‌الله شریعتمداری فیلمبرداری کرد که در سراسر اروپا پخش شد. پس از آن تلویزیون‌های دیگر از آلمان و هلند و فرانسه و ایتالیا و امریکا راه ایران را پیش گرفته با شخصیت‌های ملی و مذهبی مصاحبه‌های متعدد نمودند و در مصاحبه مهندس بازرگان بود که مردم اروپا با تعجب و تحسین برای اولین بار شنیدند که «آزادی و شاه با هم منافات دارند و تا شاه هست آزادی نخواهیم داشت». بعداً دولت ایران توسط سفیر بلژیک به

دولت بروکسل به‌واسطه انتشار مصاحبه رسماً اعتراض کرد و آیت‌الله خمینی در اعلامیه خود عمل مبتکرانه و قاطعانه نهضت آزادی ایران را ستودند. همچنین توسط نهضت و آشنایی و ارتباطات او در فرانسه بود که آیت‌الله خمینی در نجف با تلویزیون پاریس مصاحبه کردند. مصاحبه‌ای که چون دولت عراق فیلم‌ها را توقیف کرده بود نوار آن را روزنامهٔ **لوموند** خریداری و منتشر کرد و این اولین ندای جهانی پرطنین رهبر عالیقدر و معرفی جمهوری اسلامی در دنیا بود.

آقای دکتر ابراهیم یزدی (یکی از اعضای دیگر نهضت آزادی) که برای دیدار و قول و قرارهای لازم به خدمت امام می‌رفت تصادفاً روزی وارد نجف شد که امام به‌علت فشارهای دولت عراق تصمیم به ترک آن کشور و حرکت به‌طرف کویت را گرفته بودند و چون در مرز کویت اشکالات و خطراتی پیش می‌آمد، پیشنهاد و ترتیب سفرشان به فرانسه را می‌دهد و در تمام مدت اقامت در حومه پاریس افتخار مشاوره و مترجمی ایشان را داشته است.

نهضت آزادی ایران که در اعلامیه مورخ ۵۷/۶/۶ برای اولین بار در ایران شعار قاطع «شاه باید برود» را داده بود، در اعلامیه مورخ ۵۷/۸/۱۴ تحت عنوان «آیا وقت آن نرسیده است که نظام حاکم واقع‌بین باشد» چنین آورده بود:

«دولت‌های خارجی، به‌ویژه دولت‌هایی که به داعیه ثبات و امنیت خیالی ایران را در تحت رژیم شاه از او حمایت می‌کنند لازم است عمق این واقعیات و منافی‌بودن بقای شاه را به ثبات و نظم و بقای مملکت درک کرده، نسبت به آنچه داخل ایران می‌گذرد واقع‌بین و عاقبت‌اندیش بوده، به مقاصد مشروع خود بیندیشند و از این پس تنها به شورا یا هیئتی که مورد اعتماد ملت ایران و رهبری روحانی و سیاسی آن باشد مراجعه نموده خود را با آن تطبیق دهند.»

در اعلامیه نهضت آزادی مورخ ۱۳۵۷/۱۰/۷ تحت عنوان «جنگ شاه و ملت» نیز چنین گفته شده بود:

«امنیت منطقه و به جریان‌افتادن فعالیت‌های اداری و صدور نفت ایجاب می‌کند که شاه استعفا دهد و همان‌طور که در اعلامیه مورخ ۲۶ آذرماه حقوق بشر و احزاب سیاسی و جمعیت‌های دیگر آمده است، برای این‌که شیرازه از هم نپاشد و جریانات به‌صورت درست و منظم پیش رود حکومت در اختیار یک شورای موقت مورد قبول ملت قرار گیرد.

مسلماً اگر شاه در تکمیل اعتراف و تعهدات پیام ۱۵ آبان ۵۷ وعده صریح انصراف از سلطنت و قصد استعفای خود را اعلام کند و ملت اطمینان یابد عوامل اخلال و موجبات اضطراب محو گردیده چرخ‌های مملکت به حرکت درخواهد آمد.»

و در همین رابطه امام در مصاحبه با رادیو سراسری امریکا فرمودند:

«یک دولت اسلامی و ملی نه دشمنی ذاتی با خارجی‌ها دارد و نه روابط دوستانه متقابل و بازرگانی و منافع حقه کسی را زیرپا خواهد گذاشت.»

اقدامات فوق و مطالبی که گفته شده کم‌کم در محافل سیاسی دولت امریکا زمینه پذیرش

یافت. البته پشتوانه اصلی، پایداری روزافزون ملت ایران، فداکاری‌ها و شهادت‌های مردم، اصالت انقلاب و رهبری تزلزل‌ناپذیر امام بود که بالاخره کار را بدانجا رساند که رئیس‌جمهور امریکا، کسی که شاه جنایتکار را در کشتار ۱۷ شهریورماه تشویق و تأیید کرده بود از مسیر چندین‌ساله انصراف یافته و در روزهای آخر اقامت امام در پاریس پیام احترام‌آمیز و تأیید برای ایشان فرستاد، قبل از آن به شهادت مجلهٔ **تایم** که سخنگوی غیررسمی دولت امریکا است، در کمیسیون‌هایی که با حضور وزرای خارجه و امنیت امریکا و رئیس سیا که با حضور وزرای خارجه و امنیت امریکا و رئیس سیا و مشاورین متخصص تشکیل گردیده بود (و با بعضی از آنها در تهران ملاقات به‌عمل آمده بود) برنامه‌های گذشته و جاری و نظریات برژینسکی محکوم گردید.

هم‌زمان و تحت تأثیر این جریان‌ها با توجه به اعتصابات کمرشکن، دولت بختیار در وضعی قرار گرفت که تا حدودی تسلیم عقل سلیم و توصیه‌های طرفداران امام گردیده، راضی به مسافرت پاریس برای رسیدن به خدمت امام و مذاکره حضوری و احیاناً استعفا و دریافت مأموریت یا اجازه تشکیل کابینه مورد قبول امام و زیر نظارت شورای انقلاب شد. قول و قرارهایی با دکتر بختیار در معاشرت و تبادل‌نظر سه‌طرفه بختیار ـ شورای انقلاب ـ پاریس در ظرف دو روز صورت گرفت و اعلامیه‌ای به امضای دکتر بختیار دائر به تجلیل و تمکین از امام که آخرین متن مصوب آن به‌خط یکی از آقایان شورای انقلاب است از رادیو تلویزیون پخش شد. ولی امام در ساعات آخر شب بنا به توصیه و اعتراض بعضی از آقایان روحانیون تهران اعلام انصراف از پذیرفتن دکتر بختیار فرمودند.

رجعت امام‌خمینی به تهران در ۱۲ بهمن ۵۷ بنا به تصمیم توأم با تهور و توکل خود ایشان و علی‌رغم نگرانی همگان که اصرار به تأخیر داشتند، صورت گرفت. متعاقب گفت‌وگوها و زمینه‌سازی‌های چندین هفته‌ای بود که مابین اعضای شورای انقلاب آن زمان و دیگر دست‌اندرکاران بحث و بررسی می‌شد. ارتباط‌های خصوصی‌تری نیز به‌طور مستقیم و غیرمستقیم با دولت وقت، ستاد ارتش، ساواک و سفارتخانه‌ها برقرار بود تا این مرحله حساس سرنوشت‌ساز انقلاب ما با موفقیت و خالی از خسارت و ضایعات انجام پذیرد که به فضل خدا انجام پذیرفت.

در اینجا بود که سفرای ممالک اروپایی و امریکا که قبلاً جز تأیید و پشتیبانی از شاه مخلوع و نظام سلطنتی به چیزی نمی‌اندیشیدند در مقابل بالارفتن موج مبارزه و منطق رهبران نهضت تا این مرحله تسلیم و حاضر شده بودند که اگر تبدیل نظام موجود به جمهوری اسلامی با منطق و محتوی قانون اساسی ایران انطباق پیداکند و از طریق انتخابات صحیح با مراجعه به آراء عمومی عمل شود، به رسمیت‌شناختن نظام جدید و رهاکردن شاه برای آنها اشکال چندان نخواهد داشت.[۱]

---

۱. مقیدشدن دولت امریکا به رعایت قانون اساسی ایران از جهت ضوابط حقوق سیاسی بین‌المللی و روابط ←

روی همین نظر بود که در اوایل بهمن‌ماه ۱۳۵۷ جلسه سه‌نفری سری با شرکت یکی از آقایان روحانیون شورای انقلاب، مهندس بازرگان و سفیر امریکا تشکیل گردید. موضوع برگزاری رفراندوم جهت تبدیل مشروطیت سلطنتی به جمهوری اسلامی مورد بحث قرار گرفت، نظر سفیر این بود که رفراندوم را وزارت کشور یعنی دولت بختیار انجام دهد تا محظوری از نظر اصول دیپلماسی و حقوق بین‌المللی برای آنها پیش نیاید درحالی‌که دو نفر دیگر عقیده داشتند رفراندومی که دولت اعلام نماید، ملت در آن شرکت نخواهند کرد بنابراین بهتر است این کار در مساجد و مدارس انجام شود و دولت نظارت نماید مگر آنکه وزیر کشور و دولت، مورد انتخاب و اعتماد رهبری انقلاب باشد.

به‌موازات ارتباط با سفیر امریکا با ارتباطی که اینجانب از طریق یکی از کارمندان فارسی‌دان امور بازرگانی با سفیر شوروی برقرار کرده بودم جواب مثبت شناسایی دولت شوروی را از دولت احتمالی جمهوری اسلامی در روز ۱۴ بهمن دریافت کرده و نیز یکی از سفرای اروپای غربی یک‌ماه قبل از ورود امام به ایران به ملاقات اینجانب آمده دست دوستی و وعده همکاری می‌داد.

همچنین بعدازظهر روز ۱۵ بهمن ملاقات و مذاکرات یک ساعته‌ای در زمینه روابط آینده با سفیرکبیر دولت دیگری از اروپای غربی داشتم، بدون آنکه او بداند قرار است دوساعت بعد از طرف امام به‌عنوان نخست‌وزیر مأمور تشکیل اولین دولت جمهوری اسلامی به مردم ایران و دنیا معرفی گردم.

شورای عالی دفاع در تاریخ ۲۰ بهمن (یعنی دو روز مانده به سقوط رژیم) اعلامیه‌ای منتشر ساخت که از آن پس ارتش ایران با ملت درگیری و رویارویی نخواهد داشت. این تصمیم که به‌دنبال جریان‌ها و مذاکرات اتخاذ شده بود موفقیت بزرگی برای ملت و راهگشای امیدی برای آینده نزدیک محسوب می‌شد.

البته جز خدا کسی خبر از غیب ندارد و آنچه پیش آمد شاید مصداق «الخیر فی‌ماوقع» بوده

دیپلماسی معلوم است و اما طرفداری ملیون ایران و بعضی از مراجع عظام از قانون اساسی (البته منهای شاه و سلطنت و به‌صورت موقت) به چند دلیل بود: اولاً قانون اساسی یگانه سند رسمی و شرعی ما و شناخته‌شده در دنیا بود که فقط به استناد آن می‌توانستیم از نظر حقوقی و قانونی شاه را متخلف و مقصر و مجرم بشناسیم و اگر خود ما زیر آن می‌زدیم به او حق می‌دادیم بگوید من هم چون این قانون را بی‌ارزش و اعتبار می‌دیدم رعایت نکردم... ثانیاً مادام که قانون جدید و ضابطه تازه‌ای تدوین و تصویب نشده باشد، چاره‌ای جز تمسک و تحفظ آنچه موجود باشد، ولو به‌طور موقت، نیست وگرنه اداره جامعه به خانه‌سازی روی آب یا معلق در هوا می‌ماند. ثالثاً فاجعه و مظالم و مفاسدی که در دوران پهلوی روی می‌داد تماماً در اثر انحراف و تخلف و تحریف قانون اساسی بود نه آنکه تقصیر قانون اساسی باشد.

باشد. «المرء یدبر والله یقدر»[1] ولی چه کسی می‌داند که اگر کار به آن ترتیب و تدریج نیز پیش می‌رفت و ارتش و نیروهای انتظامی، متلاشی نشده به تسخیر ملت درمی‌آمد عواقب امر محکم‌تر و سلامت‌تر از آب درنمی‌آمد.

به‌عنوان شاهدی که از غیب برسد بد نیست نقل روایت از یک سند زنده که به قلم حریف اصلی داستان یعنی محمدرضا شاه مخلوع آمده و خاطرات خود را اخیراً در کتابی در امریکا منتشر ساخته است بنماییم. مجلهٔ **اکسپرس** قسمتی از این خاطرات را تحت عنوان «امریکایی‌ها مرا مثل موش مرده از ایران بیرون انداختند» ترجمه کرده است. ماجرایی از درخواست ملاقات و دست‌بوسی یکی از رهبران جبهه ملی را نقل می‌کند (العهده علی‌الراوی) سپس به شرح خبری که تیمسار قره‌باغی رئیس ستاد ارتش از مسافرت ژنرال هایزر رئیس مستشاری امریکا و قصد ملاقات بی‌اجازه وی با مهندس بازرگان نقل کرده می‌پردازد که شاه را بسیار ناراحت کرده است. این می‌رساند که مبارزین تا چه اندازه نظر خود را به امریکا قبولانده بودند که آنها ناچار شاه را کنار گذاشته و مجبور به مذاکره با رهبران و افراد مورد اعتماد امام و امت شدند.

این بود تاریخچه فهرست‌وار از ارتباطات سیاسی و قسمتی از اقدامات مبارزین ملی و اسلامی ایران از جمله نهضت آزادی ایران، از کودتای ۲۸ مرداد ۱۳۳۲ تا واژگونی نظام طاغوتی شاهنشاهی در ۲۱ بهمن ۱۳۵۸. حال اگر کسانی اسم این ارتباطات و نتایج مؤثر مثبت آنها را در پیروزی سنگربه‌سنگر مبارزات ملی و انقلاب اسلامی ایران به رهبری امام خمینی، جاسوسی و سازشکاری می‌گذارند صاحب‌اختیارند....

و من‌الله التوفیق و علیه‌التکلان، مهدی بازرگان
اطلاعات، ۱۸ بهمن ۵۸

---

۱. حدیث نبوی، انسان تدبیر می‌کند و خدا اندازه و سرنوشت می‌دهد.

ضمیمهٔ ۲۰

افشاگری دانشجویان ادامه یابد یا نه؟!

به‌دنبال افشاگری دانشجویان پیرو خط امام در مورد ناصر میناچی وزیر ارشاد ملی، شورای انقلاب ادامه افشاگری را به‌صورت گذشته مردود شناخت و قرار شد از این پس افشاگری اسناد و مدارک موجود در لانه جاسوسی تحت ضوابط جدیدی انجام پذیرد. براساس ضوابط تعیین‌شده در شورای انقلاب کلیه اسناد باید در دادگاه‌های صلاحیت‌دار بررسی شود و در صورتی که دادگاه صلاح دانست از طریق رادیو تلویزیون به اطلاع مردم برسد. اقدام جدید شورای انقلاب درباره مشروط‌ساختن افشاگری‌ها، ظرف چندروز گذشته در میان احزاب، سازمان‌ها و دسته‌های سیاسی، نظرات متفاوتی را برانگیخت و ما ضمن تماس با بعضی از احزاب و شخصیت‌های سیاسی و حقوقی نظر آنان را در مورد این تصمیم پرسروصدا و بحث‌انگیز جویا شدیم که در اینجا عیناً منعکس می‌شود.

متأسفانه به‌علت عدم دسترسی به بعضی از احزاب و سازمان‌های سیاسی نتوانستیم نظر کلیه گروه‌های سیاسی فعال در کشور را انعکاس دهیم وامیدواریم در گزارش‌های بعدی نظر بقیه احزاب و دستجات سیاسی را نیز منتشر سازیم.

دانشجویان پیرو خط امام که در روز ۱۳ آبان با اشغال لانه جاسوسی امریکا و گروگان‌گرفتن کارکنان امریکایی این مرکز به‌طور فعال وارد صحنهٔ سیاسی ایران شدند همان آغاز به موج ضدامپریالیستی توده‌ها، حرکت تازه‌ای بخشیدند و با افشای اسناد و مدارک جاسوسان امریکایی چهره پلید و کثیف این جهانخوار خون‌آشام را بیش از پیش روشن ساختند.

حرکت قاطع و ضد امپریالیستی دانشجویان پیرو خط امام به‌سرعت از حمایت توده‌های رنج‌کشیده برخوردار شد و دستجات مختلف مردم به منظور حمایت و تأیید این حرکت ضدامپریالیستی دانشجویان پیرو خط امام به‌سرعت به‌سوی لانه جاسوسی روانه گشتند. دانشجویان پیرو خط امام پس از فتح لانه جاسوسی امریکا هفته‌ای چندشب از طریق تلویزیون، اسناد تازه وتکان‌دهنده‌ای را در رابطه با بعضی دولتمردان و سیاستگزاران امریکایی افشاکردند و در جریان این افشاگری‌ها دست بعضی از عوامل و سرسپردگان ایرانی که به خدمت امپریالیسم امریکا درآمده بودند نیز رو شد.

افشاگری دانشجویان از لانه جاسوسی ادامه داشت تا اینکه اسناد مربوط به عباس امیرانتظام معاون نخست‌وزیر دولت موقت که بعداً به‌عنوان سفیرکبیر ایران در کشورهای اسکاندیناوی منصوب شد، افشا گردید.

امیرانتظام نیز از محل مأموریتش به تهران احضار شد و پس از آمدن به تهران دستگیر و زندانی شد.

به دنبال یکی از افشاگری‌هایی که دانشجویان در تلویزیون داشتند و طی آن به تجزیه و تحلیل و نتیجه‌گیری از اسناد منتشره پرداخته بودند، برنامه افشاگری مدتی دچار وقفه و تعطیل شد، اما با راه‌پیمایی مردم و دستجات سیاسی به‌منظور ادامه افشاگری‌ها، دانشجویان خط امام مجدداً دست به انتشار اسناد و مدارک موجود در لانه جاسوسی زدند، تا اینکه با ماجرای میناچی، دیگر بار مسئله افشا یا عدم افشای این گونه اسناد، بحث روز شد.

مجاهدین خلق

سازمان مجاهدین خلق، موضع خود را در مورد اقدام جدید شورای انقلاب به‌این‌صورت اعلام کرد: ما از آغاز پیوسته معتقد بوده و هستیم که کلیه روابط و قراردادهای امپریالیستی بایستی به‌طور همه‌جانبه به اطلاع مردم رسیده و درباره آنها تصمیم قاطع اتخاذ شود، لکن میان افشاگری بی‌طرفانه انقلابی تا حرکت براساس خطوط و تمایلات خاص سیاسی و گروهی تفاوت قائلیم و در همین رابطه نیز از دانشجویان مستقر در لانهٔ جاسوسی انتقاد می‌کنیم. بنابراین پیشنهاد ما این است که کلیهٔ مدارک موجود در لانهٔ جاسوسی تحت نظر شخص ریاست جمهوری و با اشتراک رسمی کلیهٔ نیروهای انقلابی در معرض اطلاع و قضاوت عموم قرارگرفته و سپس دادگاه خلق به داوری رسمی در مورد هریک از آنها بنشیند، بنابراین اگر مشروط‌کردن افشاگری‌ها به معنی خارج‌کردن آنها از حیطهٔ تمایلات خاص گروهی و عقیدتی باشد ما نیز با این شرط موافقیم، لیکن باز هم تأکید می‌کنیم که انتقاد بر شیوه‌های دانشجویان به‌هیچ‌وجه نبایستی نافی ضرورت افشاگری کلیه ارتباطات مشکوک استعماری در هر سطحی که باشند، باشد اما افشای اسناد باید در سطح وسیعی در مطبوعات و رادیو تلویزیون انجام بگیرد و البته نباید منحصر به یک یا دو سند خاص باشد و باید اسناد ارائه شده کامل و کافی باشد تا این شائبه به‌وجود نیاید که فقط اسرار عناصر خاصی را می‌خواهند افشا کنند.

وی سپس اضافه کرد: افشای اسناد، آگاهی مردم را رشد می‌دهد و ضرورت دارد که اجازه دهند دانشجویان هرچه سریع‌تر تمامی اسناد را افشا کنند و جلوگیری از افشای آنها در وسایل ارتباط جمعی به نظر من ضربه مهمی به انقلاب می‌زند و خیانت به خلق انقلابی ایران است.

دکتر پیمان

دکتر پیمان در مورد اسناد افشاشده گفت:

مسئله فقط این نیست که عناصری مورد تعقیب قرار گیرند بلکه این یک جریان انحرافی است.

بحث از یک جریان است که درکنار جریان اصلی انقلاب وجود داشته و عمل می‌کرده، این یک جریان فکری است که تمامی عناصر این نظام را دربرمی‌گیرد، چه آنهایی که اسمشان آمده و

چه آنهایی که اسمشان نیامده است ولی در این سیستم قرار داشته و عمل می‌کرده‌اند.

همه مخالفت‌هایی که اکنون علیه دانشجویان خط امام در لانه جاسوسی می‌شود همین است که آنها بتوانند پرده تزویر و ریایی را که در رابطه با انقلاب و خط امام داشته‌اند همچنان حفظ نمایند و همینان انقلابی‌نما و خمینی‌نما تلقی شوند.

حزب ایران

ابوالفضل قاسمی از حزب ایران در این مورد گفت: افشاگری اسناد به‌گونه طبیعی و خارج از هرنوع حساب‌ها و اعتراض شخصی کار خوبی است، باید مردم تمامی کسانی را که هرگونه ارتباط با مقامات سفارت دارند بشناسند، چون شناخت این اشخاص با توجه به سابقه و شخصیت خود آنها بسیار حقایقی را روشن می‌کند. در عین حال که تماس و ارتباط افراد با مقامات سفارت کار مهمی به‌نظر نمی‌رسد از سویی خود این ارتباط حقایقی را روشن می‌سازد.

در ضمن این افشاگری‌ها باید خارج از هرگونه برنامه موسمی باشد و لازم است تمام اسناد یکجا افشا شوند نه این که بگذارند به‌حسب زمان آنها را یکایک فاش سازند.

نظیر چنین کاری در زمان دکتر مصدق صورت گرفت بدین‌معنی که در زمان دکتر مصدق به هنگام اشغال اداره انتشارات شرکت نفت و خانه سدان اسناد زیادی به‌دست دولت و مردم افتاد و دولت بلافاصله تمام این اسناد را در معرض افکار عمومی قرار داد.

وی اضافه کرد: در حال حاضر با افشاگری یک سند فوراً به مقام و شخصیت افراد توهین می‌شود و موقعیت آنان را مورد بی‌حرمتی قرار می‌دهد. بنابراین نباید از این افشاگری‌ها برای تسویه‌حساب‌های شخصی و خصوصی و گروهی استفاده شود. به‌عقیدهٔ من این اسناد و مدارک هیچ نیازی ندارد که در دادگاه مطرح شود، زیرا افکار عمومی بزرگ‌ترین داور و قاضی جامعه است.

حزب جمهوری اسلامی

یکی از مسئولان حزب جمهوری اسلامی در مورد تصمیم جدید شورای انقلاب در مقابل افشاگری دانشجویان گفت: اسناد و مدارک معمولاً دو نوع است، بعضی از اسناد روشن، قاطع و معلوم است و نیازی نیست که آنها در دادگاه مورد بررسی و تحقیق قرار گیرد، اما برخی از اسناد محتاج بررسی بیشتری است و صلاح نیست که قبل از مطرح‌شدن در دادگاه افشا شود، زیرا در صورتی که این مدارک دلیل بر وقوع جرمی باشد و قبل از بررسی افشا شود، اثر آن را نمی‌توان از ذهن مردم پاک کرد و بی‌گناهی متهم را به آسانی ثابت نمود، اما در مورد اسنادی که درجه اطمینان آنها صددرصد است افشایش اشکالی ندارد.

وی سپس اضافه کرد: تا به‌حال برادران دانشجوی ما هرچه سند منتشر کرده‌اند سند منفی بوده است، درحالی‌که اگر اسناد مثبتی از مقامات و شخصیت‌های سیاسی دارند باید آنها را نیز افشا کنند.

دادستان سابق ایران

ابوالفضل میرشمس شهشهانی دادستان سابق تهران در این مورد گفت: اگر قرار باشد سندی در دادگاه مطرح شود، باید اول از متهم تحقیق به‌عمل آید و کیفرخواست نوشته شود و این نیز به‌طور علنی مطرح می‌شود و دیگر نیازی به افشاگری نیست.

اما به‌عقیدهٔ من این افشاگری‌ها هم برخلاف قانون است و هم برخلاف شرع، برخلاف قانون است به‌خاطر اینکه در هیچ کجای دنیا اجازه داده نشده پیش از آنکه کسی در دادگاه رسمی محکوم شود، در دادگاه ذهن مردم به محاکمه کشیده شود، زیرا دادگاه ذهن مردم اثرش از دادگاه رسمی بیشتر است و مهم‌تر اینکه در دادگاه ذهن مردم اجازه دفاع هم به شخص داده نمی‌شود.

از نظر شرع هم این افشاگری‌ها درست نیست زیرا در شرع اساساً پرده‌پوشی وعیب‌پوشی یکی از واجبات است و هیچ حاکم شرعی مجاز نیست که اشخاص را به‌خاطر جرائم پنهانشان که روشن و معلوم نشده است محکوم بکند، بنابراین این افشاگری‌ها را من از نظر قانونی و شرعی صلاح نمی‌دانم و معتقدم کسانی که مرتکب جرایمی شده‌اند، اسناد مربوط به آنها را به مرجع صالح بفرستند و متهم را بخواهند و اتهاماتش را به او بگویند. وقتی معلوم شد مرتکب جرم شده کیفرخواست دیگر جنبه علنی دارد، اما به‌صورتی که اکنون عمل می‌شود جز آنکه جامعه دچار هرج و مرج و بی‌امنی بشود عمل مثبت دیگری انجام نمی‌گیرد.

نظر یک وکیل دادگستری

عبدالکریم لاهیجی وکیل دادگستری گفت: من اصولاً اعتقاد دارم که هر اتهامی به کسی وارد می‌شود باید در همان زمان به متهم فرصت دفاع داده شود و اگر چنین فرصتی به متهم داده نشود این هم برخلاف موازین انصاف و عدل است و هم برخلاف موازین قانونی و حقوقی و هم برخلاف موازین اسلامی و انسانی، بنابراین اگر این افشاگری‌ها توسط وسایل ارتباط جمعی به اطلاع مردم می‌رسد باید به شخص افشا شده یا سازمان افشاشده هم در همان موقع فرصت دفاع داده شود و اصولاً این نوع افشاها باید به‌صورت یک جلسه بحث و گفت‌وشنود باشد، یعنی آن کسی که اتهام را وارد می‌کند و آن کسی که متهم می‌شود بتوانند از طریق یک بحث آزاد شنونده یا بیننده را در معرض یک داوری قرار بدهند و اگر مدارکی باشد که کاملاً جنبهٔ حقوقی و قضایی داشته باشد ارزیابی مدارک کلاً به‌وسیلهٔ دادگاه و قاضی صورت بگیرد.

اطلاعات، ۲۳ بهمن ۵۸

ضمیمهٔ ۲۱

پاسخ رضا براهنی به امیرانتظام: ساخت و پاخت با «سولیوان» مشت‌ها را باز کرده است!

روزنامهٔ محترم اطلاعات

استدعا می‌کنم طبق قانون مطبوعات امر به درج یادداشت زیر بفرمایید:

در نامه‌ای که آقای میرانتظام، سفیر سابق جمهوری اسلامی ایران در سوئد و سخنگوی اسبق دولت موقت سابق، در دفاع از خویش و از بازداشتگاه دانشجویان پیرو خط امام نوشته و در شمارهٔ ۱۸ بهمن‌ماه آن روزنامه چاپ شده، اشاره‌ای به‌نام اینجانب نیز کرده است که عین اشاره را نقل می‌کنم تا جوابش را بنویسم:

«به‌عنوان مثال در زمانی که تلویزیون سوئد به من که سفیر جمهوری اسلامی ایران در آن کشور بودم فقط سه دقیقه وقت آن هم در یک هفته داده بود، یکی از آقایان گروه مخالف، آقای رضا براهنی ۴۵ دقیقه وقت مصاحبه در یک شب داده بودند تا نظریات مخالف خودش را نسبت به حکومت جمهوری اسلامی ایران بیان کند.»

به‌دنبال این گفته، آقای امیرانتظام نتیجه‌گیری کرده است که «نمایندگان سیاسی تمام کشورهای خارجی مقیم... با رهبران گروه مخالف تماس می‌گیرند و آن گروه مخالف را به‌عنوان دولتی در حال به‌وجودآمدن تصویر و تعبیر می‌نمایند و همین کار را نیز رسانه‌های گروهی اعم از روزنامه یا رادیو و یا تلویزیون انجام می‌دهند.»

چند نکته را روشن کنم: اولاً تلویزیون سوئد، نماینده دولت سوئد نیست. ثانیاً من از «رهبران گروه مخالف» نیستم تا نمایندگان سیاسی تمامی کشورهای خارجی، با من تماس بگیرند تا من و گروهم را به‌عنوان دولتی در حال به‌وجودآمدن تصویر و تعبیر نمایند. ثالثاً، اگر من از رهبران گروه مخالف بودم و دولتی در آستین داشتم و نمایندگان سیاسی کشورهای خارجی با من تماس می‌گرفتند، این تماس را می‌گذاشتم در ملاء عام و در برابر جهانیان بگیرند تا فردا مدارکش از آشغالدانی جاسوسخانه‌ها به بیرون کشیده نشود. رابعاً هرگز به مغز من خطور نمی‌کرد، همان‌طور که به مغز بسیاری از خادمان بی‌نام و نشان مانده این آب و خاک خطور نکرد که درست در بحبوحه بزرگ‌ترین حرکت تاریخ ایران، یعنی انقلاب بهمن ۵۷، وقتی که شاه و شاپور بختیار و ویلیام سالیوان، خون در کاسه سر شهیدان کشور ما می‌نوشیدند، با سولیوان، این جانی کبیر اقطار عالم به دور یک میز بنشینم و با او، «موضوع برگزاری رفراندوم جهت تبدیل مشروطیت سلطنتی به جمهوری اسلامی» را مورد بحث قرار دهم، همان‌گونه که آقای مهندس بازرگان مورد بحث قرار داد. خامساً اگر شما به چنین قرار و مداری در اوایل بهمن‌ماه رسیده بودید، چرا به دولت ایران قرار و مدار خود را اطلاع ندادید تا در همان بهمن‌ماه اسلحه امریکایی از فرزندان غیور کشور ما خون نگیرد؟ خیزبرداشتن از بالاسر انقلاب برای ساخت و پاخت با

سولیوان، این عیب را دارد که دیر یا زود مشت آدم را باز می‌کند، و آدم را به حق در بازداشتگاهی جا می‌دهد که اینک آقای امیرانتظام در آن جا گرفته است.

آقای امیرانتظام می‌گوید که تلویزیون سوئد به ایشان بیش از سه دقیقه در هفته وقت نداده، ولی به من چهل و پنج دقیقه وقت داده است. البته این اعتراف حدود لیاقت امیرانتظام در سفارت سوئد را نشان می‌دهد. ولی از آنجا که دروغگو کم‌حافظه می‌شود، آقای امیرانتظام در پایان دفاعیه خود ادعایی می‌کند که به‌کلی ناقض ادعای قبلی است. می‌گوید «هیچ فرد علاقمند به انقلاب اسلامی و وضع سیاسی ایران در کشورهای اسکاندیناوی نیست که فریاد حق‌طلبانه ملت ایران را در سخنرانی‌ها و یا مصاحبه‌های اینجانب نخوانده و یا نشنیده باشد.» و این همه، در عرض همان سه‌دقیقه!

ولی چرا تلویزیون سوئد با من مصاحبه کرده است، آن هم نه مصاحبه‌ای چهل و پنج دقیقه‌ای، بلکه مصاحبه‌ای در حدود بیست الی بیست وپنج دقیقه؟ حتی حسادت آقای امیرانتظام هم بی‌مورد است.

اینجانب هرگز در کشور سوئد نبوده‌ام. ولی باید در اینجا متذکر شوم که در سال ۱۹۷۶، سردبیر **داگن نایهتر**، معتبرترین روزنامهٔ استکهلم، مقاله‌ای نوشته بود دربارهٔ یکی از کتاب‌های من که تازه به زبان انگلیسی چاپ شده بود. بخشی از این کتاب در آن زمان به زبان سوئدی ترجمه شده بود. سردبیر این روزنامه آقای «پرواستبرگ»، قصه‌نویس شهیر سوئدی است که اکنون ریاست انجمن جهانی قلم را برعهده دارد. کتاب من درباره فجایع شاه بود. مقاله آقای «واستبرگ» سبب شد که شاه در سوئد بی‌اعتبار شود. در همان سال دو فیلمبردار و یک خبرنگار تلویزیون سوئد با قرار قبلی در نیویورک به آپارتمان من آمدند و یک مصاحبه یک‌ساعته دربارهٔ شاه، شکنجه‌گران شاه و مسائل مربوط به انقلاب در ایران با من به‌عمل آوردند. بعدها یکی دو مصاحبه دیگر هم در طول سال‌های بعد با من کردند. فریاد حق‌طلبانه ملت ایران، چهارسال پیش از آنکه آقای امیرانتظام مدعی رساندن آن به‌گوش مردم کشورهای اسکاندیناوی بشود، به‌گوش آنان و به‌وسیله این مصاحبه‌ها رسیده بود.

بعد از انقلاب من ده‌ها بار با مهم‌ترین رسانه‌های گروهی جهان مصاحبه کرده‌ام، من‌جمله تلویزیون سوئد. کلیه این مصاحبه‌ها در دفاع از حقانیت انقلاب ایران بوده است. خبرنگار تلویزیون سوئد چندماه پیش به کانون نویسندگان ایران آمد و خود را معرفی کرد و بعد با من قرار مصاحبه گذاشت و در خانه‌ام با من مصاحبه کرد. این مصاحبه کوچک‌ترین ارتباطی به نظریات مخالف، نسبت به حکومت جمهوری اسلامی نداشت. و این طبیعی است که دفاع من از انقلاب ایران با دفاع امیرانتظام از آن، فرق کند. چرا که در دفاع ایشان آقایان سولیوان و استمپل، یعنی سردمداران ضدانقلاب جهانی در شمار مشاوران انقلاب ایران قرار می‌گیرند، در دفاع من مردان و زنانی که سنگربه‌سنگر علیه شاه و سولیوان، قلدر داخلی و قلدر جهانی، جنگیدند و تا این

سنگرها را فتح نکردند، از پا ننشستند. در مصاحبه من ساخت انقلاب ایران «نقش امام در حرکت ضدامپریالیستی و ضدسلطنتی انقلاب، ترکیب جمعیت کشور به‌عنوان ساختی مرکب از چندین خلق، نقش ملیت‌های تحت ستم ایران در انقلاب، نقش دموکراسی و امکانات پیشبرد هدف‌های دموکراسی، علل و ماهیت خفقان در دوران سلطنت، و انواع شکنجه‌هایی که مردم ایران از دست مأموران تربیت‌شده به‌دست سیا و موساد کشیده بودند، و مسائل مشابه بررسی شده بود. و علت مصاحبه با من چاپ بخشی از کتاب «آدمخواران تاجدار»، یکی از کتاب‌های من به‌زبان سوئدی بود، کتابی که به ده‌دوازده زبان مختلف ترجمه شده و پرده از روی جنایات شاه و سیا در ایران کنار زده است.

آقای امیرانتظام نباید گله‌مند باشد که تلویزیون سوئد به ایشان سه دقیقه بیشتر در یک هفته وقت نداده است. بالاخره تلویزیون سوئد یک تلویزیون خارجی است، ولی درست در شیرین‌ترین دوران انقلاب، تلویزیون قطب‌زاده، به من اجازه نداد حتی یک ثانیه بر روی پرده‌اش ظاهر شوم. نود و نه‌درصد آزادیخواهان مبارز و مستقل ایران که به کشور خویش، به زحمتکشان و توده‌های محروم از همه چیز خویش عشق می‌ورزیدند، در طول سال گذشته دقیقاً وضع مرا داشتند. یعنی آنان نیز دسترسی به رسانه اصلی کشور، یعنی رادیوتلویزیون نداشتند. درحالی‌که آقای امیرانتظام، در همان زمان که روابط مخصوص خود را با نمایندگان غارتگران کشور ما حفظ کرده بود، رادیو تلویزیون را هم به‌عنوان معاون نخست‌وزیر و سخنگوی دولت موقت در اختیار خویش داشت.

هنگام فرورفتن در گرداب و گنداب، عده‌ای مذبوحانه دست‌وپا می‌زنند و می‌کوشند ساحت پاک دیگرانی را که با شرف مبارزه کردند و با شرف زندگی کردند و با شرف هم خواهند مرد، آلوده کنند. غافل از اینکه این قبیل تشبثات مذبوحانه، تنها گرداب را عمیق‌تر، گنداب را پلیدتر و عرصه را بر آنان تنگ‌تر می‌کند. درخت برومند انقلاب ایران، برگ‌های مصنوعی و دروغین خود را بر اثر وزش نسیم آگاهی انقلابی جامعه می‌تکاند و فرو می‌ریزد. بازگشت این برگ‌ها به بالای درخت به همان اندازه بازگشت شاه به کاخ نیاوران امری است محال و آقای امیرانتظام بیخودی زور می‌زند!

رضا براهنی

اطلاعات، ۲۴ بهمن ۵۸

ضمیمهٔ ۲۲

پاسخ آیت‌الله ربانی شیرازی به امیرانتظام

آیت‌الله ربانی شیرازی، در ارتباط با چاپ دفاعیهٔ امیرانتظام در روزنامه‌ها نامه‌ای فرستاده است که متن کامل آن به شرح زیر است:

بسمه تعالی

در روزنامهٔ شمارهٔ ۱۶۰۶۹ پنجشنبه ۱۸ بهمن‌ماه نامه‌ای از امیرانتظام انتشار یافته بود که متأسفانه من به‌واسطهٔ شدت گرفتاری مجال مطالعه آن را پیدا نکرده بودم و امروز یکی از دوستان مرا واقف نمود.

آقای امیرانتظام در رد اتهامی که به ایشان زده‌اند که سعی در نگهداشتن بختیار داشته، اینجانب را در ردیف افرادی که رفتن بختیار را به فرانسه تصویب نمودند، ذکر نموده است و این مطلب خلاف واقع و کذب محض است. من برای روشن‌شدن مردم، جریان حقیقتی را ناچار بیان می‌کنم. دستور دهید آن را در روزنامه منعکس سازند.

۱. من آقای امیرانتظام را تا به‌حال ندیده و با ایشان هیچ‌وقت آشنایی نداشته‌ام.

۲. من هیچ‌وقت چه پیش از ورود حضرت امام و چه بعد از آن در شورای انقلاب و یا شورایی که اعضای فعلی شورای انقلاب جلسه‌ای رسمی داشته باشند شرکت نکرده‌ام.

۳. در جلسه‌ای که آقای امیرانتظام می‌گوید در مدرسه رفاه با شرکت علماء اعلام آقایان طالقانی، بهشتی، مطهری، موسوی اردبیلی، رفسنجانی و باهنر منعقد شده شرکت نداشته‌ام و همچنین در جلسه‌ای که آقای طالقانی با اشاره به رفتن در اطاقی دعوت نموده است نبوده‌ام.

۴. نه در نوشتن متن قدیم و یا جدید استعفانامه و نه در تهیهٔ آن دخالتی نداشته و تا طرح آن در جلسهٔ عمومی اطلاعی از آن نداشتم.

اما اصل جریان: شبی که اطلاعیه مسافرت بختیار به فرانسه از رادیو اعلام شد، پیش از اعلام در مدرسه علوی با حضور علمایی که از حوزهٔ علمیهٔ قم و سایر شهرستان‌ها جلسه‌ای داشتیم چند نفر از آقایان روحانیون که در نامهٔ آقای امیرانتظام ذکری از آنها شده و در تهیهٔ اطلاعیهٔ رفتن بختیار به فرانسه دخالت داشتند به مجلس آمدند و تفاهمی که بین آنها و بختیار شده بود و متن اطلاعیه و کم و زیادی که شده بود بازگو کردند. این اقدام با اعتراض و انکار شدید اینجانب و آقای منتظری و آقای طاهری اصفهانی روبه‌رو گردید و متأسفانه اکثریت حضار مجلس طرفدار طرح آقایان یعنی مشرف‌شدن بختیار به خدمت امام بودند. درگیری ما با آقایان درحدی بود که بعضی از حاضران به طرفداری از آقایان، به ما حمله نمودند. آقایان در برابر ما سه نفر اظهار می‌داشتند که این مسئله به‌وسیلهٔ افرادی به عرض امام رسیده و ایشان با آن موافقت فرمودند و ما می‌گفتیم برفرض که چنین باشد، وظیفهٔ ما است که آقایان در فرانسه را به جو ایران واقف

سازیم و نظر دهیم که این کار به صلاح انقلاب نیست و عقیدهٔ ما برآن بود که مسئله دولت به عرض امام‌خمینی نرسیده است و چطور ممکن است ایشان که چند روز قبل به دیگران اجازه نفرمود که با حفظ رابطه با دربار و با عضویت در حزبی خدمت رسند ممکن است به بختیار اجازه ملاقات دهد. آن شب گفت‌وگو زیاد شد، عده زیادی به طرفداری از آقایان و بعضی به طرفداری از ما صحبت نمودند و ما برای متوقف شدن برنامه بختیار چاره‌ای جز تماس با فرانسه ندیدیم و پس از چند نوبت تلفن با وساطت و جروبحث عاقبت در حدود صبح از آقای احمدآقا خمینی خواستیم که گفتار ما را ضبط کند و به خدمت امام ببرد و متعاقب استماع امام گفته ضبط‌شده از طرف ما با اظهار ناراحتی از این امر اعلامیه دادند و از پذیرفتن بختیار امتناع فرمودند. البته آقایان وسایط در فرانسه، کار خود را چنین توجیه می‌نمودند که نظر ما این بود که بختیار به فرانسه بیاید. اگر امام او را پذیرفتند که اشکالی نیست و اگر نپذیرفتند بختیار شرمنده و شکست‌خورده برمی‌گردد. ولی نادرستی این توجیه با آنکه در اعلامیه آمده بود که موضوع با توافق امام بوده است روشن می‌بود و من تعجب می‌کنم که اعضای شورای انقلاب با آنکه از کم‌وکیف جریان مطلع بودند، چطور حضور مرا در جلسات تکذیب و عدم مداخلهٔ من در تصمیم‌گیری‌ها را به اطلاع مردم نرسانیده‌اند و فقط آقای دکتر بهشتی در مصاحبه به‌طور اجمال اشاره نمودند که چندنفر از دوستان بسیار ناراحت شدند و گفتند که نه آقا اصلاً نمی‌شود. و مسائل را بدون ذکر اسامی بیان نمودند.

البته در همان روزها دربارهٔ بختیار اقداماتی از طرف بعضی افراد انجام گرفت که برخلاف مصالح کشور و انقلاب می‌بود که فعلاً مقتضی نیست آن را بیان کنم، ولی انشاءالله در موقع مناسب برای باقی‌ماندن در تاریخ آن را ذکر خواهم کرد.

۵۸/۱۱/۲۴ ربانی شیرازی

ضمیمهٔ ۲۳

دکتر پیمان: حاکمیت لیبرال‌ها امپریالیسم امریکا را امیدوار کرده بود

گفت‌وگوی زیر چند هفته قبل یعنی پیش از انتخابات ریاست جمهوری انجام شد، اما به‌علت تراکم مطالب چاپ آن به تعویق افتاد. اکنون به‌دلیل اینکه گفت‌وگوی زیر دارای اهمیت خاصی است و مسائل مورد بحث آن بسیار زنده است به انتشار آن می‌پردازیم.

● **پس از اشغال لانه جاسوسی توسط دانشجویان خط امام ابتدا انتظار می‌رفت که یک جریان ضد امپریالیستی در ایران ریشه بدواند اما آنچه که ظاهر امر نشان می‌دهد یک سری از سازشکاری‌ها صورت می‌گیرد این را برای اینکه ریشه‌یابی کنیم به‌نظر شما به چه اصلی و به چه مسئله‌ای و به چه جریانی باید بازگردیم.**

○ مسئله دو بعد دارد، یکی بعد داخلی است، یکی خارجی، اول باید امریکا را در برابر این مبارزه ضدامپریالیستی تحلیل کنیم. دوم آرایش نیروهای داخلی را در رابطه با سیاست امریکا و مبارزه ضدامپریالیستی.

حکومت لیبرال‌ها و امید امریکا

امریکایی‌ها در ۱۰ ماهه گذشته به‌طورکلی نسبت به انقلاب ایران داشتند امیدوار می‌شدند. امیدوار به این معنا که جهت کلی انقلاب منافع اساسی آنها را به خطر نیندازد، یعنی حاکمیت لیبرال‌ها و عملکرد دستگاه مسئول به‌گونه‌ای بود که پایگاه‌های اساسی امریکا در داخل مورد حمایت قرار می‌گرفت. از یک طرف این پایگاه‌ها سرمایه‌داری وابسته بود که دولت موقت از آن دفاع می‌کرد و راه‌حل‌های اقتصادی که برای رفع بحران ارائه می‌داد مستقیماً در رابطه با حفظ سرمایه‌داری خصوصی وابسته و حتی تجدید حیات شرکت‌های خارجی بود و این درست چیزی است که امریکا و سایر متحدینش در غرب دنبال می‌کردند. در رابطه با مسئله مناسبات فئودالی و بزرگ مالکی و سرمایه‌داری اراضی بود باز هم دولت لیبرال از آن مناسبات دفاع می‌کرد و مخالفت تغییرات اساسی در مناسبات ارضی و تقسیم زمین بین دهقانان بود و در رابطه با فرماندهان ارتش و عناصری که حتی مورد سوءظن بودند دفاع می‌کرد. و بالاخره در رابطه با نیروهای مرتجع و رفرمیستی که با تغییرات انقلابی موافق نبودند و در مقابل انقلاب اسلامی جناح انقلابی اسلامی ایستادگی می‌کردند تفاهم و همکاری و نزدیکی نشان می‌داد. در سیاست خارجی هم مهم‌ترین مسئله برای امریکا این بود که انقلاب ایران صادر نشود و الگو و نمونه‌ای برای سایر ملت‌ها در منطقه و سطح جهانی نباشد. دولت لیبرال در سیاست خارجی دقیقاً همین خط را دنبال می‌کرد و رسماً از صدور انقلاب جلوگیری می‌نمود و تبلیغات انقلابی نمی‌کرد و حتی هم‌پیمانی و نزدیکی با کشورهای ضد امپریالیستی را نفی می‌کرد و به‌عکس سعی می‌کرد

مناسباتش را با کشورهایی که دارای چهره ضدامپریالیستی نبودند تقویت کند.

از انقلاب فلسطین، از لیبی و سایر جنبش‌ها حمایت جدی نمی‌شد. اینها همه موجب شد امریکا امیدوار بشود، چنانکه بعضی از افراد امریکایی در یک سخنرانی گفتند ما باید از نهضت‌هایی که در منطقه، در جهت کلی منافع ما سیر می‌کنند حمایت کنیم. این اظهارنظر آن هم بعد از چندماه از سقوط رژیم شاه به‌وسیله انقلاب اسلامی هیچ دلیلی نداشت جز عملکرد دولت موقت و مرتجعین که این امیدواری را به‌وجود آورد که تا این جناح‌ها بر قدرت مسلطند این تسلط را تا آخر حفظ خواهند کرد و قانون اساسی را اینها خواهند نوشت و بالاخره جمهوری بی‌محتوایی راکه از مکتبی بی‌محتوا و دارای مضمون وابستگی باشد حکم حاکم خواهند کرد.

در «باغ سبز» امریکا

در همین رابطه امریکا در این ۱۰ ماه در باغ سبز نشان می‌داد و صحبت از فروش اسلحه بود که حتی مقداری اسلحه و ابزار و یدک به ایران فروخت و صحبت از این بود که هرگونه حمایت از ایران خواهیم کرد و هرگونه کمکی لازم باشد می‌کنیم و مرتب حمایت خودش را از این دولت و این جناح‌ها اعلام می‌کرد. طبیعی است که اگر این موضع ادامه پیدا می‌کرد، اما انقلاب ماکم‌کم در خودش دفن می‌شد ولی اقدام دانشجویان و حمایت قاطعی که امام‌خمینی کردند جریان را متوقف کرد و برخلاف انتظار یک تکان به‌وجود آمد و فکر می‌کردند این جریان آن‌قدر قوی است که اجازه نخواهد داد که مردم تأثیر دیگری در انقلاب بگذارند، به‌خصوص سیاست دولت عملاً مردم را به خانه‌هایشان می‌فرستاد و انگیزه‌های مادی را به‌جای انگیزه‌های سیاسی تقویت می‌کرد. و این نکته خیلی مهمی است، یعنی وقتی که در بین کارگران به‌جای آرمان‌های انقلابی و سیاسی که در آستانه انقلاب وجود داشت به‌طوری که حاضر بودند برای آزادی و استقلال و حاکمیت ملی و نفی استثمار مبارزه کنند و فداکاری نمایند و به هر محرومیتی تن بدهند، با آمدن دولت لیبرال انگیزه‌های مادی تقویت شد و به کارمندان اضافه‌حقوق دادند. کارگران را هم وادار کرد که هدف را دنبال بکنند و هدف مبارزه به طرف کسب حقوق صنفی و مادی تغییر جهت داد. واین با توجه به بحران اقتصادی بیکاری که وجود داشت شکل جنبش کارگری ما راکه می‌رفت سیاسی مکتبی روی مسائل صرفاً مادی و صنفی و کسب اضافه و مستمر و... متمرکز نمود. و این وضعیت می‌توانست به‌نفع امپریالیسم باشد.

چرا چون این امر ایجاب می‌کند که دولت موقت به این فکر برسد که فوراً کارخانه‌ها به‌راه افتد، برای این کار چاره‌ای نیست جز آنکه سرمایه‌دارها بیایند به آنها وام بدهند، چنانکه دادند و وام را به سرمایه‌دار دادند که کارخانه‌ها را راه بیاندازند و همان مناسبات قبلی حاکم بشود. و شرکت‌های خارجی را به کار دعوت کردند تا بیکاری از بین برود. و حرکت انقلابی ما را ضعیف می‌کرد و کرد و تأثیر منفی زیادی هم تا حالا گذاشته است.

مبارزه ضدامپریالیستی، برنامه‌های لیبرالیسم را به‌هم زد

حالا مبارزه ضدامپریالیستی تمام این برنامه‌ها را به هم زده و اولین نتیجه‌اش این بود که دولت لیبرال که قدرت و کشش مبارزه را نداشت کنار رفت. اما این عقب‌نشینی کامل نبود، برای اینکه عناصر لیبرال وارد شورای انقلاب نیز شدند و شورای انقلاب را که ضعیف بود، ضعیف‌تر ساختند. آن‌طور که امام به‌دنبال این حرکت ضدامپریالیستی یادآور شده بودند می‌باید شورا هم خود را تصفیه کند، ولی به‌عکس این عناصر را جذب کرد و هنوز هم بسیاری دیگر از آنها در مراکز قدرت هستند و دست‌اندرکارند. اما با همه این احوال قدرت مردم در رابطه با رهبر انقلاب مجدداً نقش فائق را پیدا کرد و با استقرار دانشجویان در سفارت که علی‌رغم تمایل قلبی دولت و شورا انجام گرفت و با حمایت قاطع امام، پیشتازی جنبش به‌دست توده مردم و دانشجویان افتاد و از دست رفرمیست‌ها خارج شد. حال این مبارزه اگر همچنان ادامه یابد بقیه مواضع قدرت را از دست عناصر لیبرال و مرتجع خارج خواهد ساخت چرا که آنها نمی‌توانند در این مبارزه پابه‌پای مردم حرکت کنند، ناچاراً مجبور می‌شوند کنار بروند. مگر اینکه مبارزه به سازش کشانده شود. از آنجایی که بقای اینها مستلزم سازش و مصالحه با امریکا است و تشدید مبارزه با امریکا همراه است با نابودی این گروه که این خود مسئله سرنوشت‌سازی است.

از آنجایی که امریکا به سیاست جاری اطمینان پیدا کرده بود به‌خودش جرأت داده و به شاه پناه داد، اما با مبارزه‌ای روبه‌رو شد که انتظارش را نداشت.

اینها همان کسانی هستند که تمام اسناد را از سفارتخانه‌های ایران از خارج آوردند بدون آنکه آنها را افشاء بکنند. اسنادی که در امریکا جمع‌آوری کرده بودند هنوز هم معلوم نیست که کجاست و این را هیچ‌کس از وزیر خارجه اسبق و بعدی و امروزی نپرسیده است که چرا این اسناد را ارائه نمی‌دهند تا ببینند که در سفارت ایران در امریکا که یکی از مهم‌ترین حلقه‌های ارتباط ایران با امپریالیسم امریکا بوده چه گذشته است. یا اسنادی که در مرکز ساواک تهران و مرکز اصلی ساواک ایران بوده و هنوز مورد استفاده قرار نگرفته که این اسناد افشاءکننده چگونگی عملکرد امپریالیسم در ایران می‌باشند.

افشای اسناد و توجیه لیبرالیسم؟

باید یکی از خواست‌های اصلی این باشد که این اسناد همگی مورد بررسی و مورد تجزیه و تحلیل و بهره‌برداری قرار بگیرد تا هم ملت بداند امپریالیسم چگونه عمل کرده است و هم دنیا و ملت‌های جهان بدانند امپریالیسم در ایران چه‌ها کرده است. ما دیدیم که افشای چند سند چقدر برای مردم آگاهی‌بخش بود. قبل از اینکه این اسناد افشاء بشود عملکرد لیبرالیسم و سازشکاران و رفرمیست‌ها که برای توده مردم که دارای آگاهی کمتری هستند مشخص می‌شود. افشای این اسناد آنها را تکان داده به‌طوری که تا اندازه‌ای معیار به‌دست آوردند. اگرچه هنوز هم لیبرالیسم

تلاش می‌کند این‌گونه ارتباطات را توجیه بکند. اما امریکا بعد از اینکه این حمله ضدامپریالیستی از جانب دانشجویان و امام آغاز شد، اول از همه سعی کرد با فشار روی ایران از طریق صلیب سرخ بین‌المللی و از طریق تهییج و بسیج افکار عمومی جهان علیه ما مسئله را به یک صورتی حل بکند و ما را وادار کند که گروگان‌ها را آزاد کنیم به‌طوری که نمایندهٔ پاپ را در همین رابطه به ایران فرستاد تا از راه عواطف مذهبی تأثیر روی رهبر انقلاب بگذارد، اما این اقدامات تأثیر نکرد، لذا بلافاصله فشار شدیدتری از راه دیپلماسی با شکایت به شورای امنیت و دادگاه‌های بین‌المللی همراه با تهدید نظامی شروع شد، اما در این رابطه باز هم هدفش به سازش‌کشاندن مبارزه بود که تشدید تضادهای درونی و امیدبستن به نیروهای سازشکار در همین رابطه انجام می‌گرفت. در اینجا نکته‌ای است که اهمیت دارد مردم بدانند امریکا مثل هر کشور امپریالیستی دیگری با شناخت دقیق از ضعف‌های درونی انقلاب می‌تواند عمل کند، یعنی به انقلاب از طریق نقطه‌ضعف‌های داخلی ضربه بزند، امکان ندارد انقلابی که در درون انسجام دارد با ضربه بیرونی متلاشی بشود.

اگر هم موقتاً ضربه بخورد این ضربه باعث رشد بیشتر و پیروزی بزرگ‌تری خواهد شد. اما دشمن ضعف‌های درونی را شناسایی می‌کنند مضافاً بر اینکه یک مقدار هم از پیش می‌شناختند کافی بود.

قاطعیت امام و سازشکاران

خبرنگار و نمایندگان مختلفی مثل سناتور، نماینده مجلس، استاد دانشگاه بفرستند در ظاهر برای مصاحبه و مذاکره و تماس ولی با پیچیدگی خاصی که دارند نقطه‌نظرها و گرایش‌های درونی را حتی در درون شورای انقلاب به‌دست آورند و بر ابعاد مقاومت یا تمایلات سازشکارانه آشنا شوند و بر اختلافات درونی و نقاط ضعف و قدرت انقلابی پی ببرند. چه کسانی فشار سیاسی و تهدید نظامی که خیلی تبلیغات کردند هدفش مساعدکردن زمینه برای نیروهای سازشکار داخلی بود تا بتوانند به امام خمینی فشار بیاورند که تهدید امریکا عملی شود و مطبوعات غربی در این زمینه خیلی کمک کردند به اینکه هر آن امکان دارد امریکا ایران را و بنادر را بمباران کنند و ایران قدرت مقابله ندارد لذا، باید کنار بیاییم. وجود عناصر ضعیف درون شورا موجب شد که حتی شورای انقلاب هم در مجموع جانب سازش و مصالحه را بگیرد و لذا رفتند از امام‌خمینی خواستند که قضیه را فیصله بدهند. اما، امام قاطعانه ایستادگی کردند و گفتند من تا آخر ایستاده و ملت هم ایستاده است، این مبارزه تا قطع کامل مناسبات اقتصادی-سیاسی، نظامی با امریکا باید ادامه یابد و این تأکید امام نشانهٔ این بود که نه‌تنها ایشان دارای خصلتی سازش‌ناپذیرند و یکپارچه ایمان کامل بلکه آگاهانه می‌دانند که این مبارزه چقدر اهمیت دارد برای انقلاب ما ولی کادری که مسئول کار بود از وزیر خارجه قبل گرفته تا وزیر خارجه فعلی تا

اعضای شورای انقلاب هرکدام به‌نحوی اظهارنظرهایشان را کردند. یکی از اظهارنظرها مثلاً این بود که جنگ با امریکا برابر آن تهدیدی که گفتم تحت تأثیر قرار می‌گیرند نه به نفع ماست و نه به نفع امریکاست این اظهارنظری که خوب وزیر خارجه سابق کرد به‌نظر من با وجودی که موضع ترقی‌تر نسبت به وزیر قبلی ایشان گرفته بود اما این خود نشانهٔ این بینش بود که عامل اصلی امریکا قرار می‌دهد.

اولاً در این رابطه امکان ندارد جنگی هم به زیان ما و هم به زیان امریکا باشد. درحالی‌که امریکا تضاد اصلی ماست. اگر امریکا و امپریالیست تضاد اصلی ما ملت و انقلاب ایران است.

هرگونه تهدید امریکا، به نفع توده‌هاست

این جنگ نمی‌تواند به زیان هردو یا به نفع هردو باشد، باید حتماً به زیان یکی و به نفع دیگری باشد، لذا بدون تردید جنگ به نفع انقلاب ما و به زیان امپریالیسم است. و ما نباید در مقابل تهدید نظامی امریکا ترسی داشته باشیم، چون هرگونه تهدیدی چه از نظر نظامی و چه از نظر اقتصادی بالمآل به نفع توده‌هاست، چراکه به توده‌ها آگاهی و انسجام می‌بخشد و پایگاه‌های امپریالیسم را در داخل کشور ضعیف و متلاشی می‌کند و صف سازشکاران را از صف انقلابیون جدا می‌سازد. از این نظر حتی‌المقدور امریکا و حتی دول اروپایی که به‌خصوص آگاه‌ترند، تمایلی به چنین تهدید نظامی ندارند. چون تجربه تاریخی دارند امریکایی‌ها می‌دانند که اروپایی‌ها با حملات نظامی در خاورمیانه و حتی محاصره اقتصادی و قطع صدور نفت موافق نیستند، چراکه دست‌زدن به چنین اقداماتی منجر به آگاهی و شورش توده‌های کشورهای وابسته می‌شود. حتی اشغال مراکز تولید نفت، چاه‌ها و پالایشگاه و یا انفجار لوله‌های نفت باعث تضعیف کشورهای ارتجاعی می‌شود که این ممکن است باعث سقوط آنها گردد (که در گذشته نمونه‌های زیادی داشتیم و دیدیم) بنابراین، این محاصره به زیان امریکاست، حتی ما باید استقبال کنیم. یعنی اگر به حرکت در موضع انقلابی که امام اتخاذ کرده و یا توده‌های مردم و دانشجویان در آن حرکت می‌کنند تداوم ببخشیم، به‌طوری که امریکا مجبور بشود تهدیدهایش را عملی بکند، این اوست که مآلاً زیان خواهد دید و ماییم که سود خواهیم برد. ما نباید از رشد مبارزه، از قاطع‌ترشدن آن و از تنگ‌شدن محاصره اقتصادی بترسیم این سؤال را بکنیم که اگر محاصره اقتصادی تنگ‌تر بشود چه خواهد شد؟ اگر نفت را قطع بکنند به‌طوری که قادر به صدور آن نباشیم و کالاهای مورد نیاز را به ما ندهند چه خواهد شد؟! آیا غیر از این است که مجبور خواهیم شد به خود متکی باشیم و خود را به سطح خودکفایی برسانیم! توجه داشته باشیم که دراین‌صورت اولین ضربه را سرمایه‌داری وابسته می‌خورد و نابود می‌شود که این اولین پایگاه امپریالیسم است، توده‌های دهقانی که می‌خواهند خود زمین‌ها را بکارند، خودبه‌خود مالکین و فئودال‌ها را جاروب خواهند کرد.

باید به مرحلهٔ خودکفایی برسیم

کارگرها باید خودشان تولید بکنند. می‌بینیم که انگیزه‌های اقتصادی، مادی جای خود را به انگیزه‌های سیاسی ـ آرمانی داده‌اند و مناسبات پیشین همگی بایستی نابود گردند، ارتش که وابسته به سلاح امریکایی است، نابود شده و وابستگی خود را از دست بدهد و به‌جایش یک ارتش توده‌ای و مردمی روی کار بیاید که به خودش متکی باشد. خودش اسلحه تولید کند! کارخانه‌ها را کارگران به‌کار اندازند و بدین‌ترتیب تمام وابستگی‌ها قطع خواهد شد. جامعه از نظام قبلی خارج شده و مناسبات پیشین متلاشی می‌گردد و مناسبات جدید انقلابی و مردمی به‌وجود می‌آید. نظام شوراها که بی‌محتوایش کرده بودند، محتوایش را به‌دست می‌آورد و چون مردم هستند که باید تصمیم بگیرند وکار انجام دهند، مآلاً اینها همه به نفع توده‌هاست. پس چرا باید از این تهدید نظامی و محاصره اقتصادی بترسیم، اما درواقع این لیبرالیسم و سازشکاران و رفرمیست‌ها هستند که ترس دارند، برای همین است که امریکا فشارش را روی ایران زیاد کرده و تضاد درونی را تشدید می‌کند. وقتی که امریکا با توسل به شورای امنیت و... خواست تضادها را دامن بزند با جواب قاطع امام روبه‌رو شد. از این جهت با مأیوس‌شدن از این جریان مرحلهٔ جدیدی را آغاز کرد. تضادهای داخلی را از طریق دامن‌زدن به اغتشاشات ناحیه‌ای تشدید کرد. جریانات بلوچستان مظهر رشد و تکامل سیاست امریکا در همین زمینه است. در آنجا چه کسانی دست‌اندرکار بودند؟ فئودال‌های وابسته به رژیم و سیاست‌های امپریالیستی که مرعوب از انقلاب فراری شده بودند. این بار تحت توجهات و سیاست‌های دولت لیبرال رشد کرده و از سوراخ‌های خود بیرون خزیدند و تمام عناصر فرصت‌طلب و ضدانقلابیونی که از ترس انقلاب و در زیر فشارهای توده‌ای فراری شده بودند اکنون نه‌تنها برگشته‌اند و مواضع‌شان را محکم کرده‌اند بلکه به اسلحه‌هایی که از مقامات گرفته‌اند «نظم» منطقه را عهده‌دار شده‌اند.

آنها توجه نکردند که فئودال‌ها در جهت منافع خودشان حرکت خواهند کرد. اینها نه‌تنها با قاچاق اسلحه و استثمار توده‌ها در حفظ منافع خود می‌کوشند. بلکه آخرالامر نیز در خدمت امپریالیسم قرار می‌گیرند، متأسفانه همینطور هم شد، همان فئودال‌ها با اسلحه‌هایی که از مقامات گرفته بودند. علیه انقلاب برخاستند و حالا هم قصد شورش درسر دارند. همان‌هایی که استاندار را به گروگان گرفتند و فرماندار را دزدیدند و درخواست‌های اولیه‌شان برای فریب توده‌ها شعار خودمختاری سردادند و اعلام کردند که گروگان‌ها که برادران امریکایی ما هستند باید آزاد گردند! و این نشان دهنده موضعی بود که آنها روان حرکت می‌کردند و حمایت سلطان قابوس از آنها و آزادکردن زندانیانی که در آنجا اسیر بودند و روانه ساختنشان به ایران خود اغتشاشات را دامن زد. ارتباط آنها با دول همسایه و تعلیم‌هایی که در آنجا دیده‌اند همه بیانگر مسائلی است که بر کسی پوشیده نیست. روشن است که ضدانقلاب و امپریالیسم در بلوچستان چه جریانی را به‌وجود آورده‌اند. دست عناصر ساواک و فرصت‌طلب در اینجا به‌خوبی نمایان است. عین همین

جریان را می‌خواستند در قم و تبریز با حمله به خانه یکی از مراجع و تحریک احساسات توده‌های آذربایجانی و تشدید تضادهای درونی دامن بزنند، که جبهه ضدانقلاب از این جریانات حداکثر استفاده راکرد. لیبرالیسم و آن بخش از عناصر وابسته که در آذربایجان تمایلاتش را نشان داد و همینطور فئودال‌ها که مخالف انقلاب اسلامی بودند و در آنجا احساسات مردم را سپر تمایلاتشان قرار دادند. تمام این نمونه‌ها نشان‌دهندهٔ این واقعیت است که امپریالیسم امریکا با فشارگذاشتن و تحریک این نوع مسائل و تضادها می‌کوشد که انقلاب را زیر فشار قرار بدهد. عین همین جریانات می‌تواند در خوزستان و جاهای دیگر نیز رخ بدهد که متأسفانه زمینه‌های آن نیز فراهم است.

صف‌ها از هم جدا می‌شوند

امریکا با فشار اقتصادی و هماهنگ‌کردن دیگر کشورها و متقاعدساختن آنها می‌خواهد ما را در محاصرهٔ اقتصادی قرار بدهد، که با این کار امریکا دو هدف را دنبال می‌کند، چراکه فکر می‌کند در صورت عملی‌شدن این مسئله دو راه بیشتر در پیش روی ما نیست. اول اینکه سازشکارها موفق می‌شوند و با موفقیت آنها سازش انجام پذیرفته و موقعیت انقلاب و رهبری انقلاب امام‌خمینی در داخل و خارج کشور تضعیف می‌گردد. در صورتی که موفق نشود و جریان مبارزه ادامه یابد. نیروهای وابسته داخلی صفوفشان از صف انقلاب جدا می‌شود. چنانکه در همین زمان کوتاه، صفوف خیلی مشخص‌تر شد و جریانات آذربایجان و بلوچستان و حتی در تهران نشان داد که چه جناح‌هایی نمی‌توانند به‌خصوص که افشای اسناد خود بیانگر واقعیت بود که وجود داشت. جداشدن لیبرالیسم و موضع‌گیری آشکار آن علیه مبارزه ضدامپریالیستی و جریانی که دانشجویان ایجاد کرده بود نیز همین را ثابت کرد.

انقلاب طبق آنچه که ما از قرآن می‌گیریم «ابتلای» ماست و ماهیت افراد و گروه‌ها در ابتلاء است که روشن می‌شود. خداوند در قرآن می‌فرماید: ای مؤمنین ای کسانی که ادعای مسلمانی می‌کنید وخدا و رسول را قبول دارید، این برای نشان‌دادن ماهیت شما کافی نیست. بلکه این یک نقاب ظاهری است. همان‌طوری که امام نیز فرمودند که این اشکالی ندارد که هرکس شعار انقلابی بدهد و تسبیح هم به‌دست بگیرد و نماز و روزه هم بگیرد و ما هم فکر کنیم که مسلمان است درحالی‌که خداوند می‌گوید من باید شما را بیازمایم و در معرض ابتلاء قرار بدهم و با جهاد و هجرت با گذشت از مال و جان و با درگیری‌های سخت و با تحمل گرسنگی معلوم گردانم که کدامیک از شما صادق هستید و کدام دروغ‌گو و کاذب، کدامیک مجاهد و مبارز هستید و کدامیک عافیت‌طلب و راحت‌طلب.

در این دو ماه حاکمیت لیبرال‌ها و سازشکاران که ابتلاء را از میان برداشته بودند یعنی افول جریان انقلاب لیبرالیسم اصولا با برداشت و بینش غلط خودش تنها دشمن را استبداد داخلی

می‌پندارد و هرگز دشمنی به‌نام امپریالیزم را نمی‌شناسد و این بنیان ضعف لیبرالیسم است و در واقع همان برخوردی بود که امیرانتظام هم می‌کرد و عقیده داشت که این امر هیچ اشکالی ندارد و این توجیه به‌نظر من صادقانه است که با کمال حسن نیت این حرف را رئیس دولت لیبرال هم می‌زند. زیرا که در بینش سیاسی لیبرالیسم، امپریالیسم جایی ندارد و تضادی برایش محسوب نمی‌شود. در گذشته این روابطی که این آقایان با محافل امریکایی داشتند به این معنا بود که جناح لیبرال امریکا که نمایندهٔ بخشی از سرمایه‌داری است و طرفدار حکومت‌های دموکراتیک دست‌نشانده که به‌جای حمایت از حکومت‌های مستبد و خشن مثل شاه که مورد حمایت بخش «باز»های امریکا بودند، و معتقد بوده باید منافع خود را به‌وسیلهٔ دولت‌های دموکراتیک یعنی همان جناح‌های لیبرال داخلی حفظ بکند.

بنابراین یک ارتباط نزدیکی بین جناح لیبرال امریکایی و این جناح لیبرال حاکم وجود دارد. لیبرال‌های داخل کشور چشم امیدشان به سیاست امریکا بود که ببینند که کدام جناح امریکایی برسر کار می‌آید. اگر جناح بازها (جمهوریخواه) به‌قدرت می‌رسیدند، مأیوس می‌شدند و اگر دموکرات‌ها روی کار می‌آمدند خوشحال شده و می‌گفتند که می‌توان کاری انجام داد.

تضاد با امپریالیسم، یا تضاد با استبداد داخلی؟

از این نظر تضاد اصلی آنها با استبداد شاه بوده است آن هم نه با نهاد سلطنت، اشتباه نکنیم. ما می‌بینیم فقط امام است که به‌عنوان تنها جریان انقلابی با نهاد سلطنت درگیر می‌شود. اما آنها اگر با استبداد مخالفند یعنی اگر شاه حاضر می‌شد حکومت مشروطه را بپذیرد و حکومت بکند نه سلطنت، با او کاری ندارند. چون شناختی از امپریالیسم ندارند، قاعدتاً دشمنی و جنگی نیز با آن ندارند و با محافل آزادیخواه امریکایی هم خیلی دوست و نزدیکند، این است که از قبل با امریکایی‌ها ارتباط دارند و این را جاسوسی نمی‌دانند.

● **در تأیید گفته‌های شما، رئیس دولت سابق قبلاً در جمعی اظهار داشته بود که این نسیم از ایالات متحده امریکا بود که به ایران وزید.**

○ عیناً همین‌طور است، یعنی باز هم انقلاب ما را در رابطه با «نسیم از غرب آمده» می‌دانند. درست در همین جاست که قبل از مرحله سرنگونی، لیبرالیسم پا به‌پای خط امریکا حرکت می‌کند و می‌گویند که ببینیم امریکا تا چه حدودی شاه را محدود می‌کند، همه استدلالشان در برخورد با امریکا همیشه چنین بوده است که: ای امریکایی‌ها شما در ایران چه می‌خواهید که زیر سلطه کمونیسم نرود و در رابطه با غرب بماند باید مطمئن باشید که شاه نمی‌تواند کار را بکند، بلکه فقط ماییم که ایران را بهتر از همه می‌توانیم حفظ بکنیم. به‌همین‌دلیل می‌تواند با امریکا کنار بیاید و بعد هم در جریان انقلاب می‌گوید که چون امریکا دولت نیرومندی است و امریکا با شاه

هم موافق نیست از این نظر پابه‌پای امریکا پیش می‌رود. به‌عبارت دیگر او در جهت تضاد با استبداد داخلی حرکت می‌کند نه در جهت تضاد با امپریالیسم، این است که ارتباط با محافل امریکایی برایش امری است عادی. حالا بعضی از عناصر خیلی به‌جلو می‌روند و متعهد می‌شوند.

انقلابی‌نمایی عناصر وابسته

خوب حالا با چنین عملکرد و بینشی وقتی که ابتلاء آغاز می‌شود، دیگر اینها نمی‌توانند بگویند ما مسلمانیم، چنانکه در این ده‌ماهه سرمایه‌داری وابسته انقلابی می‌شود، فئودال و فرمانده وابسته ارتش نیز انقلابی می‌شوند. سخنرانی‌های انقلابی هم ارائه می‌دهند از همه انقلابیون هم انقلابی‌تر نمودار می‌کردند. اما حالا که مبارزه ضدامپریالیستی شروع شده، مشاهده می‌کنیم که ابتلا یک مسئله الهی است واینها ناچار هستند که بگویند ما نمی‌توانیم و در این رهگذر ماهیتشان بر توده‌ها آشکار شده و توده مردم شناسایی لازم راکسب نماید. هرچه مبارزه عمیق‌تر شود جبهه درونی به دو صف سازشکار وانقلابی تقسیم می‌شود. چنانکه در نهضت ملی دکتر محمد مصدق جناح سازشکار به رهبری حسین مکی و بقایی و دوستانش در مقابل دکتر مصدق و نهضت ملی ایستاد و رسماً به دربار ضدانقلاب می‌پیوندد. یعنی کسانی که قبلاً منافق بودند ناچار می‌شوند به موضع اصلی‌شان که ضدانقلاب باشد برگردند.

الان اگر منافقین وجود داشته باشند مسلماً با عمق‌بخشیدن به مبارزه ضدامپریالیستی ناچارند که از صف انقلاب خارج شوند و به صف ضدانقلاب بپیوندند و درنتیجه این مبارزه به نفع خلق ما تمام خواهد شد. به‌فرض اگر ما شکست هم بخوریم، شکستمان مانند ۲۸ مرداد نخواهد بود، چراکه شکست نظامی است نه شکست سیاسی، مکتبی، و بدون تردید چنین شکستی پیروزی نهایی ما را عمیق‌تر و گسترده‌تر به‌دنبال خواهد داشت.

پس بدون هیچگونه سازشی باید مبارزه را تداوم بخشیم و بدین‌وسیله صفوف انقلابیون راستین در خط اصیل امام خمینی از نیروهای منافق و سازشکار جدا می‌شود.

● **هرچندکه شما پاسخ آن را از یک بعد دادید. با توجه به اینکه مقامات دولتی و شورای انقلاب از یک بینش توحیدی برخوردارند و سال‌ها راهبر مبارزات فکری خلق زحمتکش ما بوده‌اند، بنابراین مواضع فکری آنها مگر نه این است که باید براساس بینش توحیدی باشد و همیشه خودشان از این مسئله جانبداری کرده‌اند. بنابراین چه معیاری در این عملکرد می‌بایستی باشد تا در رابطه با بینش توحیدی این عملکردها را ارزیابی کند.**

○ وقتی که می‌گوییم بینش توحیدی، باید قانونمندی هستی و سنت الهی را بشناسیم و به آن توجه‌کنیم والا صرف قبول خدا یا عدم قبول خدا تعیین‌کننده موضع افراد نیست. باید دید

برداشت ما از توحید چیست؟ یعنی چگونه جهان و خدا را می‌شناسیم. این را در ارتباط با همان آیه‌ای که از قرآن نقل کردم که خداوند می‌گفت: «من می‌خواهم شما را بشناسم» نشان‌دهندهٔ این است که صرف قبول خدا و ایمان به‌وجود خدا کافی نیست که بگوییم یک فرد دارای بینش توحیدی است. بینش توحیدی یعنی قبول قانون‌مندی خداوند در هستی. ما جهان را چگونه می‌بینیم آیا حرکت هدف‌دار تکاملی جهان در رابطه با مبارزه بین حق و باطل می‌بینیم یا نه؟

شیطان اصلی کدامست؟

و قانون تضاد را که قانون پایه و اصلی حرکت به‌سوی توحید و وحدت تعالی‌بخش است قبول داریم یا خیر؟ اگر این باشد آن‌وقت باید ببینیم که در هر صحنه زندگی ما آن عنصر اصی آن شیطان اصلی زندگی ما و جامعه و تاریخ ما کدامست؟ اگر نتوانیم با این قانون حرکت کنیم، قادر نمی‌شویم دشمن را بشناسیم و آن‌وقت نه تضاد درونی‌مان تشخیص خواهیم داد و نه تضاد بیرونی را. چراکه یک موحد با تشخیص تضاد درونی و بیرونی خویش است که موقعیت خود را در جامعه تمیز می‌دهد و اگر این شیطان‌ها و نیروهای بازدارنده حرکت تکاملی را نتواند تشخیص بدهد، حرکت تکاملی توحیدی نخواهد داشت و قادر نیست به‌طرف توحید حرکت کند و محکوم نیروهای بازدارنده می‌شود و در وضعیت خود باقی می‌ماند. باید دید که اگر در جامعه حرکت توحیدی وجود دارد نیروهای مقابل و بازدارندهٔ آن کدام است؟ با توجه به خصلت‌هایی که برای جامعه توحیدی قائل هستیم که در آن استثمار طبقات سلطه‌گر و مناسبات استکباری وجود ندارد، خودبه‌خود تمام نهادهای استکباری برعلیه ما بسیج می‌شوند حال که امپریالیسم بزرگ‌ترین نیروی استکباری است و تمام نهادهای دیگر استضعاف و استکبار در رابطه با آن حیات دارند و به او وابسته می‌باشند، باید آن را به‌مثابه دشمن اصلی بدانیم.

سرمایه‌داری، ارتجاع، ظلم و ستم و تمام اینها در رابطه با امپریالیست است که می‌توانند موجودیت خودشان را حفظ بکنند. این تعبیر شیطان بزرگ که امام خمینی به‌کار برده‌اند به‌نظر من یک اصطلاح کاملاً مکتبی است، زیرا ما در برداشت‌هایی که از قرآن داریم متوجه می‌شویم که نیروی اصلی خدا انسان آنهایی هستند که در تمام ابعاد وجودی و همه عملکردهایش بازدارنده حرکت تکاملی انسان‌ها هستند. یعنی تمام وجودش شیطانی است، زیرا که انسان‌ها می‌توانند اولیاء شیطان باشند. شیطان خود مانع و بازدارنده حرکت تکاملی است. امریکا و امپریالیسم یک فرد یا عنصر ساده نیست بلکه شیطان اصلی است از این نظر می‌بایست که اول به شیطان اصلی پرداخت.

مسائلی قومیت‌هایی چون ترک، کرد، فارس و... و مقولاتی چون مسلمان و کمونیست عمده نیستند، بلکه مسائلی هستند که در پروسه نفی و طرد شیطان بزرگ حل خواهند شد. در اینجاست که می‌توان افراد و گروه‌ها را با معیار توحیدی سنجید که کدامیک قانونمندی الهی را

در رابطه با این تضاد درست عمل و دنبال می‌کند؟ آیا تمام نیرویش را متوجه و صرف شیطان بزرگ می‌کند یا نه؟ آیا دنبال مسائل انحرافی است؟ جالب این است که این اشخاص خودشان را پیرو خط امام می‌دانند، درحالی‌که خط امام تضاد اصلی را امپریالیسم می‌گیرد. امروزه طرح هر شعار و تشدید و عمده‌کردن هر تضادی جز آن تضاد یعنی انحراف از خط امام. در اینجاست که معلوم می‌شود چه کسانی فرصت‌طلبانه حرکت می‌کنند و چه اشخاصی اصیل و با خط امام در حرکتند. ما معتقدیم که تمام تضادها و مسائل داخلی ما در رابطه با تضاد عمده که امپریالیسم است حل خواهد شد و این یعنی خط امام. بنابراین کسانی که صادقانه می‌گویند اسلام، نباید در حسن نیت آنها شک کرد، بلکه باید به شناخت قوانین توحیدی دید که با کدام قانون وارد عمل می‌شود؟ زمانی که ما معرفت و بینش درست توحیدی نداشته باشیم و قانون‌مندی را نشناسیم حرکتمان اصولی نخواهد بود، یعنی درست همان حرکتی خواهد بود که لیبرال‌های مذهبی داشتند. لیبرال‌های مذهبی هرچند که حسن نیت هم داشتند اما دیدیم که قبل از انقلاب نتوانستند تضاد عمده را تشخیص بدهند، از این نظر در جهت انحرافی قدم می‌زدند و بعد از انقلاب هم سیاستشان انحرافی بود کمااینکه اکنون نیز هست.

کیهان، ۷ بهمن ۵۸

ضمیمهٔ ۲۴

آیت‌الله منتظری در گفت‌وگو با اطلاعات اعلام کرد:
تا اتهام در دادگاه ثابت نشود کسی حق ندارد آبروی افراد را ببرد

... ● اجازه بفرمایید سؤال دیگری را مطرح کنم، درباره اقدام اخیر پسرتان آقای محمد منتظری در مورد اعزام گروهی از داوطلبان به جنوب لبنان برای نبرد علیه اسرائیل. با توجه به اینکه گویا دولت لبنان با این امر مخالفت کرده، در این مورد چه نظری دارید؟

○ خود آقای محمدعلی منتظری ماشاءالله یک مردی است و سی و پنج، شش سال دارد. شما از خود ایشان بپرسید. و اما باید بگویم او افراد را برای لبنان نمی‌برد که لبنان بگوید ما کسی را نمی‌خواهیم، به‌خاطر نبرد با اسرائیل می‌برد. اسرائیل هم البته وقتی که کسی بخواهد در مقابلش بایستد ناراحت می‌شود، معلوم است باید هم ناراحت بشود، این اندازه است که وظیفه همه مسلمان‌هاست که از فلسطین و از همه زمین‌های اسلامی که در اختیار اسرائیل است، دفاع بکنند و اسرائیل یک حکومت غاصب و زورگویی است که نه فقط محمدعلی منتظری، بلکه تمام کشورهای اسلامی، تمام کشورهای عربی بایست متشکل و متحد بشوند و اسرائیل غاصب را به حسابش برسند و این معنایش این نیست که یهودی‌ها را بریزند توی دریا. بلکه همان‌طور که حتی بعضی از یهودی‌ها هم گفته‌اند اینهایی که آمده‌اند اینجا بر ما حکومت می‌کنند، اهل این منطقه نیستند، یک عده از صهیونیست‌های امریکا و اطریش و آلمان و همه‌جا جمع شده‌اند آمده‌اند اینجا و زمین‌های مردم را غصب کرده‌اند. یهودی‌ها، مسلمان‌ها و مسیحی‌ها، سابقاً در فلسطین با هم دوستانه زندگی می‌کردند. هیچ سروصدایی هم نبود، اینهایی که آمده‌اند آنجا حکومت می‌کنند، اینها یهودی‌های اصیل نیستند اینها صهیونیست‌های جاهای دیگرند و بر همه مسلمان‌ها واجب است به هر ترتیبی هست متحد شوند و این سرزمین را از دست صهیونیزم و عمال امریکا نجات بدهند. این یک وظیفه است اما حالا کار محمدعلی منتظری صحیح بوده یا نه؟ این را از خودشان بپرسید. بالاخره یک مردی است عاقل و بالغ و می‌تواند خودش دفاع کند.

عاقل‌تر از خیلی‌ها

● به خلاف آنچه قبلاً عنوان شده بود شما حالا می‌گویید او عاقل و بالغ است.

○ مگر من گفتم دیوانه است، این سوءاستفاده شد که من چنین چیزی گفته‌ام، من کی گفتم دیوانه است؟ عقلش از خیلی از اینهایی که سرکار هستند و مملکت را اداره می‌کنند، زیادتر است. منتها یک آدمی است که عِرق و احساسات مذهبی دارد، از این هم افراد سوءاستفاده کردند که گفتند فلانی گفته است محمدعلی منتظری دیوانه است، من کی گفتم دیوانه است؟ ضعف اعصاب غیر از دیوانگی است. ملتفت هستید؟ محمدعلی منتظری عقلش از خیلی از اینهایی که توی این

مملکت سرکارند و دارند کار می‌کنند، بهتر است و دلسوزتر هم هست. شما این را مخصوصاً بنویسید، من کی گفتم دیوانه است؟ تکذیب کنید، خیلی عاقل‌تر از اینهایی است که سرکار بودند و کشور را از بین بردند.

مسئله امیرانتظام

● **اتفاقاً اینجا این مسئله مطرح است که آقای محمد منتظری قبلاً در مصاحبه‌ای با یک مجلهٔ داخلی عنوان کرده بودند که آقای امیرانتظام از عمال صهیونیزم است و از این‌گونه هشدارها...**

○ بالاخره محمدعلی منتظری، پسر من است و هفده‌سال مبارزه کرده و واقعاً به انقلاب ایران وبه ایران و اسلام عشق می‌ورزد و هر فعالیتی هم می‌کند، هدفی جز خدا ندارد، با اخلاص کار می‌کند و دیوانه هم نبوده و نیست. اگر کسی این‌جور تعبیر کرده، اشتباه کرده است.

رابطه با لیبی

● **اغلب اوقات به روابط حسنه ایشان با لیبی هم اشاره می‌شود.**

○ داشته باشد. مگر روابط حسنه با لیبی گناه است؟ او عقیده‌اش این است که ما باید با همهٔ کشورهای اسلامی و عربی متحد باشیم و ما در اصل یازده قانون اساسی داریم که چون مسلمان‌ها امت واحده هستند ما باید با همه مسلمان‌ها روابط حسنه داشته باشیم و متحد باشیم، در عین حال که مرزهایمان محفوظ باشد. حالا می‌خواهد لیبی باشد، می‌خواهد لبنان یا جای دیگر باشد.

مسئله امام صدر

● **پس چگونه است که مدت‌ها این روابط با لیبی برقرار نبوده درحالی‌که قصد و روح قضیه این بود که ما باکشورهای اسلامی متحد باشیم.**

○ بروید از دولت بپرسید، من نمی‌دانم از دولتی که روابط نداشته است بپرسید.

● **تصور نمی‌فرمایید قطع روابط، به‌خاطر مسئله امام موسی صدر بوده است؟**

○ شاید بوده، من نمی‌دانم... برفرض هم باشد مسئلهٔ آقاموسی، به‌جای خود. البته بایستی که همهٔ مسلمان‌ها به اندازه وسعشان باید کوشش بکنند، بلکه داستان آقاموسی را حل کنند، ولی مسئله آقاموسی سبب نمی‌شود که ما بیاییم روابط کشورها را به‌هم بزنیم، برای اینکه دولت لیبی، همان‌روز می‌گفت هیئتی را برای تحقیق بفرستید و قاعده‌اش این بود که ما هیئتی را می‌فرستادیم به آنجا و از آنها هم می‌خواستیم بیایند با ما همکاری کنند، تحقیق کنند راجع به آقاموسی، قهرکردن مسئله آقاموسی را حل نمی‌کرد. از راه آشتی بهتر می‌شد مسئله را پیگیری کنیم. اگر این برای این جهت بوده این سیاست، سیاست غلطی بوده است.

ضوابط نه روابط

● **حضرت آیت‌الله در مورد اتهام آقای امیرانتظام، با توجه به اینکه ایشان در دولت قبلی سمت معاونت نخست‌وزیر و سخنگو را داشتند چه نظری دارید؟**

○ بله، خوب، لابد تعمد نبوده، ولی خب اشتباهی شده، این است که باید دقت بیشتری کرد از این به بعد هم بایستی کسانی که در رأس کار می‌آیند، دقت بیشتری در انتخاب افراد، برای پست‌های حساس بکنند و خلاصه روابط، بر ضوابط مقدم نباشد، ضوابط را بر روابط مقدم کنند، ما به این رفیقیم ما با این آشناییم، اینها هیچ ملاک نباید باشد. بایستی سعی بکنند کسانی که سرکار می‌آیند، انشاءالله، کسانی راکه در متن انقلاب بودند، جوان‌های علاقمندی راکه می‌خواهند به مملکت خدمت کنند، اینها را بیاورند روی کار و افرادی راکه حتی مشکوک هم باشند، اینها را نمی‌گوییم بریزید دور اما، کارهای حساس را به اینها ندهند.

نمی‌دانم

● **حضور ایشان در کابینهٔ آقای بازرگان از طرف چه مقامی بوده است؟**

○ نمی‌دانم لابد از طرف آقای بازرگان، البته نمی‌گویم سوءنیتی بوده، لابد اشتباه شده است، باید دقت بیشتری بشود.

موقعیت بازرگان

● **تصور نمی‌فرمایید این مسئله و موقعیت آقای بازرگان تأثیر سوء داشته باشد؟**

○ ممکن است یک اندازه‌ای داشته باشد، ولی آقای بازرگان هم مطمئناً عمداً این‌کار را نکرده است.

اطلاعات، ۱۱ دی ۵۸

فهرست اعلام